黄冈统计年鉴

HUANGGANG STATISTICAL YEARBOOK

2021

黄 冈 市 统 计 局
国家统计局黄冈调查队　编
黄 冈 市 财 政 局

中国统计出版社
China Statistics Press

©中国统计出版社有限公司 2021

版权所有。未经许可，本书的任何部分不得以任何方式在世界任何地区以任何文字翻印、拷贝、仿制或转载。

©2021 China Statistics Press Co.,Ltd.
All rights reserved. No part of the publication may be reproduced or transmitted in any form or by any means, electronic or mechanical, including photocopying, recording, or any information storage and retrieval system, without written permission from the publisher.

图书在版编目（ＣＩＰ）数据

黄冈统计年鉴．2021 = Huanggang Statistical Yearbook 2021 / 黄冈市统计局，国家统计局黄冈调查队，黄冈市财政局编． -- 北京：中国统计出版社，2021.9
 ISBN 978-7-5037-9606-7

Ⅰ．①黄… Ⅱ．①黄… ②国… ③黄… Ⅲ．①统计资料－黄冈－2021－年鉴 Ⅳ．①C832.633-54

中国版本图书馆 CIP 数据核字(2021)第 160440 号

黄冈统计年鉴—2021

作　　者/	黄冈市统计局　国家统计局黄冈调查队　黄冈市财政局
责任编辑/	钟钰
装帧设计/	黄冈市新华印刷股份有限公司
出版发行/	中国统计出版社有限公司
地　　址/	北京市丰台区西三环南路甲 6 号
邮政编码/	100073
电　　话/	邮购（010）63376909　书店（010）68783171
网　　址/	http://www.zgtjcbs.com
印　　刷/	黄冈市新华印刷股份有限公司
经　　销/	新华书店
开　　本/	890mm×1240mm　1/16
字　　数/	771 千字
印　　张/	41
版　　别/	2021 年 9 月第 1 版
版　　次/	2021 年 9 月第 1 次印刷
定　　价/	220.00 元

如有印装差错，由本社发行部调换。

《黄冈统计年鉴—2021》编辑部

主　　编：胡朝晖　蓝耀春　瞿　伟
副 主 编：张九林　熊先化　周圣书　饶维学　涂友华
　　　　　陈定春　龚争雄　杨先发　余能华　夏　焱
　　　　　王永忠　曾汉良　胡建华　杨仕和　王秋芳
成　　员：罗　轶　袁　远　卢胜红　刘晓朝　熊　勇
　　　　　胡海军　蔡飞跃　宋骏韬　吴世宏　陈胡丹
　　　　　饶苏纯　洪应政　蔡晓华　邓　山　邵　勇
　　　　　宛　南

编辑部工作人员

总 编 辑：童　泉　易智珑　秦越华
副总编辑：顾援越　王小兵　左小平
执行编辑：（以姓氏笔画为序）
　　　　　丰晓波　刘　煜　许　莎　杨　芳　李　瑛
　　　　　汪小平　张　颖　陈　昂　林　红　罗小波
　　　　　胡　尉　查　钧　桂　韬　徐秉东　郭晨威
　　　　　涂亦星　曹　威　彭　盼　蒋　庆　童　靓
　　　　　童艳红

编辑说明

一、《黄冈统计年鉴—2021》是一本信息密集的资料性工具书。它通过大量的数据,在系统整理黄冈市2020年经济社会发展统计资料的前提下,全面分析和记载了黄冈市改革开放经济、社会、可持续发展等方面的情况。是黄冈市唯一一本用数据描述经济社会发展的大型纪实性存史类书籍,也是全面记述地方经济社会发展历史轨迹的大型资料性刊物。

二、本年鉴共分六大部分。第一部分为特载。包括:2020年国家、湖北省和黄冈市国民经济和社会发展统计公报;2021年黄冈市人民政府工作报告;黄冈市第七次全国人口普查公报。第二部分为黄冈市和分县(市、区)国民经济和社会发展历史统计资料。第三部分为2020年统计资料。包括:综合、国民经济核算、农村经济、工业、能源消费、建筑业、固定资产投资房地产、商贸、物价、财政税收金融、外贸、劳动工资高新技术、交通运输与邮电、文化教育卫生妇女儿童民政福利、居民收入。第四部分为黄冈市与全国、全省比较。第五部分为2020年黄冈市主要经济指标在全省排名情况。第六部分为武汉城市圈、沿江城市、全国主要经济指标及县域经济工作考核。

三、本年鉴在编辑过程中得到了黄冈市委、市政府和各县(市、区)党政领导与有关主管部门的大力支持和帮助,对本年鉴的内容和编辑工作提出了许多宝贵意见,为此,我们特表谢忱!由于水平有限,编辑工作中难免有疏漏之处,竭诚欢迎广大读者批评指正!联系电话:0713-8666103。

《黄冈统计年鉴》编辑委员会

目 录

第一部分 特 载

中华人民共和国2020年国民经济和社会发展统计公报 ……………………………………………（3）
湖北省2020年国民经济和社会发展统计公报 ………………………………………………………（25）
2020年黄冈市国民经济和社会发展统计公报 ………………………………………………………（34）
2021年黄冈市人民政府工作报告 ……………………………………………………………………（39）
黄冈市第七次全国人口普查公报 ……………………………………………………………………（50）

第二部分 历史统计资料

2000—2020年黄冈市国民经济和社会发展主要指标 ………………………………………………（60）
2000—2020年黄州区国民经济和社会发展主要指标 ………………………………………………（66）
2000—2020年团风县国民经济和社会发展主要指标 ………………………………………………（74）
2000—2020年红安县国民经济和社会发展主要指标 ………………………………………………（82）
2000—2020年麻城市国民经济和社会发展主要指标 ………………………………………………（90）
2000—2020年罗田县国民经济和社会发展主要指标 ………………………………………………（98）
2000—2020年英山县国民经济和社会发展主要指标 ………………………………………………（106）
2000—2020年浠水县国民经济和社会发展主要指标 ………………………………………………（114）
2000—2020年蕲春县国民经济和社会发展主要指标 ………………………………………………（122）
2000—2020年武穴市国民经济和社会发展主要指标 ………………………………………………（130）
2000—2020年黄梅县国民经济和社会发展主要指标 ………………………………………………（138）
2000—2020年龙感湖国民经济和社会发展主要指标 ………………………………………………（146）
2009-2020年分县(市、区)地区生产总值 …………………………………………………………（150）
2009-2020年分县(市、区)固定资产投资完成额 …………………………………………………（152）
2009-2020年分县(市、区)规模以上工业增加值 …………………………………………………（153）
2009-2020年分县(市、区)出口总额 ………………………………………………………………（154）
2009-2020年分县(市、区)社会消费品零售总额 …………………………………………………（156）
2009-2020年分县(市、区)一般公共预算收入 ……………………………………………………（158）
2009-2020年分县(市、区)城镇常住居民人均可支配收入 ………………………………………（160）
2009-2020年分县(市、区)农村常住居民人均可支配收入 ………………………………………（162）
2009-2020年分县(市、区)常住人口 ………………………………………………………………（164）

第三部分 2020年统计资料

一、综合

版图面积	(169)
人口情况	(169)
行政建制	(170)

二、国民经济核算

2020年全市地区生产总值	(172)
2020年分县(市、区)地区生产总值	(174)
1952—2020年黄冈市地区生产总值(现价)	(176)
1952—2020年黄冈市地区生产总值(不变价)	(180)
1953—2020年黄冈市地区生产总值发展速度	(184)
1952—2020年黄州区地区生产总值	(188)
1952—2020年团风县地区生产总值	(192)
1952—2020年红安县地区生产总值	(196)
1952—2020年麻城市地区生产总值	(200)
1952—2020年罗田县地区生产总值	(204)
1952—2020年英山县地区生产总值	(208)
1952—2020年浠水县地区生产总值	(212)
1952—2020年蕲春县地区生产总值	(216)
1952—2020年武穴市地区生产总值	(220)
1952—2020年黄梅县地区生产总值	(224)
2012-2019年分县(市、区)文化及相关产业增加值	(228)

三、农村经济

2020年分县(市、区)农村基层组织及户数、人口、就业人员情况表	(232)
2020年分县(市、区)农业生产条件	(234)
2020年分县(市、区)农村劳动力转移情况	(236)
2020年分县(市、区)粮食作物生产情况	(240)
2020年分县(市、区)经济作物生产情况	(244)
2020年分县(市、区)设施农业生产情况	(252)
2020年分县(市、区)茶叶、水果生产情况	(254)

2020年分县(市、区)林业生产情况	(256)
2020年分县(市、区)畜牧业生产情况	(258)
2020年分县(市、区)渔业生产情况	(260)
2020年分县(市、区)农林牧渔业现价产值及其构成	(262)

四、工 业

2020年规模以上工业发展基本情况	(267)
2020年规模以上工业企业主要经济指标(按国民经济行业分)	(268)
2020年规模以上工业企业主要经济指标(按类型分)	(312)
2020年主要工业产品产量	(330)
2020年分县(市、区)工业产销率	(335)
2020年分县(市、区)规模以上工业企业主要经济指标	(336)
2020年全省分市州规模以上工业情况	(358)

五、能源消费

2020年分县(市、区)规模以上工业能源消费量	(361)
2020年规模以上工业企业原煤分行业消费量	(362)
2020年规模以上工业分行业大类电力消费量	(363)
2020年全社会分行业用电量	(364)
2020年分县(市、区)用电量	(365)
2020年分县(市、区)单位生产总值能耗降低率	(366)

六、建筑业

2020年建筑业企业生产情况	(368)
2020年建筑业企业财务情况	(372)
2020年分县(市、区)建筑业单位数及总产值	(380)

七、固定资产投资、房地产

2020年分行业500万以上项目固定资产投资项目个数	(383)
2020年分行业500万以上项目(含房地产)固定资产投资增幅情况	(387)
2020年分县(市、区)固定资产(含房地产)投资增幅情况	(391)
2020年分县(市、区)500万以上项目民间投资(含房地产)增幅情况	(392)
2020年分县(市、区)500万以上项目工业投资增幅情况	(393)
2020年分县(市、区)500万元以上项目工业技改投资增幅情况	(394)
2020年分县(市、区)500万元以上项目改建和技术改造投资完成情况	(395)

2020年房地产施工销售及待售情况 ……………………………………………………（396）
2020年房地产开发投资资金完成情况 ……………………………………………………（400）
2020年分县（市、区）房地产建设情况 ……………………………………………………（406）
2020年分县（市、区）房地产开发投资完成情况 …………………………………………（410）

八、商　贸

2020年限额以上批发零售业基本情况（按登记注册类型分） ……………………………（413）
2020年限额以上批发零售业基本情况（按国民经济行业分） ……………………………（414）
2020年限额以上住宿和餐饮业基本情况（按登记注册类型分） …………………………（417）
2020年限额以上住宿和餐饮业基本情况（按国民经济行业分） …………………………（418）
2020年限额以上住宿和餐饮业经营情况（按国民经济行业分） …………………………（419）
2020年限额以上住宿和餐饮业经营情况（按登记注册类型） ……………………………（420）
2020年限额以上批发和零售业商品购、销、存总额（按登记注册类型） …………………（421）
2020年限额以上批发和零售业商品购、销、存总额（按国民经济行业分） ………………（422）
2020年限额以上批发和零售业企业资产及负债 …………………………………………（425）
2020年限额以上批发和零售业企业主要财务指标 ………………………………………（428）
2020年限额以上住宿和餐饮业企业主要财务指标 ………………………………………（436）
2020年限额以上住宿和餐饮业企业资产及负债 …………………………………………（438）

九、物　价

2020年居民消费价格各月同比指数 ………………………………………………………（440）
2020年商品零售价格各月同比指数 ………………………………………………………（464）

十、财政、税收、金融

2020分县（市、区）财政收入 ………………………………………………………………（469）
2020分县（市、区）财政支出 ………………………………………………………………（470）
2020年分县（市、区）税收收入完成情况 …………………………………………………（471）
2020年分县（市、区）分税种收入完成情况 ………………………………………………（472）
2020分县（市、区）金融机构人民币存贷款情况 …………………………………………（474）

十一、外　贸

2020年外贸进出口总值 ……………………………………………………………………（476）
2020年外贸出口分县（市、区）情况 ………………………………………………………（476）
2020年外贸出口结构情况 …………………………………………………………………（477）
2020全市外贸出口市场情况 ………………………………………………………………（477）

2020年分县(市、区)外资情况 …………………………………………………………………… (478)

十二、劳动工资、高新技术

2020年分县(市、区)城镇在岗职工平均工资 …………………………………………………… (481)
2020年四上单位各行业分指标从业人员和工资情况 ……………………………………………… (482)
2020年(I31040-1)分行业大类分指标从业人员和工资情况(全部四上单位同比) ……………… (488)
2020年分行业大类分登记注册类型从业人员期末人数(全部四上单位同比) …………………… (500)
2020年分行业大类分登记注册类型从业人员平均工资(全部四上单位同比) …………………… (518)
2020年分行业大类分登记注册类型从业人员和工资情况(全部四上单位同比) ………………… (560)
2020年分(县、市)规上高新技术产业现价增加值 …………………………………………………… (568)

十三、交通运输与邮电

2020年交通、运输主要指标 ………………………………………………………………………… (570)
2020年民用车辆拥有量 ……………………………………………………………………………… (571)
2020年邮电通信基本情况 …………………………………………………………………………… (572)

十四、文化、教育、卫生、妇女儿童、民政福利

2020年公共图书馆基本情况 ………………………………………………………………………… (574)
2020年文物业基本情况 ……………………………………………………………………………… (580)
2020年教育事业基本情况 …………………………………………………………………………… (584)
2020年分县(市、区)医疗卫生机构、床位、人员数 ………………………………………………… (586)
2020年妇女儿童与社会发展情况 …………………………………………………………………… (588)
2020年婚姻登记情况 ………………………………………………………………………………… (592)
2020年分县(市、区)婚姻登记及收养情况 ………………………………………………………… (593)
2020年收养情况 ……………………………………………………………………………………… (594)

十五、居民收入

2020年城镇常住居民人均收支情况 ………………………………………………………………… (596)
2020年农村常住居民人均收支情况 ………………………………………………………………… (598)

第四部分　黄冈市与全国、全省比较

黄冈市2020年主要经济指标与全国、全省比较 …………………………………………………… (602)

第五部分 2020年黄冈主要经济指标在全省排名

地区生产总值(GDP) …………………………………………………………………… (604)
一产业增加值 …………………………………………………………………………… (604)
二产业增加值 …………………………………………………………………………… (605)
三产业增加值 …………………………………………………………………………… (605)
规模以上工业增加值 …………………………………………………………………… (606)
固定资产投资 …………………………………………………………………………… (606)
地方一般公共预算收入 ………………………………………………………………… (607)
社会消费品零售总额 …………………………………………………………………… (607)
城镇常住居民人均可支配收入 ………………………………………………………… (608)
农村常住居民人均可支配收入 ………………………………………………………… (608)
常住人口 ………………………………………………………………………………… (609)
高新技术产业增加值 …………………………………………………………………… (609)
工业产品销售率 ………………………………………………………………………… (610)
居民消费价格总指数 …………………………………………………………………… (610)
外贸进出口总额 ………………………………………………………………………… (611)
外贸进口总额 …………………………………………………………………………… (611)
外贸出口总额 …………………………………………………………………………… (612)
实际外商直接投资额 …………………………………………………………………… (612)

第六部分 武汉城市圈、沿江城市、全国主要经济指标及县域经济工作考核

2020年武汉城市圈主要经济指标 ……………………………………………………… (614)
2020年长江沿岸中等城市主要经济指标 ……………………………………………… (616)
2020年全国及各省市主要经济指标 …………………………………………………… (618)
县域经济工作考核(第一类县市区) …………………………………………………… (620)
县域经济工作考核(第二类县市区) …………………………………………………… (628)
县域经济工作考核(第三类县市区) …………………………………………………… (636)

第一部分 特 载

资料整理人员:童 靓 左小平

中华人民共和国2020年
国民经济和社会发展统计公报[1]

国家统计局

2021年2月28日

2020年是新中国历史上极不平凡的一年。面对严峻复杂的国际形势、艰巨繁重的国内改革发展稳定任务特别是新冠肺炎疫情的严重冲击,以习近平同志为核心的党中央统揽全局,保持战略定力,准确判断形势,精心谋划部署,果断采取行动,付出艰苦努力,及时作出统筹疫情防控和经济社会发展的重大决策。各地区各部门坚持以习近平新时代中国特色社会主义思想为指导,全面贯彻党的十九大和十九届二中、三中、四中、五中全会精神,按照党中央、国务院决策部署,沉着冷静应对风险挑战,坚持高质量发展方向不动摇,统筹疫情防控和经济社会发展,扎实做好“六稳”工作,全面落实“六保”任务,我国经济运行逐季改善、逐步恢复常态,在全球主要经济体中唯一实现经济正增长,脱贫攻坚战取得全面胜利,决胜全面建成小康社会取得决定性成就,交出一份人民满意、世界瞩目、可以载入史册的答卷。

一、综　　合[2]

初步核算,全年国内生产总值[3]1015986亿元,比上年增长2.3%。其中,第一产业增加值77754亿元,增长3.0%;第二产业增加值384255亿元,增长2.6%;第三产业增加值553977亿元,增长2.1%。第一产业增加值占国内生产总值比重为7.7%,第二产业增加值比重为37.8%,第三产业增加值比重为54.5%。全年最终消费支出拉动国内生产总值下降0.5个百分点,资本形成总额拉动国内生产总值增长2.2个百分点,货物和服务净出口拉动国内生产总值增长0.7个百分点。分季度看,一季度国内生产总值同比下降6.8%,二季度增长3.2%,三季度增长4.9%,四季度增长6.5%。预计全年人均国内生产总值72447元,比上年增长2.0%。国民总收入[4]1009151亿元,比上年增长1.9%。全国万元国内生产总值能耗[5]比上年下降0.1%。预计全员劳动生产率[6]为117746元/人,比上年提高2.5%。

图1　2016-2020年国内生产总值及其增长速度

图2　2016-2020年三次产业增加值占国内生产总值比重

全年城镇新增就业1186万人,比上年少增166万人。年末全国城镇调查失业率为5.2%,城镇登记失业率为4.2%。全国农民工[7]总量28560万人,比上年下降1.8%。其中,外出农民工16959万人,下降

2.7%;本地农民工11601万人,下降0.4%。

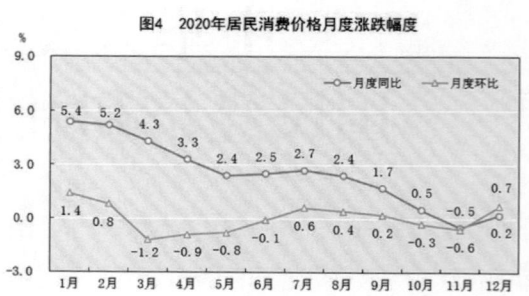

全年居民消费价格比上年上涨2.5%。工业生产者出厂价格下降1.8%。工业生产者购进价格下降2.3%。农产品生产者价格[8]上涨15.0%。12月份,70个大中城市新建商品住宅销售价格同比上涨的城市个数为60个,下降的为10个。

表1　2020年居民消费价格比上年涨跌幅度

单位:%

指标	全国	城市	农村
居民消费价格	2.5	2.3	3.0
其中:食品烟酒	8.3	7.8	9.6
衣　　着	-0.2	-0.2	-0.3
居　　住[9]	-0.4	-0.4	-0.5
生活用品及服务	0.0	0.1	-0.1
交通和通信	-3.5	-3.6	-3.2
教育文化和娱乐	1.3	1.4	1.1
医疗保健	1.8	1.7	2.0
其他用品和服务	4.3	4.4	4.1

年末国家外汇储备32165亿美元,比上年末增加1086亿美元。全年人民币平均汇率为1美元兑6.8974元人民币,比上年升值0.02%。

三大攻坚战取得决定性成就。按照每人每年生活水平2300元(2010年不变价)的现行农村贫困标准计算,551万农村贫困人口全部实现脱贫。党的十八大以来,9899万农村贫困人口全部实现脱贫,贫困县全部摘帽，绝对贫困历史性消除。全年贫困地区[10]农村居民人均可支配收入12588元，比上年增长8.8%，扣除价格因素，实际增长5.6%。在监测的337个地级及以上城市中，全年空气质量达标的城市占59.9%，未达标的城市占40.1%。细颗粒物（$PM_{2.5}$）未达标城市（基于2015年$PM_{2.5}$年平均浓度未达标的262个城市）年平均浓度37微克/立方米，比上年下降7.5%。1940个国家地表水考核断面中，全年水质优良（Ⅰ～Ⅲ类）断面比例为83.4%，Ⅳ类断面比例为13.6%，Ⅴ类断面比例为2.4%，劣Ⅴ类断面比例为0.6%。年末全国地方政府债务余额控制在全国人大批准的限额之内。金融风险处置取得重要阶段性成果。

新产业新业态新模式逆势成长。全年规模以上工业中，高技术制造业[11]增加值比上年增长7.1%，占规模以上工业增加值的比重为15.1%；装备制造业[12]增加值增长6.6%，占规模以上工业增加值的比重为33.7%。全年规模以上服务业[13]中，战略性新兴服务业[14]企业营业收入比上年增长8.3%。全年高技术产业投资[15]比上年增长10.6%。全年新能源汽车产量145.6万辆，比上年增长17.3%；集成电路产量2614.7亿块，增长29.6%。全年网上零售额[16]117601亿元，按可比口径计算，比上年增长10.9%。全年新登记市场主体2502万户，日均新登记企业2.2万户，年末市场主体总数达1.4亿户。

城乡区域协调发展稳步推进。年末常住人口城镇化率超过60%。分区域看[17]，全年东部地区生产总值525752亿元，比上年增长2.9%；中部地区生产总值222246亿元，增长1.3%；西部地区生产总值213292亿元，增长3.3%；东北地区生产总值51125亿元，增长1.1%。全年京津冀地区生产总值86393亿元，比上年增长2.4%；长江经济带地区生产总值471580亿元，增长2.7%；长江三角洲地区生产总值244714亿元，增长3.3%。粤港澳大湾区建设、黄河流域生态保护和高质量发展等区域重大战略深入实施。

二、农　　业

全年粮食种植面积11677万公顷，比上年增加70万公顷。其中，稻谷种植面积3008万公顷，增加38万公顷；小麦种植面积2338万公顷，减少35万公顷；玉米种植面积4126万公顷，减少2万公顷。棉花种植面积317万公顷，减少17万公顷。油料种植面积1313万公顷，增加20万公顷。糖料种植面积157万公顷，减少4万公顷。

全年粮食产量66949万吨，比上年增加565万吨，增产0.9%。其中，夏粮产量14286万吨，增产0.9%；早稻产量2729万吨，增产3.9%；秋粮产量49934万吨，增产0.7%。全年谷物产量61674万吨，比上年增产0.5%。其中，稻谷产量21186万吨，增产1.1%；小麦产量13425万吨，增产0.5%；玉米产量26067万吨，持平略减。

图6　2016-2020年粮食产量

全年棉花产量591万吨，比上年增产0.4%。油料产量3585万吨，增产2.6%。糖料产量12028万吨,减产1.2%。茶叶产量297万吨,增产7.1%。

全年猪牛羊禽肉产量7639万吨,比上年下降0.1%。其中,猪肉产量4113万吨,下降3.3%;牛肉产量672万吨,增长0.8%;羊肉产量492万吨,增长1.0%;禽肉产量2361万吨,增长5.5%。禽蛋产量3468万吨,增长4.8%。牛奶产量3440万吨,增长7.5%。年末生猪存栏40650万头,比上年末增长31.0%;全年生猪出栏52704万头,比上年下降3.2%。

全年水产品产量6545万吨,比上年增长1.0%。其中,养殖水产品产量5215万吨,增长3.0%;捕捞水产品产量1330万吨,下降5.0%。

全年木材产量8727万立方米,比上年下降13.1%。

全年新增耕地灌溉面积43万公顷,新增高效节水灌溉面积160万公顷。

三、工业和建筑业

全年全部工业增加值313071亿元,比上年增长2.4%。规模以上工业增加值增长2.8%。在规模以上工业中,分经济类型看,国有控股企业增加值增长2.2%;股份制企业增长3.0%,外商及港澳台商投资企业增长2.4%;私营企业增长3.7%。分门类看,采矿业增长0.5%,制造业增长3.4%,电力、热力、燃气及水生产和供应业增长2.0%。

图7　2016-2020年全部工业增加值及其增长速度

全年规模以上工业中,农副食品加工业增加值比上年下降1.5%,纺织业增长0.7%,化学原料和化学制品制造业增长3.4%,非金属矿物制品业增长2.8%,黑色金属冶炼和压延加工业增长6.7%,通用设备制造业增长5.1%,专用设备制造业增长6.3%,汽车制造业增长6.6%,电气机械和器材制造业增长8.9%,计算机、通信和其他电子设备制造业增长7.7%,电力、热力生产和供应业增长1.9%。

表2　2020年主要工业产品产量及其增长速度[18]

产品名称	单位	产量	比上年增长(%)
纱	万吨	2618.3	-7.4
布	亿米	460.3	-17.1
化学纤维	万吨	6126.5	4.1
成品糖	万吨	1431.3	3.0
卷烟	亿支	23863.7	0.9
彩色电视机	万台	19626.2	3.3
其中:液晶电视机	万台	19247.2	3.0
家用电冰箱	万台	9014.7	14.0

产品名称	单位	产量	比上年增长(%)
房间空气调节器	万台	21035.3	-3.8
一次能源生产总量	亿吨标准煤	40.8	2.8
原煤	亿吨	39.0	1.4
原油	万吨	19476.9	1.6
天然气	亿立方米	1925.0	9.8
发电量	亿千瓦小时	77790.6	3.7
其中:火电[19]	亿千瓦小时	53302.5	2.1
水电	亿千瓦小时	13552.1	3.9
核电	亿千瓦小时	3662.5	5.1
粗钢	万吨	106476.7	7.0
钢材[20]	万吨	132489.2	10.0
十种有色金属	万吨	6188.4	5.5
其中:精炼铜(电解铜)	万吨	1002.5	2.5
原铝(电解铝)	万吨	3708.0	5.6
水泥	亿吨	24.0	2.5
硫酸(折100%)	万吨	9238.2	1.3
烧碱(折100%)	万吨	3673.9	6.2
乙烯	万吨	2160.0	5.2
化肥(折100%)	万吨	5496.0	-4.1
发电机组(发电设备)	万千瓦	13226.2	38.3
汽车	万辆	2532.5	-1.4
其中:基本型乘用车(轿车)	万辆	923.9	-10.2
运动型多用途乘用车(SUV)	万辆	905.0	2.6
大中型拖拉机	万台	34.6	23.0
集成电路	亿块	2614.7	29.6
程控交换机	万线	702.5	-11.1
移动通信手持机	万台	146961.8	-13.3
微型计算机设备	万台	37800.4	10.6
工业机器人	万台(套)	21.2	20.7

年末全国发电装机容量220058万千瓦,比上年末增长9.5%。其中[21],火电装机容量124517万千瓦,增长4.7%;水电装机容量37016万千瓦,增长3.4%;核电装机容量4989万千瓦,增长2.4%;并网风电装机容量28153万千瓦,增长34.6%;并网太阳能发电装机容量25343万千瓦,增长24.1%。

全年规模以上工业企业利润64516亿元,比上年增长4.1%[22]。分经济类型看,国有控股企业利润14861亿元,比上年下降2.9%;股份制企业45445亿元,增长3.4%,外商及港澳台商投资企业18234亿元,增长7.0%;私营企业20262亿元,增长3.1%。分门类看,采矿业利润3553亿元,比上年下降31.5%;制造业55795亿元,增长7.6%;电力、热力、燃气及水生产和供应业5168亿元,增长4.9%。全年规模以上工业企业每百元营业收入中的成本为83.89元,比上年减少0.11元;营业收入利润率为6.08%,提高0.20个百分点。年末规模以上工业企业资产负债率为56.1%,比上年末下降0.3个百分点。全年全国工业产能利用率[23]为74.5%,其中一、二、三、四季度分别为67.3%、74.4%、76.7%、78.0%。

全年全社会建筑业增加值72996亿元,比上年增长3.5%。全国具有资质等级的总承包和专业承包建筑业企业利润8303亿元,比上年增长0.3%,其中国有控股企业2871亿元,增长4.7%。

图8　2016-2020年建筑业增加值及其增长速度

四、服务业

全年批发和零售业增加值95686亿元,比上年下降1.3%;交通运输、仓储和邮政业增加值41562亿元,增长0.5%;住宿和餐饮业增加值15971亿元,下降13.1%;金融业增加值84070亿元,增长7.0%;房地产业增加值74553亿元,增长2.9%;信息传输、软件和信息技术服务业增加值37951亿元,增长16.9%;租赁和商务服务业增加值31616亿元,下降5.3%。全年规模以上服务业企业营业收入比上年增长1.9%,利润总额下降7.0%。

图9　2016-2020年服务业增加值及其增长速度

全年货物运输总量[24]463亿吨,货物运输周转量196618亿吨公里。全年港口完成货物吞吐量145亿吨,比上年增长4.3%,其中外贸货物吞吐量45亿吨,增长4.0%。港口集装箱吞吐量26430万标准箱,增长1.2%。

表3　2020年各种运输方式完成货物运输量及其增长速度

指标	单位	绝对数	比上年增长(%)
货物运输总量	亿吨	463.4	-0.5
铁路	亿吨	44.6	3.2
公路	亿吨	342.6	-0.3
水运	亿吨	76.2	-3.3
民航	万吨	676.6	-10.2

指标	单位	绝对数	比上年增长(%)
货物运输周转量	亿吨公里	196618.3	-1.0
铁路	亿吨公里	30371.8	1.0
公路	亿吨公里	60171.8	0.9
水运	亿吨公里	105834.4	-2.5
民航	亿吨公里	240.2	-8.7

全年旅客运输总量97亿人次,比上年下降45.1%。旅客运输周转量19251亿人公里,下降45.5%。

表4　2020年各种运输方式完成旅客运输量及其增长速度

指标	单位	绝对数	比上年增长(%)
旅客运输总量	亿人次	96.7	-45.1
铁路	亿人次	22.0	-39.8
公路	亿人次	68.9	-47.0
水运	亿人次	1.5	-45.2
民航	亿人次	4.2	-36.7
旅客运输周转量	亿人公里	19251.4	-45.5
铁路	亿人公里	8266.2	-43.8
公路	亿人公里	4641.0	-47.6
水运	亿人公里	33.0	-58.0
民航	亿人公里	6311.2	-46.1

年末全国民用汽车保有量28087万辆(包括三轮汽车和低速货车748万辆),比上年末增加1937万辆,其中私人汽车保有量24393万辆,增加1758万辆。民用轿车保有量15640万辆,增加996万辆,其中私人轿车保有量14674万辆,增加973万辆。

全年完成邮政行业业务总量[25]21053亿元,比上年增长29.7%。邮政业全年完成邮政函件业务14.2亿件,包裹业务0.2亿件,快递业务量833.6亿件,快递业务收入8795亿元。全年完成电信业务总量[26]136758亿元,比上年增长28.1%。年末全国电话用户总数177598万户,其中移动电话用户159407万户。移动电话普及率为113.9部/百人。固定互联网宽带接入用户[27]48355万户,比上年末增加3427万户,其中固定互联网光纤宽带接入用户[28]45414万户,增加3675万户。全年移动互联网用户接入流量1656亿GB,比上年增长35.7%。年末互联网上网人数9.89亿人,其中手机上网人数[29]9.86亿人。互联网普及率为70.4%,其中农村地区互联网普及率为55.9%。全年软件和信息技术服务业[30]完成软件业务收入81616亿元,按可比口径计算,比上年增长13.3%。

图10　2016-2020年快递业务量及其增长速度

图11　2016-2020年年末固定互联网宽带接入用户数

五、国内贸易

全年社会消费品零售总额391981亿元,比上年下降3.9%。按经营地统计,城镇消费品零售额339119亿元,下降4.0%;乡村消费品零售额52862亿元,下降3.2%。按消费类型统计,商品零售额352453亿元,下降2.3%;餐饮收入额39527亿元,下降16.6%。

图12　2016－2020年社会消费品零售总额[31]

全年限额以上单位商品零售额中,粮油、食品类零售额比上年增长9.9%,饮料类增长14.0%,烟酒类增长5.4%,服装、鞋帽、针纺织品类下降6.6%,化妆品类增长9.5%,金银珠宝类下降4.7%,日用品类增长7.5%,家用电器和音像器材类下降3.8%,中西药品类增长7.8%,文化办公用品类增长5.8%,家具类下降7.0%,通讯器材类增长12.9%,建筑及装潢材料类下降2.8%,石油及制品类下降14.5%,汽车类下降1.8%。

全年实物商品网上零售额97590亿元,按可比口径计算,比上年增长14.8%,占社会消费品零售总额的比重为24.9%,比上年提高4.0个百分点。

六、固定资产投资

全年全社会固定资产投资[32]527270亿元,比上年增长2.7%。其中,固定资产投资(不含农户)518907亿元,增长2.9%。分区域看[33],东部地区投资比上年增长3.8%,中部地区投资增长0.7%,西部地区投资增长4.4%,东北地区投资增长4.3%。

在固定资产投资(不含农户)中,第一产业投资13302亿元,比上年增长19.5%;第二产业投资149154亿元,增长0.1%;第三产业投资356451亿元,增长3.6%。民间固定资产投资[34]289264亿元,增长1.0%。基础设施投资[35]增长0.9%。

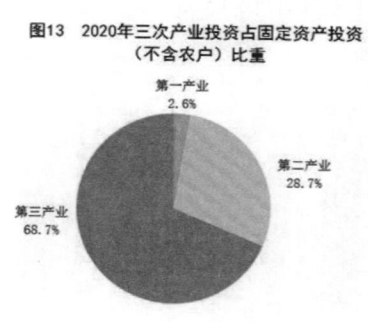

图13　2020年三次产业投资占固定资产投资
(不含农户)比重

表 5　2020 年分行业固定资产投资(不含农户)增长速度

行业	比上年增长(%)	行业	比上年增长(%)
总　计	2.9	金融业	-13.3
农、林、牧、渔业	19.1	房地产业[36]	5.0
采矿业	-14.1	租赁和商务服务业	5.0
制造业	-2.2	科学研究和技术服务业	3.4
电力、热力、燃气及水生产和供应业	17.6	水利、环境和公共设施管理业	0.2
建筑业	9.2	居民服务、修理和其他服务业	-2.9
批发和零售业	-21.5	教育	12.3
交通运输、仓储和邮政业	1.4	卫生和社会工作	26.8
住宿和餐饮业	-5.5	文化、体育和娱乐业	1.0
信息传输、软件和信息技术服务业	18.7	公共管理、社会保障和社会组织	-6.4

表 6　2020 年固定资产投资新增主要生产与运营能力

指标	单位	绝对数
新增 220 千伏及以上变电设备	万千伏安	22288
新建铁路投产里程	公里	4933
其中:高速铁路	公里	2521
增、新建铁路复线投产里程	公里	3380
电气化铁路投产里程	公里	5480
新改建高速公路里程	公里	12713
港口万吨级码头泊位新增通过能力	万吨/年	30562
新增民用运输机场	个	3
新增光缆线路长度	万公里	428

全年房地产开发投资 141443 亿元,比上年增长 7.0%。其中住宅投资 104446 亿元,增长 7.6%;办公楼投资 6494 亿元,增长 5.4%;商业营业用房投资 13076 亿元,下降 1.1%。年末商品房待售面积 49850 万平方米,比上年末增加 29 万平方米。其中,商品住宅待售面积 22379 万平方米,减少 94 万平方米。

全年全国各类棚户区改造开工 209 万套,基本建成 203 万套。全面完成 74.21 万户[37]建档立卡贫困户脱贫攻坚农村危房改造扫尾工程任务。

表 7　2020 年房地产开发和销售主要指标及其增长速度

指标	单位	绝对数	比上年增长(%)
投资额	亿元	141443	7.0
其中:住宅	亿元	104446	7.6
房屋施工面积	万平方米	926759	3.7
其中:住宅	万平方米	655558	4.4
房屋新开工面积	万平方米	224433	-1.2
其中:住宅	万平方米	164329	-1.9

指标	单位	绝对数	比上年增长(%)
房屋竣工面积	万平方米	91218	-4.9
其中:住宅	万平方米	65910	-3.1
商品房销售面积	万平方米	176086	2.6
其中:住宅	万平方米	154878	3.2
本年到位资金	亿元	193115	8.1
其中:国内贷款	亿元	26676	5.7
个人按揭贷款	亿元	29976	9.9

七、对外经济

全年货物进出口总额321557亿元,比上年增长1.9%。其中,出口179326亿元,增长4.0%;进口142231亿元,下降0.7%。货物进出口顺差37096亿元,比上年增加7976亿元。对"一带一路"[38]沿线国家进出口总额93696亿元,比上年增长1.0%。其中,出口54263亿元,增长3.2%;进口39433亿元,下降1.8%。

图14 2016-2020年货物进出口总额

表8 2020年货物进出口总额及其增长速度

指标	金额(亿元)	比上年增长(%)
货物进出口总额	321557	1.9
货物出口额	179326	4.0
其中:一般贸易	106460	6.9
加工贸易	48589	-4.2
其中:机电产品	106608	6.0
高新技术产品	53692	6.5
货物进口额	142231	-0.7
其中:一般贸易	86048	-0.7
加工贸易	27853	-3.2
其中:机电产品	65625	4.8
高新技术产品	47160	7.2
货物进出口顺差	37096	—

表9　2020年主要商品出口数量、金额及其增长速度

商品名称	单位	数量	比上年增长(%)	金额(亿元)	比上年增长(%)
钢材	万吨	5367	-16.5	3151	-14.8
纺织纱线、织物及制品	-	-	-	10695	30.4
服装及衣着附件	-	-	-	9520	-6.0
鞋靴	万双	740137	-22.4	2454	-20.9
家具及其零件	-	-	-	4039	12.2
箱包及类似容器	万吨	201	-34.7	1429	-23.9
玩具	-	-	-	2317	7.7
塑料制品	-	-	-	5902	20.0
集成电路	亿个	2598	18.8	8056	15.0
自动数据处理设备及其零部件	-	-	-	14599	12.0
手机	万台	96640	-2.8	8647	0.4
集装箱	万个	198	-17.9	508	10.5
液晶显示板	万个	126747	-15.9	1370	-7.1
汽车(包括底盘)	万辆	108	-13.2	1090	-3.2

表10　2020年主要商品进口数量、金额及其增长速度

商品名称	单位	数量	比上年增长(%)	金额(亿元)	比上年增长(%)
大豆	万吨	10033	13.3	2743	12.5
食用植物油	万吨	983	3.1	515	17.7
铁矿砂及其精矿	万吨	117010	9.5	8229	17.8
煤及褐煤	万吨	30399	1.5	1411	-12.1
原油	万吨	54239	7.3	12218	-26.8
成品油	万吨	2835	-7.2	818	-30.4
天然气	万吨	10166	5.3	2315	-19.4
初级形状的塑料	万吨	4063	10.1	3628	-1.2
纸浆	万吨	3063	12.7	1088	-7.6
钢材	万吨	2023	64.4	1165	19.8
未锻轧铜及铜材	万吨	668	34.1	2988	33.4
集成电路	亿个	5435	22.1	24207	14.8
汽车(包括底盘)	万辆	93	-11.4	3242	-3.5

表 11　2020 年对主要国家和地区货物进出口金额、增长速度及其比重

国家和地区	出口额（亿元）	比上年增长（％）	占全部出口比重（％）	进口额（亿元）	比上年增长（％）	占全部进口比重（％）
东盟	26550	7.0	14.8	20807	6.9	14.6
欧盟[39]	27084	7.2	15.1	17874	2.6	12.6
美国	31279	8.4	17.4	9319	10.1	6.6
日本	9883	0.1	5.5	12090	2.1	8.5
韩国	7787	1.8	4.3	11957	0.0	8.4
中国香港	18830	-2.2	10.5	482	-22.9	0.3
中国台湾	4163	9.5	2.3	13873	16.2	9.8
巴西	2417	-1.5	1.3	5834	5.8	4.1
俄罗斯	3506	2.1	2.0	3960	-6.1	2.8
印度	4613	-10.5	2.6	1445	16.7	1.0
南非	1055	-7.5	0.6	1422	-20.4	1.0

全年服务进出口总额 45643 亿元，比上年下降 15.7％。其中，服务出口 19357 亿元，下降 1.1％；服务进口 26286 亿元，下降 24.0％。服务进出口逆差 6929 亿元。

全年外商直接投资（不含银行、证券、保险领域）新设立企业 38570 家，比上年下降 5.7％。实际使用外商直接投资金额 10000 亿元，增长 6.2％，折 1444 亿美元，增长 4.5％。其中"一带一路"沿线国家对华直接投资（含通过部分自由港对华投资）新设立企业 4294 家，下降 23.2％；对华直接投资金额 574 亿元，下降 0.3％，折 83 亿美元，下降 1.8％。全年高技术产业实际使用外资 2963 亿元，增长 11.4％，折 428 亿美元，增长 9.5％。

表 12　2020 年外商直接投资（不含银行、证券、保险领域）及其增长速度

行业	企业数（家）	比上年增长（％）	实际使用金额（亿元）	比上年增长（％）
总计	38570	-5.7	10000	6.2
其中：农、林、牧、渔业	493	-0.4	40	4.9
制造业	3732	-30.8	2156	-10.8
电力、热力、燃气及水生产和供应业	260	-11.9	217	-9.4
交通运输、仓储和邮政业	592	0.2	347	12.1
信息传输、软件和信息技术服务业	3521	-18.0	1133	13.3
批发和零售业	10812	-21.9	819	33.3
房地产业	1190	13.3	1407	-12.5
租赁和商务服务业	7513	30.1	1838	22.6
居民服务、修理和其他服务业	447	23.8	21	-42.4

全年对外非金融类直接投资额 7598 亿元，比上年下降 0.4％，折 1102 亿美元，下降 0.4％。其中，对"一带一路"沿线国家非金融类直接投资额 178 亿美元，增长 18.3％。

表 13　2020 年对外非金融类直接投资额及其增长速度

行业	金额(亿美元)	比上年增长(%)
总计	1101.5	-0.4
其中:农、林、牧、渔业	13.9	-9.7
采矿业	50.9	-32.3
制造业	199.7	-0.5
电力、热力、燃气及水生产和供应业	27.8	10.3
建筑业	51.6	-39.4
批发和零售业	160.7	27.8
交通运输、仓储和邮政业	26.5	-52.3
信息传输、软件和信息技术服务业	67.1	9.6
房地产业	27.3	-43.4
租赁和商务服务业	417.9	17.5

全年对外承包工程完成营业额 10756 亿元,比上年下降 9.8%,折 1559 亿美元,下降 9.8%。其中,对“一带一路”沿线国家完成营业额 911 亿美元,下降 7.0%,占对外承包工程完成营业额比重为 58.4%。对外劳务合作派出各类劳务人员 30 万人。

八、财政金融

全年全国一般公共预算收入 182895 亿元,比上年下降 3.9%。其中税收收入 154310 亿元,下降 2.3%。全国一般公共预算支出 245588 亿元,比上年增长 2.8%。全年新增减税降费超过 2.5 万亿元。

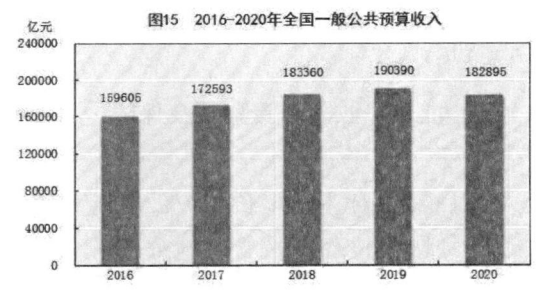

注:图中 2016 年至 2019 年数据为全国一般公共预算收入决算数,2020 年为执行数。

年末广义货币供应量(M_2)余额 218.7 万亿元,比上年末增长 10.1%;狭义货币供应量(M_1)余额 62.6 万亿元,增长 8.6%;流通中货币(M_0)余额 8.4 万亿元,增长 9.2%。

全年社会融资规模增量[40] 34.9 万亿元,按可比口径计算,比上年多 9.2 万亿元;年末社会融资规模存量[41] 284.8 万亿元,按可比口径计算,比上年末增长 13.3%,其中对实体经济发放的人民币贷款余额 171.6万亿元,增长 13.2%。年末全部金融机构本外币各项存款余额 218.4 万亿元,比年初增加 20.2 万亿元,其中人民币各项存款余额 212.6 万亿元,增加 19.6 万亿元。全部金融机构本外币各项贷款余额 178.4 万亿元,增加 19.8 万亿元,其中人民币各项贷款余额 172.7 万亿元,增加 19.6 万亿元。人民币普惠金融贷款[42] 余额 21.5 万亿元,增加 4.2 万亿元。

表14　2020年年末全部金融机构本外币存贷款余额及其增长速度

指标	年末数（亿元）	比上年末增长（%）
各项存款	2183744	10.2
其中：境内住户存款	934383	13.8
其中：人民币	925986	13.9
境内非金融企业存款	688218	10.8
各项贷款	1784034	12.5
其中：境内短期贷款	492682	4.3
境内中长期贷款	1137504	17.1

年末主要农村金融机构（农村信用社、农村合作银行、农村商业银行）人民币贷款余额215886亿元，比年初增加25210亿元。全部金融机构人民币消费贷款余额495668亿元，增加55994亿元。其中，个人短期消费贷款余额87774亿元，增加7177亿元；个人中长期消费贷款余额407894亿元，增加48817亿元。

全年沪深交易所A股累计筹资[43]15417亿元，比上年增加1883亿元。首次公开发行上市A股394只，筹资4742亿元，比上年增加2252亿元，其中科创板股票145只，筹资2226亿元；A股再融资（包括公开增发、定向增发、配股、优先股、可转债转股）10674亿元，减少370亿元。全年各类主体通过沪深交易所发行债券（包括公司债、可转债、可交换债、政策性金融债、地方政府债和企业资产支持证券）筹资84777亿元，比上年增加12791亿元。全国中小企业股份转让系统[44]挂牌公司8187家，全年挂牌公司累计股票筹资339亿元。

全年发行公司信用类债券[45]14.2万亿元，比上年增加3.5万亿元。

全年保险公司原保险保费收入[46]45257亿元，比上年增长6.1%。其中，寿险业务原保险保费收入23982亿元，健康险和意外伤害险业务原保险保费收入9347亿元，财产险业务原保险保费收入11929亿元。支付各类赔款及给付13907亿元。其中，寿险业务给付3715亿元，健康险和意外伤害险业务赔款及给付3237亿元，财产险业务赔款6955亿元。

九、居民收入消费和社会保障

全年全国居民人均可支配收入32189元，比上年增长4.7%，扣除价格因素，实际增长2.1%。全国居民人均可支配收入中位数[47]27540元，增长3.8%。按常住地分，城镇居民人均可支配收入43834元，比上年增长3.5%，扣除价格因素，实际增长1.2%。城镇居民人均可支配收入中位数40378元，增长2.9%。农村居民人均可支配收入17131元，比上年增长6.9%，扣除价格因素，实际增长3.8%。农村居民人均可支配收入中位数15204元，增长5.7%。城乡居民人均可支配收入比值为2.56，比上年缩小0.08。按全国居民五等份收入分组[48]，低收入组人均可支配收入7869元，中间偏下收入组人均可支配收入16443元，中间收入组人均可支配收入26249元，中间偏上收入组人均可支配收入41172元，高收入组人均可支配收入80294元。全国农民工人均月收入4072元，比上年增长2.8%。

全年全国居民人均消费支出21210元，比上年下降1.6%，扣除价格因素，实际下降4.0%。其中，人均服务性消费支出[49]9037元，比上年下降8.6%，占居民人均消费支出的比重为42.6%。按常住地分，城镇居民人均消费支出27007元，下降3.8%，扣除价格因素，实际下降6.0%；农村居民人均消费支出13713元，增长2.9%，扣除价格因素，实际下降0.1%。全国居民恩格尔系数为30.2%，其中城镇为29.2%，农村为32.7%。

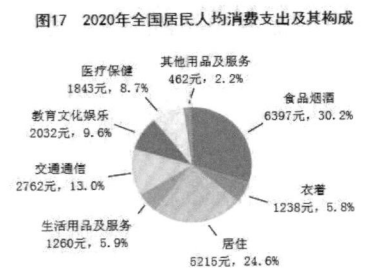

年末全国参加城镇职工基本养老保险人数45638万人，比上年末增加2150万人。参加城乡居民基本养老保险人数54244万人，增加978万人。参加基本医疗保险人数136101万人，增加693万人。其中，参加职工基本医疗保险人数34423万人，增加1498万人；参加城乡居民基本医疗保险人数101678万人。参加失业保险人数21689万人，增加1147万人。年末全国领取失业保险金人数270万人。参加工伤保险人数26770万人，增加1291万人，其中参加工伤保险的农民工8934万人，增加318万人。参加生育保险人数23546万人，增加2129万人。年末全国共有805万人享受城市最低生活保障，3621万人享受农村最低生活保障，447万人享受农村特困人员[50]救助供养，全年临时救助[51]1341万人次。全年资助8990万人参加基本医疗保险，实施直接救助[52]7300万人次。全年国家抚恤、补助退役军人和其他优抚对象837万人。

年末全国共有各类提供住宿的社会服务机构4.1万个，其中养老机构3.8万个，儿童服务机构735个。社会服务床位[53]850.9万张，其中养老服务床位823.8万张，儿童服务床位9.8万张。年末共有社区服务中心2.9万个，社区服务站39.3万个。

十、科学技术和教育

全年研究与试验发展（R&D）经费支出24426亿元，比上年增长10.3%，与国内生产总值之比为2.40%，其中基础研究经费1504亿元。国家科技重大专项共安排198个项目（课题），国家自然科学基金共资助4.57万个项目。截至年末，正在运行的国家重点实验室522个，国家工程研究中心（国家工程实验室）350个，国家企业技术中心1636家，大众创业万众创新示范基地212家。国家级科技企业孵化器[54]1173家，国家备案众创空间[55]2386家。全年授予专利权363.9万件，比上年增长40.4%；PCT专利申请受理量[56]7.2万件。截至年末，有效专利1219.3万件，其中境内有效发明专利221.3万件，预计每万人口发明专利拥有量15.8件。全年商标注册576.1万件，比上年下降10.1%。全年共签订技术合同55万项，技术合同成交金额28252亿元，比上年增长26.1%。

表15　2020年专利授权和有效专利情况

指标	专利数(万件)	比上年增长(%)
专利授权数	363.9	40.4
其中:境内专利授权	350.4	42.6
其中:发明专利授权	53.0	17.1
其中:境内发明专利	43.4	22.5
年末有效专利数	1219.3	25.4
其中:境内有效专利	1111.5	27.9
其中:有效发明专利	305.8	14.5
其中:境内有效发明专利	221.3	18.8

全年成功完成35次宇航发射。嫦娥五号发射成功,首次完成我国月表采样返回。我国首次火星探测任务"天问一号"探测器成功发射。500米口径球面射电望远镜(FAST)正式开放运行。北斗三号全球卫星导航系统正式开通。量子计算原型系统"九章"成功研制。全海深载人潜水器"奋斗者"号完成万米深潜。

年末全国共有国家质检中心852家。全国现有产品质量、体系和服务认证机构724个,累计完成对79万家企业的认证。全年制定、修订国家标准2252项,其中新制定1584项。全年制造业产品质量合格率[57]为93.39%。

全年研究生教育招生110.7万人,在学研究生314.0万人,毕业生72.9万人。普通本专科招生967.5万人,在校生3285.3万人,毕业生797.2万人。中等职业教育[58]招生644.7万人,在校生1663.4万人,毕业生484.9万人。普通高中招生876.4万人,在校生2494.5万人,毕业生786.5万人。初中招生1632.1万人,在校生4914.1万人,毕业生1535.3万人。普通小学招生1808.1万人,在校生10725.4万人,毕业生1640.3万人。特殊教育招生14.9万人,在校生88.1万人,毕业生12.1万人。学前教育在园幼儿4818.3万人。九年义务教育巩固率为95.2%,高中阶段毛入学率为91.2%。

图19　2016-2020年普通本专科、中等职业教育及普通高中招生人数

十一、文化旅游、卫生健康和体育

年末全国文化和旅游系统共有艺术表演团体2027个,博物馆3510个。全国共有公共图书馆3203个,总流通[59]56953万人次;文化馆3327个。有线电视实际用户2.10亿户,其中有线数字电视实际用户2.01亿户。年末广播节目综合人口覆盖率为99.4%,电视节目综合人口覆盖率为99.6%。全年生产电视剧202部7476集,电视动画片116688分钟。全年生产故事影片531部,科教、纪录、动画和特种影片[60]119部。出版各类报纸277亿份,各类期刊20亿册,图书101亿册(张),预计人均图书拥有量[61]7.24册

(张)。年末全国共有档案馆4234个,已开放各类档案17659万卷(件)。全年全国规模以上文化及相关产业企业营业收入98514亿元,按可比口径计算,比上年增长2.2%。

全年国内游客28.8亿人次,比上年下降52.1%。其中,城镇居民游客20.7亿人次,下降53.8%;农村居民游客8.1亿人次,下降47.0%。国内旅游收入22286亿元,下降61.1%。其中,城镇居民游客花费17967亿元,下降62.2%;农村居民游客花费4320亿元,下降55.7%。

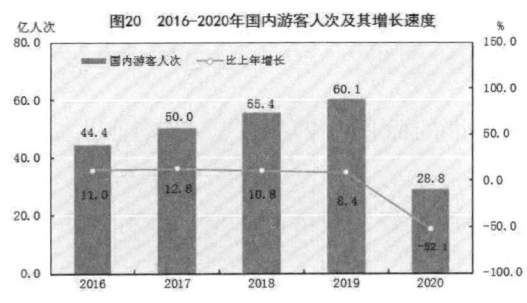

图20 2016-2020年国内游客人次及其增长速度

图21 2016-2020年年末卫生技术人员人数

年末全国共有医疗卫生机构102.3万个,其中医院3.5万个,在医院中有公立医院1.2万个,民营医院2.4万个;基层医疗卫生机构97.1万个,其中乡镇卫生院3.6万个,社区卫生服务中心(站)3.5万个,门诊部(所)29.0万个,村卫生室61.0万个;专业公共卫生机构1.4万个,其中疾病预防控制中心3384个,卫生监督所(中心)2736个。年末卫生技术人员1066万人,其中执业医师和执业助理医师408万人,注册护士471万人。医疗卫生机构床位911万张,其中医院713万张,乡镇卫生院139万张。全年总诊疗人次[62]78.2亿人次,出院人数[63]2.3亿人。截至年末,全国累计报告新型冠状病毒肺炎确诊病例87071例,累计治愈出院病例82067例,累计死亡4634人。全国共有8177家医疗卫生机构提供新型冠状病毒核酸检测服务,总检测能力达到1153万份/天。

年末全国共有体育场地[64]371.3万个,体育场地面积[65]31.0亿平方米,预计人均体育场地面积2.20平方米。全年我国运动员在3个运动大项中获得4个世界冠军,共创1项世界纪录[56]。全年我国残疾人运动员在6项国际赛事中获得24个世界冠军[67]。全年全国7岁及以上人口中经常参加体育锻炼人数比例[68]达37.2%。

十二、资源、环境和应急管理

全年全国国有建设用地供应总量[69]65.8万公顷,比上年增长5.5%。其中,工矿仓储用地16.7万公顷,增长13.6%;房地产用地[70]15.5万公顷,增长9.3%;基础设施用地33.7万公顷,增长0.3%。

全年水资源总量30963亿立方米。

全年完成造林面积677万公顷,其中人工造林面积289万公顷,占全部造林面积的42.7%。种草改良面积[71]283万公顷。截至年末,国家级自然保护区474个。新增水土流失治理面积6.0万平方公里。

初步核算,全年能源消费总量49.8亿吨标准煤,比上年增长2.2%。煤炭消费量增长0.6%,原油消费量增长3.3%,天然气消费量增长7.2%,电力消费量增长3.1%。煤炭消费量占能源消费总量的56.8%,比上年下降0.9个百分点;天然气、水电、核电、风电等清洁能源消费量占能源消费总量的24.3%,上升1.0个百分点。重点耗能工业企业单位电石综合能耗下降2.1%,单位合成氨综合能耗上升0.3%,吨钢综合能耗下降0.3%,单位电解铝综合能耗下降1.0%,每千瓦时火力发电标准煤耗下降0.6%。全国万元国内生产总值二氧化碳排放下降1.0%。

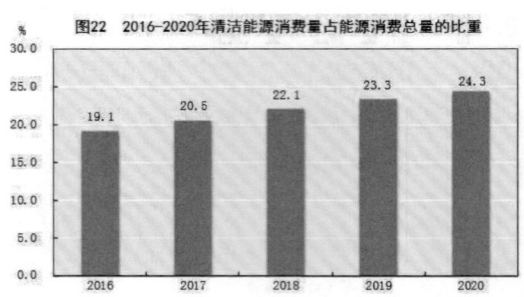

全年近岸海域海水水质[72]达到国家一、二类海水水质标准的面积占77.4%,三类海水占7.7%,四类、劣四类海水占14.9%。

在开展城市区域声环境监测的324个城市中,全年声环境质量好的城市占4.3%,较好的占66.4%,一般的占28.7%,较差的占0.6%。

全年平均气温为10.25℃,比上年下降0.09℃。共有5个台风登陆。

全年农作物受灾面积1996万公顷,其中绝收271万公顷。全年因洪涝和地质灾害造成直接经济损失2686亿元,因旱灾造成直接经济损失249亿元,因低温冷冻和雪灾造成直接经济损失154亿元,因海洋灾害造成直接经济损失8亿元。全年大陆地区共发生5.0级以上地震20次,成灾5次,造成直接经济损失约18亿元。全年共发生森林火灾1153起,受害森林面积约0.9万公顷。

全年各类生产安全事故共死亡27412人。工矿商贸企业就业人员10万人生产安全事故死亡人数1.301人,比上年下降11.7%;煤矿百万吨死亡人数0.059人,下降28.9%。道路交通事故万车死亡人数1.66人,下降7.8%。

注释:

[1]本公报中数据均为初步统计数。各项统计数据均未包括香港特别行政区、澳门特别行政区和台湾省。部分数据因四舍五入的原因,存在总计与分项合计不等的情况。

[2]2020年开展第七次全国人口普查,相关数据拟于2021年4月份发布,公报中不再单独发布人口和就业人员相关数据。公报中涉及的人均指标根据人口预计数计算得到。

[3]国内生产总值、三次产业及相关行业增加值、地区生产总值、人均国内生产总值和国民总收入绝对数按现价计算,增长速度按不变价格计算。

[4]国民总收入,原称国民生产总值,是指一个国家或地区所有常住单位在一定时期内所获得的初次分配收入总额,等于国内生产总值加上来自国外的初次分配收入净额。

[5]万元国内生产总值能耗按2015年价格计算。

[6]全员劳动生产率为国内生产总值(按2015年价格计算)与全部就业人员的比率。2020年就业人员数据为预计数。

[7]年度农民工数量包括年内在本乡镇以外从业6个月及以上的外出农民工和在本乡镇内从事非农产业6个月及以上的本地农民工。

[8]农产品生产者价格是指农产品生产者直接出售其产品时的价格。

[9]居住类价格包括租赁房房租、住房保养维修及管理、水电燃料等价格。

[10]贫困地区包括集中连片特困地区和片区外的国家扶贫开发工作重点县,原共有832个县。2017

年开始将新疆阿克苏地区纳入贫困监测范围。

[11]高技术制造业包括医药制造业,航空、航天器及设备制造业,电子及通信设备制造业,计算机及办公设备制造业,医疗仪器设备及仪器仪表制造业,信息化学品制造业。

[12]装备制造业包括金属制品业,通用设备制造业,专用设备制造业,汽车制造业,铁路、船舶、航空航天和其他运输设备制造业,电气机械和器材制造业,计算机、通信和其他电子设备制造业,仪器仪表制造业。

[13]规模以上服务业统计范围包括:年营业收入2000万元及以上的交通运输、仓储和邮政业,信息传输、软件和信息技术服务业,水利、环境和公共设施管理业,卫生行业法人单位;年营业收入1000万元及以上的房地产业(不含房地产开发经营),租赁和商务服务业,科学研究和技术服务业,教育行业法人单位;以及年营业收入500万元及以上的居民服务、修理和其他服务业,文化、体育和娱乐业,社会工作行业法人单位。

[14]战略性新兴服务业包括新一代信息技术产业,高端装备制造产业,新材料产业,生物产业,新能源汽车产业,新能源产业,节能环保产业和数字创意产业等八大产业中的服务业相关行业,以及新技术与创新创业等相关服务业。2020年战略性新兴服务业企业营业收入增速按可比口径计算。

[15]高技术产业投资包括医药制造、航空航天器及设备制造等六大类高技术制造业投资和信息服务、电子商务服务等九大类高技术服务业投资。

[16]网上零售额是指通过公共网络交易平台(主要从事实物商品交易的网上平台,包括自建网站和第三方平台)实现的商品和服务零售额。

[17]东部地区是指北京、天津、河北、上海、江苏、浙江、福建、山东、广东和海南10省(市);中部地区是指山西、安徽、江西、河南、湖北和湖南6省;西部地区是指内蒙古、广西、重庆、四川、贵州、云南、西藏、陕西、甘肃、青海、宁夏和新疆12省(区、市);东北地区是指辽宁、吉林和黑龙江3省。

[18]2019年部分产品产量数据进行了核实调整,2020年产量增速按可比口径计算。

[19]火电包括燃煤发电量,燃油发电量,燃气发电量,余热、余压、余气发电量,垃圾焚烧发电量,生物质发电量。

[20]钢材产量数据中含企业之间重复加工钢材约30566万吨。

[21]少量发电装机容量(如地热等)公报中未列出。

[22]由于统计调查制度规定的口径调整、统计执法、剔除重复数据等因素,2020年规模以上工业企业财务指标增速及变化按可比口径计算。

[23]产能利用率是指实际产出与生产能力(均以价值量计量)的比率。企业的实际产出是指企业报告期内的工业总产值;企业的生产能力是指报告期内,在劳动力、原材料、燃料、运输等保证供给的情况下,生产设备(机械)保持正常运行,企业可实现并能长期维持的产品产出。

[24]货物运输总量及周转量包括铁路、公路、水路和民航四种运输方式完成量,2020年增速按可比口径计算。因新组建国家管网集团,部分油气运输管线统计归口发生变化等原因,管道运输相关数据尚在核实。

[25]邮政行业业务总量按2010年价格计算。

[26]电信业务总量按2015年价格计算。

[27]固定互联网宽带接入用户是指报告期末在电信企业登记注册,通过xDSL、FTTx+LAN、FTTH/O

以及其他宽带接入方式和普通专线接入公众互联网的用户。

[28]固定互联网光纤宽带接入用户是指报告期末在电信企业登记注册,通过FTTH或FTTO方式接入公众互联网的用户。

[29]手机上网人数是指过去半年通过手机接入并使用互联网的人数。

[30]软件和信息技术服务业包括软件开发,集成电路设计,信息系统集成和物联网技术服务,运行维护服务,信息处理和存储支持服务,信息技术咨询服务,数字内容服务和其他信息技术服务等行业。

[31]根据第四次全国经济普查结果及有关制度规定,对2016－2019年社会消费品零售总额数据进行了修订。

[32]根据第四次全国经济普查、统计执法检查、统计调查方法改革和制度规定,对2019年固定资产投资数据进行修订,2020年增速按可比口径计算。

[33]见注释[17]。

[34]民间固定资产投资是指具有集体、私营、个人性质的内资调查单位以及由其控股(包括绝对控股和相对控股)的调查单位建造或购置固定资产的投资。

[35]基础设施投资包括交通运输、邮政业,电信、广播电视和卫星传输服务业,互联网和相关服务业,水利、环境和公共设施管理业投资。

[36]房地产业投资除房地产开发投资外,还包括建设单位自建房屋以及物业管理、中介服务和其他房地产投资。

[37]数据包括2019年全国64.16万户建档立卡贫困户存量危房和脱贫攻坚"回头看"排查新增的10.05万户建档立卡贫困户危房。

[38]"一带一路"是指"丝绸之路经济带"和"21世纪海上丝绸之路"。

[39]对欧盟的货物进出口金额不包括英国数据,增速按可比口径计算。

[40]社会融资规模增量是指一定时期内实体经济从金融体系获得的资金总额。

[41]社会融资规模存量是指一定时期末(月末、季末或年末)实体经济(境内非金融企业和个人)从金融体系获得的资金余额。

[42]普惠金融贷款包括单户授信小于1000万元的小微型企业贷款、个体工商户经营性贷款、小微企业主经营性贷款、农户生产经营贷款、建档立卡贫困人口消费贷款、创业担保贷款和助学贷款。

[43]沪深交易所股票筹资额按上市日统计,筹资额包括了可转债实际转股金额,2019年、2020年可转债实际转股金额分别为995亿元和1195亿元。

[44]全国中小企业股份转让系统又称"新三板",是2012年经国务院批准的全国性证券交易场所。全年全国中小企业股份转让系统挂牌公司累计筹资不含优先股,股票筹资按发行报告书的披露日统计。

[45]公司信用类债券包括非金融企业债务融资工具、企业债券以及公司债、可转债等。

[46]原保险保费收入是指保险企业确认的原保险合同保费收入。

[47]人均收入中位数是指将所有调查户按人均收入水平从低到高(或从高到低)顺序排列,处于最中间位置调查户的人均收入。

[48]全国居民五等份收入分组是指将所有调查户按人均收入水平从低到高顺序排列,平均分为五个等份,处于最低20%的收入家庭为低收入组,依此类推依次为中间偏下收入组、中间收入组、中间偏上收入组、高收入组。

[49]服务性消费支出是指住户用于餐饮服务、教育文化娱乐服务和医疗服务等各种生活服务的消费支出。

[50]农村特困人员是指无劳动能力,无生活来源,无法定赡养、抚养、扶养义务人或者其法定义务人无履行义务能力的农村老年人、残疾人以及未满16周岁的未成年人。

[51]临时救助是指国家对遭遇突发事件、意外伤害、重大疾病或其他特殊原因导致基本生活陷入困境,其他社会救助制度暂时无法覆盖或救助之后基本生活暂时仍有严重困难的家庭或个人给予的应急性、过渡性的救助。

[52]包括医保部门实施的住院救助、门诊救助和其他有关部门实施的直接救助。

[53]社会服务床位数除收养性机构外,还包括救助类机构、社区类机构的床位。

[54]国家级科技企业孵化器是指符合《科技企业孵化器管理办法》规定的,以促进科技成果转化、培育科技企业和企业家精神为宗旨,提供物理空间、共享设施和专业化服务的科技创业服务机构,且经过科技部批准确定的科技企业孵化器。

[55]国家备案众创空间是指符合《发展众创空间工作指引》规定的新型创新创业服务平台,且按照《国家众创空间备案暂行规定》经科技部审核备案的众创空间。

[56]PCT专利申请受理量是指国家知识产权局作为PCT专利申请受理局受理的PCT专利申请数量。PCT(Patent Cooperation Treaty)即专利合作条约,是专利领域的一项国际合作条约。

[57]制造业产品质量合格率是指以产品质量检验为手段,按照规定的方法、程序和标准实施质量抽样检测,判定为质量合格的样品数占全部抽样样品数的百分比,统计调查样本覆盖制造业的29个行业。

[58]中等职业教育包括普通中专、成人中专、职业高中和技工学校。

[59]总流通人次是指本年度内到图书馆场馆接受图书馆服务的总人次,包括借阅书刊、咨询问题以及参加各类读者活动等。

[60]特种影片是指采用与常规影院放映在技术、设备、节目方面不同的电影展示方式,如巨幕电影、立体电影、立体特效(4D)电影、动感电影、球幕电影等。

[61]人均图书拥有量是指在一年内全国平均每人能拥有的当年出版图书册数。

[62]总诊疗人次是指所有诊疗工作的总人次数,包括门诊、急诊、出诊、预约诊疗、单项健康检查、健康咨询指导(不含健康讲座)人次。

[63]出院人数是指报告期内所有住院后出院的人数,包括医嘱离院、医嘱转其他医疗机构、非医嘱离院、死亡及其他人数,不含家庭病床撤床人数。

[64]体育场地调查对象不包括军队、铁路系统所属体育场地。

[65]体育场地面积是指体育训练、比赛、健身场地的有效面积。

[66]受新型冠状病毒肺炎疫情影响,2020年国际级体育赛事大幅减少,我国运动员获世界冠军数和创世界纪录数比往年有所减少。

[67]2020年1-3月份的国际赛事数据(受新型冠状病毒肺炎疫情影响,2020年4月份以后停止参加国际赛事)。

[68]经常参加体育锻炼人数比例来源于2020年全民健身活动状况调查。经常参加体育锻炼的人是指每周参加体育锻炼频度3次及以上,每次体育锻炼持续时间30分钟及以上,每次体育锻炼的运动强度达到中等及以上的人。

［69］国有建设用地供应总量是指报告期内市、县人民政府根据年度土地供应计划依法以出让、划拨、租赁等方式与用地单位或个人签订出让合同或签发划拨决定书、完成交易的国有建设用地总量。

［70］房地产用地是指商服用地和住宅用地的总和。

［71］种草改良面积是指通过实施播种、栽种等措施增加牧草数量的面积以及通过压盐压碱压沙、土壤改良、围栏封育等措施使草原原生植被、生态得到改善的面积之和。

［72］近岸海域海水水质采用面积法进行评价。

资料来源：

本公报中城镇新增就业、城镇登记失业率、社会保障、技工学校数据来自人力资源和社会保障部；外汇储备、汇率数据来自国家外汇管理局；环境监测、万元国内生产总值二氧化碳排放等数据来自生态环境部；财政数据来自财政部；市场主体、质量检验、国家标准制定修订、制造业产品质量合格率数据来自国家市场监督管理总局；水产品产量、新增高效节水灌溉面积数据来自农业农村部；木材产量、造林面积、种草改良面积、国家级自然保护区数据来自国家林业和草原局；新增耕地灌溉面积、水资源总量、新增水土流失治理面积数据来自水利部；发电装机容量、新增220千伏及以上变电设备、电力消费量数据来自中国电力企业联合会；港口货物吞吐量、港口集装箱吞吐量、公路运输、水运、新改建高速公路里程、港口万吨级码头泊位新增通过能力数据来自交通运输部；铁路运输、新建铁路投产里程、增新建铁路复线投产里程、电气化铁路投产里程数据来自中国国家铁路集团有限公司；民航、新增民用运输机场数据来自中国民用航空局；民用汽车、道路交通事故数据来自公安部；邮政业务数据来自国家邮政局；通信业、软件业务收入、新增光缆线路长度等数据来自工业和信息化部；互联网上网人数、互联网普及率数据来自中国互联网络信息中心；棚户区改造、建档立卡贫困户脱贫攻坚农村危房改造数据来自住房和城乡建设部；货物进出口数据来自海关总署；服务进出口、外商直接投资、对外直接投资、对外承包工程、对外劳务合作等数据来自商务部；减税降费数据来自国家税务总局；货币金融、公司信用类债券数据来自中国人民银行；境内交易场所筹资数据来自中国证券监督管理委员会；保险业数据来自中国银行保险监督管理委员会；医疗保险、生育保险、资助参加基本医疗保险、实施直接救助数据来自国家医疗保障局；城乡低保、农村特困人员救助供养、临时救助、社会服务数据来自民政部；优抚对象数据来自退役军人事务部；国家科技重大专项、国家重点实验室、国家级科技企业孵化器、国家备案众创空间、技术合同等数据来自科学技术部；国家自然科学基金资助项目数据来自国家自然科学基金委员会；国家工程研究中心（国家工程实验室）、国家企业技术中心、大众创业万众创新示范基地等数据来自国家发展和改革委员会；专利、商标数据来自国家知识产权局；宇航发射数据来自国家国防科技工业局；教育数据来自教育部；艺术表演团体、博物馆、公共图书馆、文化馆、旅游数据来自文化和旅游部；电视、广播数据来自国家广播电视总局；电影数据来自国家电影局；报纸、期刊、图书数据来自国家新闻出版署；档案数据来自国家档案局；医疗卫生数据来自国家卫生健康委员会；体育数据来自国家体育总局；残疾人运动员数据来自中国残疾人联合会；国有建设用地供应、海洋灾害造成直接经济损失数据来自自然资源部；平均气温、台风登陆数据来自中国气象局；农作物受灾面积、洪涝和地质灾害造成直接经济损失、旱灾造成直接经济损失、低温冷冻和雪灾造成直接经济损失、森林火灾、受害森林面积、生产安全事故数据来自应急管理部；地震次数、地震灾害造成直接经济损失数据来自中国地震局；其他数据均来自国家统计局。

湖北省 2020 年国民经济和社会发展统计公报

湖北省统计局　国家统计局湖北调查总队

2020 年是新中国成立以来湖北历史上极不平凡、极不容易、极其难忘的一年。在以习近平同志为核心的党中央坚强领导下,全省上下众志成城、万众一心、攻坚克难,全力打好战疫、战洪、战贫三场硬仗,稳住了经济基本盘,兜住了民生底线,守牢了社会稳定底线,夺取了统筹疫情防控和经济社会发展的"双胜利",全年经济在巨大的困难挑战面前实现复苏向好发展,交出了一份让全省人民引以为豪的英雄答卷。

一、综合

2020 年,全省完成生产总值 43443.46 亿元,比上年下降 5.0%。其中,第一产业完成增加值 4131.91 亿元,按不变价计算与上年持平;第二产业完成增加值 17023.90 亿元,下降 7.4%;第三产业完成增加值 22287.65 亿元,下降 3.8%。三次产业结构由 2019 年的 8.4:41.2:50.4 调整为 9.85:39.2:51.3。在第三产业中,金融业、其他服务业增加值分别增长 6.3% 和 3.2%。交通运输仓储和邮政业、批发和零售业、住宿和餐饮业、房地产业增加值分别下降 16.5%、12.1%、23.7%、8.7%。

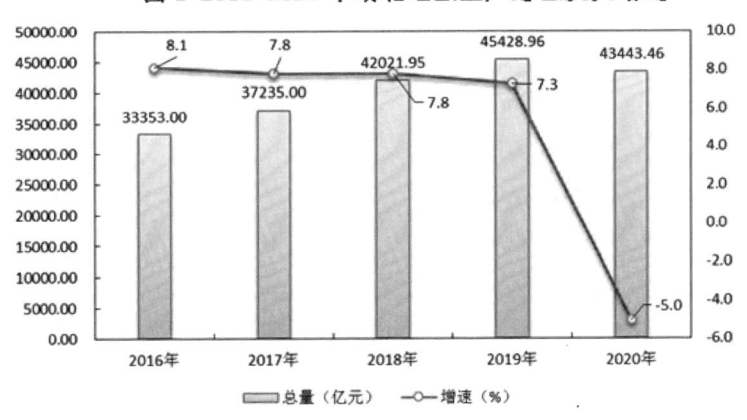

图 1　2016-2020 年湖北地区生产总值及其增速

价格运行保持平稳。全省居民消费价格上涨 2.7%,涨幅比上年回落 0.4 个百分点。其中,城市上涨 2.5%,农村上涨 3.5%。分类别看,八大类商品及服务价格"五涨三降"。其中,食品烟酒价格上涨 9.3%,衣着价格下降 0.3%,居住价格下降 0.8%,生活用品及服务价格上涨 0.1%,交通和通信价格下降 3.5%,教育文化和娱乐价格上涨 0.9%,医疗保健价格上涨 2.2%,其他用品和服务价格上涨 4.8%。全省工业生产者出厂价格下降 0.9%,工业生产者购进价格下降 1.6%。

市场主体不断发展。全省新登记市场主体 73.10 万户,其中,新登记私营企业 22.62 万户,新登记个体工商户 49.13 万户。

就业形势基本稳定。全省城镇新增就业 75.18 万人,超额完成全年目标任务。年末全省城镇登记失业率为 3.35%。

图 2 2016-2020 年湖北城镇新增就业人数

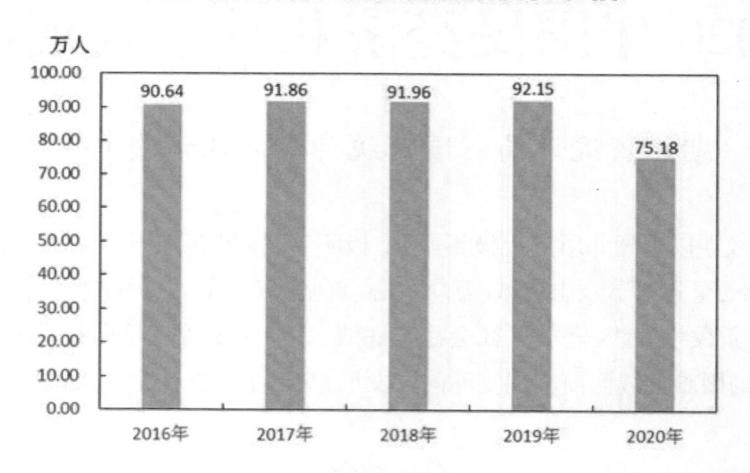

年份	2016年	2017年	2018年	2019年	2020年
万人	90.64	91.86	91.96	92.15	75.18

劳动生产率保持平稳。全省全员劳动生产率预计为12.19万元/人,比上年下降5.2%。

脱贫攻坚成效明显。按照每人每年2300元(2010年不变价)的国家贫困线标准,5.8万剩余贫困人口全部脱贫,贫困县全部摘帽,绝对贫困历史性消除。全年贫困地区农村居民人均可支配收入13075元,比上年增长1.6%。

图 3 2016-2020 年末湖北减贫人口数

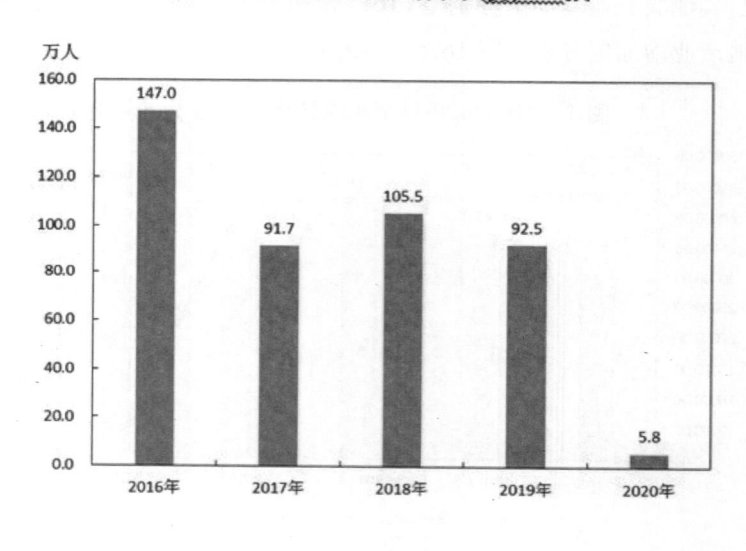

年份	2016年	2017年	2018年	2019年	2020年
万人	147.0	91.7	105.5	92.5	5.8

二、农业

全年全省农林牧渔业增加值4358.69亿元,按可比价格计算,比上年增长0.3%。

粮食产能保持稳定。全省粮食总产量2727.43万吨,增长0.1%,连续8年稳定在500亿斤以上;种植面积4645.27千公顷,增长0.8%。

特色优势经济作物保持增长。油料产量344.45万吨,增长9.7%;茶叶产量36.08万吨,增长2.4%;园林水果产量716.38万吨,增长8.4%。

畜类生产有所下降,禽类养殖保持稳定。生猪出栏2631.12万头,下降17.5%;牛出栏101.96万头,下降6.9%;羊出栏532.68万只,下降13.5%;家禽出笼59325.84万只,下降0.1%;禽蛋产量193.09万吨,增长8.0%。

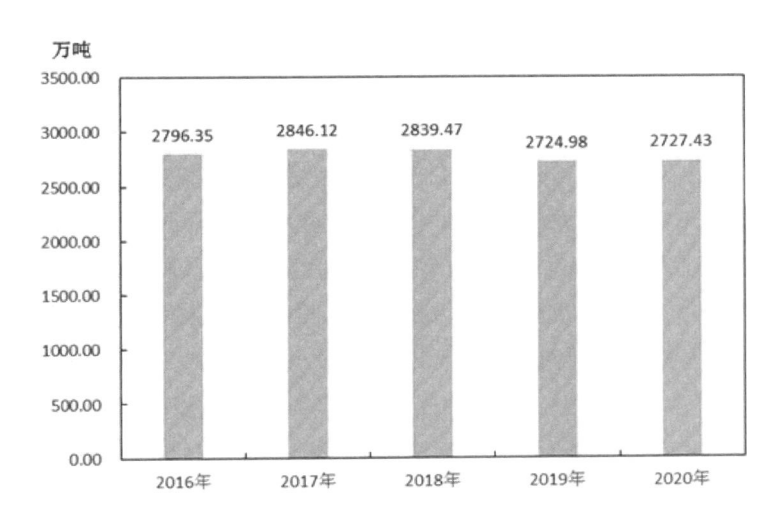

图4 2016-2020年湖北粮食产量

年份	产量(万吨)
2016年	2796.35
2017年	2846.12
2018年	2839.47
2019年	2724.98
2020年	2727.43

水产品生产形势趋稳,渔业生产基本持平。水产品总产量467.88万吨,微降0.4%。

表1 2020年全省主要农产品产量

单位:万吨

产品名称	产量	比上年增长(%)
粮食	2727.43	0.1
棉花	10.79	-24.9
油料	344.45	9.7
#油菜籽	241.06	14.1
茶叶	36.08	2.4
园林水果(不含果用瓜)	716.38	8.4
蔬菜及食用菌	4119.37	0.8

三、工业和建筑业

年末全省规模以上工业企业达到15769家。全年全省规模以上工业增加值下降6.1%。分经济类型看,国有及国有控股企业下降1.6%;集体企业下降12.4%;股份合作企业下降31.9%;股份制企业下降6.2%;外商及港澳台投资企业下降6.7%;其他经济类型企业下降9.3%。轻工业下降7.2%;重工业下降5.6%。分门类看,采矿业下降16.0%,制造业下降6.2%,电力、热力、燃气及水生产和供应业下降2.5%。

高技术制造业增加值增长4.1%,增速快于规模以上工业10.2个百分点,占规模以上工业增加值的比重达10.2%。其中,计算机、通信和其他电子设备制造业增长4.4%。

全年规模以上工业销售产值下降7.7%,产品销售率为97.3%,出口交货值下降0.4%。全年规模以上工业企业实现利润2519.0亿元,下降8.3%。

表2　2020年全省规上工业主要产品产量及其增速

产品名称	单位	产量	比上年增长(%)
白酒(折65度,商品量)	万千升	35.9	-42.9
啤酒	万千升	97.5	-11.8
卷烟	亿支	1330.5	4.5
布	亿米	43.1	-17.7
硫酸(折100%)	万吨	1330.5	5.7
农用氮、磷、钾化学肥料(折纯)	万吨	482.1	-8.9
化学药品原药	万吨	18.3	-6.2
中成药	万吨	23.1	-22.7
发电量	亿千瓦小时	2911.35	0.5
#水电	亿千瓦小时	1574.53	19.0
水泥	万吨	10108.7	-12.8
平板玻璃	万重量箱	9584.5	-7.5
生铁	万吨	2727.4	-4.9
粗钢	万吨	3557.2	-1.5
钢材	万吨	3653.0	-2.2
十种有色金属	万吨	80.6	-6.1
#精炼铜	万吨	51.2	-4.5
工业机器人	套	9857.0	-5.5
汽车	万辆	209.4	-6.0
#新能源汽车	万辆	3.2	-48.4
发电机组	万千瓦	114.7	-4.7
锂离子电池	亿只	11.2	2.9
房间空气调节器	万台	1760.3	-18.0
微型计算机设备	万台	1720.0	35.4
显示器	万台	1457.3	-4.1
移动通信手持机	万台	2667.0	-32.0

建筑业稳步发展。全年全省具有总承包和专业承包资质建筑企业完成总产值16136.10亿元,下降5.0%;全年新签合同额22055.89亿元,增长9.1%。

四、固定资产投资

全省完成固定资产投资(不含农户)下降18.8%。按产业划分,一、二、三次产业投资分别下降28.2%、23.8%、15.4%。分领域看,基础设施投资、工业投资和房地产开发投资分别下降22.8%、23.9%和4.4%。高技术制造业投资下降9.4%,其中医药制造业、计算机及办公设备制造业投资分别增长20.4%、14.7%。补短板强功能建设加快推进,电信、广播电视和卫星传输服务业投资增长16.8%,卫生投资增长65.8%,航空运输业投资增长1.29倍。

商品房销售面积6587.83万平方米,下降23.4%;实现商品房销售额6087.90亿元,下降21.5%。

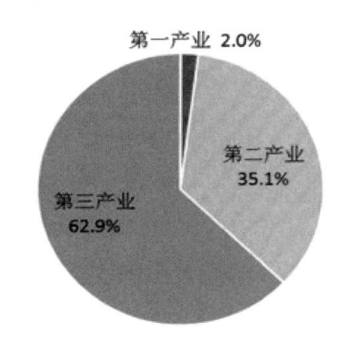

图5 2020年湖北三次产业投资占固定资产投资（不含农户）比重

第一产业 2.0%
第二产业 35.1%
第三产业 62.9%

全省亿元以上新开工项目3649个,下降7.7%,亿元以上项目完成投资额下降21.2%。

五、国内贸易

全年全省实现社会消费品零售总额17984.87亿元,下降20.8%。分城乡看,城镇实现零售额15284.69亿元,下降20.9%;乡村实现零售额2700.18亿元,下降20.8%。其中,限额以上企业(单位)实现消费品零售额6592.93亿元,下降14.2%。

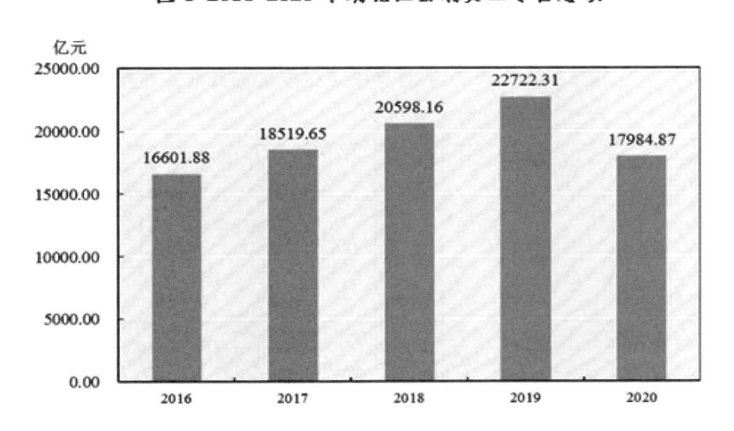

图6 2016-2020年湖北社会消费品零售总额

年份	亿元
2016	16601.88
2017	18519.65
2018	20598.16
2019	22722.31
2020	17984.87

2020年,全省网上零售额达到2866.6亿元,增长1.6%,其中实物商品网上零售额2448.9亿元,增长4.6%,占社会消费品零售总额的比重为13.6%,比上年提高1.8个百分点。

六、对外经济

全年全省实现货物进出口总额4294.1亿元,增长8.8%,其中,进口1592.1亿元,增长9.1%;出口2702.0亿元,增长8.7%。2020年欧盟替代东盟跃升为湖北省第一大贸易伙伴,双边贸易值595.2亿元,增长17.1%。

图7 2016-2020年湖北货物进出口总额

新批外商直接投资项目296个。全年实际使用外资103.52亿美元,下降19.8%。欧亚部分国家在湖北投资逆势增长,德国、荷兰、新加坡投资分别增长92.5%、27.3%、16.0%。全年高技术产业(制造业)实际使用外资1.07亿美元(商务部口径),下降16.9%。

全年对外非金融类直接投资额20.0亿美元,增长2.0%。对外承包工程完成营业额64.15亿美元,下降3.0%。对外劳务合作派出各类劳务人员12484人次,增长8.4%。

七、交通运输和邮电通信

年末全省公路总里程达289960.44公里,增长0.3%;高速公路里程达7229.81公里,增长5.4%。全年全省完成货物周转量5295.68亿吨公里,下降13.9%;旅客周转量612.42亿人公里,下降55.8%;港口完成货物吞吐量3.80亿吨,增长23.9%。港口集装箱吞吐量229万标准箱,增长9.8%。

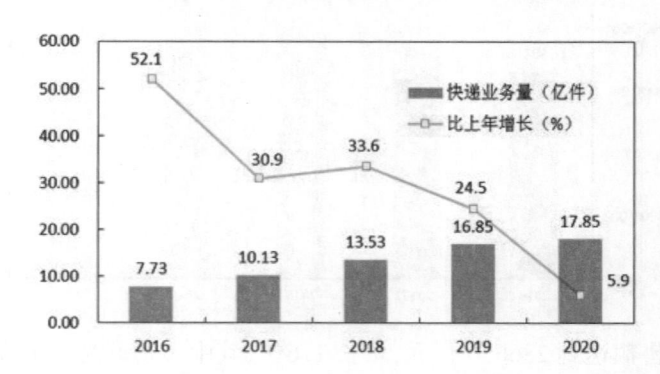

图8 2016-2020年湖北快递业务量及其增长速度

全省邮政业务总量471.77亿元,增长2.9%。其中,快递业务量17.85亿件,快递业务收入178.69亿元。全省电信业务总量4204.91亿元,增长24.9%。长途光缆线路长度达到3.21万公里;移动电话交换机容量达9043.50万户;固定电话用户481.61万户;移动电话用户达到5681.07万户;全省电话普及率为104.0部/百人,移动电话普及率为95.9部/百人;固定互联网宽带接入用户1870.16万户,比上年增加161.84万户;移动互联网用户接入流量50.67亿GB,比上年增长32.4%。

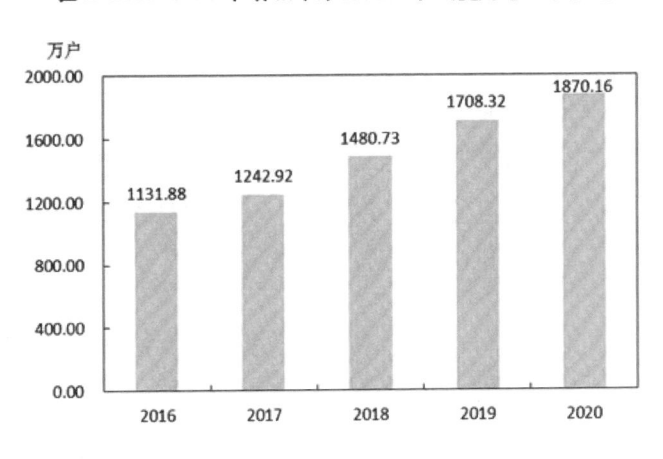

图9 2016-2020年湖北年末固定互联网宽带接入用户数

年份	万户
2016	1131.88
2017	1242.92
2018	1480.73
2019	1708.32
2020	1870.16

八、财政和金融

全年全省完成财政总收入4580.89亿元,下降20.8%。其中,地方一般公共预算收入2511.52亿元,下降25.9%。在地方一般公共预算收入中,税收收入1923.4亿元,下降24.0%。地方一般公共预算支出8439.04亿元,增长5.9%。

年末全省金融机构本外币各项存款余额67159.32亿元,增长10.9%,比年初增加6621.87亿元。其中,住户存款34144.37亿元,增加4170.57亿元。金融机构人民币各项贷款余额59872.13亿元,增长14.6%,比年初增加7629.53亿元。其中,住户贷款18706.43亿元,增加2121.43亿元;非金融企业及机关团体贷款40165.08亿元,增加5613.34亿元。

全年实现保费收入1854.38亿元,增长7.3%。其中,财产险保费收入370.25亿元,下降6.9%;人身险保费收入1484.14亿元,增长11.5%。支付各类赔款及给付518.15亿元,增长1.2%,其中,财产险赔付支出218.15亿元,增长3.7%;人身险赔付支出300.01亿元,下降0.6%。

九、教育和科学技术

2020年,全省普通高等教育本专科招生51.40万人,在校生161.69万人,毕业生40.18万人;研究生招生6.66万人,在校研究生17.88万人,毕业生4.53万人;各类中等职业教育招生15.23万人,在校生42.03万人,毕业生11.78万人;普通高中招生31.32万人,在校生89.19万人,毕业生27.41万人;普通初中在校生170.83万人,小学在校生380.85万人,幼儿园在园幼儿178.43万人。

科学研究和技术开发取得新的成果。全年共登记重大科技成果1553项。其中,基础理论成果54项,应用技术成果1447项,软科学成果52项。全年共签订技术合同39749项,技术合同成交金额1686.95亿元,合同金额增长16.4%。

2020年末，全省共建有246家省级工程研究中心（工程实验室）、589家省级企业技术中心。

全省共有国家级检验检测中心33个；累计有15376家企业通过ISO9000体系认证；企业获得强制性认证证书10288张。法定计量技术机构有107个，强制检定计量器具151.54万台件。

全省天气雷达观测站点16个，卫星云图接受站点18个。地震遥测台网3个，地震台站52个。

十、文化旅游、卫生和体育

2020年末，全省共有国有艺术表演团体87个，群艺馆、文化馆125个，公共图书馆115个，博物馆230个。电影放映管理机构103个，放映单位1797个。广播电台1座，电视台1座，广播电视台82座，有线电视用户1203万户。广播节目综合人口覆盖率为99.86%，电视节目综合人口覆盖率为99.82%。全年出版全国性和省级报纸5.7亿份，各类期刊0.7亿册，图书2.8亿册。全年规模以上文化及相关产业企业营业收入3930.7亿元，下降1.2%。

全年共接待游客43729.64万人次，下降27.8%，旅游总收入4379.49亿元，下降36.8%。

全省共有医疗卫生机构35447家，其中医院1048家，基层医疗卫生机构33853家，专业公共卫生机构479家；全省共有卫生计生人员53.81万人，其中执业（助理）医师15.97万人，注册护士20.01万人；全省共有医疗卫生机构床位41.18万张，其中医院床位29.65万张，社区卫生服务机构床位1.63万张，卫生院床位8.16万张。全年总诊疗人次29457.34万人次，出院人数1027.45万人。

全年全省运动健儿在国际比赛中共获得冠军18项次、亚军7项次、季军7项次；奥运会项目最高水平比赛冠军19项次、亚军18项次、季军17项次；在各类全国比赛中，获冠军124项次、亚军92项次、第三名88项次；全运会项目全国最高水平比赛中冠军19项次、亚军18项次、第三名17项次。全年销售体育彩票82.8亿元。

十一、居民生活和社会保障

全省城镇居民人均可支配收入36706元，下降2.4%；农村居民人均可支配收入16306元，下降0.5%。城镇居民人均消费支出22885元，下降13.4%；农村居民人均消费支出14473元，下降5.6%。

社会保障进一步加强。年末全省参加城镇职工基本养老保险？1746.09万人，其中，在职职工1149.62万人，离退休人员596.47万人；参加城乡居民基本养老保险2368.86万人；参加职工基本医疗保险1136.93万人；参加城乡居民基本医疗保险4446.05万人；参加工伤保险752.43万人；参加生育保险645.88万人；参加失业保险人数651.31万人，年末领取失业保险金人数14.05万人。

全年全省城镇居民最低生活保障对象30.7万人，农村居民最低生活保障人数144.6万人，国家抚恤、补助各类优抚对象37.27万人。社会福利事业不断发展。年末全省养老机构1831家，城乡社区养老服务设施覆盖率分别达到97%和67%。全年销售社会福利彩票52.5亿元。

十二、节能降耗、资源环境

全省继续大力推进节能降耗工作，单位GDP能耗继续保持下降态势，年初确定的1%的下降目标顺利完成。

全省国有建设用地供应总量2.72万公顷,比上年下降13.79%。水资源总量1903.3亿立方米,增长210%。万元地区生产总值用水量76立方米,上升2.7%。万元工业增加值用水量56立方米,下降3.4%。

全省完成造林面积24.86万公顷,其中人工造林面积11.05万公顷,占全部造林面积的44.45%。森林抚育面积38.47万公顷。截至年底,全省国家级自然保护区22个。

全省主要河流的179个地表水水质监测断面中,水质优良为Ⅰ~Ⅲ类的占93.9%,水质较差为Ⅳ类、Ⅴ类的占6.1%,无水质污染严重为劣Ⅴ类的水质监测断面。全省主要湖泊、水库的32个水域中,水质优良为Ⅰ~Ⅲ类水域占62.5%,水质较差为Ⅳ类、Ⅴ类的占37.5%,无劣Ⅴ类水域。

在省内监测的13个地级及以上城市中,空气质量达标的城市占38.5%,未达标的城市占61.5%。细颗粒物(PM2.5)未达标城市年平均浓度40微克/立方米,比上年下降11.1%。

全省平均气温为16.8℃,比常年上升0.4℃。

注:

1.本公报所列数据为统计快报数。

2.2020年开展第七次全国人口普查,相关数据预计将于2021年5月发布,公报中不再单独发布人口相关数据。

资料来源:

本公报中城镇新增就业、城镇登记失业率、养老保险、工伤保险、失业保险等数据来自省人力社保厅;减贫人口数据来自省扶贫办;渔业数据来自省水产局;货物进出口数据来自武汉海关;实际使用外资、对外直接投资、对外承包工程、对外劳务合作等数据来自省商务厅;旅游总收入、旅游总人数、公共图书馆、文化馆、博物馆、艺术表演团体等数据来自省文化和旅游厅;货物周转量、旅客周转量、公路总里程、高速公路里程、港口货物吞吐量、集装箱吞吐量等数据来自中国铁路总公司、省交通运输厅、南航湖北分公司、东航武汉公司、国航湖北分公司;邮政业务量、快递业务量、快递业务收入等数据来自省邮政管理局;电信业务总量、长途光缆线路、电话用户、互联网用户、电话普及率等数据来自省通信管理局;财政数据来自省财政厅;金融数据来自人民银行武汉分行;保费数据来自省银保监局;教育数据来自省教育厅;卫生机构、床位、人员等数据来自省卫健委;广播电视数据来自省广电局;电影、出版数据来自省委宣传部;体育、体育彩票等数据来自省体育局;低保、社会服务、福利彩票等数据来自省民政厅;国家抚恤、补助优抚对象数据来自省退役军人事务厅;医疗保险、生育保险数据来自省医保局;省级工程研究中心和省级企业技术中心数据来自省发改委;重大科技成果、技术合同等数据来自省科技厅;市场主体、国家级检验检测中心、通过ISO9000体系认证企业数、法定计量技术机构数等数据来自省市场监管局;地震数据来自省地震局;建设用地数据来自省自然资源厅;水资源、水土流失治理面积等数据来自省水利厅;森林资源、自然保护区等数据来自省林业局;生态环境、环境监测等数据来自省生态环境厅;气象数据来自省气象局。价格、粮食、畜禽、城乡居民收支、贫困地区农村居民人均可支配收入等数据来自国家统计局湖北调查总队;其它数据均来自省统计局。

2020年黄冈市国民经济和社会发展统计公报

黄冈市统计局　国家统计局黄冈调查队

2021年3月25日

2020年是黄冈发展史上极不平凡、极不容易、极为难忘的一年。这一年,挑战前所未有,斗争艰苦卓绝,成效好于预期。在以习近平同志为核心的党中央坚强领导下,在省委省政府的关心指导下,在各方面大力支持下,全市上下万众一心、迎难而上、克难奋进,全力打好战疫、战洪、战贫三场硬仗,聚力稳住经济基本盘,大力推进一批重大项目,竭力兜住民生底线,着力谋划黄冈长远发展,夺取了统筹疫情防控和经济社会发展的"双胜利",在大战大考中交出了一份合格答卷。

一、综合

经初步核算,2020年全市实现生产总值(GDP)2169.55亿元(现价),按可比价格计算,下降6.6%。其中:第一产业增加值438.28亿元,下降0.4%;第二产业增加值749.83亿元,下降9.4%;第二产业中,全部工业增加值617.42亿元,下降7.9%;第三产业增加值981.43亿元,下降6.7%。第三产业中,金融业增加值增长6.6%,交通运输仓储和邮政业、批发和零售业、住宿和餐饮业、房地产业、其他服务业增加值分别下降16.3%、15.8%、29.2%、10.8%、0.9%。三次产业结构由2019年的17.35：37.74：44.91调整为20.20：34.56：45.24。

价格运行保持平稳。全市居民消费价格上涨2.6%。其中,食品烟酒类价格上涨9.5%、衣着类价格下降0.8%、居住类价格下降0.1%、生活用品和服务类价格下降1.5%、教育文化和娱乐类价格上涨0.4%、其他用品和服务类价格上涨3.2%;交通和通信类价格下降4.4%;医疗保健类价格上涨1.8%。

全市新发展五类(含内资、私营、外资、个体、农民专业合作社)市场主体5.2万户。其中,私营企业1.3万户,个体工商户3.8万户。五类市场主体总量达57.17万户,增长1.37%。其中,私营企业8.27万户,个体工商户46.58万户。

城乡面貌发生深刻变化。市区扩容提质,建成区扩大到57平方公里。管廊城市、海绵城市建设有序推进,遗爱湖公园全面建成开放,成功创建国家园林城市、国家卫生城市。黄黄高铁、合安九高铁快速推进,麻竹高速通车,武穴长江大桥、棋盘洲长江大桥、蕲太西、沪蓉龟峰山支线交工验收。"四好农村路"全域推进,公路安防"455"工程提前完成。全市光网覆盖率达100%,无线网络覆盖率达99%。农村人居环境整治全面推进,112个乡镇生活污水处理厂建成运行,4108个行政村生活垃圾治理实现"五有"。建改农户无害化厕所59.8万座、农村公厕6043座。黄州获评全国农村厕所革命示范区。红安入选国家新型城镇化建设示范名单,338个村入选省级美丽乡村建设示范村。

二、农林牧渔业

农林牧渔业现价总产值773.14亿元,增长0.3%。粮食种植面积591.59万亩,增长0.8%;棉花种植面积36.77万亩,减少15.5%;油料种植面积302.82万亩,增长8.0%;蔬菜种植面积184.62万亩,增长0.9%。粮食总产量269.11万吨,增长0.2%;棉花产量2.02万吨,减少19.2%;油料产量52.88万吨,减少9.7%;蔬菜产量352.11万吨,增长0.4%。水果产量23.64万吨,增长6.9%。

畜牧业现价总产值220.6亿元,减少9.24%。禽蛋产量31.45万吨,增长11.9%;生猪出栏258.42万头,减少16.2%;牛出栏23.06万头,减少5.6%;羊出栏57.66万只,减少7.4%;家禽出笼4834.86万只,减少2.8%。

渔业养殖面积(池塘养殖)79.91万亩,减少1.89万亩;水产品产量44.15万吨,减产1.73万吨,减少3.8%;实现渔业产值119.25亿元,增长1.46%;其中:鱼类31.34万吨,减少5.6%。

新型农业经营主体快速发育,2020年高标准农田建设任务36个项目、41.76万亩全部开工建设。注册的家庭农场达到4886家、农民专业合作社达到11720家。新签约能人回乡创业项目1132个,协议投资额800.04亿元,实际完成投资额187.95亿元。蕲春县成功创建2020年国家级现代农业产业园,麻城福白菊、罗田板栗入选国家级特色农产品优势区。

三、工业和建筑业

规模以上工业企业1264家,新增81家。规模以上工业增加值下降5.9%。其中:轻工业增加值下降6.8%;重工业增加值下降5.4%。分门类看,采矿业增加值增长17.7%,制造业增加值下降6.8%,电力、热力、燃气及水生产和供应业增加值下降2.8%。

全市规模以上工业企业产销率96.6%;实现营业收入1387.2亿元,下降7.4%;利润总额82.8亿元,下降1.8%;税金总额34.3亿元,下降2.8%;资产总计1424.1亿元,增长6.2%。

建筑业单位数481家,减少29家,总产值824.66亿元,减少243.28亿元,下降22.8%。实现增加值134.21亿元,下降16.4%。建筑单位房屋建筑施工面积6852.01万平方米,下降0.88%。

四、固定资产投资

固定资产投资下降21.9%。按经济类型划分,国有经济投资下降26.4%;集体经济投资增长4.8%;私营经济投资下降18.3%;其他经济投资增长9.6%。

全年投资项目1593个,项目计划总投资3748.83亿元。在建项目1518个,下降28.3%,其中本年新开工项目620个,下降37.9%;亿元以上项目754个,投资额775.47亿元,下降21.7%。在全部入库投资项目中,工业投资项目686个,减少124个;工业新开工项目298个,减少138个。

房地产开发投资完成额242.97亿元,下降9.4%。商品房屋施工面积1957.89万平方米,下降18.5%,其中新开工面积592.05万平方米,下降3.1%;竣工面积208.09万平方米,下降21.0%;销售面积347.46万平方米,下降36.8%;商品房屋销售额174.37亿元,下降34.2%。商品房平均销售价格为5018元/平方米,上涨198元/平方米,上涨幅度为4.1%。商品房屋空置面积206.59万平方米,增长12.7%。

五、国内贸易

社会消费品零售总额1150.13亿元,下降21.8%。分城乡看,城镇实现社会消费品零售总额957.01

亿元,下降21.7%;农村实现社会消费品零售总额193.11亿元,下降22.2%。

分行业看,批发业实现销售额420.44亿元,下降10.2%;零售业实现销售额807.46亿元,下降13.5%;住宿业实现营业额16.44亿元,下降23.5%;餐饮业实现营业额123.17亿元,下降22.8%。

六、对外经济

外贸进出口总额94667万美元,下降8.0%。其中,出口86306万美元,减少9.7%;进口8361万美元,增加13.5%。新批外资企业6家。合同外资金额4588万美元,下降20.4%。实际利用外资5967万美元,增长2.1%。

七、交通运输、邮电通信和旅游

交通运输、仓储和邮政业增加值70.28亿元,下降16.3%。公路总里程3.29万公里,其中高速公路754公里,桥梁5551座。行政村通畅率100%,行政村通客车率100%。货运量16354万吨,货物周转量358.34亿吨公里,客运量2241万人,旅客周转量11.59亿人公里。

邮电业务总量50.78亿元,其中邮政19.29亿元,电信31.49亿元。全市邮政营业网点151处,快递网点471处,信筒(箱)217个,函件11.2万件,快递6585.32万件(出口量),报刊期发数33.27万份,报刊发行累计6529.62万份。邮政邮路总长度1381.31万公里,农村投递路线总长度859.12万公里。

接待游客3491.6万人次,实现旅游收入241.62亿元,下降21.8%。创建旅游强县4个、旅游名镇5个、旅游名村17个,AAAA级景区达到20家,AAA级景区发展到48家,A级景区总数达到72家,星级宾馆(饭店)31家,其中四星级7家、三星级12家。

八、财政、金融和保险

地方财政总收入174.69亿元,下降21.5%。其中一般公共预算收入104亿元,下降26.5%;上划中央收入70.69亿元,下降13.0%。一般公共预算收入中:税收收入76.47亿元,下降23.6%;税收收入占一般公共预算收入的比重为73.5%;非税收入27.53亿元,下降33.5%。

财政支出937.53亿元,增长14.9%。其中一般公共预算支出594.84亿元,增长11.3%。一般公共预算支出中:一般公共服务支出55.91亿元,增长0.6%;教育支出100.77亿元,增长9.1%;社会保障和就业支出101.05亿元,增长11.3%;医疗卫生支出75.53亿元,增长35.0%;节能环保支出24.0亿元,增长2.4%;农林水利事务支出80.38亿元,增长11.2%。民生事务支出合计494.44亿元,占一般公共预算支出的比重为83.12%,增长12.9%。

年末银行业金融机构本外币各项存款4001.28亿元,各项贷款2169.91亿元。人民币各项存款余额3995.03亿元,增长10.79%,当年新增389.14亿元,比上年多增106.4亿元。人民币各项贷款余额2168.25亿元,增长16.6%,当年新增贷款308.75亿元,比上年多增60.04亿元。

全市商业保险机构实现保费收入108.69亿元,增长9.67%;各项赔付和给付支出30.87亿元,下降3.1%。

全市新三板、四板挂牌企业分别达到17家和528家,挂牌企业总数达到546家。股权、基金融资达68亿元。社会融资规模增量415.29亿元,同比多增97亿元。全市银行业机构达33家,网点684个,银行业机构数和网点数位于全省前列。

九、教育和科学技术

幼儿园1080所,在园幼儿21.57万人;小学683所,在校学生45.34万人;普通中学305所,在校学生31.40万人;中等专业学校21所,在校学生4.98万人;大学4所,在校大学生4.55万人。建成义务教育标准化学校28所,全市小学、初中入学率均达到100%,义务教育巩固率97.6%,高中阶段教育毛入学率达到91.1%。

全市新认定高新技术企业78家,高新技术企业总数达到391家。高新技术产业增加值达到242.25亿元,占GDP比重11.2%,技术合同成交额达到42亿元。建立了新型研发机构112家,其中:市级企校联合创新中心68家,省级企校联合创新中心43家,省级产业技术研究院1家。新认定省级星创天地7家,市级星创天地13家,新认定国家级众创空间1家,省级众创空间2家。新引进科技副总(创新团队)80名,全市科技特派员总数达到476人,新建科技特派员示范基地31个,创办企业23家,建立经济合作组织36家。引进、示范、推广农业新技术289项,新品种51个。培训农民技术骨干1.1万人次,发放技术资料2.3万多份。全市申请专利(预计)6933件,授权专利(预计)4741件。

十、文化、卫生和体育

全市建有文化馆12个,总建筑面积5.64万平方米;群艺馆1个,总建筑面积1.2万平方米;公共图书馆12个,总建筑面积7.93万平方米,藏书总数为419.6万册;文博单位23个,总建筑面积9.4万平方米,文物藏品总计15万件套。电影发行放映公司3家,广播电视、电话"村村通工程"和"农村信息化示范工程"进展顺利,数字电视实现整体转换。广播覆盖率99.59%,电视覆盖率99.55%。县级以上新华书店39个,文化惠民工程进展顺利,新建标准农家书屋4138个。

卫生体系建设卓有成效。全市共有卫生医疗机构(预计)4248个(包括私营和个体),拥有卫生机构床位数(预计)39532张。卫生机构人员(预计)43430人,其中卫生技术人员36919人,执业(助理)医师15812人,注册护师、护士17555人。

竞技体育成绩斐然。承办省足球、乒乓球、羽毛球等5项比赛,组队参加田径、足球、游泳、篮球、体操、拳击等20项省级比赛,获23枚金牌,31枚银牌,48枚铜牌,288个小项进入前八名。举办全市围棋、田径、足球、篮球、跆拳道、羽毛球、乒乓球、体育舞蹈等8个大项、173个小项比赛,2616人参赛。

十一、居民生活和社会保障

城乡居民收入稳定增长,生活质量不断提高。全市城镇常住居民人均可支配收入30826元,下降3.10%;农村常住居民人均可支配收入14693元,增长1.40%。城镇居民恩格尔系数39.37%,农村居民恩格尔系数39.92%。年末城镇居民人均住房面积40.02平方米,增加0.31平方米。农村居民人均住房面积47.09平方米,增加0.44平方米。全市城镇新增就业人数6.36万人,培训劳动力6.32万人次,城镇失业人员再就业1.61万人,就业困难人员就业1.40万人,组织农村劳动力转移就业115.38万人。全市城镇登记失业率为2.91%。

社会保障体系不断完善。城乡居民医疗保险参加人数571.01万人,缴费收入45.59亿元;其中,个人缴费收入15.59亿元,财政补助收入29.63亿元,其他收入0.37亿元。总支出44.15亿元,其中住院费用支出35.73亿元,门诊费用支出3.28亿元,购买大病保险支出3.45亿元,购买意外伤害保险支出1.71亿元。为2.56万城市低保对象发放低保金1.61亿元,为19.1万农村低保对象发放低保金8.21亿元,城乡低保人均月补差分别提高129.16元和104.78元,城乡低保月补金分别达到507元和366.45元。全市新开工城市棚户区改造住房798套,基本建成530套。当年发放租赁补贴681户,发放补贴资金84.31万元。

医疗救助资金参加基本医疗保险52.73万人,支出资金10686.41万元,住院救助22.48万人次,支出资金19036.73万元;门诊救助3.29万人次,支出资金1576.31万元。福利彩票销售继续保持平稳较快发展。全年福利彩票总销量3.01亿元,其中电脑票销售2.41亿元,中福在线销售0.46亿元,网点即开票销售1490.45万元,积累公益金607万元。

十二、节能减排和环境保护

环境保护和节能减排取得显著成效。继续大力推进节能降耗工作,实施COD减排项目191个,减排1809.03吨,扣除增量,净削减1054.92吨;实施SO_2减排项目15个,减排322.88吨,扣除增量,净削减322.88吨。化学需氧量和二氧化硫排放量分别下降1.23%和2.09%,均完成省政府下达的年度控制目标。全市城镇集中式饮用水水源地水质达标率100%,市区环境空气质量优良天数324天,优良率达88.5%,均高于前两年水平。

森林公园和湿地公园35处,其中国家级14处。完成造林总面积26.74万亩,育苗0.51万亩,退化林修复5.26万亩。森林覆盖率43.12%,建成各级各类生态保护区61个。

注:

1. 本公报中数据均为初步统计数;所有指标增幅和增量均为与上年比较。
2. 2020年开展第七次全国人口普查,相关数据预计将于2021年5月发布,公报中不再单独发布人口相关数据。

2021年政府工作报告

——2021年1月17日在黄冈市第五届人民代表大会第六次会议上

市长 邱丽新

各位代表：

现在，我代表市人民政府向大会报告工作，请予审议，并请各位政协委员和其他列席人员提出意见。

一、"十三五"时期经济社会发展回顾

"十三五"时期，面对经济下行和疫情灾情等严峻考验，在市委坚强领导下，我们坚持以习近平新时代中国特色社会主义思想为指导，全面贯彻落实党中央、国务院决策部署和省委、省政府工作要求，持续推进"双强双兴""四大行动"，加快振兴崛起，决胜全面小康取得丰硕成果。

五年来，我们凝神聚力抓发展，综合实力进一步提升。人均地区生产总值和居民人均收入在2010年的基础上实现翻番。预计2020年实现地区生产总值2200亿元，比"十二五"末增长39%。固定资产投资比"十二五"末增长18.1%，规模以上工业增加值增长27.5%，社会消费品零售总额增长18.1%，税收占比提升6.7个百分点。外贸进出口总额突破10亿美元。金融机构存款余额3995亿元、贷款余额2168亿元，存贷比提高11.6个百分点。农产品加工业、建筑业产值突破千亿，产值过10亿元企业达17家。深化市校合作、"千企联百校"，高新技术企业达479家，高新技术产业增加值占GDP比重达9%。县域经济竞相发展，麻城、武穴地区生产总值突破300亿元。

五年来，我们精准发力补短板，三大攻坚战取得决定性成就。对标"两不愁三保障"标准，落实"五个一批""六个精准"，创新"五位一体"产业扶贫，6个重点贫困县全部摘帽、892个贫困村全部出列，102.8万贫困人口全部脱贫，绝对贫困问题得到历史性解决。强力推进"雷霆行动"，落实督察问题整改，打好蓝天碧水净土保卫战。全面推行河湖库长制，落实长江禁捕退捕，启动长江最美岸线建设。集中式饮用水水源地、地表水和国控断面水质100%达标，城区空气质量优良天数占比88.5%，减排目标提前完成。自然保护区、湿地保护区管理明显加强，森林覆盖率达43.63%。政府债务风险总体可控，地方法人P2P网贷平台风险出清，银行业不良贷款率保持低位。

五年来，我们优化结构促转型，高质量发展迈出坚实步伐。工业提档升级。规模以上工业企业达1264家，实现产值1344亿元。黄冈高新区获批国家级高新区。实施"万企万亿"技改项目285个，培育省级"两化"融合示范企业95家、智能制造示范企业6家、隐形冠军示范企业8家、科技小巨人企业13家。武穴入选全国绿色矿业发展示范区，团风获批全国装配式建筑产业基地，浠水获批国家转型升级示范区。大别山电厂二期、辰美中药、海成电子、汇伟塑胶、龙源新材料等一批重点项目建成投产。市区工业实现跨越，晨鸣一期、绿宇一期、伊利二期、索菲亚、顾家家居、中船重工贵金属等相继投产，星晖新能源智能汽车首车下线。农业提质增效。建成高标准农田304万亩，粮食产量连年保持在50亿斤以上，生猪生产快速恢复。蕲春成功创建国家农产品质量安全县、国家现代农业产业园，龙感湖洋湖获评全国稻渔综合种养示范区，罗田板栗、蕲春蕲艾、麻城福白菊被认定为国家特色农产品优势区。产业化经营组织过万家，国家级农业产业化龙头企业增至3家、省级75家。大力实施黄冈地标优品工程，推进"十进一出"，国家地理标志产品达84个。蕲艾、大别山黑山羊入选全国特色农产品区域公用品牌百强，英山（云雾茶）入选国家地

理标志保护示范区。现代服务业提速发展。商旅文体康加快融合,服务业对经济增长贡献率达46%。A级景区达72家,全域旅游跨入全省第一方阵。黄冈大别山世界地质公园揭碑开园,英山成功创建国家全域旅游示范区。电子商务交易额突破千亿,7个县市列入国家电子商务进农村示范县。罗田获评全国"双创"示范基地,黄梅入选全国三产融合发展先导区。

五年来,我们深化改革扩开放,发展动力活力明显增强。"放管服"改革纵深推进。取消、下放、调整行政审批事项232项,开展无证明城市创建。持续推进优化营商环境"十大行动""护航行动"。市县政务服务中心全面升级,提前实现"3550+100",一网通办、一事联办事项可网办率达95%,300个高频事项实现最多跑一次。企业开办"210"、工业项目先建后验、"四多合一"改革取得实效。五类市场主体突破57万户。党政机构改革顺利完成,综合行政执法、应急管理、城管、价格、财税、医保、统计、公积金管理、供销社、环保体制改革等全面推进。龙感湖现代农业综合开发示范区、白莲河生态保护和绿色发展示范区正式运行,农村承包地"三权分置"、集体产权制度改革进展顺利。承接实施中央和省级改革试点67项,"先照后证"改革等入选全国基层改革优秀案例,教师"县管校聘"改革等获湖北改革奖。推进经营性国有资产统一监管,政府投融资平台市场化转型加快。新引进5家银行机构,设立大别山振兴发展产业基金,组建融资担保集团。新增新三板企业5家、四板挂牌375家,祥云IPO报会,科峰传动、宏源药业报辅。临空经济区总体实施方案获批,起步区启动建设,燕矶长江大桥开工。唐家渡一类水运口岸开工建设。推进与山东合作,拓展跨江合作、环大别山省际协作。搭建招商引资"三大平台",新引进亿元以上项目2524个,新开工1611个,新投产925个。引进能人回乡创业项目3455个,完成投资956亿元。

五年来,我们强化功能提品质,城乡面貌发生深刻变化。城镇化率达到50.6%,较"十二五"末提高7.28个百分点。市区扩容提质,建成区扩大到57平方公里。城市建设投资超百亿,管廊城市、海绵城市建设有序推进,遗爱湖公园全面建成开放,主干道路全面升级,断头路基本打通,城市黑臭水体整治完成。成功创建国家园林城市、国家卫生城市。黄团浠交通设施、生态环保、公共服务一体化稳步推进。县城建设精彩纷呈,浠水一河两岸、武穴滨江公园、麻城孝善公园成为城市新亮点。城乡交通投资803亿元,是"十二五"的1.9倍。黄黄高铁、合安九高铁快速推进,麻竹高速通车,武穴长江大桥、棋盘洲长江大桥、蕲太西、沪蓉龟峰山支线交工验收。高速公路通车里程757公里,铁路运营里程430公里,均居全省前列。"四好农村路"全域推进,公路安防"455"工程提前完成。完成水利投资308亿元,较"十二五"翻一番,病险水库除险加固全面完成,水利三年补短板项目全部完工。电网建设投资83亿元,较"十二五"翻一番。全市光网覆盖率达100%,无线网络覆盖率达99%。农村人居环境整治全面推进,112个乡镇生活污水处理厂建成运行,4108个行政村生活垃圾治理实现"五有"。建改农户无害化厕所59.8万座、农村公厕6043座。黄州获评全国农村厕所革命示范区。红安入选国家新型城镇化建设示范名单,338个村入选省级美丽乡村建设示范村。

五年来,我们倾心尽力惠民生,人民群众获得感稳步提高。公共财政支出八成以上投向民生领域。社保提标扩面,社会救助标准提高。605万人参加城乡医保,21.7万困难群众享受城乡低保,5.46万农村五保对象得到供养,64.65万(人次)残疾人获得两项补贴,2.8万住房困难家庭配租配售保障性住房,110万农村居民饮水安全问题得到解决。改造提升老旧小区267个,实施棚改7.07万户,完成农村危房改造5.6万户。城镇新增就业37.63万人、10.36万人实现再就业。新增幼儿园153所,新增义务教育学位1.6万个,高中阶段教育普及攻坚计划、课程改革深入推进,职业教育能力提升计划顺利实施。组建黄冈中职集团,创办湖北应急管理学院,黄冈职院获评国家优质专科高职院校,黄冈师院申硕获省推荐。县域医共体建设稳步推进,医疗卫生服务体系建设加快。医共体"黄州模式"全省推广。大别山区域医疗中心、市妇幼、疾控中心整体搬迁。文化小康建设步伐加快,公共文化服务体系示范区创建通过国家验收。创作了电影《东坡》《青云之梦》、黄梅戏《传灯》等一批文艺精品。获评首批全国"十佳魅力城市"、中国东坡美食文化之乡。成功举办市五运会、"黄马""挺进大别山"等系列赛事。退役军人四级服务体系全面建成,获全国双拥模范城"四连冠"。阳光信访、法治信访不断深化,平安黄冈、法治黄冈建设成效明显。罗田获"长安杯"。扫黑除恶专项斗争成果丰硕,被确定为全省唯一的全国扫黑除恶重点培育市。入选全国首批市域社会治理现代化试点城市。

五年来,我们转变作风优服务,政府自身建设持续加强。坚持以政治建设为统领,政府系统党的建设全面加强,"不忘初心、牢记使命"主题教育成果持续巩固。自觉接受人大、政协监督及各方面监督,认真听取党外人士意见建议。提请市人大审议地方性法规7部,制定、修改、实施政府规章6件。办理人大代表建议538件、政协提案1517件。"七五"普法圆满收官,法治政府建设走在全省前列。严格执行中央八项规定及其实施细则精神,驰而不息正风肃纪。加强审计、财政监督,严肃查处侵害群众利益的腐败行为。落实巡视督查反馈问题整改。坚持厉行节约,"三公"经费持续下降。

各位代表!刚刚过去的一年,极不平凡、极不容易、极其难忘。我们坚持战疫战洪战贫三战并举,挑战前所未有,斗争艰苦卓绝,成效好于预期。

我们万众一心,取得了疫情防控决定性成果。面对突如其来的新冠肺炎疫情,我们坚持人民至上、生命至上,不惜一切代价救治患者,严防死守阻断疫情传播,同时间赛跑,与病魔较量,在疫情仅次于武汉的情况下,用1个多月时间初步遏制疫情蔓延势头,用2个月左右时间整体降为低风险地区,用3个月左右时间取得决定性成果。自3月18日"四类人员"清零以来,我市连续10个月没有新增病例。在这场感天动地、荡气回肠的斗争中,习近平总书记亲自指挥、亲切关怀,为我们提供了根本遵循和科学指引。山东、湖南人民雪中送炭、硬核支持,医务工作者白衣执甲、舍生忘死,党员干部闻令而动、冲锋在前,广大志愿者冒疫奔忙、默默奉献,海内外黄冈儿女患难与共、守望相助。疫情之下,"天使白、橄榄绿、警察蓝、志愿红"都是战袍,"黄马甲、环卫装、快递服、安全帽"都是战士,黄冈不愧为英雄的城市,黄冈人民不愧为英雄的人民!伟大的抗疫精神必将激励我们在新征程上披荆斩棘、奋勇前进!

我们众志成城,夺取了防汛救灾全面胜利。面对超历史汛情灾情,我们统筹外防江汛和内防洪涝两大战场,科学运用"三大定律",落实"六个到位""十个应转尽转"措施,成功处置较大以上险情150多处,及时转移群众18.91万人,全力守护人民群众生命财产安全和江河湖库安澜。我们不等不靠,第一时间开展生产自救灾后重建,抢排农田229万亩,改种农作物52万亩,修复水毁设施1.8万余处,重建倒损房屋2573间,谋划实施中央预算内投资项目91个,把洪涝灾害造成的损失降到最低限度。

我们共克时艰,交出了大战大考的优异答卷。面对疫后重振和决战脱贫攻坚、决胜全面小康的收官大考,我们统筹兼顾、精准施策,有序推进复工复产、复商复市、复学复课。深入开展"四进"攻坚。落实惠企纾困政策,减税降费33.18亿元,新增贷款308.75亿元。开展劳务协作、点对点包车,输送务工人员75.49万人。深入对接中央支持湖北一揽子政策。争取各类资金830亿元,谋划疫后重振项目1652个,总投资5700亿元。深入推进项目攻坚。新开工重大项目410个、总投资1475亿元。举办网络招商、云上"一节一会",签约亿元以上项目211个,协议投资1008亿元。深入推进消费复苏。出台促进消费"16条",开展"乐游黄冈""惠购优品"系列活动。系统推进市域治理现代化、疾控体系改革和公共卫生体系补短板,"一老一新一急"任务有效破题,"四中心一基地"顺利推进,102个乡镇卫生院、3091个村卫生室启动标准化建设。积极化解疫后综合症,重点民生保障有力,社会大局保持稳定。从二季度开始,主要指标降幅逐月收窄,疫后重振取得积极进展。克服疫情灾情影响,精准施策、合力攻坚,确保底线不破、后墙不倒,如期完成新时代脱贫攻坚目标任务,黄冈战疫战贫故事编入外交部《中国扶贫案例》。预计全市小康指数达93%,全面建成小康社会胜利在望!

五年来,我们持续奋斗,开拓进取,谱写了老区振兴崛起的精彩篇章。成绩的取得,根本在于习近平新时代中国特色社会主义思想的科学指引,是省委省政府和市委坚强领导、科学决策的结果,是市人大、市政协有效监督、鼎力支持的结果,是全市上下团结拼搏、共同奋斗的结果。在此,我代表市人民政府,向全市人民,向人大代表、政协委员,向各民主党派、工商联、无党派人士、人民团体、离退休老同志,向驻黄部队、武警官兵、政法干警和部省驻黄单位,致以崇高的敬意和衷心的感谢!特别要向所有关心支持黄冈抗疫抗洪和疫后重振的社会各界朋友,表示由衷的感谢!这份大义大爱,黄冈人民将铭记在心、永世不忘!

当前,全球疫情仍在扩散蔓延,外部环境存在诸多不稳定性不确定性。从我市情况看,经济社会发展还面临不少困难和挑战。一是发展不平衡不充分问题依然突出。工业短板明显,农业现代化水平不高,产业竞争力不强,县域经济、开放型经济发展不足,公共服务欠账还不少。二是经济恢复的基础尚不牢固。投资后劲不足,消费增长乏力,实体经济困难加剧,财政收支矛盾尖锐。三是政府治理效能亟待提升。营商环境还不尽如人意,形式主义、官僚主义现象仍然存在,少数部门和公务人员的担当精神、执行能力有待提高。受疫情灾情叠加影响,去年全市主要经济指标大多负增长,"十三五"规划部分指标没有完成。我们一定直面问题,攻坚克难,扬帆起航再出发、砥砺奋进新征程。

二、"十四五"时期经济社会发展总体要求

"十四五"时期,是开启全面建设社会主义现代化国家新征程、向第二个百年奋斗目标进军的第一个五年。我市处于战略机遇叠加期、发展布局优化期、转型升级加速期、创新驱动突破期、市域治理提升期,机遇大于挑战,前景十分广阔。我们要深刻认识发展环境新变化,增强机遇意识、风险意识,充分发挥黄冈比较优势,准确识变、科学应变、主动求变,努力在危机中育先机、于变局中开新局,奋力谱写黄冈高质量发展新篇章。

根据市委五届十二次全会精神,市政府编制了《黄冈市国民经济和社会发展第十四个五年规划和二〇三五年远景目标纲要(草案)》,提请大会审议。

"十四五"时期全市经济社会发展定位是:努力把黄冈建设成为湖北高质量发展重要增长极、武汉城市圈重要功能区、"两山"理论实践示范区、大别山革命老区中心城市、长江经济带重要节点城市、中国中医药健康城。

总体目标是:经济发展取得新成效。增长潜力充分发挥,经济结构更加优化,全市经济总量达到3500亿元。现代产业体系基本建立,市场枢纽功能不断增强,创新驱动发展实现重大突破,农业强市建设取得明显成效,初步建成区域性制造业中心、商贸物流中心、科技创新中心。中心城区集聚力、承载力和辐射力明显增强,县域经济、块状经济竞相发展,城乡区域发展更加协调,与武汉同城化发展取得实质性进展。改革开放塑造新优势。全面深化改革和发展深度融合、高效联动,产权制度改革和要素市场化配置改革取得重大进展,市场化法治化国际化营商环境水平明显提升,市场主体更加充满活力。开放型经济突破性发展,开发区综合竞争力大幅提高,跨区域合作深度拓展。社会文明程度得到新提高。社会主义核心价值观更加深入人心,人民群众思想道德素质、科学文化素质和身心健康素质明显提高,诚信守法、向上向善的社会风尚更加浓厚。文化强市建设持续深化,公共文化服务体系和文化产业体系更加健全,文旅产业成为重要支柱产业,文化软实力不断增强。生态文明建设实现新进步。长江经济带生态保护和绿色发展取得显著成效,城乡人居环境明显改善,生态环境质量保持全省前列。生态文明制度体系更加健全,资源能源利用效率大幅提高,生态安全屏障功能巩固提升。民生福祉达到新水平。实现更加充分更高质量就业,居民收入增长和经济增长基本同步,基本公共服务均等化水平明显提高,全民受教育程度不断提升,多层次社会保障体系更加健全,卫生健康体系更加完善,脱贫攻坚成果巩固拓展,乡村振兴战略全面推进。市域治理效能得到新提升。社会主义民主法治更加健全,社会公平正义进一步彰显,廉洁政府建设不断加强,行政效率和公信力显著提升,防范化解重大风险和应急处置能力明显增强,自然灾害防御水平明显提升。党建引领的共建共治共享的社会治理格局和自治法治德治相结合的基层治理体系基本形成,市域治理体制机制更加完善。

基本原则是:必须坚持党的全面领导。完善党领导经济社会发展的体制机制,提高贯彻新发展理念、融入新发展格局的能力和水平,确保党中央决策部署和省市委工作要求不折不扣贯彻落实。必须坚持以人民为中心。始终做到发展为了人民、发展依靠人民、发展成果由人民共享,激发人民群众积极性、主动性、创造性,朝着共同富裕方向稳步迈进。必须坚持新发展理念。转变发展方式,优化发展思路,推动质量变革、效率变革、动力变革,实现更高质量、更有效率、更加公平、更可持续、更为安全的发展。必须坚持深化改革开放。坚定不移吃"改革饭"、走"开放路"、打"创新牌",推进更深层次改革、更高水平开放、更大力度创新,破除制约高质量发展、高品质生活、高效能治理的体制机制障碍。必须坚持系统观念。强化前瞻性思考、全局性谋划、战略性布局、整体性推进,着力固根基、扬优势、补短板、强弱项,实现发展质量、结构、规模、速度、效益、安全相统一。必须坚持发展第一要务。立足市情,解放思想,真抓实干,坚定不移以经济建设为中心,突出"双强双兴""四大行动",持续推进新型工业化、信息化、城镇化、农业现代化。

三、2021年工作建议

2021年是"十四五"开局之年,是开启全面建设社会主义现代化国家新征程的起步之年,是经济恢复重振的关键之年。做好政府工作,要以习近平新时代中国特色社会主义思想为指导,全面贯彻党的十九大和十九届二中、三中、四中、五中全会以及中央经济工作会议精神,认真贯彻习近平总书记考察湖北、参加湖北代表团审议时的重要讲话精神,落实好省委十一届七次、八次全会和省委经济工作会议部署,按照市委五届十二次全会和市委经济工作会议部署,坚持稳中求进工作总基调,立足新发展阶段,贯彻新发展理念,融入新发展格局,以推动高质量发展为主题,以深化供给侧结构性改革为主线,以改革创新为根本动力,以满足人民日益增长的美好生活需要为根本目的,坚持系统观念,巩固拓展疫情防控和经济社会发展成果,更好统筹发展和安全,扎实做好"六稳"工作、全面落实"六保"任务,持续推进"双强双兴""四大行动",在全省"一主引领、两翼驱动、全域协同"区域发展布局中实现更大作为,为湖北"建成支点、走在前列、谱写新篇"作出更大贡献,确保"十四五"开好局、起好步,以优异成绩庆祝建党100周年。

主要预期目标是:地区生产总值增长10%以上;城镇新增就业6万人以上;居民消费价格涨幅3%左右;居民收入稳步增长;生态环境质量进一步改善,单位地区生产总值能耗降低2.5%左右,主要污染物排放量继续下降;粮食产量保持在50亿斤以上。

确定上述目标,兼顾了必要与可能、当前与长远,综合考虑了去年低基数因素和我市潜在经济增长率。实现10%以上的经济增速,必须强化基础支撑。投资、工业、消费等核心指标要实现两位数增长,一般公共预算收入力争恢复到2019年的95%以上。既要把去年的损失补回来,还要把应有的增长追上去,尽最大努力争取更好结果。

围绕服务构建新发展格局迈好第一步、见到新气象,重点做好十个方面的工作:

(一)经济全面恢复见到新气象。供需两端同步发力,巩固持续回升态势,推动经济全面恢复和健康平稳发展。

聚焦市场主体。保持援企惠企政策连续性,畅通惠企政策传导机制,全面推行"免申即享"。执行普惠小微企业贷款延期还本付息政策,落实信用贷款支持计划安排。继续实施金融"稳保"工程,搭建政银企担对接平台,做实企业金融服务方舱。强化普惠金融服务,力争信贷总量增长12%以上。推进小微企业复元重振工程,落实"三减三增"。坚决整治涉企违规收费,深化服务企业行动,保护和激发市场主体活力,留得青山,赢得未来!

聚焦项目投资。持续开展项目攻坚,围绕"两新一重",对接国家战略,融入省级布局,新增储备库项目3000个以上。积极申报政府债券,争取中央预算内投资项目250个以上、投资额150亿元以上。滚动实施疫后重振补短板强功能"十大工程",推动政府债券项目落地见效。启动晨鸣二期、人福医药、志高智能家电、五洲特纸浆纸一体化等重大项目建设,推进中旗新材料、712所氢氧燃料电池、麻城高端新型建材加工交易区、李时珍健康科技产业园、丰树团风产业园、浠水新明珠建材、红安千川智能制造、雅居乐家居、华绿食用菌等产业项目建设。加快鄂东水厂、土司港闸站、西隔堤和白洋河水库整险加固、蕲水灌区、华阳河蓄滞洪区工程等项目建设。积极推进江北高速、英山至黄梅高速、沪渝高速黄黄段、福银高速黄小段扩容改造、武穴至瑞昌和黄梅至九江过江通道前期工作,启动沿江高铁黄冈段、蕲太东高速、沪蓉高速红安连接线、武英高速石桥铺互通、福银高速小池互通、麻城石材货运铁路专线建设,加快燕矶长江大桥、G347一级公路建设,力争京九高铁阜冈段开工,实现黄黄高铁、合安九高铁、麻安东高速建成通车。力争年度新开工亿元项目300个以上、在建亿元项目800个以上、总投资4000亿元以上。

聚焦消费升级。落实促消费各项政策,持续释放消费潜力。扩大汽车、家电家具家装等大宗消费,促进房地产市场健康平稳发展。推动首店经济、夜间经济,发展服务消费。加快商业综合体、专业市场和特色商业街区建设。推进黄冈西站现代商圈建设,打造一批高铁小镇,大力发展高铁经济。加强"云展馆"建设,打造永不落幕的"云展会"。推进线上线下融合,健全城乡流通体系,激活农村消费市场。开展社区综合服务中心试点。支持大别山网红直播基地建设。推进放心消费创建。

聚焦招商引资。出台《更大力度推进招商引资"一号工程",助力高质量发展实施意见》,配套政策清单和考核办法,推动产业招商科学化、精准化。建立市域招商协同、利益分享机制,发展"飞地"经济。持续举办"三大平台"招商活动,新引进亿元项目400个以上,协议投资2000亿元以上,资金到位率40%以上。

(二)构建现代产业体系见到新气象。组建产业发展基金,落实"三年行动方案""四项清单",推动主攻产业全面起势,加快形成五大主攻产业支撑、战略性新兴产业引领、现代服务业赋能的现代产业体系。

推动制造业高质量发展。把制造业作为强市之本。实施新一轮技改工程,加快食品饮料、建筑建材、医药化工等传统产业转型升级。市级财政支持资金翻一番,重点实施100个技改项目。实施骨干企业培育工程,重点支持100家骨干企业做大做强,培育一批"专精特新""隐形冠军"企业。实施中小企业成长工程,推进稳规进规,新增规上企业50家以上。实施产业链提升工程,建立"链长制",引进100个强链补链延链项目。实施品牌提升工程,引导企业增品种、提品质、创品牌。

推动新兴产业重点突破。培育壮大新能源新材料、新能源汽车、节能环保等战略性新兴产业。推进大别山新能源示范基地建设。支持罗田平坦原、黄梅紫云山、上进山抽水蓄能电站建设,加快大唐"双新"基地建设,支持英山地热能开发。加快星晖汽车产业园暨自动驾驶示范区、格罗夫氢能产业园、黄冈LNG基地建设。对接武汉"光芯屏端网",推进光谷黄冈科技产业园、武穴电子信息园二期、散花科技园建设。

推动现代服务业业态优化。实施现代服务业"五个一百"工程,推动生产性服务业和先进制造业深度融合、生活性服务业向高品质和多样化升级。当年新增规上重点服务业企业25家、限上商贸企业100家。深化文旅融合,持续推进全域旅游示范区创建。实现龟峰山景区创建5A,推动东坡赤壁国际文化旅游示范区建设,加快恒大文旅康养城、黄梅戏曲小镇、罗田温泉康养园、卓尔巴河诗意康城、亮剑军事文旅区、毕昇康养度假项目建设,推进董必武纪念馆改造,支持陈潭秋故居扩建升级。提升乡村游,拓展红色游、康养游、体验游,加强全域系统营销,推行"一部手机游黄冈"。举办东坡文化节、黄梅戏艺术节。

推动产业融合集群发展。借力大数据、物联网、5G、区块链等新技术,加快数字经济发展。推进"企业上云""两化"融合,打造一批示范企业。突出"一县一品""一业一品",推进医药化工、新型钢结构、智能家电、装配式建筑等产业上下游垂直整合,打造一批块状产业集群。加快中国黄冈李时珍中医药健康谷建设,促进"药养游医健"融合、商旅文体康联动,围绕中医药加工、健康食品、医养结合等,重点培育100家企业。推进临空经济区建设,加快顺丰"两个中心"、大别山国际博览中心等项目建设,发展智能制造、临空物流、大健康产业,打造高端临空产业聚集区。

(三)创新驱动发展见到新气象。坚持创新第一动力,深入实施科教兴市、人才强市、创新驱动发展战略,为高质量发展提供科技支撑。

做实创新平台。融入光谷科技创新大走廊,建设黄冈功能区。推动各类孵化器、众创空间、星创天地提质增效。围绕产业链部署创新链,聚焦重点领域,建设一批新型研发机构。支持中科产业技术研究院创建国家级综合创新平台。

做强创新主体。完善鼓励政策,发挥企业主体作用,提升企业技术创新能力。实施全社会研发投入倍增行动,建立财政投入稳定增长机制,激励企业加大研发投入,全市R&D经费投入占GDP比重达到1%以上。实施高新技术企业倍增行动,新增高新技术企业40家以上。实施高新技术产业增量行动,狠抓产业关键技术攻关和企业创新能力提升,高新技术产业增加值占GDP比重达到10%以上。

做优创新生态。深化"千企联百校",强化产学研协同创新,新签约合作项目30个以上。创新科技成果转化机制,深入推进"百城百园"行动。加大发明专利申请支持力度,发明专利申请量增长10%。创新科技服务机制,建立人才绿卡、绿色通道,激活创新要素。完善知识产权保护和服务体系。支持黄梅实施国家知识产权强县工程。弘扬科学精神和工匠精神,加强科普工作。

聚集创新人才。持续实施大别山英才计划,引进科技副总30名以上。大力实施教授回乡"千人计划",吸引1000名以上专家人才回乡服务。推行重点项目"揭榜挂帅"制度,有效对接企业需求,签约合作项目50个以上。更好发挥黄冈职业(技工)院校服务地方经济发展作用,深化校企合作订单式培养,实现35%应届毕业生留黄就业创业。完善引才、用才、留才机制,让黄冈成为人才集聚的沃土、创新创业的乐园!

(四)优化营商环境见到新气象。更大力度推进改革开放,优化制度供给,持续推进营商环境革命。

打造高效便捷的政务环境。聚焦市场主体需求和群众高频办理事项,围绕高效办成一件事,推进系统重塑、流程再造。全面推行"一网通办、一窗通办、一事联办、一次办好",推广区域性统一评价、"标准地"、先建后验改革经验,深化工程项目审批改革,推动"跨省通办"提质扩面。健全基层政务服务体系,推进"就近办"改革。优化水电气服务,落实"好差评"制度。归并政务服务便民热线,提高"12345"为企便民服务水平。

打造公平竞争的市场环境。深化要素市场化改革，建立平等准入、公正监管、公平竞争的市场环境。推进国有企业改革三年行动，完善现代企业制度。发展多层次资本市场，新增股权融资10亿元，推动1家企业IPO。推行"亩均论英雄"改革，提高土地投入产出率。消化处置批而未供、闲置低效土地，建立盘活存量与新增用地衔接机制。推行容缺受理和承诺制，推进"证照分离""双随机一公开"全覆盖。倡行守信践诺，强化失信惩戒，以政务诚信带动社会诚信。

打造依法办事的法治环境。推动"找关系"向"讲法治"转变，依法平等保护产权和合法权益。坚决切断利益驱动式执法源头，精准把握执法力度和温度，最大限度减少对企业正常生产经营的影响。积极创建民营经济示范城市，坚定不移支持民营经济加快发展，让更多的企业家脱颖而出、人生出彩！

打造循环畅通的开放环境。加快推进制度型开放，健全内外资一体招引机制。积极对接湖北自贸区，复制推广试点经验。实施外贸市场开拓工程，力争外贸进出口企业突破200家。扩大黄冈地标产品出口，推进医药化工、茶叶、中药材、石材等出口基地建设。实施外贸综合服务全覆盖工程，加快发展跨境电商。深化环大别山合作、跨江跨省合作，拓展与山东深层次合作交流，推进齐鲁产业园建设。

（五）与武汉同城化发展见到新气象。对标省级区域发展布局，依托中部强大市场，打造武汉城市圈重要功能区。

融入大武汉。围绕武汉"五个中心"建设，加强规划对接，深化交通一体、产业协作、市场联动、科创协同、功能互补，打造同城化发展先行区。围绕武汉城市圈大通道"1小时通勤圈"，谋划实施一批互联互通项目。围绕武汉大市场，打造武汉后花园、康养地和中央厨房。围绕武汉科教、人才、金融资源，广泛引才引智引资，形成总部在武汉、生产在黄冈，研发在武汉、转化在黄冈，市场在武汉、基地在黄冈的联动发展新格局。

搭建大平台。发挥园区经济发展主战场作用，完善设施配套，增强综合承载能力，推动各类园区专业化、集约化、精细化发展。推动黄冈临空经济区、化工园体制改革。加快黄冈高新区扩容提质，带动"一区多园"协调发展。推进黄冈产业园现代服务业与先进制造业融合试点。加快唐家渡一类水运口岸和团风港口产业园建设，大力发展临港经济。推进黄冈进出口服务中心、黄冈B型保税物流中心建设。

完善大通道。推进铁水公空等多式联运立体网络体系建设，完善现代商贸流通体系，大力发展仓储、冷链、电商物流。加强城乡商贸服务体系建设，引进培育一批商贸流通龙头企业，推动快递服务通达到村。优化镇村电商综合服务站，支持黄冈地标优品扶贫馆做大做强。

（六）区域协调发展见到新气象。以国土空间总体规划为引领，提升"一区两带"布局，加快新型城镇化进程。

提升中心城市能级。实施城市更新行动，推动安全、绿色、智慧、人文、韧性城市建设。加快滨江公园、遗爱湖水环境治理、南湖大道改造、长河二期和防洪排涝提升工程，启动沿江大道改造、黄冈大道南段建设。实施小区综合治理"三提四治"工程，完成老旧小区改造291个。加快生活垃圾焚烧发电、有毒有害垃圾处理中心等建设。持续推进智能交通体系建设，完善标识标牌，新建公用停车场6个，新增停车位2000个。持续推进全国文明城市创建，深入开展爱国卫生运动，确保国家卫生城市复审通过。开展背街小巷整治，实施环卫一体化。完善市区一体机制，推进产城融合，加快人口聚集，提升市区首位度。

提升县域经济实力。加强县域规划指导，引导各县市区发挥比较优势，打造各具特色的板块经济。支持金融机构网点向县域延伸，市级产业基金、担保机构向县域拓展。建立县域经济发展激励机制，优化高质量发展差异化考核办法,激励经济强县冲刺百强、发展潜力县争先进位、重点生态功能县绿色发展。

提升城乡一体水平。坚持把县城作为新型城镇化建设的重要支撑点,推进县市城区扩容提质。有序推进5G网络建设,推进道路、能源、防洪排涝、污废处理等城乡联网,加快公交、供水供气、物流快递和优质教育、医疗、文化资源向农村延伸。新改建农村公路1000公里,提档升级2000公里,创建美丽农村路1000公里,完成危桥改造800座。争创全国"四好农村路"示范市。深入实施"擦亮小城镇"行动,打造一批舒适宜居、各具特色的美丽城镇。深入推进小池绿色发展三年行动计划。

(七)乡村振兴见到新气象。坚持农业农村优先发展,探索农业农村现代化新路径,促进农业高质高效、乡村宜居宜业、农民富裕富足。

推进农业产业化发展。落实最严格耕地保护制度,坚决制止耕地"非农化""非粮化",稳定粮食生产。完成40万亩高标准农田建设任务。实现生猪生产恢复到正常水平。打造优质粮油、道地中药材、特色水果、精品花卉、蔬菜等产业优势区,增加绿色优质农产品供给。大力发展农产品精深加工业,加快现代农业产业园和农产品加工园区建设。扶持地标优品"种子"企业做大做强,力争规上农业加工企业突破200家。支持叶路洲创建国家生态农业示范区。持续推进黄冈地标优品规模化、标准化、品牌化发展,推动小特产形成大产业。做强"黄冈食卷"品牌,培育一批县域公用品牌。加快发展农村电商、休闲农业,推动三产融合,丰富乡村经济业态。引导农民深度参与农业产业化进程,让农民更多分享产业增值效益。提升农业科技和装备水平。推动能人回乡创业"千人计划"提质增效。支持龙感湖现代农业综合开发示范区创新发展。支持英山大别山茶叶谷一二三产业融合示范园建设。

实施乡村建设行动。因地制宜编制村庄建设规划,优化乡村生产生活生态空间布局。保护乡村风貌,加强农民建房规划管理,提升农房建设质量。全面开展农村房屋安全隐患排查整治。全域推进农村人居环境整治,持续推进"厕所革命"、垃圾整治、生活污水治理和村容村貌整治。整合资源、分类分批推进美丽乡村建设,支持连线连片建设美丽乡村示范区。坚持建管并重,集约建设、高效利用农村公用设施。深入推进平安乡村建设,推行"一村一辅警",加快自治法治德治"三治融合"实践。

深化农村改革。落实第二轮土地承包到期后再延长三十年政策,探索宅基地"三权分置"改革,深化集体产权制度改革,开展农村金融合作创新试点。发展适度规模经营,培育农业新型经营主体。多途径发展壮大村级集体经济,全面消除集体经济薄弱村。培育新型职业农民和农村实用人才,建强乡村振兴人才队伍。

巩固拓展脱贫攻坚成果。用好5年政策过渡期,严格落实"四个不摘",保持主要帮扶政策总体稳定。健全防止返贫动态监测和帮扶机制,强化产业、就业、易地搬迁后续扶持等帮扶措施,确保不发生规模性返贫。加强工作、政策和机构衔接,逐步实现由集中资源支持脱贫攻坚向全面推进乡村振兴平稳过渡,带领老区人民走向共同富裕的康庄大道!

(八)绿色发展见到新气象。持续做好生态修复、环境保护、绿色发展"三篇文章",用环境治理留住绿水青山,用绿色发展赢得金山银山。

深入推进长江大保护。严格落实《长江保护法》,深入实施"双十"工程,持续开展"雷霆行动"。强化河湖库长制,推进上下游、江河湖库、左右岸、干支流协同治理。系统推进"三湖"同治,启动倒水、举水、浠水、白莲河库区等流域综合治理。坚决落实长江"十年禁渔"。实施长江岸线综合治理,加快推进长江最美岸线建设。

筑牢大别山生态安全屏障。加强地质公园、自然保护区、森林公园、湿地等重点区域生态保护与修复。

推进全域国土综合整治，推进大别山水源涵养、水土流失治理等重大工程。推行林长制，深化森林城市创建。实施生物多样性保护工程，加强病虫害防治。加强大别山世界地质公园保护，确保通过中期评估。

提升生态环境治理水平。突出精准、科学、依法治污，深入打好污染防治攻坚战。强化"三线一单"刚性约束，强化多污染物协同控制和区域协同治理，强化农村水系水体综合整治。推进土壤及地下水污染修复试点，开展化肥农药减量增效、危险废物专项整治。落实环保督察问题整改，完善生态文明建设评价机制，深入推进生态文明示范创建。

推动绿色低碳发展。把降碳作为绿色转型总抓手，大力发展循环经济、低碳经济。全面实施垃圾分类管理，推进废旧物资循环利用。开展低碳示范试点。支持白莲河示范区绿色发展，支持龙感湖打造循环经济样板田，支持黄梅循环经济产业园、武穴田镇循环经济园、龙源石膏产业园建设，支持蕲春创建全国可持续发展试验区。倡导绿色生活，引领绿色时尚，把绿色画卷永远留在红色大地，把宝贵财富留给子孙后代！

（九）民生改善见到新气象。顺应人民群众对美好生活的需要，在发展中保障和改善民生。

千方百计扩大就业。坚持就业优先，发挥创业带动就业"倍增效应"。统筹做好高校毕业生、返乡农民工、退役军人、贫困劳动力、退捕渔民等重点群体就业帮扶工作，开展职业技能提升行动，新增城镇就业6万人，实现再就业2万人，零就业家庭动态清零。保障农民工工资无拖欠，推进劳动关系"和谐同行"。

完善社会保障体系。持续推进社保扩面，落实阶段性降低社保费率政策。实施养老保险、工伤保险省级统筹。推进农村特困供养服务机构改革提升三年行动。健全"三留守"人员关爱机制，落实事实无人抚养儿童保障政策。加强重点商品稳价保供，完善社会救助和保障标准与物价上涨挂钩联动机制。办好全国第五批改革试点，提升居家和社区养老综合服务能力，逐步满足多样化、多层次养老服务需求。

推进健康黄冈建设。完善常态化科学精准防控和局部应急处置相结合的工作机制，落实落细常态监测、"人物地"同防、多点触发等防控举措，确保防控不松懈、疫情不反弹。加快疾控体系改革和公共卫生体系建设，深化卫生健康体制改革，纵深推进县域医共体建设，构建医防融合体系。推进医保支付方式改革，发展商业健康保险。推进"四中心一基地"建设，加快基层卫生医疗机构标准化建设，加强公共卫生人才培养。大力发展中医药事业，启动"国医堂"建设试点，推进国家中医药综合改革试验区创建。加大国家"学生饮用奶计划"推广力度，扩大城乡覆盖面。持续举办体育赛事，推动全民健身和全民健康深度融合。

办好人民满意的教育。启动第四期学前教育行动，落实新建小区配建幼儿园，新建公办幼儿园10所，新认定普惠性民办幼儿园60所。推进义务教育优质均衡发展，基本消除"择校热""大班额"。加强县城、乡镇寄宿制学校和小规模学校建设，提高进城务工人员子女在公办学校就读比例。推进薄弱高中改造计划，平稳推进高考综合改革。实施职业教育提质培优专项行动，支持湖北应急管理学院提档升级，支持黄冈职院"双高计划"。支持黄冈师院建设"全省一流、全国知名"高水平师范大学。健全教师工资待遇保障机制，加强新时代教师队伍建设。大力支持民办教育，发展特殊教育。

推动文化强市建设。培育和践行社会主义核心价值观，深化文明创建、文明实践，讲好黄冈故事。拓展公共文化服务体系示范区创建成果，提高公共文化服务有效供给。推进媒体深度融合，建强用好市县融媒体中心。实施文艺人才培养工程、文艺作品质量提升工程。完善文化产业规划和政策，发展现代文化产业。加强文化遗产、大别山革命遗址遗迹和文物保护利用。

加强和创新社会治理。推进市域社会治理现代化试点市创建。深化街道管理体制改革，健全乡镇治理体制，完善小区综合治理体系。加强社区工作者队伍建设，做实基层管理服务平台。有序发展社会组织、慈善事业和志愿服务。落实"四个最严"要求,推进"双安双创",提升检验检测能力,保障食品药品安全。实施安全生产专项整治三年行动,提高防灾减灾和应急救援能力。完善预防预警和处置机制,防范金融风险和政府债务风险。深化法治黄冈建设,启动"八五"普法,推进地方性法规有效实施。健全矛盾纠纷多元化解机制,创新法治信访。完善立体化防控体系,打好禁毒人民战争,推动扫黑除恶长效长治,建设更高水平的平安黄冈,让城乡更安宁、群众更安乐!

推进民族团结进步创建,依法管理宗教事务,做好对口援疆工作。支持工会、共青团、妇联、工商联、科协、文联、社科联、侨联、残联、红十字会等群团组织更好发挥作用。加强国家安全、依法统计、机要保密、档案、外事、对台、史志、气象、水文、人民防空、公共资源交易、新闻出版、机关事务管理、残疾人工作。深入开展国防教育,支持驻黄部队建设,做好退役军人事务和双拥共建工作,加强后备力量建设,完善国防动员体系。

(十)服务型政府建设见到新气象。我们将不忘初心、牢记使命,加快转观念、转职能、转作风、转方式、转状态,以高质量的工作更好满足人民群众新期待。

加强政治建设。深入学习贯彻习近平新时代中国特色社会主义思想,增强"四个意识",坚定"四个自信",做到"两个维护",坚决落实党中央大政方针、省委省政府和市委的工作要求。把加强党的全面领导贯彻到政府工作各领域各方面,把制度优势转化为治理效能。

坚持依法行政。深化法治政府建设,严格按照法定权限和程序行使权力。自觉接受人大、政协监督,高质量办好人大代表建议和审议意见、政协提案和重点协商议政事项。广泛听取各民主党派、人民团体和社会各界意见建议,健全依法、科学、民主决策机制。深入推进行政执法"三项制度",严格规范公正文明执法。推进政务公开,增强政府公信力。

强化实干担当。大兴调查研究之风,察实情、出实招、办实事。用改革办法破解难题,用严实作风创造性抓好落实。关心基层干部,减轻基层负担。完善容错纠错机制,激励各级干部大胆闯、大胆试,以"思想破冰"引领发展突围。

提升政务效能。全面增强"八个本领",提高"七种能力"。加快建设数字政府,以数字化转型提升治理效能。加强预算绩效管理,推行"零基预算"。完善抓落实的工作体系和评价体系,谋定后动,谋定快动,以实际成效取信于民。

全面从严治政。坚决扛起全面从严治党政治责任,坚持把纪律和规矩挺在前面,将权力关进制度的"笼子"。坚决贯彻中央八项规定及其实施细则精神,驰而不息整治"四风",力戒形式主义、官僚主义,治理庸懒散。坚持政府过紧日子,严控"三公"经费,加强审计监督、财政监督,落实巡视问题整改。紧盯重点行业关键领域,健全监管机制,严防权力腐败,打造清廉政府。

各位代表!征途漫漫,惟有奋斗。让我们更加紧密团结在以习近平同志为核心的党中央周围,在省委、省政府和市委的坚强领导下,攻坚克难、开拓进取,奋力谱写新时代黄冈高质量发展新篇章,以优异的成绩向中国共产党成立100周年献礼!

黄冈市第七次全国人口普查公报(第一号)
——全市人口情况[1]

黄冈市统计局

黄冈市人民政府第七次全国人口普查领导小组办公室

2021年6月2日

根据黄冈市第七次全国人口普查结果,现将2020年11月1日零时我市人口的基本情况公布如下:

一、常住人口

2020年11月1日零时,全市常住人口[2]为5882719人。

二、人口增长

全市常住人口与2010年第六次全国人口普查的6162069人相比,减少279350人,下降4.53%,年平均增长率为-0.46%。

三、户别人口

全市共有家庭户[3]2007932户,集体户56335户,家庭户人口为5527371人,集体户人口为355348人。平均每个家庭户的人口为2.75人,比2010年第六次全国人口普查减少0.51人。

注释:

[1]本公报数据均为初步汇总数据。合计数和部分计算数据因小数取舍而产生的误差,均未作机械调整。

[2]常住人口包括:居住在本乡镇街道且户口在本乡镇街道或户口待定的人;居住在本乡镇街道且离开户口登记地所在的乡镇街道半年以上的人;户口在本乡镇街道且外出不满半年或在境外工作学习的人。

[3]家庭户是指以家庭成员关系为主、居住一处共同生活的人组成的户。

黄冈市第七次全国人口普查公报(第二号)
——地区人口情况[1]

黄冈市统计局

黄冈市人民政府第七次全国人口普查领导小组办公室

2021 年 6 月 2 日

根据黄冈市第七次全国人口普查结果,现将 2020 年 11 月 1 日零时我市 10 个县(市、区)(以下简称县市)的常住人口[2]有关数据公布如下:

一、地区人口

10 个县市中,常住人口超过 80 万人的县市有 1 个,在 60 万人至 80 万人之间的县市有 4 个,在 40 万人至 60 万人之间的县市有 3 个,少于 40 万人的县市有 2 个。其中,常住人口居前五位的县市合计常住人口占全市常住人口比重为 65.72%。

表 2-1 各地区人口

单位:人、%

地 区	常住人口数	比重[3]	
		2020 年	2010 年
全市	5882719	100.00	100.00
黄州区	456862	7.77	5.95
团风县	266218	4.53	5.50
红安县	510189	8.67	9.77
罗田县	473195	8.04	8.84
英山县	310180	5.27	5.80
浠水县	716273	12.18	14.16
蕲春县	792101	13.46	11.81
黄梅县[4]	787783	13.39	13.94
麻城市	893654	15.19	13.78
武穴市	676264	11.50	10.46

二、地区人口变化

与 2010 年第六次全国人口普查相比,10 个县市中,有 4 个县市常住人口增加,依次为:黄州区、蕲春县、麻城市、武穴市,分别增加 90093 人、64296 人、44564 人、32017 人。

注释:

[1]本公报数据均为初步汇总数据。合计数和部分计算数据因小数取舍而产生的误差,均未作机械调整。

[2]常住人口包括:居住在本乡镇街道且户口在本乡镇街道或户口待定的人;居住在本乡镇街道且离

开户口登记地所在的乡镇街道半年以上的人;户口在本乡镇街道且外出不满半年或在境外工作学习的人。

[3]指各县市的常住人口占全市常住人口的比重。

[4]黄梅县常住人口含龙感湖,其中龙感湖常住人口27855人。

黄冈市第七次全国人口普查公报(第三号)
——人口性别构成情况[1]

黄冈市统计局

黄冈市人民政府第七次全国人口普查领导小组办公室

2021年6月2日

根据黄冈市第七次全国人口普查结果,现将2020年11月1日零时我市10个县(市、区)(以下简称县市)的人口性别构成情况公布如下:

一、全市人口性别构成

全市常住人口[2]中,男性人口为3034519人,占51.58%;女性人口为2848200人,占48.42%。常住人口性别比(以女性为100,男性对女性的比例)为106.54,与2010年第六次全国人口普查持平。

二、地区人口性别构成

10个县市中,常住人口性别比在105以下的县市有2个,在105至109之间的县市有5个,在109以上的县市有3个。

表3-1 各地区人口性别构成

单位:%

地区	占常住人口比重 男	占常住人口比重 女	性别比
全 市	51.58	48.42	106.54
黄州区	50.52	49.48	102.10
团风县	52.20	47.80	109.20
红安县	51.60	48.40	106.63
罗田县	52.25	47.75	109.42
英山县	50.75	49.25	103.04
浠水县	51.37	48.63	105.64
蕲春县	51.38	48.62	105.68
黄梅县	51.61	48.39	106.65
麻城市	51.60	48.40	106.61
武穴市	52.37	47.63	109.95

注释:

[1]本公报数据均为初步汇总数据。合计数和部分计算数据因小数取舍而产生的误差,均未作机械调整。

[2]常住人口包括:居住在本乡镇街道且户口在本乡镇街道或户口待定的人;居住在本乡镇街道且离开户口登记地所在的乡镇街道半年以上的人;户口在本乡镇街道且外出不满半年或在境外工作学习的人。

黄冈市第七次全国人口普查公报(第四号)
——人口年龄构成情况[1]

黄冈市统计局

黄冈市人民政府第七次全国人口普查领导小组办公室

2021年6月2日

根据黄冈市第七次全国人口普查结果,现将2020年11月1日零时我市10个县(市、区)(以下简称县市)的人口年龄构成情况公布如下:

一、全市人口年龄构成

全市常住人口[2]中,0-14岁[3]人口为1132321人,占19.25%;15-59岁人口为3493835人,占59.39%;60岁及以上人口为1256563人,占21.36%,其中65岁及以上人口为918512人,占15.61%。与2010年第六次全国人口普查相比,0-14岁人口的比重上升2.94个百分点,15-59岁人口的比重下降9.46个百分点,60岁及以上人口的比重上升6.52个百分点,65岁及以上人口的比重上升5.78个百分点。

表4-1 全市人口年龄构成

单位:人、%

年龄	常住人口数	比重
总　计	5882719	100
0-14岁	1132321	19.25
15-59岁	3493835	59.39
60岁及以上	1256563	21.36
其中:65岁及以上	918512	15.61

二、地区人口年龄构成

10个县(市、区)中,15-59岁人口比重在60%以上的县(市、区)有2个,在55%-60%之间的县(市、区)有8个。7个县(市、区)65岁及以上老年人口比重均超过15%,其中,1个县(市、区)65岁及以上老年人口比重超过18%。

表4-2 各地区人口年龄构成

单位:%

地区	占常住人口比重			
	0-14岁	15-59岁	60岁及以上	其中:65岁及以上
全　市	19.25	59.39	21.36	15.61
黄州区	14.69	68.01	17.30	12.35

地区	占常住人口比重			
	0－14岁	15－59岁	60岁及以上	其中:65岁及以上
团风县	16.30	57.51	26.19	19.71
红安县	17.60	59.94	22.46	15.90
罗田县	19.18	58.80	22.01	15.14
英山县	17.58	58.01	24.41	17.31
浠水县	19.09	57.50	23.40	17.50
蕲春县	21.77	59.17	19.07	14.58
黄梅县	20.07	57.71	22.22	16.14
麻城市	18.30	60.48	21.22	15.34
武穴市	23.06	57.73	19.21	14.50

注释：

[1]本公报数据均为初步汇总数据。合计数和部分计算数据因小数取舍而产生的误差，均未作机械调整。

[2]常住人口包括：居住在本乡镇街道且户口在本乡镇街道或户口待定的人；居住在本乡镇街道且离开户口登记地所在的乡镇街道半年以上的人；户口在本乡镇街道且外出不满半年或在境外工作学习的人。

[3]0－15岁人口为1196302人，16－59岁人口为3429854人。

黄冈市第七次全国人口普查公报(第五号)
——人口受教育情况[1]

黄冈市统计局
黄冈市人民政府第七次全国人口普查领导小组办公室
2021年6月2日

根据黄冈市第七次全国人口普查结果,现将2020年11月1日零时我市10个县(市、区)(以下简称县市)的人口受教育基本情况公布如下:

一、受教育程度人口

全市常住人口[2]中,拥有大学(指大专及以上)文化程度的人口为505008人;拥有高中(含中专)文化程度的人口为823669人;拥有初中文化程度的人口2091773人;拥有小学文化程度的人口为1715702人(以上各种受教育程度的人包括各类学校的毕业生、肄业生和在校生)。与2010年第六次全国人口普查相比,每10万人中拥有大学文化程度的由5244人上升为8585人;拥有高中文化程度的由13558人上升为14002人;拥有初中文化程度的由37934人下降为35558人;拥有小学文化程度的由27656人上升为29165人。

表5-1　各地区每10万人口中拥有的各类受教育程度人数

单位:人/10万人

地区	大学(大专及以上)	高中(含中专)	初中	小学
全　市	8585	14002	35558	29165
黄州区	24956	20151	28717	16841
团风县	5838	11470	38932	30884
红安县	8465	13857	37726	27312
罗田县	8111	16365	33915	30133
英山县	8476	14068	34377	30502
浠水县	7088	12605	32966	32286
蕲春县	6702	13020	35382	31813
黄梅县	6848	13303	36711	31780
麻城市	6390	14065	38527	27723
武穴市	7791	12627	36590	29374

二、平均受教育年限[3]

与2010年第六次全国人口普查相比,全市常住人口中,15岁及以上人口的平均受教育年限由8.24年上升至8.91年。

10个县(市、区)中,平均受教育年限在10年以上的县(市、区)有1个,在9年至10年之间的县(市、区)有1个,在9年以下的县(市、区)有8个。

表 5-2　各地区15岁及以上人口平均受教育年限

单位:年

地区	2020年
全　市	8.91
黄州区	11.04
团风县	8.35
红安县	8.93
罗田县	9.10
英山县	8.76
浠水县	8.34
蕲春县	8.71
黄梅县	8.76
麻城市	8.68
武穴市	8.81

三、文盲人口

全市常住人口中,文盲人口(15岁及以上不识字的人)为249453人,与2010年第六次全国人口普查相比,文盲人口减少245827人,文盲率[4]由8.04%下降为4.24%,下降3.8个百分点。

注释:

[1]本公报数据均为初步汇总数据。合计数和部分计算数据因小数取舍而产生的误差,均未作机械调整。

[2]常住人口包括:居住在本乡镇街道且户口在本乡镇街道或户口待定的人;居住在本乡镇街道且离开户口登记地所在的乡镇街道半年以上的人;户口在本乡镇街道且外出不满半年或在境外工作学习的人。

[3]平均受教育年限是将各种受教育程度折算成受教育年限计算平均数得出的,具体的折算标准是:小学=6年,初中=9年,高中=12年,大专及以上=16年。

[4]文盲率是指17个市州的人口中15岁及以上不识字人口所占比例。

黄冈市第七次全国人口普查公报(第六号)
——城乡人口和流动人口情况[1]

黄冈市统计局
黄冈市人民政府第七次全国人口普查领导小组办公室
2021年6月2日

根据黄冈市第七次全国人口普查结果,现将2020年11月1日零时我市人口城乡分布及流动情况公布如下:

一、城乡[2]人口

全市常住人口[3]中,居住在城镇的人口为2797377人,占47.55%;居住在乡村的人口为3085342人,占52.45%。与2010年第六次全国人口普查相比,城镇人口增加65.32万人,乡村人口减少93.26万人,城镇人口比重提高12.75个百分点。

二、流动人口[4]

全市常住人口中,市内人户分离人口[5]为978379人,其中,市辖区内人户分离[6]人口为72875人,流动人口为905504人。流动人口中,省外流动人口为92931人,省内流动人口为812573人。

注释:

[1]本公报数据均为初步汇总数据。合计数和部分计算数据因小数取舍而产生的误差,均未作机械调整。

[2]城镇、乡村是按国家统计局《统计上划分城乡的规定》划分的。

[3]常住人口包括:居住在本乡镇街道且户口在本乡镇街道或户口待定的人;居住在本乡镇街道且离开户口登记地所在的乡镇街道半年以上的人;户口在本乡镇街道且外出不满半年或在境外工作学习的人。

[4]流动人口是指人户分离人口中扣除市辖区内人户分离的人口。

[5]人户分离人口是指居住地与户口登记地所在的乡镇街道不一致且离开户口登记地半年以上的人口。

[6]市辖区内人户分离人口是指地级市所辖的区内和区与区之间,居住地和户口登记地不在同一乡镇街道的人口。

第二部分　历史统计资料

资料整理人员：顾援越　左小平

2000—2020年黄冈市国民经济

年份	年末总人口（万人）	年末常住人口（万人）	人口自然增长率（‰）	年末从业人员数（万人）	地区生产总值（亿元）	第一产业	第二产业	#工业	第三产业
2000	722.74	663.15	2.89	335	236.96	96.52	61.86	47.23	78.57
2001	722.73	665.28	2.38	336	250.95	95.05	68.04	48.03	87.87
2002	723.95	667.15	2.78	339	266.06	96.35	72.59	52.19	97.12
2003	724.70	668.93	2.76	343	284.76	100.44	79.19	57.99	105.13
2004	726.34	671.13	2.81	348	322.83	106.26	95.89	73.54	120.68
2005	726.30	673.40	3.50	350	348.56	111.14	107.86	83.47	129.56
2006	728.94	668.70	3.33	352	408.05	115.28	135.16	104.62	157.61
2007	730.98	666.70	3.68	353	491.94	141.67	167.53	126.70	182.74
2008	735.14	667.50	3.68	344	622.50	179.59	218.19	173.45	224.72
2009	739.61	668.64	5.12	372	725.75	198.80	275.09	222.13	251.86
2010	742.41	616.21	5.7	348	855.81	225.39	330.91	270.38	299.51
2011	746.25	621.04	8.08	353	1037.26	262.17	410.86	335.76	364.23
2012	748.18	623.19	6.04	355	1181.82	297.72	469.74	381.83	414.36
2013	750.15	624.19	6.55	357	1322.52	315.96	527.70	430.76	478.86
2014	741.43	626.25	6.04	358	1468.27	328.71	592.93	478.96	546.63
2015	744.42	627.60	7.06	359	1585.57	337.46	626.25	506.22	621.86
2016	746.87	632.10	7.00	361	1730.60	358.67	661.53	540.71	710.39
2017	746.87	634.10	8.99	362	1939.62	374.09	744.18	594.40	821.35
2018	740.64	633.00	5.61	364.65	2169.70	376.10	823.06	653.49	970.55
2019	737.81	633.30	4.45	364.82	2322.73	403.01	876.56	703.12	1043.16
2020	734.46	588.27	3.71	357.88	2169.55	438.28	749.83	617.42	981.43

和社会发展主要指标(一)

人均地区生产总值（元）	农林牧业总产值（亿元）	粮食产量（万吨）	油料产量（万吨）	畜禽肉产量（万吨）	水产品产量（万吨）	规模以上工业总产值（亿元）
3549	75.72	259.15	40.16	24.84	27.58	160.81
3759	72.55	243.85	37.99	27.83	27.70	156.99
3978	77.75	246.56	36.18	28.37	29.18	171.17
4253	78.36	231.39	36.83	29.60	30.01	177.71
4811	82.57	278.26	41.16	31.30	30.78	175.13
5179	176.72	282.72	40.76	33.02	32.23	149.19
6081	184.86	284.39	40.63	29.23	33.88	186.31
7368	220.10	294.40	42.10	36.97	41.53	276.40
9331	253.10	304.21	43.40	35.50	35.30	441.63
10863	325.80	315.00	47.89	34.10	38.00	598.44
13322	364.79	320.93	48.94	48.47	40.73	844.23
16767	463.82	301.14	51.45	52.53	42.16	968.38
18997	505.70	312.50	52.70	56.80	45.40	1206.53
21188	532.22	318.98	55.39	45.24	47.83	1495.40
23465	559.63	325.75	55.77	47.24	50.52	1761.40
25261	593.01	331.99	55.70	45.69	52.75	1909.40
27444	623.55	290.82	54.45	45.32	52.91	2008.50
30637	660.37	295.97	58.01	45.60	44.42	2178
34247	662.36	283.02	48.42	46.00	44.9	1777.5
36685	710.61	268.63	48.21	37.37	45.88	1751.4
35784	773.14	269.11	52.88	30.9	44.15	1536.3

2000—2020年黄冈市国民经济

年份	建筑业总产值（亿元）	一般公共预算收入（亿元）	财政支出（亿元）	居民消费价格指数（上年=100）	公路营业里程(公里)	全社会旅客运输量（万人）	全社会货物运输量（万吨）
2000	20.70		24.38	99.7	9045	7492	1816
2001	24.64	12.48	28.3	98.7	22015	5239	1215
2002	39.54	12.60	31.38	99.6	22022	3501	1262
2003	58.10	12.37	34.18	101.2	22061	3650	1200
2004	64.67	13.19	40.70	106.3	22088	4245	1986
2005	78.55	13.14	51.08	103.4	22152	4588	1860
2006	109.09	15.35	66.84	102.2	17780	5063	1936
2007	155.87	19.93	89.08	104.3	18015	5727	2279
2008	188.73	26.21	121.72	106.4	18409	6730	2797
2009	267.74	32.16	173.44	101.2	22117	8129	2740
2010	292.86	38.98	223.08	103.5	23400	9096	3700
2011	379.48	51.61	289.75	105.6	24100	10649	4238
2012	489.02	62.92	337.71	102.9	24880	12299	5053
2013	649.30	79.98	390.68	103.0	25942	12959	5731
2014	820.00	96.04	458.36	101.3	26715	9593	10147
2015	863.20	112.82	621.84	101.4	28700	10200	10569
2016	874.90	119.52	644.01	101.4	29543	10165	11467
2017	978.77	133.33	623.51	100.9	30494	9826	13117
2018	1062.29	139.24	717.11	101.3	31365	10821	14057.8
2019	1053.19	141.40	815.95	103.5	32125	7883	17019.1
2020	824.66	104.00	937.53	102.6	32925	2241	16354

和社会发展主要指标(二)

邮电业务总量（亿元）	固定电话用户总量（万户）	移动电话用户（万户）	社会消费品零售总额（亿元）	进出口总额（亿美元）	出口总额	进口总额	实际外商直接投资（亿美元）
4.88	46.63	7.2	111.69	1.24	1.04	0.2	0.11
8.75	54.2	15.4	123.11	1.19	0.97	0.22	0.26
12.42	61.87	34.3	132.10	1.31	1.05	0.26	0.08
6.18	61.1	77	143.55	1.24	1.03	0.21	0.49
11.32	64.46	84.5	159.23	1.81	1.3	0.51	0.57
12.97	78.47	107.9	172.40	1.84	1.58	0.26	0.7
13.76	81.31	138	200.07	2.34	2.07	0.27	0.94
15.28	108.9	170	244.65	3.53	3.06	0.47	1.18
17.38	101.72	222.7	311.14	4.12	3.62	0.5	1.34
17.98	102.2	241.9	371.70	4.79	4.06	0.73	1.54
19.12	95.86	251.7	448.75	2.64	2.09	0.55	1.36
20.33	93.77	283.1	528.77	3.43	2.56	0.88	0.23
26.47	93.6	320.4	614.27	4.29	3.49	0.8	0.36
29.28	91.31	353.54	703.67	5.36	4.51	0.84	0.67
31.45	84.61	377.92	785.51	6.12	5.34	0.78	0.87
33.11	79.00	361.00	961.70	6.50	5.76	0.74	1.04
35.24	72.00	403.00	1068.03	7.06	6.02	1.05	1.29
39.79	61.47	445.1	1197.65	8.06	6.78	1.28	0.41
43.34	50.54	466.94	1334.86	9.42	8.13	1.29	0.54
47.70	42.02	453.34	1470.72	10.29	9.55	0.74	0.58
50.78	36.74	456.75	1150.13	9.47	8.63	0.84	0.60

2000—2020年黄冈市国民经济

年份	国际旅游外汇收入（万美元）	金融机构存款余额（亿元）	金融机构贷款余额（亿元）	普通高等学校在校生人数（万人）	中等职业学校在校生人数（万人）	普通中学在校生人数（万人）	小学在校生人数（万人）
2000	31.31	149.40	177.69	1.13	2.12	43.23	89.44
2001	26.06	175.20	183.56	0.63	2.70	49.05	83.31
2002	16.77	212.53	185.62	2.44	3.10	55.71	79.69
2003	19.57	256.78	202.70	2.61	3.25	61.31	73.84
2004	33.19	310.75	205.52	2.83	4.07	62.86	65.44
2005	94.19	368.45	204.45	2.45	6.12	63.61	61.72
2006	148.41	444.51	224.87	2.65	8.92	61.98	57.24
2007	224.59	500.71	262.40	2.87	9.10	60.61	54.31
2008	269.74	635.13	252.44	3.10	11.67	58.37	53.8
2009	285.43	773.45	317.19	3.80	12.39	56.60	54.00
2010	309.59	960.16	392.18	4.60	10.87	52.63	54.63
2011	334.35	1166.66	467.58	4.20	7.86	49.79	56.57
2012	396.00	1432.90	553.80	4.77	6.50	37.46	42.91
2013	171.00	1719.43	654.21	4.83	5.10	33.88	43.19
2014	210.00	1994.05	811.10	4.64	5.10	29.31	39.64
2015	300.00	2320.97	991.08	4.08	4.29	28.09	43.2
2016	400.00	2674.33	1160.60	4.05	4.02	28.4	41.96
2017	500.00	3041.14	1407.88	4.36	3.78	28.39	42.27
2018	600.00	3322.82	1585.38	4.06	4.03	29.64	43.65
2019	700.00	3605.89	1859.50	4.40	4.53	30.69	44.9
2020	580.00	3995.03	2168.25	4.55	4.98	31.4	45.34

和社会发展主要指标(三)

科技活动机构个数(个)	从事科技活动人员(万人)	科技活动经费使用总额(亿元)	医院及卫生院床位数(万张)	卫生技术人员数(万人)	城镇单位在岗职工工资总额(亿元)	城镇单位在岗职工年平均工资(元)	城镇常住居民人均可支配收入(元)	农村常住居民人均可支配收入(元)
45	0.07	2.50	1.42	2.60	22.32	6217	4441	2079
45	0.07	7.32	1.37	2.63	22.4	6814	4600	2083
45	0.07	7.37	1.38	2.63	22.91	7554	4800	2131
45	0.07	7.27	1.21	2.63	34.24	7952	5501	2204
45	0.07	4.19	1.11	1.65	26.55	8348	5864	2500
31	0.24	0.93	1.07	1.79	29.35	9266	6358	2657
37	0.21	1.49	1.10	1.81	31.61	10296	6981	2883
34	0.17	1.69	1.19	2.13	40.29	12163	8314	3295
48	0.22	2.65	1.30	2.18	50.73	15351	9952	3744
—	0.36	3.80	1.33	2.13	66.59	18707	11336	4130
—	0.42	4.50	1.57	2.28	84.40	22011	12836	4634
57	0.20	3.10	1.84	2.37	108.85	25695	14731	5438
56	0.28	4.18	2.08	2.49	133.39	27710	16765	6142
107	0.21	5.02	2.62	3.87	169.23	30261	18432	6966
112	0.38	6.08	3.08	4.11	187.42	36022	20729	9388
141	0.53	7.87	3.30	4.27	194.96	39166	22620	10252
201	0.61	12.09	3.40	4.34	298.94	41497	24796	11076
255	0.66	15.48	3.60	4.39	328.97	44922	26884	12116
——	——	——	3.73	4.34	352	47091	28978	13238
——	——	——	3.76	4.19	368	49970	31812	14490
——	——	——	3.95	4.34		55462	30826	14693

2000—2020年黄州区国民经济

年 份	年末总人口（万人）	年末总户数（万户）	年末常住人口（万人）	人口自然增长率（‰）	年末从业人员数（万人）	地区生产总值（万元）	第一产业	第二产业	#工业
2000	35.64	11.4	33.48	5.4	18.1	273390	29983	121867	86870
2001	37.39	11.55	33.82	3.6	18.3	298540	31163	132320	95560
2002	37.51	11.6	33.84	3.2	19.5	325405	32306	143600	104990
2003	37.62	12.71	33.87	3.1	18.1	354430	36463	154140	114440
2004	37.75	13.01	33.94	3.5	18.42	386685	40792	166475	124585
2005	37.96	13.56	33.99	5.4	19.12	419891	44090	175385	132100
2006	38.13	14.96	34	4.6	19.78	505814	45803	225707	165400
2007	38.32	14.87	34.10	5.08	20.11	560509	56701	260600	178200
2008	38.52	14.99	34.11	4.96	20.42	698204	68600	343400	255900
2009	38.7	15.21	34.24	4.9	21.01	805819	76605	388413	298200
2010	38.84	15.37	36.68	3.53	21.09	895712	89700	453700	309400
2011	38.21	15.37	36.79	3.63	21.36	1023732	96606	494523	372900
2012	38.18	15.3	36.89	2.26	22.25	1297400	118200	560900	419400
2013	38.29	15.43	36.81	3.95	22.31	1444845	126708	601833	452700
2014	39.07	15.08	37.22	5.38	22.78	1582705	132400	639800	477800
2015	40.02	14.84	37.53	10.37	22.81	1701673	132490	649567	482391
2016	40.08	14.95	38.86	7.5	22.84	1839825	131165	672550	509172
2017	40.1	14.93	39.63	5.8	22.85	2072150	141568	757005	563528
2018	40.3	14.99	39.63	7.0	29.75	2372725	142062	837493	649854
2019	40.5	15.17	39.78	5.88	30.54	2585352	151510	949069	739478
2020	35.50	15.37	46.87	5.6	30.80	2411018	156276	850472	735708

注：从2012年起黄州区主要指标除财政数据外，全部使用市区一体数据。

和社会发展主要指标(一)

第三产业	耕地面积（万亩）	农业产值（万元）	农作物播种面积（万亩）	粮食面积（万亩）	粮食产量（吨）	棉花面积（万亩）	棉花产量（吨）	油料面积（万亩）
121540	12.5	27903	30.35	13.83	50665	3.05	2310	5.12
135057	12.27	29170	29.87	12.24	42963	2.64	2583	4.98
149499	11.81	29263	29.28	12.14	39183	1.86	1758	5.73
163827	10.14	30866	30.39	12.11	40813	2.6	1963	5.22
179418	11.82	31359	31.65	13.65	53668	2.85	2771	5.36
200416	12.21	65742	32.48	14.28	56077	3.11	2956	5.67
234304	12.26	72013	33.41	14.91	53174	3.29	3908	4.58
243208	14.27	84498	37.83	18.01	62862	4.92	3019	4.47
286204	15.33	98804	43.91	18.7	64105	8.06	4364	5.93
340801	15.94	121707	46.26	18.78	61452	7.45	4235	6.75
352312	16.04	139154	49.57	19.9	62783	8.27	4071	6.59
432603	17.91	148555	48.48	17.21	52540	8.06	4400	6.19
618300	16.41	188722	47.11	15	46144	7.68	4948	6.27
716304	16.23	199500	46.5	14.93	46676	6.35	3818	5.49
810505	16.11	210201	46.07	14.02	49579	6.44	4603	5.48
919616	16.06	222961	46.3	14.12	48956	5.33	3809	6.03
1036110	16.06	223900	40.96	12.99	42400	4.15	2700	6.15
1173577	16.13	245000	41.12	13.12	44400	4.14	3600	3.5
1393170	16.13	245843	41.24	13.11	44217	3.44	2200	3.81
1484773	15.53	253500	40.55	12.36	42000	3.59	2300	3.84
1404270	15.59	261622	35.42	9.6	31426	3.07	1643	3.67

2000—2020年黄州区国民经济

年份	油料产量（吨）	蔬菜面积（万亩）	茶叶产量（吨）	生猪存栏（万头）	牛存栏（万头）	能繁母猪（万头）	肉类总产量（吨）
2000	6555	5.78		5.83	0.61	0.29	7607
2001	6299	6.96		5.32	0.58	0.27	7850
2002	5871	7.04		5.46	0.59	0.73	7908
2003	6306	7.37		5.19	0.59	0.68	8339
2004	7335	7.34		5.11	0.6	0.65	8411
2005	7069	7.32		4.89	0.6	0.61	8185
2006	6054	8.36	2	4.69	0.62	0.52	6576
2007	6486	7.49	4	5.36	0.66	0.85	5131
2008	7233	8.52	5	6.15	0.97	0.86	6499
2009	6238	9.56		6.5	1.03	0.87	9268
2010	6720	10.53		6.8	1.1	0.89	8117
2011	6900	10.97		7.3	1.17	0.82	8716
2012	6845	11.19		8.8	1.16	0.95	8656
2013	6100	12.1		4.85	0.55	0.57	8822
2014	6011	12.3		4.88	0.54	0.57	9355
2015	7252	13.22		4.74	0.4	0.56	9887
2016	7500	13.83		4.81	0.19	0.49	8271
2017	5293	13.63		4.82	0.32	0.5	6263
2018	5670	14.76		4.7	0.33	0.41	6020
2019	5700	14.71		3.57	0.32	0.39	5442
2020	5525	14.64		3.62	0.3	0.39	3694

注：从2012年起黄州区主要指标除财政数据外，全部使用市区一体数据。

和社会发展主要指标（二）

水产品产量（吨）	农林牧渔业劳动力（万人）	人均地区生产总值（元）	全部工业总产值（万元）	#规模以上工业总产值	房地产开发投资	建筑业总产值（万元）
21160	4.03	8166	394864	37730	850	32110
22059	3.98	8872	434364	38840	1120	33120
23866	3.91	9619	477227	48930	1406	34161
24350	3.96	10469	520182	55640	8055	40550
25456	3.81	11405	566295	70213	2279	37934
26474	4.00	12362	600455	90832	3798	42805
29041	3.97	14879	751818	120127	12264	61846
37745	3.94	16461	810000	188320	14285	116457
39466	3.95	20472	1163182	345628	28658	138001
40196	3.49	23624	1355455	428700	62857	856072
42408	3.43	26210	1406364	632500	50862	1023946
44537	4.00	28870	1695000	812895	92536	1098235
47570	3.91	35270	1906364	935876	135625	1445296
50034	3.56	39193	2057727	1445500	223000	1678018
51685	3.73	42741	2144545	1544018	261013	1702011
53886	3.77	45439	2192686	1608866	364001	1727041
51805	3.78	48075	2314418	1721487	421837	1610042
43293	3.79	52800	2561491	1878142	501807	1462000
37219	3.22	59872	2953882	1984000	451600	1287200
38400	3.04	65114	3361264	2251800	519000	1199700
34218	2.89	55651	3255300	2338700	404200	681100

2000—2020 年黄州区国民经济

年份	财政总收入（万元）	一般公共预算收入（万元）	财政支出（万元）	居民消费价格指数（上年=100）	公路营业里程（公里）	全社会旅客运输量（万人）	全社会货物运输量（万吨）	邮电业务总量（万元）	固定电话用户总量（户）
2000	11002	7670	11210	98.4	108.6	998	470	19276	7482
2001	11431	7610	12339	98.8	108.6	1055	475	21975	9120
2002	12112	7540	13672	100.6	108.6	1160	520	24172	12028
2003	12298	7362	13622	101.3	108.6	1584	1205	27798	13729
2004	14011	8226	16421	106.1	108.6	1740	1332	31648	13970
2005	17014	8521	19187	101.8	108.6	1920	1665	35559	14100
2006	20656	9718	26511	102.1	108.6	2090	1804	39471	18720
2007	26008	11905	34214	105.1	108.6	2290	2020	43418	14478
2008	35088	16070	46066	106.5	999.0	2490	2210	49310	23343
2009	43392	20112	64688	100.4	1294.0	2870	2840	51210	91050
2010	56525	25848	97231	104.0	1341.0	3020	3270	58892	90970
2011	68825	37463	111586	103.2	1438.4	3017	3267	41632	96801
2012	86388	46081	132287	103.0	1461.7	3318	3480	45774	96883
2013	102000	56000	181900	103.0	1539.8	3651	3728	40929	93508
2014	105300	64041	193500	101.3	1558.3	3879	3909	45401	91141
2015	119600	73700	263300	101.4	1563.3	3997	4045	68122	81104
2016	119673	63800	201100	101.4	1568.7	4189	4244	78750	80455
2017	100600	68900	216300	100.9	1577.4	4384	4456	97450	79804
2018	110600	74000	208100	101.3	1597.2	4504	4606	100440	77405
2019	117000	76100	237400	103.5	1624.9	4661	4754	112540	75011
2020	105500	65600	324500	102.6	1754.1	4751	4881	117040	69100

注：从2012年起黄州区主要指标除财政数据外，全部使用市区一体数据。

和社会发展主要指标（三）

移动电话用户（户）	社会消费品零售总额（万元）	出口总额（万美元）	金融机构存款余额（万元）	城乡居民储蓄存款余额（万元）	金融机构贷款余额（万元）	实际外商直接投资（万美元）	旅游总收入（万元）	中等职业学校在校生人数（人）
149928	122738	802	115219	76044	65210	220	2024	7683
155520	137105	1870	194568	132306	85641	470	2540	8520
192140	150453	1503	285200	196788	145632	202	2980	7220
219521	168561	1800	354622	244689	185214	302	3110	7430
261420	198625	2555	485210	334794	255852	402	3330	6460
300214	211046	3000	588200	411740	298560	631	3840	7520
360049	249226	4498	664300	465010	354600	659	4670	6810
365401	313042	7436	796900	557830	467100	810	5120	6340
369802	443491	10144	972028	680419	594179	582	7120	8320
371124	486388	11675	1237685	891133	682432	1226	13000	8176
384210	572480	3520	1361453	980246	827387	4092	15000	6210
400411	689771	4956	1747032	1240392	897268	723	18000	5450
420242	800895	5780	2254083	1622939	1038585	880	23000	3141
436781	942932	8244	2713000	1953360	1245800	1069	95600	2264
443500	1030359	9216	2893300	2054243	1534100	1186	105200	2075
467800	1281023	6339	3321100	2284917	1984900	1360	139500	1924
485515	1412884	6978	3926000	2720718	2292100	250	168000	1804
488807	1581273	7680	4527700	3160300	2931100	750	203000	1684
489901	1760941	9126	5006900	3494816	3264700	200	246600	1504
490514	2112333.9	10533	5377100	3769340	4024400	1287	339800	1445
515400	1562100	8102	6159000	4496000	4489100	620	272500	1660

2000—2020 年黄州区国民经济

年份	普通中学在校生人数（人）	小学在校生人数（人）	从事科技活动人员（人）	医院及卫生院床位数（张）	卫生技术人员数（人）	城镇居民人均住房使用面积（平方米）
2000	12835	31886	8300	758	1380	28.6
2001	13105	31612	8400	780	1305	32.3
2002	17984	29419	8600	790	1231	34.5
2003	19560	28066	8600	801	1230	39.4
2004	19712	25388	8700	794	1310	40.1
2005	17940	32540	8900	794	1545	41.2
2006	17920	31219	9000	801	1700	44.3
2007	19640	30320	9300	805	1701	41.2
2008	17840	29230	9500	793	1578	46.5
2009	18152	32616	9512	2571	2836	39.8
2010	17301	23800	9610	2571	2836	44.8
2011	17166	23776	9978	2770	3326	44.3
2012	10250	14273	10121	3195	3372	44.8
2013	26344	20784	10124	3866	3728	52.01
2014	26039	20705	10129	4371	4201	52.01
2015	25412	20315	10137	4450	4284	50.56
2016	24554	19985	10149	4653	4456	48.89
2017	24147	19954	10164	4653	4456	48.9
2018	24041	19915	10184	4364	4313	37.63
2019	23954	19864	10214	4144	4090	37.63
2020	23707	19770	10310	4301	4314	38.42

注：从2014年起黄州区主要指标除财政数据外，全部使用市区一体数据。

和社会发展主要指标（四）

农村人均生活用房使用面积（平方米）	城镇单位在岗职工工资总额（万元）	城镇单位在岗职工年平均工资（元）	城镇常住居民人均可支配收入（元）	城镇居民人均消费性支出（元）	农村常住居民人均可支配收入（元）	农村居民人均消费性支出（元）
38.4	11342	5908	4610	4208	2426	2612
40	11432	6565	5110	4312	2524	2103
40	11627	7544	5350	4523	2575	2020
40.1	12791	8083	6203	5250	2674	2112
40.4	14494	8997	6620	5630	2986	2126
48.1	16229	9567	7238	6150	3191	2628
51.3	18707	10310	7838	6667	3514	2612
52.3	24367	12114	9872	7826	4119	3271
55.1	28264	16096	11860	8705	4896	3941
55.1	26015	19430	13634	8865	5539	4143
54.1	111314	23987	15376	10100	6260	3891
58.6	113921	24187	16920	14003	7468	5458
57.53	137980	27780	19257	15777	8381	6089
56	147250	30517	21154	17438	9501	6790
56	159220	36038	23242	18566	11566	9305
59.55	174142	39353	25538	20460	12573	10217
54.52	187203	41775	28174	22428	13643	10359
54.5	201898	44937	30527	24554	14845	12151
57.98	214012	47635	32917	26314	16119	13176
57.98	227923	50731	36153	29336	17554	14392
56.11	254590	56667	35424	25216	17786	13539

2000—2020年团风县国民经济

年 份	年末总人口（万人）	年末总户数（万户）	年末常住人口（万人）	人口自然增长率（‰）	年末从业人员数（万人）	地区生产总值（万元）	第一产业	第二产业	#工业
2000	37.77	10.24	35.38	1.44	16.77	99956	37362	24865	7147
2001	37.47	10.22	34.21	1.06	16.74	108036	38933	28839	8045
2002	37.31	10.11	33.85	1.29	16.71	117523	40689	33586	9040
2003	36.75	10.01	33.75	-2.42	16.71	129308	43191	39851	10244
2004	36.57	9.98	33.75	0.9	16.72	143700	44232	49800	11700
2005	36.49	9.91	33.68	1.7	16.73	156920	47063	57991	14328
2006	36.69	11.57	33.5	3.36	16.75	177414	48012	70900	17821
2007	36.84	11.84	33.41	5.5	16.75	211807	57000	89807	29472
2008	36.82	11.98	33.46	4.82	16.75	294924	73522	141500	60949
2009	36.84	12.19	33.52	3.05	16.75	338308	82700	168008	87763
2010	37.55	12.51	33.86	5.64	17.55	424137	93934	232200	132017
2011	37.84	12.73	33.93	8.07	16.75	491405	112300	261605	143525
2012	37.83	12.92	34.00	4.15	17.55	561616	125314	299400	165900
2013	38.45	13.12	34.05	6.9	17.56	651206	140100	339506	186148
2014	37.31	12.96	34.06	6.8	17.57	729027	155023	376400	204951
2015	37.53	13.14	34.11	7.02	17.57	770703	144841	397559	196363
2016	37.53	13.21	34.42	6.7	17.58	837251	151603	422853	210707
2017	37.12	13.06	34.59	7.4	17.58	948292	150496	495953	230980
2018	37.02	12.97	34.59	5.43	16.71	1180027	150987	679083	256523
2019	36.71	12.85	34.61	2.27	16.76	1222474	161353	683618	265700
2020	36.32	12.71	25.02	2.05	16.16	1077669	175323	540001	237035

和社会发展主要指标（一）

第三产业	耕地面积（万亩）	农业产值（万元）	农作物播种面积（万亩）	粮食面积（万亩）	粮食产量（吨）	棉花面积（万亩）	棉花产量（吨）	油料面积（万亩）
37729	25.29	36371	70.68	43.4	164138	1.26	971	15.63
40264	24.87	34001	67.52	43.02	128342	1.11	1008	14.72
43248	22.96	34276	60.9	37.37	131034	0.78	721	14.81
46266	22.17	35174	53.61	34.64	132934	0.78	1058	12.35
49668	23.42	35740	60.92	40.22	156189	0.8	814	13.2
51866	24	69059	64.26	42.23	156733	0.93	1023	14.37
58502	24.3	72681	64.73	42.74	157517	1.85	1954	13.41
65000	25.73	80628	64.44	40.82	163632	2.51	2656	13.52
79902	25.91	96213	67.22	41.91	169270	3.21	3024	16.14
87600	26.07	130663	72.72	44.34	179392	3.36	3221	17.63
98003	26.76	149246	73.04	44.29	185150	3.62	3356	17.64
117500	26.19	185509	69.6	40.69	124400	4.26	5601	17.46
136902	26.79	207172	71.9	42.6	124500	4.29	5774	17.06
171600	26.78	218499	72.03	42.65	128100	4.4	6046	17.79
197604	27.69	229984	74.4	42.68	130300	3.81	3532	19.67
228303	27.71	245044	73.95	42.68	135100	2.69	4966	19.56
262795	28.61	256917	73.51	41.78	117900	4.18	6330	18.51
301843	28	270968	72.53	41.27	118900	4.03	2694	14.92
349957	29.48	269678	73.45	41.38	114900	2.86	1700	10.94
377503	21.73	287210	49.13	26.29	110356	3.405	1893	10.035
362344	38.4	312426	45.79	26.26	109793	2.96	1557	9.54

2000—2020年团风县国民经济

年份	油料产量（吨）	蔬菜面积（万亩）	茶叶产量（吨）	生猪存栏（万头）	牛存栏（万头）	能繁母猪（万头）	肉类总产量（吨）
2000	17680	4.73	43	10.08	2.65	0.3	12286
2001	16271	5.36	37	8.78	2.12	0.3	12070
2002	13312	4.86	24	8.27	1.94	0.27	12274
2003	12096	3.89	26	7.57	1.97	0.24	12879
2004	14522	4.85	25	8.1	1.86	0.26	11940
2005	14292	4.8	32	8.3	2.3	0.34	12955
2006	14309	5.57	33	8.09	2.33	0.31	10517
2007	18101	5.57	51	7.66	1.9	0.95	12953
2008	18729	3.9	53	12.18	3.72	1	14045
2009	21640	5.19	69	13.35	4.37	1.2	19560
2010	22939	5.07	64	12.2	3.98	1.15	16872
2011	20927	5.06	82	12.59	3.48	1.15	17112
2012	21415	5.58	87	13.99	4.32	1.52	21316
2013	23591	5.82	88.6	15.75	4.25	2	23583
2014	23827	6.23	96	15.09	5.87	1.69	30478
2015	23704	6.38	90	14.94	5.59	1.69	24061
2016	23069	6.37	116	8.04	1.64	1.80	29876
2017	24093	6.15	127	8.63	4.26	1.16	25133
2018	15384	6.09	269	5.27	2.64	0.51	15499
2019	13900	6.315	272	3.41	2.52	0.38	14442
2020	21020	6.451	275	4.61	1.25	0.48	11957

和社会发展主要指标（二）

水产品产量（吨）	农林牧渔业劳动力（万人）	人均地区生产总值（元）	全部工业总产值（万元）	#规模以上工业总产值	房地产开发投资	建筑业总产值（万元）
11728	8.31	2825	23823	13396	60	12646
10243	8.21	3105	26817	16626		37237
11556	7.45	3454	30133	18188	80	73904
11702	7.63	3826	34156	22999		98105
12057	7.86	4258	36662	26559		133795
12959	8.12	4654	47760	33531		170603
14464	8.39	5282	50917	43301		280158
17719	7.76	6337	84205	96647	10400	366598
18790	7.12	8829	179200	176521	11112	487743
20686	5.77	10105	302543	284923	13047	650147
22313	6.59	12604	470325	460918	21564	700125
23756	6.55	14515	638799	544091	42410	967500
26858	7.17	16557	645826	569903	23063	1490685
28334	6.67	19131	727068	702845	76290	2000500
32321	8.69	21376	823789	804040	108703	3135126
35802	8.43	22529	721547	704281	43000	3233900
42567	4.71	24346	725791	702913	31300	3407779
30674	3.81	27547	794856	786334	53200	4308500
43331	4.05	34115	——	756823	111000	4814400
51782	4.96	35332	——	781996	138000	4959900
47883	4.64	36144	——	808014	39608	3536000

2000—2020年团风县国民经济

年份	财政总收入（万元）	一般公共预算收入（万元）	财政支出（万元）	居民消费价格指数（上年=100）	公路营业里程（公里）	全社会旅客运输量（万人）	全社会货物运输量（万吨）	邮电业务总量（万元）	固定电话用户总量（户）
2000	6947	5185	7221	98.5	256.79	128	72	1640.7	19676
2001	7272	5478	12710	99.4	523.42	125	85	2782	26440
2002	7200	4650	13084	99.1	523.42	168	97	3461	30380
2003	7241	4461	15817	104.5	523.42	179	115	2849.78	34493
2004	7598	4368	17403	103.1	523.42	205	129	2336.92	35128
2005	8962	4486	22277	100.5	548.02	226	136	2721.18	39660
2006	10388	5185	29718	102.4	1102	227	154	5569	43000
2007	15692	7369	40326	106.2	1178	230	169	6776	44000
2008	23622	11387	57196	100.9	1261	245	177	7821	36044
2009	29158	14108	87463	100.8	1499	185	184	9257	37279
2010	29749	18084	104397	105.4	1597	374	192	10154	36337
2011	35840	25507	171727	104.4	1693.93	388	209	11565	34427
2012	41066	30757	154648	103.6	1923.67	396	217	12635	31313
2013	48901	36751	178605	102.1	2049.08	945	230	13612	30676
2014	58028	43234	200807	103.4	2186.88	996	264	14987	25794
2015	66486	49767	334500	101.4	2286.88	679	301	17317	21532
2016	76706	52870	332500	102.7	2580.39	618.5	132.53	18336	19812
2017	88393	57898	334693	102.4	2473.07	551	132.6	19400	14900
2018	95689	61157	366371	102.7	2463.2	462	120.2	19200	14900
2019	98586	61241	426385	103.5	2646.04	341	113.5	19647	11805
2020	75790	45665	463729	102.6	2707.93	119	175.16	6312	11000

和社会发展主要指标（三）

移动电话用户（户）	社会消费品零售总额（万元）	出口总额（万美元）	金融机构存款余额（万元）	城乡居民储蓄存款余额（万元）	金融机构贷款余额（万元）	实际外商直接投资（万美元）	旅游总收入（万元）	中等职业学校在校生人数（人）
6000	38873	675	48908	44119	68981	–	800	331
6606	41582	400	56869	52104	69772	33	1000	348
8327	44752	750	72161	64283	72774	166	1200	343
28600	48382	503	89253	77237	85601	304	1500	305
35100	54957	760	109991	95965	92453	408	1600	350
38200	56905	912	123160	109362	78017	92	1800	595
65276	65314	1227	152919	130093	74892	34	2000	1325
85614	80726	1462	191656	153210	96674	40	2000	1577
96335	102166	2867	237627	180272	103499	48	2500	1266
114068	127246	1721	295100	213818	126900	10	13008	2347
129217	149211	431	394300	269000	189800	309	17000	1822
160276	173585	452	494100	327520	233100	139	21000	1723
167777	201084	727	604180	394065	291630	200	26000	768
183650	228036	987	730800	476271	348200	483	31234	581
214536	277757	1160	871900	558637	425809	1186	40000	471
201408	340179	1280	1036500	648848	502800	350	50000	674
201449	375810	1427	1287900	653718	634300	450	60000	745
217000	420057	1685	1433087	840619	745670	46	72000	750
220500	466901	1973	1570422	907775	910110	459	89000	644
218722	534523	2247	1691321	1037248	1128432	470	108500	612
234500	390032	2038	1823576	1199090	1332460	611	108600	806

2000—2020年团风县国民经济

年份	普通中学在校生人数（人）	小学在校生人数（人）	从事科技活动人员（人）	医院及卫生院床位数（张）	卫生技术人员数（人）	城镇居民人均住房使用面积（平方米）
2000	21997	43398	781	706	1948	38.77
2001	23948	43398	825	790	1819	39.65
2002	26691	42176	886	715	1723	40.11
2003	29695	39937	956	786	1524	42.62
2004	32738	36784	1056	804	1585	43.77
2005	32380	34543	1721	982	1579	45.82
2006	31642	30585	1788	820	1306	47.9
2007	31059	29588	1896	820	1358	48.6
2008	30005	28124	2020	820	1363	54.97
2009	29722	29225	4393	760	859	45.34
2010	27670	31492	4330	860	867	38.09
2011	24702	32444	4050	915	867	37.58
2012	15095	19547	4200	1148	1015	37.6
2013	12985	17129	4381	1225	1226	37.6
2014	11827	16698	4427	1440	1362	37.6
2015	9772	15688	4469	1776	1388	37.8
2016	9721	16400	4479	1776	1388	41.04
2017	9865	16240	4485	1776	1388	41.06
2018	10313	16767	4493	1826	1593	41.5
2019	11209	17018	4791	1776	1866	41.88
2020	11201	16993	4720	1986	1448	41.92

和社会发展主要指标（四）

农村人均生活用房使用面积（平方米）	城镇单位在岗职工工资总额（万元）	城镇单位在岗职工年平均工资（元）	城镇常住居民人均可支配收入（元）	城镇居民人均消费性支出（元）	农村常住居民人均可支配收入（元）	农村居民人均消费性支出（元）
25.1	7562	5889	3690	2482	1198	807
25.2	7351	6160	3800	2611	1243	885
26.3	7454	6452	3980	2703	1316	906
29.8	6198	6900	4200	2865	1396	1377
32.7	10954	7437	4472	2987	1665	1442
38.3	12842	8261	5141	3365	1877	1482
40.8	16585	9819	5507	4319	2086	1567
44.3	22403	10686	7002	5244	2489	2281
47.63	49544	14065	9618	5815	2994	2505
48.55	59659	14915	9927	5734	3287	2768
39.38	69905	16961	11245	6723	3617	2684
38.65	46118	20779	13006	7732	4250	2957
37.4	59133	24500	15043	7901	4762	3844
37.38	87179	27282	16598	9476	5387	4448
37.38	116108	35537	18988	12354	8635	7251
38.67	127782	38658	20699	13579	9428	7988
39.77	128369	39786	22717	14988	10244	8810
39.79	138727	43032	24536	16262	11213	9656
40.18	154706	46691	26428	17698	12326	10686
40.62	168778	49645	28925	19472	13501	11601
40.68	168230	53989	28063	18653	13740	11623

2000—2020年红安县国民经济

年 份	年末总人口（万人）	年末总户数（万户）	年末常住人口（万人）	人口自然增长率（‰）	年末从业人员数（万人）	地区生产总值（万元）	第一产业	第二产业	#工业
2000	64.55	15.07	59.2	2.92	34.46	202425	65863	72288	60874
2001	64.79	15.72	59.4	3.92	34.92	213984	65119	79902	66901
2002	64.79	15.72	59.4	3.92	35.83	228338	70915	82858	68640
2003	65.34	16.3	59.6	3.1	35.2	243687	78077	85178	70356
2004	65.41	16.89	59.8	3.38	35.33	268302	91277	90802	75000
2005	65.47	17.62	59.9	3.3	35.48	291435	94633	99902	82531
2006	65.46	18.53	60.1	2.49	35.51	336116	97000	115303	93309
2007	65.67	20.22	60.1	4.0	35.62	400433	112532	146301	121434
2008	65.91	20.59	60.19	3.86	35.74	522421	142000	209200	180005
2009	66.36	20.83	60.29	8.16	35.80	604144	159243	254601	219030
2010	66.32	21.03	60.21	9.1	35.90	683232	178600	282800	238136
2011	66.46	21.46	60.28	5.76	36.01	871812	191909	415003	351289
2012	65.49	21.23	60.36	5.18	34.56	1026333	226000	489100	421595
2013	65.77	21.48	60.28	5.26	35.87	1170247	244932	560903	481168
2014	64.72	21.21	60.19	5.69	36.64	1316104	245800	646104	544426
2015	65.6	21.5	60.30	5.93	36.90	1433874	234101	695874	611397
2016	66.07	21.72	60.74	6.41	37.20	1543657	228220	741345	655456
2017	65.36	21.69	60.92	8.61	37.57	1715001	221459	827453	719574
2018	65.29	21.62	60.92	6.55	32.86	1892546	232162	892637	783680
2019	64.8	21.48	60.92	5.15	32.65	1991121	247333	935099	837222
2020	64.26	21.33	49.04	2.55	32.02	1979276	277972	939040	760639

和社会发展主要指标(一)

第三产业	耕地面积（万亩）	农业产值（万元）	农作物播种面积（万亩）	粮食面积（万亩）	粮食产量（吨）	棉花面积（万亩）	棉花产量（吨）	油料面积（万亩）
64274	50.05	60014	119.54	53.36	214465	2.16	1008	49.11
68963	50.06	46487	115.01	52.04	144820	1.71	948	46.91
74565	44.0	51020	115.4	52.08	202309	1.49	942	49.53
80432	41.1	54743	113.18	50.27	198160	1.55	1081	47.79
86223	51.36	62153	122.48	63.18	257970	1.26	907	44.91
96900	51.81	153536	127.11	37.55	266337	1.53	1338	45.45
123813	51.92	143230	129.83	69.66	252035	1.7	1550	45.71
141600	51.74	146015	132.83	69.94	234800	2.79	2179	44.84
171221	57.08	171751	143.49	66.66	231100	3.24	2361	50.01
190300	60.34	211977	152.14	70.94	237700	3.45	2226	51.22
221832	60.48	240900	151.8	63.06	215700	3.72	2290	51.82
264900	60.49	261200	154.9	57.97	203800	3.92	3370	54.15
311233	60.33	316029	159.93	53.22	191800	5.68	5393	54.72
364412	61.07	343400	163.2	50.96	193000	2.07	1842	58.80
424200	61.02	360900	163.48	46.18	178500	1.99	1352	58.73
503899	60.6	386000	164.2	46.33	184000	1.68	1180	59.64
574092	61.0	404203	158.18	42.49	169700	2.04	1300	55.43
666089	61.8	426558	155.43	45.0	183000	2.03	1200	54.14
767747	84.87	402133	104.01	45.92	183805	1.88	1200	38.46
808689	87.41	430277	103.2	43.59	172300	1.965	1138	38.97
762263	86.79	483002	87.48	46.48	179400	1.692	941	41.0

2000—2020年红安县国民经济

年份	油料产量（吨）	蔬菜面积（万亩）	茶叶产量（吨）	生猪存栏（万头）	牛存栏（万头）	能繁母猪（万头）	肉类总产量（吨）
2000	86154	9.81	1206	16.09	7.59	0.83	19247
2001	69272	11.15	926	15.61	7.5	0.95	18827
2002	89903	8.97	844	14.83	7.49	0.9	21137
2003	92473	9.71	1059	15.25	8.06	0.92	21789
2004	92877	10.4	1191	15.68	8.99	0.92	20692
2005	92460	10.13	1183	15.48	7.86	1.44	20821
2006	86747	9.98	1193	13.86	8.33	0.98	16570
2007	90596	10.37	1331	12.23	7.0	1.81	21215
2008	91603	11.0	1266	19.0	10.03	2.0	16660
2009	97547	10.32	1399	22.6	10.93	3.11	35354
2010	99920	10.34	1420	26.81	11.32	3.27	36914
2011	100380	10.92	1690	32.59	11.82	4.33	39400
2012	103400	10.77	1783	51.27	13.05	8.68	26951
2013	100790	17.04	1820	23.39	10.06	4.09	39538
2014	102284	20.34	2058	23.54	9.78	4.09	41959
2015	116275	17.5	2250	23.17	9.74	3.12	44290
2016	111914	17.55	2265	27.68	10.33	3.25	46931
2017	113400	17.7	2088	27.71	10.94	3.31	46888
2018	87213	16.73	2663	27.10	11.09	2.8	47990
2019	81800	16.74	2776	16.49	10.47	1.95	34900
2020	85035	16.98	2840	22.20	10.30	2.50	27224

和社会发展主要指标(二)

水产品产量(吨)	农林牧渔业劳动力(万人)	人均地区生产总值(元)	全部工业总产值(万元)	#规模以上工业总产值	房地产开发投资	建筑业总产值(万元)
6182	14.21	3212	322593	132518	360	28366
4034	13.74	3608	342869	132933	305	33438
4724	12.36	3844	368710	143760	926	37027
5139	11.62	4096	378024	139820	1138	43152
5112	10.4	4494	397220	152045	1435	50492
6112	10.14	4869	416104	84485	4242	59852
5314	9.9	5602	447715	96004	8314	66115
6368	9.94	6652	476110	136372	6885	77665
7009	10.94	8671	512230	185215	14675	96002
8863	10.68	10031	580000	201700	49900	77665
10990	11.33	11528	713400	338639	39700	142300
11210	11.37	14725	877600	392900	48800	110800
7700	11.62	17229	977733	473000	74670	137389
8041	11.65	19605	1251500	643000	89712	224282
10560	12.56	21831	1475200	783400	230600	289700
11682	15.03	23771	1622720	922200	211200	289555
16594	14.76	25475	1944900	1043800	180900	347611
9698	14.55	28193	2178200	1040122	234173	312400
14460	14.49	31066	1602700	1143022	238769	308579
15037	14.25	32684	2062700	1270423	175900	266800
15763	14.78	36001	1874300	829467	439870	623600

2000—2020 年红安县国民经济

年份	财政总收入（万元）	一般公共预算收入（万元）	财政支出（万元）	居民消费价格指数（上年=100）	公路营业里程（公里）	全社会旅客运输量（万人）	全社会货物运输量（万吨）	邮电业务总量（万元）	固定电话用户总量（户）
2000	27267	13052	21567	99.6	564	458	158	6081	41413
2001	29916	13730	23941	100.8	564	459	143	6373	40454
2002	32996	10675	32654	99.8	745	461	146	7163	47445
2003	37506	11764	36584	100.7	745	465	144	7936	50838
2004	39118	11561	39927	106.5	751	473	136	8193	56112
2005	41368	10888	46500	102.4	751	474	143	8571	71000
2006	43788	13842	51305	102.5	1422	500	40	9891	94686
2007	51318	17381	64097	105.2	1544	470	50	11133	97389
2008	61242	20931	99272	107.2	1577	459	55	12469	89577
2009	77751	26006	148040	100.6	1777	495	70	13965	86900
2010	95300	30147	169700	102.7	1968	485	75	15737	87400
2011	112605	40777	221121	105.4	2202	470	85	18884	85000
2012	170678	56068	276531	103.0	2292	562	106	20058	78000
2013	223000	78751	376200	102.5	2404	590	195	23400	74486
2014	281900	103700	404700	—	2547	620	205	26800	68084
2015	341300	131100	629600	—	2714	717	237	26400	81344
2016	346020	147087	633685	—	2765	738	286	25500	50788
2017	393432	152897	536758	—	2873	646	210	23900	73032
2018	433292	165515	580323	—	3014	740	216	29178	37871
2019	477379	166442	685156	—	3077	564	214	33987	22272
2020	460172	105623	779130	—	3207	210.9	130.8	34371	24661

和社会发展主要指标（三）

移动电话用户（户）	社会消费品零售总额（万元）	出口总额（万美元）	金融机构存款余额（万元）	城乡居民储蓄存款余额（万元）	金融机构贷款余额（万元）	实际外商直接投资（万美元）	旅游总收入（万元）	中等职业学校在校生人数（人）
5628	97690	303	120938	91098	142792			6000
9865	105364	173	142125	110876	146435			2000
33200	108406	240	167000	132300	146700	447		1600
41500	118597	335	199900	160300	140800	470		1800
75500	128258	260	228900	193400	160100			2000
93760	136840	112	283700	222400	118500			700
110960	155410	413	318600	245600	119500			900
112399	181892	520	344900	262600	118000			978
170000	229895	705	449300	331600	130700	285	19000	4410
185000	275660	815	536500	394738	165300	633	24500	4274
219392	323918	49	654900	476700	183300	1549	28500	5385
247700	379141	217	817300	568460	209300	80	79000	4081
273600	440834	760	975426	694688	300000	310	138000	4099
297174	503534	1167	1171200	832196	368800	675	188500	3475
330043	562214	1523	1435200	979600	510100	410	250000	2681
332265	694725	1684	1714900	1123944	754100	2400	305200	2775
347271	779471	1853	1936185	1296673	946273	4451	377600	3020
411720	876631	2042	2189877	1454288	1192022	326	467500	3181
399700	980120	618	2351456	1592737	1308041	220	439700	2747
385704	1079149	2085	2461325	1816850	1475476	596	598100	3087
407076	861491	1536	2677773	2089151	1730827	0	358900	3370

2000—2020 年红安县国民经济

年份	普通中学在校生人数（人）	小学在校生人数（人）	从事科技活动人员（人）	医院及卫生院床位数（张）	卫生技术人员数（人）	城镇居民人均住房使用面积（平方米）
2000	37013	82385	192	1303	1302	16.5
2001	45036	84856	190	989	1603	16.6
2002	50871	79060	185	905	1603	17.2
2003	57129	71047	170	731	1568	23
2004	57343	62458	164	762	1672	23.3
2005	56135	53154	162	941	1427	25
2006	56170	47204	159	953	1435	34
2007	56312	41406	161	983	1522	34
2008	55854	40240	7165	1000	1632	34
2009	52024	39226	7836	1200	1766	30.5
2010	47382	39457	7856	1068	1667	28.61
2011	44003	38773	10149	1217	1840	28.61
2012	47761	33775	11080	1906	1903	38.07
2013	32280	33301	12243	2175	2001	40.6
2014	26960	30954	19190	2615	2612	41.9
2015	24715	31997	19190	2959	3275	50.0
2016	24645	31935	19216	2959	3275	48
2017	23005	32073	19280	3470	1823	52
2018	25850	32405	19319	2959	1787	37
2019	23338	33266	19561	2959	1787	40
2020	22783	34262	19300	3271	1913	41

和社会发展主要指标（四）

农村人均生活用房使用面积（平方米）	城镇单位在岗职工工资总额（万元）	城镇单位在岗职工年平均工资（元）	城镇常住居民人均可支配收入（元）	城镇居民人均消费性支出（元）	农村常住居民人均可支配收入（元）	农村居民人均消费性支出（元）
20.94	19114	6388	4510	3825	1921	1616
20.94	19478	6864	4852	3926	1662	1393
25.62	22064	7271	5095	3943	1788	1611
25.62	19280	7366	5200	4196	1906	1656
25.62	19757	7627	5480	4500	2156	1727
25.62	20727	8068	6721	4964	2214	1992
26.79	20822	7852	7080	4977	2328	2063
26.79	23279	9827	8390	5583	2736	2744
28.81	30659	12871	9663	6357	3096	2818
27.8	46645	16117	11015	6566	3387	2745
28.1	54578	18557	12462	6375	3663	2915
30	64303	20898	14409	8232	4350	4008
30	83885	24473	16542	7105	4981	4852
38.14	125302	31201	17984	10087	5641	5460
35.46	187370	38328	19516	12499	8057	7461
40.5	209676	40609	21202	13933	8826	7698
39	230953	44028	23104	15273	9537	8112
41	262873	45187	24908	16439	10448	8880
55	274338	47995	26808	17899	11364	9677
60	313860	55063	29433	19688	12420	10597
59.1	336307	59105	28518	18253	12671	10352

2000—2020 年麻城市国民经济

年 份	年末总人口（万人）	年末总户数（万户）	年末常住人口（万人）	人口自然增长率（‰）	年末从业人员数（万人）	地区生产总值（万元）	第一产业	第二产业	#工业
2000	116.28	30.9	116.95	2.85	52.28	301805	130629	62207	60116
2001	113.5	31.77	112.8	1.85	51.88	321682	143030	65541	61972
2002	116.28	32.39	114.4	2.46	51.92	341891	126185	70986	63411
2003	116.28	32.92	114.5	2.91	52.42	368558	130739	74316	65380
2004	116.28	33.43	114.6	2.57	56.5	398043	153430	77878	69180
2005	116.28	34.88	114.9	1.85	57.14	475483	191220	91089	76236
2006	116.28	35.59	115.3	1.79	57.45	531211	204015	110245	91418
2007	115.91	36.73	106.80	1.48	58.48	639425	247813	143197	121628
2008	116.85	37.4	106.96	2.24	58.95	861526	322446	238165	205000
2009	117.99	38.27	107.12	2.72	60.24	991538	357015	317826	276238
2010	115.82	38.24	84.91	2.74	60.91	1185639	401285	408985	352100
2011	116.34	39.14	86.01	1.73	61.71	1576028	426235	688876	598400
2012	116.96	39.69	86.33	2.50	62.47	1783947	415635	833795	717978
2013	117.83	40.11	86.92	3.97	64.18	2077145	463638	945886	811767
2014	115.5	39.52	87.54	4.70	64.93	2321647	484312	1069825	908368
2015	116.66	39.95	87.80	5.44	63.00	2511573	482937	1147663	1046205
2016	116.95	40.17	88.08	5.75	65.00	2809252	569843	1234514	1130875
2017	115.94	39.92	88.04	7.30	65.30	3110404	557877	1378675	1251386
2018	115.93	39.78	88.04	6.66	57.42	3488911	557623	1505198	1380979
2019	115.39	39.49	88.04	3.20	56.86	3741283	600546	1628007	1453500
2020	114.94	39.24	89.63	3.01	55.79	3403508	662183	1303438	1165612

和社会发展主要指标(一)

第三产业	耕地面积（万亩）	农业产值（万元）	农作物播种面积（万亩）	粮食面积（万亩）	粮食产量（吨）	棉花面积（万亩）	棉花产量（吨）	油料面积（万亩）
108969	83.16	128200	191.03	116.18	446522	10.08	8100	39.6
113111	83.4	117155	199.56	106.98	336765	10.25	5877	46.85
144720	83.42	127333	199.77	107.81	419251	10.25	7901	44.72
163503	80.19	133432	199.1	106.88	408673	10.16	7850	45.23
166735	80	140012	204.14	111.14	484665	10.2	8088	46.29
193174	79.91	304022	212.37	113.93	495812	9.45	7943	46.97
216951	79.32	310946	214.07	112.64	486580	10.2	9149	46.85
248415	79.34	360204	217.38	106.11	416300	12.15	10212	50.18
300915	79.39	419804	223.79	98.23	403300	11.7	9226	60.95
316697	81.18	526885	227.91	95.28	385000	10.05	9801	64.31
375369	79.63	604700	234.4	90.88	362100	12	9913	65.8
460917	79.63	714500	235.3	81.85	331900	10.8	12748	67.69
534517	79.52	785400	251.4	79.35	359400	10.95	12898	70.9
667621	81.4	821300	254.5	82.57	361600	10.99	12320	70.99
767510	81.4	863256	251.28	80.79	374000	7.54	7500	70.99
880973	88.9	914191	252.87	82.56	386400	6.11	5689	71.07
1004895	88.92	956702	247.83	74.04	353900	5.63	4039	70.23
1173852	87.14	985196	169.29	75.24	370800	6.75	4041	70.2
1426090	154.28	996695	175.1	77.18	375400	6.87	4390	48.78
1512730	152.96	1071496	179.27	74.06	355000	7.31	4220	51.41
1437886	156.35	1182900	187.99	74.52	361047	6.28	3433	53.77

2000—2020 年麻城市国民经济

年份	油料产量（吨）	蔬菜面积（万亩）	茶叶产量（吨）	生猪存栏（万头）	牛存栏（万头）	能繁母猪（万头）	肉类总产量（吨）
2000	50205	23.03	797	38.6	22.1	2.57	61261
2001	54385	33.15	728	37.24	21.28	1.86	73844
2002	55173	33.69	802	37.1	20.03	1.88	73875
2003	52643	33.8	803	34.94	20.46	1.67	71849
2004	59772	31.65	811	37.18	21.7	1.65	75929
2005	57208	31.94	813	35.24	19.32	1.68	79215
2006	54685	31.82	814	34.13	19.09	1.58	61124
2007	62578	32.31	816	34.57	18.88	5.26	63994
2008	69194	32.43	1064	36	20.59	4	57406
2009	87100	29.97	1096	70	11.13	4.25	89824
2010	93138	32.7	1697	51.62	24.28	4.13	122262
2011	98089	33.75	1701	94.81	25.22	4.54	100949
2012	100476	36.81	1750	66.28	26.2	5.3	111906
2013	104224	37.04	3050	70.65	27.56	5.52	113307
2014	98414	35.63	3076	70.1	28.4	5.26	136200
2015	100375	35.63	3095	69.6	28.76	5.28	115374
2016	100755	35.1	3098	69.62	28.76	5.28	107756
2017	100657	34.86	3099	63.95	28.76	4.98	130857
2018	92026	32.79	2960	45.1	14.66	4.22	77889
2019	97600	33.21	3199	20.57	15.1	1.9	58004
2020	103196	33.58	3200	37.57	11.1	3.38	52076

和社会发展主要指标(二)

水产品产量（吨）	农林牧渔业劳动力（万人）	人均地区生产总值（元）	全部工业总产值（万元）	#规模以上工业总产值	房地产开发投资	建筑业总产值（万元）
19394	24.1	2581	148399	139878	216	29562
16524	22.9	2852	151078	141979	126	31819
20105	22.84	2989	161019	154856	3013	33886
22016	22.58	3219	168972	157890	5015	36976
23777	25.32	3473	168526	116407	12848	29937
26202	27.55	4138	171879	146656	17755	35981
25447	27.62	4607	219621	176882	19823	48380
29313	27.27	7181	315806	301046	37390	50511
20416	23.72	8055	592536	526913	40010	51216
21600	22.97	9256	763000	700700	56050	109175
22717	22.45	13963	1142156	1118858	65400	91146
23028	23.15	18442	1456285	1393879	87960	122767
23792	23.09	20703	2350328	1927269	103090	229700
25404	23.16	23965	2965406	2520595	155410	433417
29743	22.9	26600	3758951	3307877	197309	521492
34732	25.84	28622	4420081	3889671	248700	591187
30440	22.81	31918	4748764	4226422	746600	589591
26577	22.08	35321	5154442	4638998	689700	538900
27657	22.07	39629	5385645	4659138	360500	554400
24780	21.04	42495	5434305	4782188	438000	342400
24850	21.05	38312	4581232	4123109	367003	317700

2000—2020年麻城市国民经济

年份	财政总收入（万元）	一般公共预算收入（万元）	财政支出（万元）	居民消费价格指数（上年=100）	公路营业里程（公里）	全社会旅客运输量（万人）	全社会货物运输量（万吨）	邮电业务总量（万元）	固定电话用户总量（户）
2000	25451	20047	35225	98.1	1320	878	708	7218	50280
2001	27001	23309	43645	98.8	1386	874	712	7536	43295
2002	28975	27068	41410	100.1	2004	1373	727	7800	61229
2003	31006	29038	46017	103.3	2044	1253	763	8100	70189
2004	32815	28595	60471	103.7	2044	1261	778	8900	104961
2005	34143	28139	70960	107.0	2044	1391	830	9200	131749
2006	40518	18411	72537	104.2	2494	1413	856	11500	120801
2007	53368	25241	94442	106.6	2938	1485	885	16169	134767
2008	70296	34117	140458	109.0	2951	1553	898	18212	155436
2009	88124	40514	203890	99.1	3552	2757	1180	21553	143101
2010	124670	47722	247154	103.7	3112	3102	1258	22669	140778
2011	162625	62911	292712	107.0	3424	3218	1310	24418	138078
2012	202131	75481	378460	102.6	3517	3303	1402	26920	105512
2013	249574	111709	413905	103.3	3649	3412	1526	30974	134719
2014	334205	130263	464909	101	3833	3753	1709	34637	126478
2015	425975	149942	517527	102.8	4304	4026	1906	37373	116583
2016	372683	160394	558339	102.3	4435	4227	2001	40958	105082
2017	463210	184859	618127	102.1	4503	4254	2101	45728	77267
2018	603670	202791	680382	101.7	4539	4403	2183	53161	76336
2019	657883	208382	793075	104.1	4667	4535	2253	56040	66996
2020	672933	156403	799543	103	4669.7	2510	1812	62835	62562

和社会发展主要指标（三）

移动电话用户（户）	社会消费品零售总额（万元）	出口总额（万美元）	金融机构存款余额（万元）	城乡居民储蓄存款余额（万元）	金融机构贷款余额（万元）	实际外商直接投资（万美元）	旅游总收入（万元）	中等职业学校在校生人数（人）
10006	167694	340	161304	132859	217440	1588	3000	6121
15827	182544	540	194416	163348	212927	154	3320	4125
32421	193042	1350	228950	191874	218649	314	3450	4104
54200	203528	311	284400	232848	230334	427	3500	4100
121426	218567	669	332898	281803	234121	503	3700	2400
160214	229739	410	406102	327616	186617	931	4000	2500
222563	266400	630	503380	395206	252640	2630	5000	3097
243216	369061	900	579329	450834	358866	4093	16000	2328
254172	447727	1221	762705	561791	496083	473	20000	1684
327276	527306	1410	953100	673094	710000	1440	35000	1513
383989	627618	1560	1193000	838291	902100	11	51000	8913
386983	741895	2039	1500200	1030793	979600	755	80000	7972
410298	861333	2665	1833800	1276590	1130000	455	130000	6994
451361	986612	3910	2172400	1563236	1212000	563	176000	6813
472273	1186407	4496	2538795	1853462	1467197	4878	238000	5471
511726	1345119	5079	2943826	2143400	1643500	5015	323000	5578
570268	1499579	2753	3448946	2454413	1973106	5454	445000	5638
621837	1677797	3672	3896508	2746164	2293434	1306	589000	5544
663570	1877355	4934	4274807	3052158	2487576	3876	465900	5494
690748	1905878	5725	4797689	3585733	2778690	1318	542000	6151
735008	1520700	7016	5410538	4079630	3065715	1903	316400	6881

2000—2020 年麻城市国民经济

年份	普通中学在校生人数（人）	小学在校生人数（人）	从事科技活动人员（人）	医院及卫生院床位数（张）	卫生技术人员数（人）	城镇居民人均住房使用面积（平方米）
2000	56452	142916	621	1297	1496	21.3
2001	58942	135122	630	1308	1517	20.6
2002	84421	128211	641	1278	1343	21.2
2003	101349	105000	697	1589	1886	21.8
2004	101351	106000	761	1208	1762	38.21
2005	101300	95800	806	1208	2598	43.95
2006	97624	85154	876	1119	2634	45.17
2007	91822	81653	687	1230	2822	46.2
2008	85136	79413	694	1258	2645	49.7
2009	79749	78874	712	1453	2881	49.7
2010	74832	79580	756	1590	2599	50.71
2011	68358	83592	801	3079	2599	58.9
2012	50711	53523	854	3286	3476	56.5
2013	45987	53667	933	3300	3547	45
2014	43058	53455	1187	3610	3394	47
2015	42033	54113	1256	3924	3158	--
2016	42221	54951	1536	4348	3275	--
2017	42204	56763	1666	4356	3244	--
2018	43042	58755	2968	4533	3456	--
2019	43494	61365	2952	4533	4086	--
2020	43499	63025	2782	4988	4999	

和社会发展主要指标（四）

农村人均生活用房使用面积（平方米）	城镇单位在岗职工工资总额（万元）	城镇单位在岗职工年平均工资（元）	城镇常住居民人均可支配收入（元）	城镇居民人均消费性支出（元）	农村常住居民人均可支配收入（元）	农村居民人均消费性支出（元）
29.8	26752	6505	4257	3581	2046	1898
31.2	27051	6842	4507	3906	1850	2010
32.6	27010	7205	4831	3638	1992	1094
33.9	29622	7560	5003	4091	2088	1895
34.1	29185	7732	5440	4778	2396	2048
34.2	32990	8794	6003	5408	2531	1653
27	41800	10629	6950	6018	2681	2420
27.5	51115	12547	8765	6950	3062	3163
30.8	57656	13452	9910	6819	3460	4050
40.8	76723	16809	11279	7910	3746	3362
41.5	88036	17998	12732	7738	4050	3189
43.5	122267	20430	14666	8629	6339	3330
44.5	133831	24063	16692	9466	7113	3980
45	172745	28267	18371	10387	8088	4499
45.3	232994	33142	21209	13676	9038	7579
--	259342	36025	23279	15130	9841	8412
--	282357	40494	25504	16600	10651	9200
--	302631	45167	27756	18098	11699	10113
--	338025	48640	29963	19710	12769	11030
--	341184	51802	32932	21675	14011	12134
--	373589	56723	31868	19796	14276	11384

2000—2020年罗田县国民经济

年 份	年末总人口（万人）	年末总户数（万户）	年末常住人口（万人）	人口自然增长率（‰）	年末从业人员数（万人）	地区生产总值（万元）	第一产业	第二产业	#工业
2000	59.7	15.20	56.57	2.1	27.47	156343	63652.37	35739	30949
2001	59.7	16.30	56.65	6.7	27.17	159989	60211.78	36978	32036
2002	59.7	16.30	56.78	2.4	28.75	169165	60657.01	38873	33681
2003	59.7	16.20	56.68	1.3	31.06	181828	66358.67	41181	35699
2004	59.5	16.00	55.98	0.4	32.01	198481	75257.45	43801	37932
2005	59.8	17.40	55.45	2.6	32.65	219452	76393	61348	54800
2006	61	19.00	55.61	3.8	32.96	276515	80112	83500	74600
2007	62.3	20.10	54.88	10.5	33.65	318208	87000	117308	105800
2008	32.4	20.20	54.91	6.8	35.39	474725	114622	179500	150400
2009	62.29	20.60	54.98	7.13	35.84	544601	129600	218601	182000
2010	61.02	20.69	54.47	2.61	37.66	652847	153545	260900	215300
2011	61.41	21.08	54.52	4.5	39.06	757004	167500	282004	225500
2012	59.89	20.50	54.67	1.9	39.67	888325	207823	314400	252700
2013	59.38	20.87	54.58	10.64	39.49	1015306	235800	345706	280700
2014	59.47	21.20	54.69	8.83	40.42	1126944	241843	377900	304500
2015	59.64	21.26	54.79	7.9	41.3	1216626	225702	396504	318135
2016	60.07	21.38	55.20	8.1	40.92	1306468	227415	409064	331030
2017	59.63	21.11	55.27	7.3	40.66	1470939	248569	456654	360050
2018	59.76	20.93	55.27	5.3	30.21	1487703	255607	466493	373929
2019	59.25	20.52	55.27	4	29.93	1588545	273675	489851	396646
2020	58.97	20.36	45.73	0.7	29.27	1455861	305109	378141	304527

和社会发展主要指标（一）

第三产业	耕地面积（万亩）	农业产值（万元）	农作物播种面积（万亩）	粮食面积（万亩）	粮食产量（吨）	棉花面积（万亩）	棉花产量（吨）	油料面积（万亩）
56951.63	36.11	61520	92.72	62.46	201375	0.17	112	15.9
62799.22	35.97	58140	93.69	62.22	181608	0.15	52	16.85
69634.99	35.12	59499	91.59	58.92	179927	0.12	81	17.39
74288.33	35.03	62337	89.66	56.36	172930	0.12	78	17.72
79422.55	36.12	64854	91.08	57.39	190527	0.14	88	18.44
81711	36.63	122909	87.59	56.21	192806	0.11	75	17.21
112903	36.99	124430	85.91	55.49	200221	0.14	93	16.32
113900	37.19	130454	84.69	54.92	207207	0.14	97	15.75
180603	37.64	158235	96.99	60.02	213552	0.26	185	18.78
196400	37.82	210360	99.11	60.44	220580	0.35	251	18.89
238402	40.88	260663	103.01	61.32	221098	0.38	255	19.14
307500	41.31	320708	106.05	60.12	230408	0.42	286	19.77
366102	41.46	352117	110.79	61.42	248800	0.48	330	19.91
433800	41.61	367962	114.66	61.7	254700	0.50	348	20.44
507201	41.76	387149	116.97	61.95	256000	0.39	368	21.14
594420	41.76	420365	118.83	62.03	259780	0.20	280	21.18
669989	41.76	439510	117.52	60.92	227410	0.29	241	20.88
765716	41.76	468353	117.33	60.14	229811	0.72	438	20.9
765603	41.76	458315	120.65	64.41	262001	0.02	13	20.75
825019	52.74	492293	119.57	62.75	251247	0.30	260	19.91
772612	52.74	547444	121.75	62.23	258360	0.40	207	21.39

2000—2020 年罗田县国民经济

年份	油料产量（吨）	蔬菜面积（万亩）	茶叶产量（吨）	生猪存栏（万头）	牛存栏（万头）	能繁母猪（万头）	肉类总产量（吨）
2000	18363	11.67	441	18.07	6.52	1.31	15187
2001	17658	11.81	394	18.25	6.1	1.3	15614
2002	17930	11.85	398	18.4	6.43	1.24	15447
2003	18772	11.99	381	17.19	6.15	1.21	16710
2004	20946	12.12	237	15.83	5.8	1.22	16388
2005	20177	11.18	249	16.07	5.79	1.26	16761
2006	19891	10.92	237	15.68	5.73	1.24	16960
2007	20289	11.13	245	12.56	5.19	1.42	18020
2008	22637	11.55	359	16.39	6.27	1.53	17476
2009	23812	11.7	363	17.75	6.11	1.5	20208
2010	24119	12.41	381	19.01	6.14	1.55	22288
2011	25019	13.07	385	18.25	6.35	1.58	26742
2012	25498	13.31	388	19.63	7.47	1.72	29602
2013	21832	13.83	488	19.83	7.84	1.88	47614
2014	29791	14.18	546	19.20	7.91	1.71	60683
2015	27326	14.4	506	18.60	8.3	1.75	62890
2016	28019	14.55	809	18.60	8.11	1.75	53516
2017	28402	14.7	809	22.57	8.15	1.69	54898
2018	34234	14.7	1315	11.47	4.12	1.02	37098
2019	32761	14.78	1365	7.07	4.30	0.77	40009
2020	35943	15.00	1325	10.56	5.26	1.15	29775

和社会发展主要指标(二)

水产品产量（吨）	农林牧渔业劳动力（万人）	人均地区生产总值（元）	全部工业总产值（万元）	#规模以上工业总产值	房地产开发投资	建筑业总产值（万元）
7495	12.54	2764	266970	118127	1265	12742
5263	11.85	2826	313287	129230	1510	12525
5368	11.81	2983	339009	105014	1650	12854
5475	11.32	3205	382402	163043	1600	16857
5710	11.38	3524	412710	190685	2348	18054
5475	11.34	3939	203860	104040	4030	21977
5749	11.54	4980	241528	122566	4596	21969
6021	11.64	5760	304649	171844	10572	36205
5877	11.13	8648	376966	318966	16615	43537
6446	11.02	9912	432160	396705	21985	72757
6768	10.49	11946	493102	417244	57394	60780
7180	10.45	13905	636871	479121	66932	91660
7850	10.38	16271	605329	553009	73122	110700
8180	10.11	18577	718944	675906	104888	137268
8655	10.01	20608	816000	798234	61802	167502
7718	10.31	22195	866958	852170	80695	192451
7764	9.62	23724	905324	873828	100973	237241
6581	9.21	26631	965910	936933	104749	255897
6050	11.1	26917	981247	742721	146889	270972
5735	11.01	28742	1023812	737145	163288	306875
6009	10.92	28830	767859	541478	106531	282269

2000—2020年罗田县国民经济

年份	财政总收入（万元）	一般公共预算收入（万元）	财政支出（万元）	居民消费价格指数（上年=100）	公路营业里程（公里）	全社会旅客运输量（万人）	全社会货物运输量（万吨）	邮电业务总量（万元）	固定电话用户总量（户）
2000	12700	9764	15341	98.9	690	462	147	2902	42190
2001	13000	9528	17937	99.4	691	457	145	2912	48650
2002	12082	6404	18919	99.2	811	480	130	3075	59122
2003	12524	6051	20752	100.7	811	361	150	3391	73793
2004	15182	7213	26797	103.4	811	408	198	2599	97994
2005	18602	7287	33027	102.8	811	419	205	7488	150200
2006	22208	8841	41691	102.3	2230	428	198	8445	182462
2007	29498	11154	53904	103.83	2080	437	201	9457	197213
2008	38547	14700	89025	103.38	2146	498	284	11800	223200
2009	45769	18315	127419	100.64	2161	532	307	13800	269800
2010	52734	21460	141638	103.3	2338	632	303	15396	253878
2011	67872	27717	182556	104.9	2397	632	356	16924	310164
2012	81526	35752	223035	109.1	2397	754	428	19735	342338
2013	93833	44778	232794	104.4	2589	927	546	21147	60314
2014	104539	53747	261682	101.8	2671	1122	655	22438	61844
2015	115400	62859	312020	102.0	2886	1414	838	22478	75452
2016	129301	68032	339075	102.4	3029	1328	856	24822	75940
2017	107305	74123	363396	101.8	3152	952	912	26222	73657
2018	331052	80233	400788	101.3	3257	833	1180	29635	37235
2019	226310	80640	466779	103.5	3308	1254	1362	33772	25801
2020	221776	51731	471216	102.7	3312	813	1371	30544	22893

和社会发展主要指标(三)

移动电话用户（户）	社会消费品零售总额（万元）	出口总额（万美元）	金融机构存款余额（万元）	城乡居民储蓄存款余额（万元）	金融机构贷款余额（万元）	实际外商直接投资（万美元）	旅游总收入（万元）	中等职业学校在校生人数（人）
6655	58596	461	107517	89205	130307		–	2331
13450	65354	315	122606	104746	137750		4000	1833
15900	69473	365	147262	126743	137309	190	4500	1748
30700	77030	191	185517	156494	139056	227	5000	2293
40600	89853	187	223385	194184	144333	310	7500	3521
91700	95789	305	269750	217949	101221	45	13000	5060
101032	111142	515	349441	262769	108560	15.2	13000	7215
118947	136272	968	410531	298217	143631	280	18000	7967
164400	198473	1125	502543	362011	173887	0	21000	7814
209300	253715	1432	585200	416640	229100	15	22500	7304
192478	317374	2192	718600	521000	269800	314	30000	7118
248600	376858	2460	887500	638737	334347	7	100000	6370
256720	437399	3795	1077473	778321	386500	306	137000	5398
286025	497225	4374	1292800	940535	441900	350	180000	4134
296598	542604	4878	1544814	1126950	578321	0	199500	3264
300282	663233	5653	1839613	1297673	675868	280	245000	2952
323310	732548	4345	2025626	1466189	720994	240	296000	3191
368753	817501	4825	2308110	1662102	869415	0	386000	3410
417486	907148	5058	2580473	1819031	987577	0	503000	3512
400440	1293275.8	6001	2713631	2034344	1100492	0	605000	3464
383318	955783	5320	3027937	2285657	1328873	0	410200	4049

2000—2020年罗田县国民经济

年份	普通中学在校生人数（人）	小学在校生人数（人）	从事科技活动人员（人）	医院及卫生院床位数（张）	卫生技术人员数（人）	城镇居民人均住房使用面积（平方米）
2000	42225	78520	315	867	1609	
2001	49872	70172	387	855	1665	
2002	55773	62842	451	783	1484	
2003	59678	60852	572	804	1515	
2004	59508	56762	635	814	1625	
2005	56487	52252	698	827	1607	
2006	50811	49166	721	812	1694	
2007	47429	46117	768	812	1748	30
2008	43997	44072	794	915	1492	56
2009	43140	43675	1158	950	1519	57.35
2010	42046	44001	1617	1191	1659	58.28
2011	40049	45165	1667	1560	1707	63.47
2012	29307	36038	1752	1750	1921	65.37
2013	27605	36883	1853	2180	2126	35.2
2014	19754	27079	1897	2671	2155	37.57
2015	11591	29357	1932	3174	2995	38.05
2016	19122	31187	1978	3171	2603	38.65
2017	18916	30899	2018	3243	2590	39.16
2018	19445	33061	2021	3353	2595	39.65
2019	20507	34435	2056	3960	2669	41.72
2020	21675	35335	2508	3970	2723	42.88

和社会发展主要指标（四）

农村人均生活用房使用面积（平方米）	城镇单位在岗职工工资总额（万元）	城镇单位在岗职工年平均工资（元）	城镇常住居民人均可支配收入（元）	城镇居民人均消费性支出（元）	农村常住居民人均可支配收入（元）	农村居民人均消费性支出（元）
29.81	16453	6531			2050	1511
28.93	17811	7411			2025	1621
29.45	18241	8148			2038	1667
34.62	18519	8241			2076	1838
35.13	19066	8293	5508	4025	2338	1879
38.82	21085	9017	6021	4629	2495	2200
40.41	23202	9890	6681	4776	2668	2446
41.23	22691	10461	7981	5959	3050	2903
48.68	30987	14212	9657	9772	3524	3316
51.04	36876	17392	11086	8847	3875	3582
51.87	52730	19569	12556	10009	4189	3600
53.22	59840	23099	14487	12237	4820	4492
51.21	70364	26781	16490	14595	5444	5198
52.5	95683	27744	18037	13714	5998	5786
63.28	129961	34823	19206	15441	7790	6647
64.62	148833	38594	21027	17221	8493	7285
62.45	159392	40795	22959	19132	9139	7875
63.13	175885	44058	24862	21047	10004	8668
64.39	192205	46558	26786	23073	11039	9526
65.73	204182	48865	29277	25264	12036	10395
57.67	215486	49781	28296	22956	12208	10100

2000—2020年英山县国民经济

年份	年末总人口（万人）	年末总户数（万户）	年末常住人口（万人）	人口自然增长率（‰）	年末从业人员数（万人）	地区生产总值（万元）	第一产业	第二产业	#工业
2000	40.47	9.62	40.72	-0.88	23.11	115297	64191	20625	41788
2001	40.46	9.69	40.46	-0.14	23.58	137937	71715	31654	41405
2002	40.63	9.81	40.54	1.95	24.04	141068	73132	30944	49345
2003	40.75	9.8	37.4	2.45	24.36	161034	91975	31198	56750
2004	40.86	9.82	34.48	3.33	24.50	175900	84972	36600	64300
2005	39.15	10.37	35.84	-14.01	24.80	185657	87765	38361	24152
2006	39.12	10.8	35.89	7.25	26.90	205306	91700	41203	26057
2007	39.12	13.52	35.90	7.45	27.85	259902	122202	57100	37044
2008	39.63	13.69	35.95	7.45	26.52	356007	150200	108004	81200
2009	39.92	13.88	36.01	5.30	27.19	404505	164805	120700	89498
2010	39.73	13.97	35.73	4.86	27.98	491006	204800	147904	73821
2011	40.09	14.18	35.77	6.69	28.03	534506	259206	107300	132445
2012	40.10	14.29	35.90	5.04	28.44	653807	265200	171103	110797
2013	40.28	14.44	35.81	4.93	29.26	730701	299101	193500	123988
2014	40.20	14.45	35.92	4.79	29.85	805614	305005	225304	136568
2015	40.31	14.43	35.95	5.11	29.98	857659	296533	235473	143655
2016	40.49	14.55	36.27	8.18	29.50	928068	312324	246364	150945
2017	40.02	14.65	36.34	-4.47	29.52	1030536	325576	281415	159020
2018	39.89	14.72	36.34	4.73	19.53	1126368	323241	309702	153635
2019	39.76	14.73	36.39	4.00	19.52	1216150	345301	331498	198188
2020	38.59	14.65	29.94	-1.19	18.85	1071634	375582	215693	112423

和社会发展主要指标（一）

第三产业	耕地面积（万亩）	农业产值（万元）	农作物播种面积（万亩）	粮食面积（万亩）	粮食产量（吨）	棉花面积（万亩）	棉花产量（吨）	油料面积（万亩）
30481	16.37	58917	77.19	46.37	164835	0.32	295	12.89
34568	15.78	60664	74.63	42.81	164602	0.3	267	11.55
36992	16.07	58169	72.03	41.49	163694	0.26	320	11.01
37861	15.15	58272	74.94	40.94	145687	0.27	205	11.72
54328	20.84	60771	68.58	36.2	151286	0.08	79	8.49
59531	25.71	134930	68.07	41.01	164327	0.14	99	10.26
72403	25.91	139496	68.21	41.1	167307	0.15	154	9.39
80600	25.67	179534	68.73	40.97	173089	0.12	110	9.41
97803	25.8	210980	72.99	43.76	178481	0.26	255	10.13
119000	26.12	268022	79.28	48.38	185495	0.27	268	10.82
138302	26.16	317868	78.86	48.6	176975	0.35	109	11.1
168000	26.98	390557	82.37	51.12	130510	0.35	109	11.19
217504	26.30	422160	87.27	49.17	130600	0.42	262	13.32
238100	26.30	440700	84.51	47.06	135500	0.42	181	13.65
275305	26.28	463470	86.27	47.44	140101	0.57	506	14.18
325653	26.26	485565	88.85	47.34	145000	0.44	399	14.26
369380	26.26	513348	88.82	46.40	128024	0.39	279	14.03
423545	26.25	537023	87.88	45.91	129501	0.45	282	14.70
493425	26.25	538428	73.26	25.79	103656	0.41	300	8.64
539351	37.77	576169	65.90	27.42	105896	0.41	286	8.58
480359	37.81	621825	68.27	27.71	105423	0.33	183	10.55

2000—2020年英山县国民经济

年份	油料产量（吨）	蔬菜面积（万亩）	茶叶产量（吨）	生猪存栏（万头）	牛存栏（万头）	能繁母猪（万头）	肉类总产量（吨）
2000	16695	5.61	10783	16.63	3.11	1.36	18870
2001	16024	7.16	11500	14.15	3.04	1.06	16855
2002	14095	6.65	11834	14.69	2.86	0.87	16950
2003	14184	7.59	13030	15.35	3.03	0.88	18502
2004	13154	4.32	13798	14.79	2.76	0.98	21450
2005	13761	5.43	14756	21.04	2.73	1.04	21938
2006	14322	5.42	15810	18.69	2.69	1.04	20441
2007	14936	5.81	18631	14.59	2.53	1.69	25813
2008	16677	5.73	22844	20.4	2.87	2	19258
2009	16135	6.39	25549	22.34	3.09	1.97	23293
2010	15669	6.5	27575	24.04	3.27	1.98	19926
2011	15521	6.71	27009	24.52	3.51	2.12	20183
2012	15864	8.76	28338	24.81	3.51	2.21	20522
2013	16333	9.15	23888	25.29	3.56	2.32	20521
2014	17447	9.71	26456	23.93	3.55	2.32	21432
2015	18211	10.14	27239	23.34	3.63	2.47	21433
2016	16240	10.45	27396	20.73	3.68	2.26	19875
2017	19359	10.55	28316	21.36	3.76	2.35	20868
2018	14626	10.14	27751	12.75	1.83	1.29	14456
2019	14166	10.40	26916	7.73	1.91	0.92	13300
2020	17437	10.53	27631	10.6	1.94	1.09	11048

和社会发展主要指标（二）

水产品产量（吨）	农林牧渔业劳动力（万人）	人均地区生产总值（元）	全部工业总产值（万元）	#规模以上工业总产值	房地产开发投资	建筑业总产值（万元）
6480	10.06	2823	163998	108747	478	16013
5500	10.79	3398	69973	46399	100	16622
5654	10.64	3483	72604	48144	180	11512
5762	10.31	4132	77411	51331	560	32959
5861	10.68	4894	61384	40704	2863	43283
5963	10.06	5280	84589	56091	3622	49976
6224	9.66	5724	92152	61106	5179	64854
7994	9.3	7202	212994	141236	7453	91243
6800	8.31	9858	404487	268215	13168	123377
6819	8.05	11242	474058	314348	18850	141566
7146	9.66	13733	700018	464182	25685	213242
7620	9.33	15057	468543	310691	26983	283789
8220	9.16	18417	563752	373824	36656	349363
8646	8.59	20465	810130	537197	61522	510345
8852	8.6	22431	940581	623699	65706	699628
6793	7.98	23817	1041300	690486	142375	781876
6431	7.96	25648	1152547	764254	114231	796224
5623	7.99	28386	1232000	816939	120958	912118
5944	8.00	30995	967862	641789	--	1059708
6068	7.92	33443	1058456	701862	109598	1216500
6015	7.87	32309	479566	318000	108400	1074032

2000—2020年英山县国民经济

年份	财政总收入（万元）	一般公共预算收入（万元）	财政支出（万元）	居民消费价格指数（上年=100）	公路营业里程（公里）	全社会旅客运输量（万人）	全社会货物运输量（万吨）	邮电业务总量（万元）	固定电话用户总量（户）
2000	10376	8301	10306	98.8	1120	377	142	1815	22086
2001	9001	7037	14921	99.4	1120	388	146	2049	23000
2002	9358	5561	12900	100.7	1590	407	155	3920	34160
2003	10200	5675	14600	104.0	1725	428	162	4310	42449
2004	10386	5519	22566	107.7	1725	699	324	5172	48397
2005	11365	5541	23680	102.7	1838	669	181	6523	49828
2006	13272	6214	26946	103.2	1837	280	192	7570	52345
2007	19746	7962	37446	106.2	1837	291	202	8170	62331
2008	26669	10874	79424	101.9	1941	582	223	9407	65279
2009	32670	13307	110382	100.6	1941	434	228	10109	64134
2010	37574	15549	132435	102.7	1941	727	230	10656	53422
2011	41065	18218	179637	104.3	1941	741	235	11819	57536
2012	46003	22001	196979	103.1	1961	848	260	12887	57615
2013	67064	28288	217333	103.2	2087	869	276	15123	57520
2014	83100	33421	283100	103.3	2210	1613	270	16671	53410
2015	88638	39283	282142	102.6	2379	1229	318	16669	52865
2016	108744	45322	323273	102.1	2479	1078	365	17804	51763
2017	128590	48998	390370	102.2	2598	1073	336	19329	48007
2018	251907	53366	365792	102.3	2750	1019	302	20705	32672
2019	236653	54057	334206	104.2	2790	364	280	23007	25082
2020	215340	42933	392452	102.5	2807	169	195	24924	24307

和社会发展主要指标（三）

移动电话用户（户）	社会消费品零售总额（万元）	出口总额（万美元）	金融机构存款余额（万元）	城乡居民储蓄存款余额（万元）	金融机构贷款余额（万元）	实际外商直接投资（万美元）	旅游总收入（万元）	中等职业学校在校生人数（人）
4906	57651	243	84709	73467	83955		1839	1702
5100	61926	202	97394	85571	83245		1500	
20537	64880	140	115874	98296	84722	150	2680	2123
21600	68154	212	139834	118492	90533	205	3126	2216
45000	63902	153	167340	143189	94802	30	3608	
58500	67250	308	201940	162358	56385	5	3973	
96229	78538	450	242364	187057	61541	8	4163	4776
116567	96023	912	274862	208767	73386	15	9100	6315
129760	118340	1226	336636	253005	100147	4	16973	6355
142678	141966	1410	424800	301981	131200	11	24000	6882
156190	173820	208	542500	378000	168800	8	25196	5976
163100	191793	450	687000	473403	216000	3	31000	4257
163850	221855	823	854496	596336	285800	70	62705	3526
177460	252651	1044	1064600	737354	361700	140	79300	3858
191850	290102	1418	1259481	894302	402824	3	182543	3943
192390	354917	1687	1460348	1029545	511747	200	212450	3370
196918	394891	2243	1681736	1164463	634741	220	272920	3232
202380	439960	2604	1917059	1315496	743414	20	363500	2272
232128	488723	3509	2075542	1460850	808194	0	511943	2450
252542	568050	2924	2264314	1648533	917789	0	652000	2854
260200	446700	1988	2516676	1880857	1076745	0	483000	3263

2000—2020年英山县国民经济

年份	普通中学在校生人数（人）	小学在校生人数（人）	从事科技活动人员（人）	医院及卫生院床位数（张）	卫生技术人员数（人）	城镇居民人均住房使用面积（平方米）
2000	24418	41145	279	695	1034	21.6
2001	29031	37132	270	892	1043	25.1
2002	27841	34845	265	892	1063	26.3
2003	27841	34845	265	930	1085	26.9
2004	36037	30227	290	1024	1103	27.5
2005	35221	29893	305	1024	1132	30.62
2006	33373	29104	647	1024	1479	41.2
2007	31539	30435	1352	1024	1186	42.2
2008	27401	30988	1513	1024	1240	38.74
2009	25697	31314	1723	1024	1241	32.92
2010	23783	32008	1970	930	1270	35.51
2011	23514	32640	2013	930	1365	40.04
2012	20832	25308	2016	1070	1479	40.54
2013	16724	25354	2116	1458	1119	45.96
2014	15104	20129	2420	1998	1779	54.76
2015	14454	21125	2450	1998	1802	50.04
2016	14570	21162	2630	2078	1832	39.29
2017	14918	21511	2820	2078	1902	41.13
2018	15541	22001	2890	2078	2200	37.90
2019	16092	22311	2938	2078	2073	38.00
2020	16548	22116	3083	2078	2196	36.41

和社会发展主要指标（四）

农村人均生活用房使用面积（平方米）	城镇单位在岗职工工资总额（万元）	城镇单位在岗职工年平均工资（元）	城镇常住居民人均可支配收入（元）	城镇居民人均消费性支出（元）	农村常住居民人均可支配收入（元）	农村居民人均消费性支出（元）
29.6	13774	5991	4350	3739	1901	1866
29.6	12083	5961	4613	4457	1905	1952
33	11498	6037	4829	4408	1956	2038
36.6	10195	6096	5212	4661	2036	2248
36.6	10132	6178	5478	4816	2239	2215
32.3	11744	7275	5838	5838	2369	2121
36.2	12962	8006	6445	5829	2531	2490
39.8	15573	9538	7861	6153	2957	3648
42.15	19772	12516	9480	6933	3356	4162
43.72	16488	14385	10949	7813	3668	3889
43.57	19848	16543	12422	9395	3976	3813
49.58	28490	18746	14256	10727	4583	4348
50.43	32482	21370	16146	10957	5221	5153
47.47	26276	23715	17638	13150	5913	5845
70.6	35681	32568	18840	13612	8364	7176
67.94	48019	35988	20502	15069	9072	7802
56.80	60214	39211	22308	16484	9774	8459
56.30	67822	43132	24015	17857	10723	9302
57.10	71812	46436	25857	19415	11770	10212
60.0	92334	48758	28285	21279	12901	11222
58.65	101567	53488	27306	20433	13024	11032

2000—2020年浠水县国民经济

年 份	年末总人口（万人）	年末总户数（万户）	年末常住人口（万人）	人口自然增长率（‰）	年末从业人员数（万人）	地区生产总值（万元）	第一产业	第二产业	#工业
2000	102.75	24.86	92.53	1.75	44.55	281236	110424	72586	49253
2001	102.85	25.93	92.62	1.54	44.55	305704	114379	81296	55557
2002	102.86	27.02	92.73	2.29	44.21	327409	113488	89995	61724
2003	103.04	27.25	92.75	3.15	45.1	349018	123672	95755	64933
2004	103.21	28.83	92.65	3.41	45.49	397183	152950	101883	68310
2005	102.76	30.06	94.79	1.89	45.85	444537	161550	121221	80605
2006	102.87	31.38	95.12	4.3	47.91	498497	168887	135175	92277
2007	102.24	32.61	94.41	3.5	48.61	593370	225796	163150	116649
2008	103.08	33.35	94.54	3.1	49.45	780646	289804	239088	178646
2009	103.59	33.95	94.68	9.83	52.1	895642	328436	287884	210771
2010	103.67	34.5	87.26	5.83	53.59	1080905	362404	389545	288895
2011	103.00	34.92	87.39	6.89	55.32	1246801	395000	453949	333949
2012	102.62	35.13	87.57	7.61	55.91	1450786	427668	545048	390348
2013	103.62	35.52	87.55	6.27	63.31	1652405	500901	608681	441705
2014	101.73	34.62	87.76	6.64	64.1	1831794	526848	684450	494941
2015	102.50	34.89	88.00	7.73	64.71	1992827	560221	729954	524736
2016	101.77	34.54	88.07	7.76	65.25	2175671	627039	747972	532069
2017	100.96	34.42	88.20	7.56	65.06	2396420	663383	816517	571296
2018	100.75	34.39	87.70	6.06	44.16	2448951	598879	824361	566666
2019	100.25	34.21	87.73	3.5	43.54	2510343	644033	682363	541297
2020	99.88	34.09	68.41	-1.96	42.69	2360288	699026	529428	469800

和社会发展主要指标(一)

第三产业	耕地面积（万亩）	农业产值（万元）	农作物播种面积（万亩）	粮食面积（万亩）	粮食产量（吨）	棉花面积（万亩）	棉花产量（吨）	油料面积（万亩）
98226	65.67	105365	181.41	94.76	403175	3.32	2219	38.85
110029	65.66	109620	192.35	93.39	416591	3.23	2260	44.78
123926	65.7	108444	190.1	92.6	389045	3	2210	46.34
129591	65.69	111287	189.66	91.94	386838	3.15	2476	46.17
142350	65.66	117541	194.6	96.92	425307	3.26	3255	46.89
161766	65.66	250898	193.89	96.72	437955	3.39	3510	47.03
185435	65.42	264518	191.25	94.11	413702	6.66	7016	44.81
204424	65.42	345139	188.69	92.13	417910	9.96	9550	43.88
251754	65.37	395217	193.59	90.86	432590	13.67	9800	46.76
279321	69.86	522019	201.42	94.59	440316	14.21	12864	49.16
328956	70.14	602749	205.5	96.89	450888	15	13460	50.2
397852	66.44	754139	210.75	97.14	469400	16.01	13160	50.3
478070	70.32	824100	216.17	101.48	500400	15.51	12923	51.3
542823	70.34	857100	218.87	101.79	504800	15	12225	52.5
620496	70.01	901597	215.07	103.95	510700	8.55	8046	53.81
702652	70.04	940211	218.06	104.46	516200	6.56	6028	54.00
800660	69.89	985316	216.83	102.36	450700	9.53	6948	53.42
916520	68.25	1043500	215.25	101.27	452900	13.05	7700	54.92
1025711	68.93	1049318	181.11	85.91	414980	8.1	4800	39.36
1183947	69.75	1129475	173.37	78.93	396116	7.8	4758	36.84
1131834	75.96	1229879	179.30	82.33	410915	5.55	3022	40.25

2000—2020年浠水县国民经济

年份	油料产量（吨）	蔬菜面积（万亩）	茶叶产量（吨）	生猪存栏（万头）	牛存栏（万头）	能繁母猪（万头）	肉类总产量（吨）
2000	60544	39.47	615	28.9	6.05	2.40	27944
2001	63075	43.46	664	27.8	5.9	2.40	29642
2002	55306	43.89	740	26.1	4.8	1.80	29917
2003	56639	43.2	777	25.9	4.6	2.00	31089
2004	64956	43.61	816	26.3	4.2	1.80	31808
2005	62280	43.94	842	29.7	4.2	1.85	36130
2006	63565	42.8	950	27.9	4.5	2.00	37804
2007	65022	40.25	954	36.2	4.63	3.70	71465
2008	65618	39.84	1050	38.3	8.15	4.80	62520
2009	67360	40.8	1120	40.2	8.27	5.10	93551
2010	68728	40.86	1100	49.6	8.34	5.12	97029
2011	70516	41.9	1150	65.0	9.34	6.10	99775
2012	72290	43.01	1200	70.0	10.43	6.65	99776
2013	76400	44.5	1250	73.6	13.38	6.97	93592
2014	78415	44.7	1200	73.1	14.14	6.51	108625
2015	80380	48.00	1209	69.6	14.76	6.12	98619
2016	78925	46.46	1232	69.0	15.24	4.68	98577
2017	85600	45.75	1235	72.36	15.54	5.69	97208
2018	65811	43.38	1430	38.1	7.56	3.6	70986
2019	61679	44.31	1440	17.11	7.64	1.99	53410
2020	71572	44.46	1450	36.5	13.12	3.85	45213

和社会发展主要指标(二)

水产品产量(吨)	农林牧渔业劳动力(万人)	人均地区生产总值(元)	全部工业总产值(万元)	#规模以上工业总产值	房地产开发投资	建筑业总产值(万元)
55500	23.89	3578	721809	117336	450	83676
56610	21.44	3902	675531	130529	480	90610
58000	20.63	4177	694089	145722	230	97662
59160	19.76	4450	747533	153422	470	44667
60717	19.77	4190	290687	157557	2865	103131
62528	19.63	4673	340976	162252	4242	114062
67732	17.87	5122	399515	182837	3659	129916
76110	17.52	6189	507588	250754	17926	138594
83145	17.48	8226	534870	461169	22436	171503
87628	18.73	9460	614844	582500	32464	218324
90149	17.9	11667	1020830	913100	28377	296694
92040	18.51	14267	1291900	1032000	59000	341000
94342	20.31	16584	1604300	1372037	91800	402821
95120	19.2	18852	2023290	1719800	140876	597428
95588	19.63	20886	2241330	1948986	188311	601982
97375	19.39	23067	2283900	1986000	180100	607289
94436	19.45	24713	2196550	1911000	144624	568571
80099	18.86	27210	1927400	1676000	140700	573100
77551	18.84	27845	1888887	1339265	115900	711375
75000	19.02	28619	1968364	870455	223442	582495
67911	19.32	30234	1583048	941914	228448	254789

2000—2020年浠水县国民经济

年份	财政总收入（万元）	一般公共预算收入（万元）	财政支出（万元）	居民消费价格指数（上年=100）	公路营业里程（公里）	全社会旅客运输量（万人）	全社会货物运输量（万吨）	邮电业务总量（万元）	固定电话用户总量（户）
2000	22266	18736	22752	98	1521	1443	887	8762	54531
2001	22788	16841	26454	98.2	1521	1518	905	7488	64675
2002	23608	15295	30550	99.7	1634	1586	938	7921	81062
2003	22548	13118	30485	98.2	1634	1618	957	21477	92615
2004	24549	13489	37442	104.7	1634	1926	1628	12050	116855
2005	24986	11881	51414	101.8	2190	1963	1661	14448	105002
2006	29056	13802	64792	102	2190	1983	1694	15834	100220
2007	37310	17957	85092	104.9	2898	2018	1721	15501	129209
2008	49286	24245	125109	105.9	3551	2032	1740	16981	101249
2009	63417	29458	178322	99.4	3551	2047	1755	21135	97810
2010	54405	37267	198223	103.5	3551	2252	2018	26842	96620
2011	61672	43882	321400	105.8	3551	2365	2220	36662	96086
2012	74415	51606	284407	103	3551	2738	2486	40425	107913
2013	88818	63161	304554	103.8	3551	3065	2809	41320	101256
2014	101804	75160	350209	101.2	3551	3250	3030	42807	103600
2015	114504	86473	419308	101.6	3729	3510	3303	44091	79009
2016	110725	86655	431780	102.4	3729	3633	3422	45193	73927
2017	138148	98158	466566	101.8	3824	3818	3603	45724	97455
2018	150013	106344	480235	102	4001	4047	3747	48856	76214
2019	151005	102823	529553	100.4	4001	4249	3859	42944	52561
2020	110247	73019	888252	102.8	4186	4316	3974	45886	38220

和社会发展主要指标(三)

移动电话用户（户）	社会消费品零售总额（万元）	出口总额（万美元）	金融机构存款余额（万元）	城乡居民储蓄存款余额（万元）	金融机构贷款余额（万元）	实际外商直接投资（万美元）	旅游总收入（万元）	中等职业学校在校生人数（人）
13780	184390	76	157098	136521	197892	0	4200	674
18100	200714	20.2	198305	168107	200047	142	4450	774
18560	216039	60.5	243810	209077	198307	205	4500	814
74319	234108	70.6	293645	251884	201938	330	5020	597
94817	276114	307	360088	309165	199080	657	5000	2365
125297	282982	416	423931	357991	171941	700	8470	4661
128288	325546	615	518700	424676	187724	360	8900	6769
131243	364119	1715	598560	486135	219053	150	10000	6167
217691	445778	4502	781712	606243	598561	232	12000	7675
299691	524031	4607	946300	719211	280400	747	15000	9106
357380	617018	2151	1196400	896900	378300	1525	17000	9662
362430	710980	2650	1431800	1061219	439400	61	52000	5688
396976	827220	3464	1755900	1278122	488500	325	62700	4248
415435	943263	4315	2084500	1563115	593800	345	65000	3331
436200	1036094	5317	2388161	1825164	723590	300	79600	3234
517800	1289318	6044	2751536	2071061	839515	350	101600	3707
520069	1426696	6679	3086593	2335225	967014	—	155000	4190
580400	1601946	5153	3537007	2591662	1134288	22	149000	4320
622189	1783864	5372	3784789	2806367	1306095	——	197000	4045
669464	1836882.5	6662	4048826	3157601	1552944	——	230600	4068
679660	1454314	5692	4364104	3458214	1854191	——	248000	4049

2000—2020年浠水县国民经济

年份	普通中学在校生人数（人）	小学在校生人数（人）	从事科技活动人员（人）	医院及卫生院床位数（张）	卫生技术人员数（人）	城镇居民人均住房使用面积（平方米）
2000	57915	125623	35	1583	2187	22.42
2001	65736	110715	48	1581	2245	24.57
2002	74647	105498	51	1506	2452	23.59
2003	81722	93875	410	1391	2495	24.9
2004	89600	90800	428	1336	2538	25.6
2005	86775	74742	283	1294	2563	26.2
2006	88452	70958	558	1316	2942	32.3
2007	87744	67819	12298	1411	2949	33.7
2008	86152	67478	13000	1494	2656	34.57
2009	86054	73480	13076	1648	2989	37.2
2010	79505	72740	13257	1898	3379	37.8
2011	60585	63508	14206	2140	2950	38.2
2012	57388	61141	15474	2853	3368	38.65
2013	52282	61565	16441	3503	3062	40.7
2014	37021	50326	17667	3710	2863	47.7
2015	34622	51866	18766	3806	3348	48.3
2016	35763	52949	19559	3878	3391	48.4
2017	34914	53029	20441	4090	3140	48.5
2018	36650	50570	20575	5049	3346	49.8
2019	37378	52349	21710	5049	3516	49.85
2020	38458	52042	22045	5144	2859	52.74

和社会发展主要指标（四）

农村人均生活用房使用面积（平方米）	城镇单位在岗职工工资总额（万元）	城镇单位在岗职工年平均工资（元）	城镇常住居民人均可支配收入（元）	城镇居民人均消费性支出（元）	农村常住居民人均可支配收入（元）	农村居民人均消费性支出（元）
32.53	24936	7147	4710	3447	2050	1473
33.05	35347	6499	4852	3422	2138	1734
33.89	24445	6762	5326	3857	2195	1654
34.07	25829	7231	5561	4389	2286	1781
34.36	30859	8028	5933	4447	2577	1968
39.29	31928	7543	6445	4955	2748	2423
40	36824	9216	7025	5521	3053	2697
41.6	44998	11428	8120	6536	3530	3220
43.14	59300	15088	9738	7400	4083	3922
43.2	64465	16668	11159	8586	4529	3802
44.85	81806	20879	12608	8950	5273	4191
41.31	92986	23243	12580	9950	6305	5421
41.37	107818	26189	16448	10894	7128	5846
40	177418	27398	18160	14012	8112	6696
46.1	217797	37504	20284	15255	9965	7275
49.3	265888	40804	22172	16405	10899	8720
51.2	295804	43252	24238	17979	11708	9424
53.7	304052	43770	26262	19538	12722	10285
55.6	317734	46921	28339	21349	13914	11413
55.36	338482	49985	31060	23480	15183	12520
62.68	340584	54934	30193	20485	15345	12018

2000—2020年蕲春县国民经济

年 份	年末总人口（万人）	年末总户数（万户）	年末常住人口（万人）	人口自然增长率（‰）	年末从业人员数（万人）	地区生产总值（万元）	第一产业	第二产业	#工业
2000	95.40	22.9	95.40	3.53	31.12	319041	96729	92826	
2001	95.83	23.3	95.83	4.70	31.68	342314	97681	102851	
2002	96.10	24.0	96.10	4.40	32.42	354014	97185	102851	
2003	96.40	24.5	96.40	3.11	32.95	359930	89824	110544	
2004	96.73	25.1	96.73	3.22	37.4	398800	102626	121400	87800
2005	97.12	27.4	76.20	3.98	42.55	443136	114495	136493	94453
2006	97.59	28.2	76.57	4.02	44.85	476742	118425	147612	102691
2007	98.09	28.9	89.00	3.83	48.32	567385	146836	181245	132165
2008	98.27	29.5	89.13	3.47	48.4	722136	188798	240498	180321
2009	99.13	30.2	89.28	5.02	48.37	811802	225336	258320	202410
2010	102.04	28.8	72.78	6.26	49.85	959724	256341	308415	225770
2011	100.30	29.8	75.64	6.80	54.54	1204235	322425	408126	319532
2012	101.14	30.7	76.04	9.69	55.77	1315789	338687	470198	367579
2013	101.84	31.6	76.92	8.05	55.57	1499102	393125	507145	400832
2014	102.10	31.3	77.36	7.56	55.66	1653124	410845	553625	428154
2015	101.27	31.85	77.51	9.04	57.03	1765159	411647	568272	442362
2016	101.85	32.3	78.03	8.89	57.36	1917948	419693	605058	475984
2017	101.02	32.2	78.17	9.06	57.76	2198541	476492	685516	521094
2018	101.11	32.1	78.17	6.65	48.32	2472972	475545	748201	567625
2019	100.745	31.92	78.22	5.86	48.04	2656134	509976	797693	615135
2020	100.41	31.77	79.41	4.41	47.32	2476423	554542	711350	566400

和社会发展主要指标(一)

第三产业	耕地面积（万亩）	农业产值（万元）	农作物播种面积（万亩）	粮食面积（万亩）	粮食产量（吨）	棉花面积（万亩）	棉花产量（吨）	油料面积（万亩）
129486	57.53	97958	154.85	99.78	332557	1.47	1107	26.46
141782	56.78	100295	163.19	98.99	348739	0.93	954	24.26
153978	55.01	94873	152.97	94.71	310935	0.45	448	24.87
159562	53.33	96231	145.29	86.52	294379	0.59	537	22.11
174774	57.75	98603	158.64	97.26	360077	0.66	537	25.28
192148	57.77	197206	140.39	89.22	359116	0.99	895	25.98
210705	57.05	224180	142.25	89.13	380148	1.65	1635	26.27
239304	55.35	247882	146.18	91.85	373700	3.18	2472	26.35
292840	58.34	307166	164.19	93.3	395200	6.4	2982	30.16
328146	59.93	385507	177.55	100.43	421700	7.78	4798	33.79
394968	59.36	446579	178.75	100.13	416900	9.76	5692	35.38
473684	60.2	554798	169.04	99.12	387400	9.76	7808	34.6
506904	60.75	612500	179.50	93	402800	10.45	8702	36.43
598832	61.00	643600	189.33	99.15	439400	9.98	7204	37.64
688654	61.43	677522	197.05	102.93	462900	9.08	6441	38.26
785240	61.43	719032	200.76	103.30	479000	7.77	5156	38.17
893197	63.03	753519	193.40	98.68	450100	5.92	3500	35.71
1036533	63.03	839199	192.13	99.23	462900	5.91	3400	35.73
1249226	76.83	854418	208.32	101.95	477800	5.75	3403	37.04
1348465	73.82	916776	211.97	96.35	450090	5.97	3437	34.74
1210532	100.63	1000623	200.82	97.07	451800	5.34	2919	34.85

2000—2020年蕲春县国民经济

年份	油料产量（吨）	蔬菜面积（万亩）	茶叶产量（吨）	生猪存栏（万头）	牛存栏（万头）	能繁母猪（万头）	肉类总产量（吨）
2000	33737	10.76	180	27.5	12.5	3.02	35800
2001	28886	21.48	178	28.5	14.6	4.36	38289
2002	22863	9.02	178	27.2	14.75	4.1	38785
2003	24500	12.44	56	26.5	10.83	3.98	39026
2004	28264	23.3	58	27.1	8.8	4.21	40367
2005	28544	9.5	73	27.4	6.9	4.25	42044
2006	31955	10.73	147	26.5	6.51	3.4	39526
2007	31893	10.65	150	23.57	6.14	3.8	45897
2008	38271	13.92	268	44	10.75	4	51744
2009	43158	14.13	388	45.9	14.46	4.25	70947
2010	44015	14.16	588	50.09	6.14	5.13	71812
2011	45212	15.14	705	62.12	15.12	5.13	76499
2012	48389	15.91	1138	80.47	15.64	5.51	79721
2013	53747	17.35	1232	40.1	8.86	3.60	57903
2014	53722	17.41	1297	40.4	8.62	3.61	60972
2015	54951	17.94	1344	37.3	8.37	2.97	55958
2016	54338	18.25	1371	53.8	8.48	3.60	54430
2017	55975	20.33	1475	53.9	9.18	3.66	55222
2018	58629	20.22	1732	52.8	9.35	3.92	57536
2019	54307	20.28	1843	30.18	16.25	3.08	53439
2020	55396	20.68	1961	44.26	17.34	4.72	44587

和社会发展主要指标（二）

水产品产量（吨）	农林牧渔业劳动力（万人）	人均地区生产总值（元）	全部工业总产值（万元）	#规模以上工业总产值	房地产开发投资	建筑业总产值（万元）
51500	15.23	3344	680439	154618	750	16099
53000	16.27	3580	730442	166427	165	10810
54590	16.18	3689	719464	166323	380	56913
56356	16.43	3740	676111	176827	190	75702
58042	16.71	4130	765531	152935	2100	65981
58056	16.96	5125	403589	151877	3128	61030
59771	17.96	6241	344464	171251	4297	56199
72325	18.34	6854	594484	298095	4932	78846
55800	16.7	8108	765262	542069	14952	92785
61079	12.7	9102	1024604	746700	22015	118579
67341	12.95	11064	1513200	1034712	40392	171242
68368	13.25	14485	1926485	1290365	38749	201279
73223	14.06	16652	2390930	1712596	44105	239161
78894	14.07	19594	2949774	2067992	178911	300272
83715	13.86	21416	3291973	2359076	262519	403113
92198	14.45	22773	3072324	2451916	218991	407547
93260	14.29	24638	3383120	2662093	203433	416622
72933	14.6	28150	3779580	2916432	156860	534855
75658	13.32	31636	1851009	1280914	182651	736187
75706	13.24	33968	1861896	1380306	263812	823258
77101	13.53	31421	1894337	1420753	257987	742491

2000—2020年蕲春县国民经济

年份	财政总收入（万元）	一般公共预算收入（万元）	财政支出（万元）	居民消费价格指数（上年=100）	公路营业里程（公里）	全社会旅客运输量（万人）	全社会货物运输量（万吨）	邮电业务总量（万元）	固定电话用户总量（户）
2000	25082	18316	26807	98.2	679	498	105	6566	61143
2001	28792	18997	31672	100.1	710	454	107	6580	74746
2002	29023	13970	34877	99.5	991	415	99	6229	80402
2003	23508	12061	31127	102.4	991	325	99	10525	103801
2004	23262	12373	37835	104.8	995	333	109	11077	107000
2005	25398	12262	47298	102.4	995	349	117	14078	131560
2006	33298	15159	54764	103.9	995	487	153	16195	145589
2007	45721	21224	70396	106.3	992	156	156	19022	143452
2008	60126	29271	81024	105.4	2399	490	113	19779	134450
2009	80752	36839	85282	100.4	2962	493	181	24506	134506
2010	98158	45675	134367	103.1	2596	508	284	22552	123046
2011	128874	57858	161386	105.8	2772	763	408	26968	121208
2012	157025	70408	180430	103.4	2772	887	497	33900	108464
2013	187142	83052	207069	103	3129	1112	1610	33647	117167
2014	216542	100193	178396	102.4	3257	1210	2162	35371	110894
2015	248890	115638	206189	102.1	3512	1289	2198	36157	103042
2016	275930	121954	251936	102.0	3631	1169	2138	44174	95202
2017	320016	134050	263869	101.4	3762	1188	2103	55750	78721
2018	207297	137985	549689	101.3	3856	1308	1798	46968	61181
2019	216185	141344	609777	103.5	3872	950	1680	49790	48574
2020	168741	102543	742968	102.6	3959	305	652	51958	42329

和社会发展主要指标(三)

移动电话用户（户）	社会消费品零售总额（万元）	出口总额（万美元）	金融机构存款余额（万元）	城乡居民储蓄存款余额（万元）	金融机构贷款余额（万元）	实际外商直接投资（万美元）	旅游总收入（万元）	中等职业学校在校生人数（人）
7168	122200		183257	150736	219546	820		5272
19642	134769		183263	186994	233829	833		985
22973	143368		230056	199316	235209	916		965
64477	154259	2700	325560	287776	246985	1464		1325
101941	137853	3861	393346	353699	249920	1532		1861
128644	184344	3930	471236	414291	206330	994	2000	3200
200370	212399	4039	570308	482787	230865	181	2200	3420
250856	261948	4265	605697	521019	218499	338	2670	8810
263560	343293	5278	765535	645888	241365	1593	6000	10218
296607	435683	5000	967000	771088	277200	1491	8000	10425
300000	548400	4186	1191900	951800	343300	1491	25000	5238
348825	651977	4553	1478300	1129328	417600	211	43000	4787
348800	758099	5633	1797454	1382088	500000	101	68000	3132
426239	863506	6526	2196900	1685696	610700	64	61800	3725
399592	945674	8462	2633422	2026435	790723	400	105400	4091
470650	1175670	9768	3066084	2337042	926614	450	141900	3682
493660	1309249	10901	3615070	2683624	1128417	320	225800	5217
518834	1473684	12181	4081159	3035443	1361528	235	291200	3637
510977	1645510	14051	4386434	3353798	1635561	12	377000	3664
539436	1770112	14924	4759318	3766952	1974937	0	360500	3103
559383	1401581	7675	5183852	4227215	2461517	0	301100	2732

2000—2020年蕲春县国民经济

年份	普通中学在校生人数（人）	小学在校生人数（人）	从事科技活动人员（人）	医院及卫生院床位数（张）	卫生技术人员数（人）	城镇居民人均住房使用面积（平方米）
2000	58021	127809	320	1937	2155	20.8
2001	65493	117527	376	1977	2645	21.0
2002	80162	111722	230	1962	2715	32.8
2003	88484	107110	310	1378	2786	34.7
2004	88230	101710	305	1496	2806	38.1
2005	90077	97370	309	1496	1985	31.1
2006	88385	96945	318	1658	2213	38.1
2007	84942	79472	323	1769	2186	38.2
2008	81596	78449	323	1810	2437	44.0
2009	81286	79447	315	1830	2638	48.1
2010	76215	79193	330	1951	2638	49.8
2011	71174	81190	342	1993	2740	52.0
2012	47130	58432	405	2461	2962	54.0
2013	42662	61896	657	2761	3098	61.7
2014	39870	56184	641	3443	3198	71.7
2015	38762	59594	679	3585	3438	73.2
2016	25527	61912	715	3680	3553	74.6
2017	27942	63245	2061	3880	3624	75.06
2018	30080	65722	4278	3938	3598	77.2
2019	45259	67617	4861	3989	3423	60.23
2020	45403	70460	1135	4763	3441	57.0

和社会发展主要指标(四)

农村人均生活用房使用面积(平方米)	城镇单位在岗职工工资总额(万元)	城镇单位在岗职工年平均工资(元)	城镇常住居民人均可支配收入(元)	城镇居民人均消费性支出(元)	农村常住居民人均可支配收入(元)	农村居民人均消费性支出(元)
29.44	21048	5755	4375	3726	2196	1669
30.20	22836	6477	4433	3743	2208	1729
31.70	23702	7866	4601	3753	2202	1797
31.25	29370	7901	4630	3707	2218	1641
31.91	31781	8445	5289	4680	2502	1802
31.62	32794	9721	5729	4678	2654	1982
28.33	38470	10980	5947	4903	2756	2384
28.89	46261	12840	7501	6418	3055	2794
41.99	48842	14950	9685	8648	3578	3356
37.50	72225	18296	11110	8107	3898	3072
38.50	53847	17366	12460	9161	4123	2637
51.00	89267	23297	14311	10364	4900	5061
45.00	119240	26777	16372	10545	5494	5350
51.00	133736	31353	17690	11547	6247	5799
62.92	241227	37855	20013	12915	9424	7870
73.97	261302	40664	21848	14494	10341	8480
74.01	285982	43042	24018	16025	11252	9252
74.01	294629	45118	25971	17275	12375	10021
81.89	317408	47407	27994	18825	13626	11069
69.17	318303	49875	30779	20647	14967	12142
57.37		54189	30046	17883	15144	11423

2000—2020年武穴市国民经济

年份	年末总人口（万人）	年末总户数（万户）	年末常住人口（万人）	人口自然增长率（‰）	年末从业人员数（万人）	地区生产总值（万元）	第一产业	第二产业	#工业
2000	73.03	19.80	67.80	3.37	31.4	334195	65453	144786	123956
2001	72.95	20.39	67.00	3.01	31.4	345416	75858	145317	124241
2002	73.01	21.82	66.95	3.02	32.9	353366	80724	147389	125253
2003	73.05	22.74	67.06	3.92	34.3	376591	97692	152302	126597
2004	73.12	22.94	57.00	4.03	39.6	426100	146000	153100	127000
2005	73.36	22.31	57.03	2.82	40.9	461179	149411	162195	129523
2006	74.27	22.55	57.40	2.43	40.9	522646	150432	190925	151664
2007	74.73	23.06	67.29	3.18	42.9	632035	194728	217238	176043
2008	75.62	23.54	67.31	4.8	42.9	845095	252932	318298	266146
2009	76.6	24.20	67.41	5.05	43.17	963825	277425	386098	339619
2010	77.38	24.65	64.42	4.6	44.8	1141095	318085	477542	427710
2011	78.78	25.28	64.68	9.75	44.94	1508536	417489	675746	642132
2012	80.14	25.98	65.11	14.73	45.74	1687535	431246	774198	738344
2013	80.77	26.36	65.02	7.93	41.5	1871185	466045	852845	828443
2014	80.52	26.09	65.14	10.35	39.42	2061948	486942	942836	924344
2015	81.72	26.12	65.29	9.33	39.54	2192224	474575	983387	977367
2016	82.29	26.14	65.55	9.85	39.62	2365506	475159	1042840	1040212
2017	81.93	25.73	66.00	4.03	39.92	2651776	497356	1166663	1141772
2018	82.34	25.52	65.40	6.24	40.20	3031923	498652	1304481	1135796
2019	82.32	25.29	65.40	4.76	39.96	3244703	533907	1380478	1243100
2020	81.97	25.10	68.07	3.97	39.37	3105971	583379	1249691	1419827

和社会发展主要指标(一)

第三产业	耕地面积（万亩）	农业产值（万元）	农作物播种面积（万亩）	粮食面积（万亩）	粮食产量（吨）	棉花面积（万亩）	棉花产量（吨）	油料面积（万亩）
105415	49.77	81077	135.33	74.88	312267	7.61	9437	32.76
117440	49.94	82727	121.91	71.6	308850	6.12	8578	32.13
124060	48.53	81509	119.7	67.16	298408	5.12	5325	34.38
130665	47.1	85300	116.09	65.66	266607	7.46	6159	32.25
142341	49.16	95448	128.78	76.91	325413	7.11	6939	35.06
149573	51.81	212610	133.32	77.51	316729	8.78	8113	37.26
181289	51.63	233243	135.24	75.9	315278	11.69	11937	37.74
220069	52.08	253604	136.86	75.59	294000	15.42	12200	36.69
273865	52.28	319373	130.08	66.34	267000	17.53	11126	37.35
300302	54.7	429076	129.51	68.54	274400	11.34	7054	39.91
345468	54.3	483564	126	65.41	256600	11.4	6771	39.45
415301	54.98	616136	119.01	60.51	246900	11.12	6851	37.67
482091	55.44	666070	119.38	58.12	245100	11.35	9250	38.45
552295	54.03	701900	118.85	58.25	237000	9.84	8563	39.26
632170	55.17	737500	121.12	59.98	253400	9.02	5830	40.04
734262	57.99	793630	131.22	73.72	341400	7.7	5086	38.14
847507	59.14	841707	116.01	71.83	326900	4.26	2600	27.5
987757	59.95	876583	119.1	72.82	338800	4.25	2500	28.61
1228790	76.85	883912	121.41	72.59	349700	4.05	2500	30.96
1330318	76.85	946390	121.01	68.58	333400	4.2	2380	34.47
1272900	76.85	1035186	123	69.06	326511	3.93	2266	39.84

2000—2020 年武穴市国民经济

年份	油料产量（吨）	蔬菜面积（万亩）	茶叶产量（吨）	生猪存栏（万头）	牛存栏（万头）	能繁母猪（万头）	肉类总产量（吨）
2000	56039	7.28	78	20.51	3.32	0.67	27453
2001	48778	6.69	61	17.78	3.3	0.75	37245
2002	40991	6.63	36	16.90	2.8	0.99	35788
2003	40879	6.8	36	21.09	2.62	1.52	38881
2004	57298	5.8	37	32.73	2.51	1.55	50306
2005	56270	6.38	50	34.41	2.76	1.98	61658
2006	60687	6.21	49	31.40	1.63	1.83	52190
2007	58698	6.61	49	48.11	1.26	3.39	64296
2008	54550	6.81	45	52.00	2.69	5.00	66493
2009	58588	7.33	39	56.86	2.76	5.06	67544
2010	59245	7.64	40	63.92	2.59	5.24	69484
2011	58789	7.37	40	68.57	2.78	5.17	71686
2012	61220	8.86	36	66.95	2.9	5.33	73973
2013	61696	9.2	31	67.02	1.4	5.81	77800
2014	63266	9.58	28	67.11	1.36	5.79	80900
2015	61265	9.21	21	67.62	1.19	5.79	81800
2016	43684	9.21	21	69.81	0.72	5.92	83400
2017	45871	9.72	20	69.38	1.03	5.89	83400
2018	50541	9.87	23	67.90	1.05	5.60	82105
2019	55781	9.81	25	28.96	1.56	1.91	55820
2020	66728	9.67	27	52.71	1.26	3.93	47147

和社会发展主要指标(二)

水产品产量(吨)	农林牧渔业劳动力(万人)	人均地区生产总值(元)	全部工业总产值(万元)	#规模以上工业总产值	房地产开发投资	建筑业总产值(万元)
32096	11.12	4734	930216	152732	1878	32935
32565	10.29	5125	889803	158527	5640	19836
33938	10.69	5276	980104	152989	4200	21621
34698	10.7	5620	679518	143951	6564	40731
36610	13.92	6869	722214	186356	7180	41925
38799	13.66	8089	816140	255000	11945	61534
41164	13.52	9135	822465	308696	15832	115820
50041	13.64	11001	841643	447583	30686	129854
40300	13.31	14085	880637	689533	34922	145266
44587	12.96	15421	1098724	858280	31706	183403
48957	9.98	18258	1583120	1236734	40989	227987
52165	13.33	24137	2141019	1642390	33343	268686
46600	14.56	26368	2676113	2132327	91718	320075
50100	12.12	28655	3279382	2656261	115923	315093
53000	12.32	31664	3875300	3139458	210300	403852
50700	12.34	33577	4392895	3556836	276300	439368
51400	12.46	36117	4895540	3964441	423752	413350
52400	12.49	40316	5399549	4351172	478938	443538
56330	12.18	46148	3378750	2702790	387505	497040
56706	12.00	49613	3092540	2463631	362755	418538
56045	11.97	46542	2635262	2108210	262654	356482

2000—2020 年武穴市国民经济

年份	财政总收入（万元）	一般公共预算收入（万元）	财政支出（万元）	居民消费价格指数（上年=100）	公路营业里程（公里）	全社会旅客运输量（万人）	全社会货物运输量（万吨）	邮电业务总量（万元）	固定电话用户总量（户）
2000	27516	20932	26237	96.9	710	928	722	7333	58544
2001	28494	21133	29437	99.3	838	978	734	8819	93400
2002	30549	17065	32748	100	838	964	733	9790	109797
2003	31156	16761	36977	102.6	838	981	703	10650	130050
2004	34078	17280	39082	104.6	838	987	785	9726	207406
2005	39188	17872	45949	102.5	857	998	824	12710	233894
2006	47776	20276	57615	102.4	1357	1008	979	14422	256442
2007	62857	27028	81073	105	1368	1023	984	16636	265200
2008	81996	36021	109554	104.2	1391	1195	1305	18639	288365
2009	100773	45333	151298	100	1599	1338	1720	20671	338087
2010	128723	55395	190202	103.6	1599	1350	1470	21272	329689
2011	161517	72321	220879	104.4	1599	1480	1930	21239	358712
2012	190568	84039	263186	103.2	1813	1508	2136	23341	389800
2013	245755	106825	275205	103.2	1924	983	2731	29791	360370
2014	277767	128227	311870	102.2	2028	1112	1386	29246	351715
2015	322405	152422	371109	101.6	2192	1176	1698	26700	495800
2016	340273	166889	418354	101.4	2314	1105	628	35300	86000
2017	398555	186189	460590	100.9	2348	2949	1100	38700	87200
2018	441858	202966	499602	101.1	2452	938	1200	42427	65200
2019	581508	203319	568866	103.5	2430	308	553	39757	53275
2020	463208	140429	582972	102.6	2575	183	405	45652	48090

和社会发展主要指标(三)

移动电话用户(户)	社会消费品零售总额(万元)	出口总额(万美元)	金融机构存款余额(万元)	城乡居民储蓄存款余额(万元)	金融机构贷款余额(万元)	实际外商直接投资(万美元)	旅游总收入(万元)	中等职业学校在校生人数(人)
11987	148690	669	159761	127986	185087	6		1347
28000	165450	1307	190493	156681	190109	61		3223
35500	180668	1512	236928	194467	197895	320	4000	1428
47497	198620	1744	287994	236023	205745	575	4000	3345
115200	229944	2177	343783	288211	229239	617	4000	4746
130000	242018	3332	401572	327672	199485	75	4500	3863
152000	281534	3824	479472	377057	205902	455	6260	4785
158000	334773	7547	566427	420031	259269	1747	6995	5626
187000	421472	8767	707419	519153	267185	2364	5029	7461
243000	480992	4930	856500	610180	336700	3149	6260	6875
238779	586376	5585	1051200	739400	470800	2752	6826	6401
265900	692545	6241	1213300	876544	520300	2199	8000	6172
348800	803808	8472	1423612	1057239	592000	480	9300	5970
526239	921133	10612	1642700	1262662	702100	2000	86000	5583
270300	1010105	12705	1962700	1467800	821700	2600	107500	5169
407000	1258531	15417	2303700	1747100	991800	19	134000	5133
424400	1404435	16990	2650400	2036300	1090300	1545	167000	5269
471500	1578837	21291	3056700	2280500	1340100	1419	207000	5269
479600	1761488	27340	3405500	2532100	1542200	347	260000	5742
530512	1836882.5	31644	3813900	2873801	1855123	1971	300000	6408
561581	1488000	33445	4164195	3234726	2275523	0	280000	7943

2000—2020年武穴市国民经济

年份	普通中学在校生人数（人）	小学在校生人数（人）	从事科技活动人员（人）	医院及卫生院床位数（张）	卫生技术人员数（人）	城镇居民人均住房使用面积（平方米）
2000	43996	99074	413	2510	2095	22
2001	48741	94200	475	2510	2048	25.7
2002	55599	91739	547	1231	1988	25.9
2003	60490	82128	602	1662	1979	26.3
2004	62112	72351	669	1392	2145	23.3
2005	61726	63670	743	1266	2040	25.2
2006	60978	58121	818	1324	2006	26
2007	57992	53496	985	1324	2106	27
2008	57317	53724	1123	1324	2171	35
2009	53068	53265	1236	1474	2412	24.8
2010	48938	55107	1413	1474	2623	25.2
2011	45271	57709	1583	1474	2330	25.5
2012	35330	51661	1804	1957	2323	25.5
2013	32460	53645	2038	2643	3113	27.9
2014	30518	56950	2574	2757	3160	28.3
2015	30086	61127	2660	3129	3001	31.6
2016	31514	63759	2844	3312	3230	32.9
2017	33534	65871	2839	3384	3440	40
2018	36796	67879	2853	3920	3520	50.07
2019	40302	68592	2948	4459	3552	57.37
2020	43038	67998	3050	4615	3688	79.11

和社会发展主要指标（四）

农村人均生活用房使用面积（平方米）	城镇单位在岗职工工资总额（万元）	城镇单位在岗职工年平均工资（元）	城镇常住居民人均可支配收入（元）	城镇居民人均消费性支出（元）	农村常住居民人均可支配收入（元）	农村居民人均消费性支出（元）
26.9	24390	6484			2391	1638
27.5	25590	6847			2436	1484
30.9	28134	7212			2464	1736
33.3	31210	8166			2533	1759
30.8	31457	8337	5930	4570	2844	2201
31.4	35217	8896	6530	5038	3067	2378
31.5	37602	9311	7248	5232	3402	2593
32.1	47839	11861	8907	5853	4013	3080
37.95	68573	17953	10526	7330	4621	3592
34.6	72670	18461	12031	7821	5100	4034
35.6	89378	20791	13623	8689	5958	4451
35.8	103349	25131	15758	10698	7026	5650
35.8	156363	26326	18106	12697	8047	6980
36.2	198639	32777	19746	13872	8976	7138
57.1	265600	36841	22005	14963	10927	7612
62.5	312735	40318	24003	15953	12011	9795
64.3	337752	43623	26526	17792	12963	10598
64.6	367319	45079	28826	19660	14126	11499
65.0	385311	47287	31132	21282	15392	12488
78.2	406269	50597	34248	23625	16848	13676
83.2	453728	56618	33560	21035	17126	13458

2000—2020年黄梅县国民经济

年 份	年末总人口（万人）	年末总户数（万户）	年末常住人口（万人）	人口自然增长率（‰）	年末从业人员数（万人）	地区生产总值（万元）	第一产业	第二产业	#工业
2000	93.43	21.14	87.40	2.5	41.9	243500	108348	73405	63680
2001	93.76	22	87.50	4.27	42.3	280629	128915	83025	72017
2002	94.07	21.5	87.80	3.6	42.8	299014	131604	89478	77538
2003	93.97	20.32	87.90	3.4	43	320143	139368	94442	81497
2004	94.39	21.74	88.10	4.33	43.13	360900	162500	104500	90425
2005	95.15	27.77	88.22	3.4	46.51	406794	165937	121686	106833
2006	95.35	28.4	88.52	3.64	47.27	453426	170832	139205	120460
2007	95.59	29.4	90.81	3.23	47.3	534834	202425	167644	144882
2008	96.16	29.97	90.94	5.53	47.5	664298	248798	221389	194094
2009	96.5	30.55	91.11	4.75	47.8	755575	273945	254723	226147
2010	97.34	31.1	85.88	4.79	47.9	942632	317326	356328	323508
2011	98.99	32.02	86.03	6.24	48.1	1041448	298375	432625	387606
2012	101.9	32.99	86.32	7.63	48.7	1269653	405532	596289	540702
2013	102.16	32.95	86.25	7.5	48.8	1419589	438105	553095	494434
2014	101.11	32.45	86.37	6.2	49.2	1553126	457725	605134	538634
2015	100.39	32.33	86.32	5.9	49.66	1661248	450815	634075	557043
2016	100.73	32.4	86.88	5.6	49.92	1842927	506736	673641	590989
2017	99.37	32.11	86.94	6.79	49.98	2052108	522588	757298	645512
2018	99.63	31.97	86.94	4.7	45.49	2282608	526269	822130	697894
2019	99.31	31.65	86.94	3.3	47.02	2471237	562502	887946	740924
2020	102.71	32.98	77.15	2.5	45.60	2353828	593456	781211	672200

和社会发展主要指标(一)

第三产业	耕地面积（万亩）	农业产值（万元）	农作物播种面积（万亩）	粮食面积（万亩）	粮食产量（吨）	棉花面积（万亩）	棉花产量（吨）	油料面积（万亩）
61747	72.11	99811	158.64	87.3	301477	12.96	12000	37.25
68689	70.5	109920	167.84	90.51	355244	16.73	17195	38.39
77932	64.29	114242	158.31	82.85	331770	14.38	16860	41
86333	66.77	115995	158.57	76.11	267126	17.61	14859	40.25
93900	70.16	119245	169.19	86.57	377476	16.98	16351	40.7
119171	72.42	256240	172.73	92.46	381277	22.95	19748	46.79
143389	72.42	263899	181.37	105.29	417931	22.53	23459	43.76
164765	64.56	277732	169.79	100.31	403913	22.14	22863	39.35
194111	69.53	316709	176.21	100.2	404841	22.21	21270	45.14
226907	73.3	388900	178.1	102.38	417700	21.95	23300	44.3
268978	86.97	447600	180.03	104.55	421500	22.29	20335	44.4
310448	86.97	568600	178	104.67	450000	22.3	21500	44.4
267832	81.95	612800	186.2	107	480000	21.45	22830	46.6
428389	81.9	644797	188.1	108.2	491500	22.1	21420	47.9
490267	81.95	678900	176.7	105.93	500100	10.8	9580	48.86
576358	81.95	723413	173.63	105.95	503100	7.65	6886	48.66
662550	81.95	759433	174.08	108.06	426900	6.75	4910	47.43
772222	81.96	804317	177.86	95.24	440300	8.9	5430	48.08
934209	81.95	824201	155.33	93.08	441756	14.84	6305	36.38
1020789	81.97	885812	152.66	90.42	437330	8.34	4832	41.51
979161	83.19	963926	157.40	90.46	423073	7.21	4028	47.03

2000—2020年黄梅县国民经济

年份	油料产量（吨）	蔬菜面积（万亩）	茶叶产量（吨）	生猪存栏（万头）	牛存栏（万头）	能繁母猪（万头）	肉类总产量（吨）
2000	55610	15.75	67	18.82	2.52	1.53	22695
2001	59301	17.49	79	20.02	2.04	1.92	28073
2002	46379	15.66	84	23.63	2.46	2.17	31619
2003	49810	17.21	86	26.07	1.84	2.18	36979
2004	52511	16.70	87	28.59	1.75	2.35	35680
2005	55538	9.21	12	29.66	1.69	2.36	30467
2006	54132	8.52	41	30.03	1.67	2.22	30613
2007	51239	6.87	52	25.77	1.38	1.82	28466
2008	52097	5.43	64	31.16	2.53	2.69	40047
2009	57400	6.90	52	32.06	2.7	2.95	60067
2010	57744	8.09	55	40.64	3.37	3.32	82969
2011	58900	8.36	94	50.6	2.99	3.6	73488
2012	60080	8.85	94	51	3.01	3.7	73384
2013	64710	8.90	56	48.62	3.3	3	67504
2014	66445	9.75	123	50.56	3.48	3.32	71584
2015	68187	10.20	102	49.53	3.67	3.48	67715
2016	66440	10.50	115	49.28	3.6	3.49	59645
2017	67834	10.95	101	50.43	3.7	3.96	61556
2018	56178	10.35	568	51.6	3.8	4.49	50627
2019	64700	10.71	565	29.2	1.84	2.03	42482
2020	74527	10.96	578	28.73	1.54	2.99	33016

和社会发展主要指标（二）

水产品产量（吨）	农林牧渔业劳动力（万人）	人均地区生产总值（元）	全部工业总产值（万元）	#规模以上工业总产值	房地产开发投资	建筑业总产值（万元）
64281	17.71	2627	797471	211763	188	88315
71160	17.3	3209	786440	183060	978	99440
74000	17.76	3411	790614	222929	601	105506
75440	19.59	3644	832863	254449	200	113102
74500	18.41	4101	701700	166860	583	113600
79738	17.05	4614	296414	143165	928	32400
83914	18.48	5131	315876	174519	1360	28900
76500	16.91	6039	372470	259606	21187	29300
70500	14.75	7464	667302	465100	17900	47032
76500	16.38	8372	965200	690900	26000	72030
81576	15.16	10850	1160000	1042000	28000	99555
83952	16.6	12349	1234800	1234800	35000	129100
92410	16.5	14733	1809000	1330700	42000	361143
97629	19	16763	2033828	1661000	153849	259400
101767	18.8	18355	2132192	1964106	222473	263000
109370	18	19244	2270839	2064400	185523	358265
103509	17.5	21262	2308414	2098558	287275	396593
87628	18.1	23612	2658186	2403000	340286	440263
89921	18	26255	2313053	2091000	325169	449612
90777	15.43	28425	2363245	2136162	321422	461454
93484	15.45	28690	2006911	1814158	208869	376526

2000—2020年黄梅县国民经济

年份	财政总收入（万元）	一般公共预算收入（万元）	财政支出（万元）	居民消费价格指数（上年=100）	公路营业里程（公里）	全社会旅客运输量（万人）	全社会货物运输量（万吨）	邮电业务总量（万元）	固定电话用户总量（户）
2000	22698	18033	22829	98.2	575	2798	697	5649	67242
2001	24429	19359	27498	99.7	420	2832	733	6780	75748
2002	25141	15450	30421	99.7	420	3065	791	7456	90555
2003	24922	15394	34118	102	833	3110	832	7980	100484
2004	26826	16577	41025	105.4	1113	3410	970	8620	104700
2005	95150	27770	49080	102.9	1180	3500	1000	8269	119436
2006	95350	28400	64391	102.6	1350	3600	1060	10352	121034
2007	95590	29400	88610	106.9	1559	3700	1100	11111	145045
2008	54719	29970	89380	105.5	1889	3800	1200	11511	145120
2009	66904	38056	96271	98.4	1912	3900	1800	9405	128105
2010	81259	45008	121065	103.2	2758	4050	1950	9496	114310
2011	105600	52200	168440	103.9	2917	4150	2000	9530	114500
2012	128966	64709	199355	102.5	2325	4410	2250	11500	112506
2013	158019	75079	387500	102.3	2680	4520	2460	13208	105551
2014	190189	88379	444400	101.5	2934	5098	3162	14620	93931
2015	279281	101905	736400	101.4	3474	5323	3307	15150	87129
2016	307056	106006	697300	101.4	3804	5656	3551	16625	84125
2017	335021	114501	813930	100.9	3893	6422	3816	17160	50048
2018	351313	102011	729600	101.3	3071	6518	3921	18020	49826
2019	464699	108227	902500	103.5	3071	6753	4087	19056	86206
2020	389679	80659	1050170	102.6	3182	6672	4096	20138	87771

和社会发展主要指标（三）

移动电话用户（户）	社会消费品零售总额（万元）	出口总额（万美元）	金融机构存款余额（万元）	城乡居民储蓄存款余额（万元）	金融机构贷款余额（万元）	实际外商直接投资（万美元）	旅游总收入（万元）	中等职业学校在校生人数（人）
12300	114660	850	163838	138687	156447	5		2646
50000	130196	729	191860	163473	163157	8		3165
80000	145502	450	236324	201755	169259	11		3368
100000	158671	950	282686	253712	199011	23		3659
130000	173143	1338	358357	316742	198865	32		3912
170000	204155	1711	442718	374774	155931	55	8100	3655
220000	233118	2385	545048	447419	142495	63	9000	3477
250000	288300	4744	618514	505927	169352	97	8000	5877
265000	353600	5804	735055	595160	185377	121	15000	6413
262300	424700	6717	932400	701096	232700	154	17600	5885
271600	511000	881	1148200	849900	331000	179	22900	5015
298760	620700	1242	1410000	1041824	429000	200	32100	4204
365000	720000	1990	1752242	1281217	524600	500	45000	4167
366000	813800	2895	2125400	1557418	657100	525	56000	3529
404798	923400	3739	2412717	1816853	856600	580	69722	4067
406231	1136525	4527	2772042	2063047	1080064	- -	87956	4528
408112	1253389	5622	3084981	2329123	1218736	- -	117000	5068
501877	1394800	6909	3464205	2620534	1467879	1	151600	5454
504320	1547600	8989	3792347	2865735	1603731	80	208700	6105
457153	1716300	11651	3990618	3193582	1734955	797	254700	6913
504250	1420400	12744	4622738	3711598	2067568	0	148300	7829

2000—2020年黄梅县国民经济

年份	普通中学在校生人数（人）	小学在校生人数（人）	从事科技活动人员（人）	医院及卫生院床位数（张）	卫生技术人员数（人）	城镇居民人均住房使用面积（平方米）
2000	61104	113989	1067	1580	2573	24
2001	60082	108791	1212	1460	2238	26
2002	69871	104051	1553	1480	2292	29
2003	75407	95609	1732	1076	2362	31
2004	78829	85358	1964	1080	2313	33
2005	81386	84056	2088	1085	2382	34
2006	80682	79076	2103	1091	2410	36
2007	81031	75167	2364	1098	2482	39
2008	79192	75789	2488	1102	2490	43
2009	77924	76652	2492	1238	2471	35
2010	73562	78760	2561	1516	2758	35
2011	68560	81567	2763	2260	2917	36
2012	52646	66887	2902	2305	3093	36
2013	46553	65344	3011	2634	3218	39
2014	42836	61655	3046	3786	3581	40
2015	42497	62671	3075	3840	3710	43
2016	42697	62239	3100	3850	3770	45
2017	43062	62076	3130	4200	3865	45
2018	44756	63594	3157	4200	3313	47
2019	49025	66259	3211	4005	3428	50
2020	49417	64543	3247	4005	4298	51

和社会发展主要指标（四）

农村人均生活用房使用面积（平方米）	城镇单位在岗职工工资总额（万元）	城镇单位在岗职工年平均工资（元）	城镇常住居民人均可支配收入(元)	城镇居民人均消费性支出（元）	农村常住居民人均可支配收入(元)	农村居民人均消费性支出（元）
34	22099	6664	4018	2950	1948	1670
34	22523	7105	4259	3000	2038	2016
35	25087	8328	4348	3050	2122	2011
35	26455	8368	4540	3200	2204	1975
35	31069	8791	4814	3700	2491	2047
35	30421	10193	5419	4200	2698	2401
37	32815	11081	5978	4400	3026	2881
38	46242	15369	7356	5065	3552	1424
41	47997	15746	8935	6070	4088	1569
41	64768	18826	10866	7877	4541	3525
43	94332	20788	12320	11834	5268	3810
43	114710	24075	14268	12788	6331	3900
43	135810	28507	16508	13260	7161	4300
42	133897	29342	18269	14650	8135	4316
51	145546	35469	20738	16046	10453	8396
55	159053	38363	22733	17623	11413	9245
60	191021	40931	25038	19490	12368	10079
61	240557	43669	27169	21178	13496	10790
63		45416	29307	22950	14789	11745
65	292583	48141	32197	25216	16204	12874
66		52377	31502	22172	16449	12407

2000—2020年龙感湖国民经济

年 份	年末总人口（万人）	年末总户数（万户）	年末常住人口（万人）	人口自然增长率（‰）	年末从业人员数（万人）	地区生产总值（万元）	第一产业	第二产业	#工业
2000	3.64	1.21	3.14	7.44	1.55	16887	5253	7125	6980
2001	3.66	1.33	3.16	5.34	1.60	20111	5428	9083	8930
2002	3.68	1.31	3.18	5.47	1.56	23749	5710	11869	11760
2003	3.71	1.34	3.2	3.9	1.62	27186	6185	13901	13751
2004	3.73	1.28	3.22	6.53	1.65	31260	8260	15300	15120
2005	3.74	1.28	3.23	5.86	1.61	35056	8720	17943	17743
2006	3.75	1.37	3.45	5.68	1.63	40120	9505	21300	21120
2007	3.79	1.4	3.44	8.6	1.64	48504	12838	25326	25103
2008	3.84	1.42	3.45	8.02	1.67	86901	17635	55617	54117
2009	3.87	1.45	3.5	3.69	1.71	97558	18163	63972	62272
2010	3.9	1.48	3.55	4.6	1.74	113409	19203	76638	74598
2011	3.93	1.52	3.35	4.6	1.81	138745	24593	92477	90088
2012	3.95	1.53	3.4	4.9	1.76	160855	26345	108500	105850
2013	3.98	1.54	3.43	5.12	1.80	171205	27322	114331	111539
2014	3.94	1.52	3.40	7.43	2.05	191308	28108	129194	126039
2015	3.96	1.52	3.42	5.09	2.08	208271	28686	140311	137362
2016	3.98	1.51	3.44	4.89	2.17	231385	38208	151666	147359
2017	3.96	1.50	3.45	4.33	2.16	169013	40804	93799	89885
2018	3.92	1.48	3.46	4.06	2.03	205972	42778	110055	108197
2019	3.87	1.46	3.45	2.3	2.06	204789	44575	103011	100636
2020	3.83	1.44	2.79	3.29	2.06	128630	39205	53463	41928

和社会发展主要指标（一）

第三产业	人均地区生产总值（元）	全部工业总产值（万元）	#规模以上工业总产值	规模以上工业增加值（万元）	全社会固定资产投资额（万元）	#房地产开发投资	建筑业总产值（万元）	财政总收入（万元）	地方财政一般预算收入（万元）
4509	4672	47937	31001	6282	9260	655	2473	1013	1980
5600	5510	52610	34190	8037	9445	810	1820	1622	2047
6170	6466	53843	37453	10584	10200	1010	1291	1513	1800
6800	7359	68930	45198	12375	11118	1233	2176	1579	1615
7700	8406	84267	48054	13608	18804	1655	2052	1632	1489
8393	9379	102562	64245	15968	20853	2122	2510	1836	2179
9315	10700	113853	77334	17952	25545	3080	4316	2267	2928
10340	12850	133235	95572	24263	31136	2500	4800	2929	3439
13649	22771	174573	131493	37914	43207	4100	7500	3810	3750
15423	27874	196886	152437	45731	85418	5000	4857	4170	4441
17568	31946	250242	220510	66800	112378	20110	7100	4916	5159
21675	41466	309359	287366	81000	128111	24792	8450	21316	6319
26010	47310	365000	345711	92400	169500	20329	9887	25635	9617
29651	49914	385945	367349	109000	202633	26892	9307	24649	9812
34006	56312	436118	415377	123170	254169	4020	10534	26489	11546
39274	60898	421103	400133	－ －	290000	3761	9870	29127	12834
41511	67365	473659	450233	－ －	307600	2360	5335	30017	13900
34410	48952	241566	229777	－ －	179736	521	6303	31956	14398
53139	59529	301245	283523	－ －	100821	－ －	6196	32007	15593
57203	59359	248272	224141	－ －	112042	－ －	7918	32624	16865
35962	46178	138257	114657	－ －	61701	－ －	1620	30125	16860

2000—2020年龙感湖国民经济

年份	财政支出（万元）	全社会旅客运输量（万人）	全社会货物运输量（万吨）	社会消费品零售总额（万元）	进出口总额（万美元）	实际外商直接投资（万美元）	金融机构存款余额（万元）	城乡居民储蓄存款余额（万元）	金融机构贷款余额（万元）
2000		16	17		721				
2001		16	18	13239	500	106			
2002		14	17	15180	350	153	15770	13984	22250
2003		13	15	16700	370	165	19410	15950	23900
2004		13	16	18400	350	202	20957	18161	22955
2005		14	16	19320	270	6	22082	20627	23008
2006	3077	17	23	20734	385	7	25093	23410	24450
2007	3377	17	23	23637	868	54	35436	34134	20952
2008	3725	35	25	30868	1801	89	46665	42205	36963
2009	4440	43	90	36424	2100	15	53650	47214	5560
2010	4908	77	96	41895	115	327	61698	52298	16381
2011	6268	153	108	51003	412	89	74129	62639	26410
2012	12739	129	238	60200	720	5	87109	76532	46561
2013	11698	130	313	66220	1027	468	88287	52100	56700
2014	11430	145	342	68000	468	10	117910	97171	69970
2015	12540	130	357	77840	149		135899	113750	75596
2016	30015	156	374	90105	351		195597	155874	79939
2017	31925	180	1121	103255	300		206547	169700	122708
2018	31983	180	1121	117785	307		203990	137677	66639
2019	32548	181	1231	133511	1144		240777	180369	77892
2020	30019	60	1123	103698	730		288192	229040	69279

和社会发展主要指标(二)

普通中学在校生人数(人)	小学在校生人数(人)	科技活动机构数(个)	从事科技活动人员(人)	医院及卫生院床位数(张)	卫生技术人员数(人)	城镇常住居民人均可支配收入(元)	农村居民人均纯收入(元)
1776	4017	1	117	196	124	4678	2600
1803	4070	2	155	148	218	4840	2700
3121	4195	2	196	145	120	5010	2760
2180	4080	2	196	120	96	5187	2820
1756	3757	2	196	120	96	5370	2972
1661	3930	2	196	207	115	5559	3031
1918	3955	2	196	174	132	5755	3338
1586	3658	2	196	78	137	5956	3703
1940	3648	2	291	65	112	6164	4000
2189	3630	2	297	72	101	6818	4520
1910	3707	2	297	72	131	7001	4950
1873	3698	2	300	140	122	8173	5583
1008	2369	2	305	165	134	9317	6253
1053	2304	2	300	200	138	10435	7003
764	2301	2	300	200	136	11479	7773
806	2344	2	310	165	119	23100	12900
930	3236	2	315	200	123	25525	14513
1036	2190	2	315	200	104	28161	16216
1062	2175	2	320	200	93	31201	18130
954	2087	2	321	200	85	34479	20252
917	1995	2	321	200	75	38100	22276

2009-2020年分县(市、区)

地区	2009年 总量(亿元)	2009年 增幅(%)	2010年 总量(亿元)	2010年 增幅(%)	2011年 总量(亿元)	2011年 增幅(%)	2012年 总量(亿元)	2012年 增幅(%)	2013年 总量(亿元)	2013年 增幅(%)	2014年 总量(亿元)	2014年 增幅(%)
黄冈市	725.75	15.0	855.81	14.3	1037.26	14.1	1181.82	9.9	1322.52	12.1	1468.27	10.3
黄州区	80.58	13.9	89.57	14.0	102.37	16.0	129.74	17.4	144.48	10.0	158.27	8.5
团风县	33.83	15.1	42.41	14.9	49.14	14.7	56.16	10.1	65.12	12.6	72.90	11.4
红安县	60.41	16.2	68.32	15.7	87.18	16.5	102.63	13.6	117.02	12.3	131.61	12.6
麻城市	99.16	16.3	118.56	15.0	157.61	13.5	178.39	13.2	207.71	13.2	232.17	11.0
罗田县	54.46	15.1	65.28	16.0	75.70	15.6	88.83	10.5	101.53	11.3	112.69	10.7
英山县	40.45	14.1	49.10	15.7	53.45	12.2	65.38	7.8	73.07	8.6	80.56	10.8
浠水县	85.21	13.3	101.12	13.1	115.30	13.5	130.77	12.5	147.92	9.2	162.04	9.2
蕲春县	81.18	13.2	95.97	13.3	120.42	13.0	131.58	9.4	149.91	10.3	165.31	9.7
武穴市	96.40	14.1	114.10	12.9	150.85	16.0	168.75	10.7	187.12	9.3	206.19	9.6
黄梅县	75.56	14.1	94.26	13.4	104.14	14.3	126.97	11.0	141.96	10.4	155.31	8.8

地区生产总值

2015年		2016年		2017年		2018年		2019年		2020年	
总量（亿元）	增幅（%）	总量（亿元）	增幅（%）	总量（亿元）	增幅（%）	总量（亿元）	增幅（%）	总量（亿元）	增幅（%）	总量（亿元）	增幅（%）
1585.57	9.3	1730.60	7.6	1939.62	7.6	2169.70	7.2	2322.73	6.8	2169.55	-6.6
170.17	8.0	183.98	7.4	207.22	7.5	237.27	8.8	258.54	8.1	241.10	-5.5
77.07	8.5	83.73	7.6	94.83	7.7	118.00	6.6	122.25	6.6	107.77	-8.2
143.39	10.7	154.37	7.8	171.50	7.8	189.25	6.5	199.11	6.3	197.93	0.2
251.16	9.5	280.93	8.2	311.04	8.2	348.98	7.1	374.13	6.5	340.35	-7.9
121.66	10.0	130.65	6.7	147.09	6.8	148.77	6.2	158.85	6.9	145.59	-9.9
85.77	9.4	92.81	6.6	103.05	6.6	112.64	5.5	121.62	6.4	107.16	-12.7
174.49	7.5	191.50	7.3	214.65	7.3	236.13	7.3	251.03	6.7	236.03	-8.5
176.52	8.3	191.79	7.9	219.85	7.9	247.30	7.4	265.61	7.1	247.64	-7.4
219.22	8.5	236.55	8.0	265.18	8.0	303.19	7.3	324.47	7.3	310.60	-5.2
166.12	8.2	184.29	7.5	205.21	7.6	228.26	6.6	247.12	7.1	235.38	-4.8

2009－2020年分县(市、区)固定资产投资完成额

地区	2009年 增幅(%)	2010年 增幅(%)	2011年 增幅(%)	2012年 增幅(%)	2013年 增幅(%)	2014年 增幅(%)	2015年 增幅(%)	2016年 增幅(%)	2017年 增幅(%)	2018年 增幅(%)	2019年 增幅(%)	2020年 增幅(%)
黄冈市	53.4	34.2	35.5	34.9	28.8	21.4	18.1	13.4	8.1	11.00	11.3	－21.9
黄州区	53.5	52.9	48.5	30.8	30.1	22.2	19.1	5.8	4.0	11.40	10.7	－25.0
团风县	37.0	37.6	43.1	2.5	24.2	20.9	6.6	13.9	13.0	11.20	10.8	－19.0
红安县	62.4	45.9	47.1	63.9	32.9	21.7	18.0	18.0	12.5	11.00	10.7	－17.6
麻城市	61.7	42.0	30.2	30.9	26.0	20.6	18.5	20.3	5.8	12.10	12.0	－24.9
罗田县	62.0	44.5	29.7	31.6	27.2	20.5	17.8	11.3	12.1	11.00	7.9	－31.3
英山县	8.3	61.3	－18.5	34.5	26.7	21.5	17.9	20.6	1.1	11.10	9.2	－19.5
浠水县	58.4	33.5	33.5	38.2	32.9	22.5	19.2	3.7	9.0	11.30	11.0	－19.4
蕲春县	57.0	29.3	29.0	36.8	25.6	20.7	18.1	0.2	9.6	12.20	12.3	－18.1
武穴市	60.8	63.6	31.0	32.3	30.8	21.4	19.2	19.4	1.7	12.00	12.1	－20.8
黄梅县	57.6	42.4	37.3	36.6	30.8	21.5	19.4	20.1	14.0	11.60	12.1	－19.2
龙感湖	85.0	28.4	28.0	30.3	30.7	23.0	19.0	17.1	－26.8	－38.00	11.1	－44.9

2009-2020年分县(市、区)规模以上工业增加值

地区	2009年 增幅(%)	2010年 增幅(%)	2011年 增幅(%)	2012年 增幅(%)	2013年 增幅(%)	2014年 增幅(%)	2015年 增幅(%)	2016年 增幅(%)	2017年 增幅(%)	2018年 增幅(%)	2019年 增幅(%)	2020年 增幅(%)
黄冈市	27.6	23.6	23.2	16.9	13.8	10.5	8.2	8.3	8.5	7.3	7.5	-5.9
黄州区	22.6	25.8	26	16.6	12.8	9.5	7.4	7.2	9.0	12.2	12.0	8.5
团风县	39.1	32	26.2	15.5	13.1	10.2	3.0	7.7	8.9	7.3	3.8	-2.1
红安县	30.9	24	26.8	18.1	15.2	13.7	10.0	10.1	9.1	8.0	6.9	2.4
麻城市	43.2	23.9	22.8	22.8	14.5	12.5	9.0	9.0	9.2	8.5	5.3	-12.5
罗田县	30.3	27.2	24.4	16.7	14.2	10.3	7.9	7.4	8.7	7.0	5.9	-21.6
英山县	25.9	30.6	16.6	15.7	13	10.4	7.6	7.4	6.9	5.1	7.5	-53.4
浠水县	26.8	26.2	24.6	17.9	15	12.4	8.3	7.3	8.4	7.7	8.5	1.4
蕲春县	39	15.3	25	18.5	13.8	10.5	8.7	8.6	8.0	7.9	8.7	1.8
武穴市	41.5	23.2	22.6	21.6	14.4	13.0	9.4	8.9	8.5	8.2	8.0	3.2
黄梅县	30.3	26.8	26.1	22.8	13.3	10.4	6.8	8.2	8.4	7.3	8.8	1.2
龙感湖	26	22	22.9	17.1	13	9.6	8.2	8.0	8.2	-30.3	-10.0	-48.4

2009-2020年分县(市、区)

地区	2009年 总量(万美元)	2009年 增幅(%)	2010年 总量(万美元)	2010年 增幅(%)	2011年 总量(万美元)	2011年 增幅(%)	2012年 总量(万美元)	2012年 增幅(%)	2013年 总量(万美元)	2013年 增幅(%)	2014年 总量(万美元)	2014年 增幅(%)
黄冈市	40600	-18.0	20903	-48.4	25563	22.1	34875	36.4	45133	29.4	53412	18.3
黄州区	11695	15.3	3520	-69.9	4956	40.8	5780	16.6	8244	42.6	9216	11.8
团风县	1721	-40.0	431	-75.0	452	0.7	727	60.8	987	35.8	1160	17.5
红安县	815	15.6	49	-94.0	217	342.8	760	250.2	1167	53.6	1523	30.5
麻城市	1410	15.5	4560	10.6	2039	30.7	2665	30.7	3910	46.7	4496	15.0
罗田县	1432	27.3	2192	53.1	2297	4.8	3795	65.2	4374	15.3	4878	11.5
英山县	1410	15.0	208	-85.2	450	116.3	823	82.9	1044	26.9	1418	35.8
浠水县	4607	2.3	2151	-53.3	2650	23.2	3464	30.7	4315	24.6	5317	23.2
蕲春县	3746	-29.0	4186	11.7	4553	8.8	5633	23.7	6526	15.9	8462	29.7
武穴市	4930	-43.8	5585	13.3	6241	11.7	8472	35.7	10612	25.3	12705	19.7
黄梅县	6717	15.7	881	-86.9	1242	40.9	1990	60.2	2895	45.5	3739	29.2
龙感湖					466	232.8	766	64.4	1059	38.3	498	-53.0

出口总额

2015年		2016年		2017年		2018年		2019年		2020年	
总量(万美元)	增幅(%)	总量(万美元)	增幅(%)	总量(万美元)	增幅(%)	总量(万美元)	增幅(%)	总量(万美元)	增幅(%)	总量(万美元)	增幅(%)
57627	7.9	60155	4.4	67789	13.3	81295	19.9	95540	17.5	86306	-9.7
6339	-31.2	6978	10.3	7680	10.1	9126	18.8	10533	15.4	8102	-23.1
1280	10.3	1427	11.8	1685	18.1	1973	17.1	2247	13.9	2038	-9.3
1684	10.6	1853	10.3	2042	10.2	618	-69.7	2085	237.4	1536	-26.3
5079	13.0	2753	-45.8	3672	33.4	4934	34.4	5725	16.0	7016	22.6
5653	15.9	4345	-23.3	4825	13.0	5058	4.8	6001	18.6	5320	-11.3
1687	19.0	2243	32.2	2604	16.1	3509	34.8	2924	-16.7	1988	-32.0
6044	13.7	6679	10.5	4624	-30.8	5372	16.2	6662	24.0	5692	-14.6
9768	15.4	10901	11.6	12181	11.7	14051	15.4	14924	6.2	7675	-48.6
15417	21.3	16990	10.2	21291	26.3	27340	28.4	31644	15.7	33445	5.7
4527	21.1	5622	24.2	6906	25.3	8989	30.2	11651	29.6	12744	9.4
149	-70.1	364	144.3	279	-23.4	325	16.5	1144	252.0	750	-34.4

2009－2020年分县(市、区)

地区	2009年 总量(亿元)	增幅(%)	2010年 总量(亿元)	增幅(%)	2011年 总量(亿元)	增幅(%)	2012年 总量(亿元)	增幅(%)	2013年 总量(亿元)	增幅(%)	2014年 总量(亿元)	增幅(%)
黄冈市	371.70	19.5	448.75	20.7	528.77	17.8	614.27	16.2	703.67	14.6	785.51	11.6
黄州区	48.64	9.7	57.25	17.7	68.98	20.5	80.09	16.1	94.29	17.7	103.04	9.3
团风县	12.72	24.5	14.92	17.3	17.36	16.3	20.11	15.8	22.80	13.4	27.78	21.8
红安县	26.57	28.9	31.76	19.5	36.84	16.0	42.83	16.3	48.72	13.7	53.60	10.0
麻城市	52.73	17.8	62.76	19.0	74.19	18.2	86.13	16.1	98.66	14.5	118.64	20.3
罗田县	25.37	27.8	31.74	25.1	37.69	18.7	43.74	16.1	49.72	13.7	54.26	9.1
英山县	14.20	20.0	17.38	22.4	19.18	10.3	22.19	15.7	25.27	13.9	29.01	14.8
浠水县	52.40	17.6	61.70	17.7	71.10	15.2	82.72	16.3	94.33	14.0	103.61	9.8
蕲春县	43.57	26.9	54.84	25.9	65.20	18.9	75.81	16.3	86.35	13.9	94.57	9.5
武穴市	48.10	14.1	58.64	21.9	69.25	18.1	80.38	16.1	92.11	14.6	101.01	9.7
黄梅县	47.40	23.2	57.76	21.9	68.99	19.4	80.27	16.4	91.42	13.9	99.99	9.4

社会消费品零售总额

2015年		2016年		2017年		2018年		2019年		2020年	
总量（亿元）	增幅（%）	总量（亿元）	增幅（%）	总量（亿元）	增幅（%）	总量（亿元）	增幅（%）	总量（亿元）	增幅（%）	总量（亿元）	增幅（%）
961.70	22.4	1068.03	11.1	1197.65	12.1	1334.86	11.5	1470.72	10.2	1150.13	-21.8
128.10	24.3	141.29	10.3	158.13	11.9	176.09	11.4	211.23	20.0	156.21	-26.0
34.02	22.5	37.58	10.5	42.01	11.8	46.69	11.2	53.45	14.5	39.00	-27.0
66.82	24.7	74.98	12.2	84.32	12.5	94.23	11.8	107.91	14.5	86.15	-20.2
134.51	13.4	149.96	11.5	167.78	11.9	187.74	11.9	190.59	1.5	152.07	-20.2
66.32	22.2	73.25	10.5	81.75	11.6	90.71	11.0	129.33	42.6	95.58	-26.1
35.49	22.3	39.49	11.3	44.00	11.4	48.87	11.1	56.81	16.2	44.67	-21.4
128.93	24.4	142.67	10.7	160.19	12.3	178.39	11.4	183.69	3.0	145.43	-20.8
117.57	24.3	130.92	11.4	147.37	12.6	164.55	11.7	177.01	7.6	140.16	-20.8
125.85	24.6	140.44	11.6	157.88	12.4	176.15	11.6	183.69	4.3	148.83	-19.0
124.08	24.1	137.45	10.8	154.22	12.2	171.43	11.2	177.01	3.3	142.04	-19.8

2009－2020年分县(市、区)

地区	2009年 总量(亿元)	增幅(%)	2010年 总量(亿元)	增幅(%)	2011年 总量(亿元)	增幅(%)	2012年 总量(亿元)	增幅(%)	2013年 总量(亿元)	增幅(%)	2014年 总量(亿元)	增幅(%)
黄冈市	32.16	22.7	38.98	21.2	51.61	17.1	62.92	21.9	79.98	27.1	96.04	20.1
黄州区	2.01	24.8	2.58	28.3	3.75	24.8	4.61	21.6	5.6	24.4	6.4	20.7
团风县	1.41	23.9	1.81	28.2	2.55	22.8	3.08	20.6	3.68	19.5	4.32	17.6
红安县	2.6	24.3	3.01	15.9	4.08	19.5	5.61	37.5	7.88	40.5	10.37	31.7
麻城市	4.05	18.8	4.73	16.7	6.29	17.3	7.55	20.0	11.17	48.0	13.03	16.6
罗田县	1.83	25.0	2.16	18.2	2.77	12.9	3.58	29.0	4.48	25.3	5.37	20.0
英山县	1.33	22.4	1.55	16.8	1.82	3.6	2.2	20.8	2.83	28.6	3.34	18.1
浠水县	2.95	21.5	3.73	26.5	4.39	5.7	5.16	17.6	6.32	22.4	7.52	19.0
蕲春县	3.68	35.5	4.57	24.0	5.79	15.1	7.04	21.7	8.31	18.0	10.02	20.6
武穴市	4.53	25.9	5.54	22.2	7.23	15.7	8.46	16.3	10.68	27.1	12.82	20.0
黄梅县	3.81	21.1	4.5	18.3	5.22	6.5	6.47	23.9	7.51	16.0	8.84	17.7

一般公共预算收入

2015年		2016年		2017年		2018年		2019年		2020年	
总量（亿元）	增幅（%）	总量（亿元）	增幅（%）	总量（亿元）	增幅（%）	总量（亿元）	增幅（%）	总量（亿元）	增幅（%）	总量（亿元）	增幅（%）
112.82	17.5	119.52	11.3	133.33	15.1	139.24	9.5	141.40	1.6	104.00	-26.5
7.37	15.0	6.38	-5.0	6.89	13.6	7.40	9.2	7.61	2.9	6.56	-13.8
4.98	15.1	5.29	13.7	5.80	14.5	6.12	8.7	6.12	0.1	4.57	-25.4
13.11	26.4	14.71	14.2	16.71	17.2	16.55	8.3	16.64	0.6	10.56	-36.5
14.99	15.1	16.04	11.1	19.28	22.9	20.28	9.7	20.84	2.8	15.64	-24.9
6.29	17.0	6.80	14.9	7.41	14.8	8.02	8.2	8.06	0.5	5.17	-35.8
3.93	17.5	4.53	24.6	4.90	15.7	5.34	10.3	5.41	1.3	4.29	-20.6
8.65	15.1	8.67	4.9	9.82	17.4	10.63	9.0	10.28	-3.3	7.30	-29.0
11.56	15.4	12.20	11.0	13.41	13.1	13.80	9.1	14.13	2.4	10.25	-27.5
15.24	18.9	16.69	13.5	18.62	13.3	20.30	10.5	20.33	0.2	14.04	-30.9
10.19	15.3	10.60	12.2	11.45	13.6	10.20	12.3	10.82	6.1	8.07	-25.5

2009－2020年分县(市、区)

地区	2009年 总量(元)	2009年 增幅(%)	2010年 总量(元)	2010年 增幅(%)	2011年 总量(元)	2011年 增幅(%)	2012年 总量(元)	2012年 增幅(%)	2013年 总量(元)	2013年 增幅(%)	2014年 总量(元)	2014年 增幅(%)
黄冈市	11336	13.90	12832	13.20	14731	14.76	16765	13.81	18432	9.94	20729	9.96
黄州区	13634	14.90	15376	12.80	16920	14.90	19257	13.81	21154	9.85	23242	10.10
团风县	9927	15.20	11254	13.40	13006	15.57	14996	15.30	16598	10.34	18988	10.00
红安县	11015	14.00	12462	13.10	14409	15.62	16542	14.80	17984	9.68	19516	9.24
麻城市	11279	13.80	12732	12.90	14666	15.19	16691	13.81	18371	10.06	21209	10.05
罗田县	11086	14.80	12556	13.30	14487	15.38	16559	14.30	18037	9.38	19206	9.51
英山县	10949	15.50	12422	13.50	14256	14.76	16323	14.50	17638	9.24	18840	9.71
浠水县	11159	14.60	12608	13.00	14580	15.64	16490	13.10	18160	10.14	20284	10.02
蕲春县	11100	14.70	12460	12.20	14311	14.86	16372	14.40	17690	9.51	20013	10.02
武穴市	12031	14.30	13623	13.20	15758	15.67	18106	14.90	19746	10.51	22005	10.39
黄梅县	10866	15.80	12320	13.40	14268	15.81	16337	14.50	18269	10.67	20738	10.56

城镇常住居民人均可支配收入

2015年 总量(元)	增幅(%)	2016年 总量(元)	增幅(%)	2017年 总量(元)	增幅(%)	2018年 总量(元)	增幅(%)	2019年 总量(元)	增幅(%)	2020年 总量(元)	增幅(%)
22620	9.12	24796	9.62	26884	8.42	28978	7.79	31812	9.78	30826	-3.10
25538	9.88	28174	10.32	30527	8.35	32917	7.83	36153	9.83	35242	-2.52
20699	9.01	22717	9.75	24536	8.01	26428	7.71	28925	9.45	28063	-2.98
21202	8.64	23104	8.97	24908	7.81	26808	7.63	29433	9.79	28518	-3.11
23279	9.76	25504	9.56	27756	8.83	29963	7.95	32932	9.91	31868	-3.23
21027	9.48	22959	9.19	24862	8.29	26786	7.74	29277	9.30	28296	-3.35
20502	8.82	22308	8.81	24015	7.65	25857	7.67	28285	9.39	27306	-3.46
22172	9.31	24238	9.32	26262	8.35	28339	7.91	31060	9.60	30193	-2.79
21848	9.17	24018	9.93	25971	8.13	27994	7.79	30779	9.95	30046	-2.38
24003	9.08	26526	10.51	28826	8.67	31132	8.00	34248	10.01	33560	-2.01
22733	9.62	25038	10.14	27169	8.51	29307	7.87	32197	9.86	31502	-2.16

2009－2020年分县(市、区)

地区	2009年 总量(元)	2009年 增幅(%)	2010年 总量(元)	2010年 增幅(%)	2011年 总量(元)	2011年 增幅(%)	2012年 总量(元)	2012年 增幅(%)	2013年 总量(元)	2013年 增幅(%)	2014年 总量(元)	2014年 增幅(%)
黄冈市	4130	9.43	4634	12.2	5438	17.4	6142	12.94	6966	13.41	9388	11.96
黄州区	5539	13.1	6260	15.95	7468	19.3	8381	12.23	9501	13.36	11566	12.38
团风县	3287	9.79	3617	10.04	4250	17.5	4858	14.3	5387	13.12	8635	12.04
红安县	3387	9.4	3663	8.15	4350	18.8	4981	14.5	5641	13.89	8057	12.26
麻城市	3746	8.27	4050	8.12	4704	16.1	5372	14.4	6001	13.70	9038	11.75
罗田县	3875	9.96	4189	8.01	4820	15.1	5444	12.95	5998	10.18	7790	10.83
英山县	3668	9.3	3976	8.41	4583	15.2	5258	14.72	5913	13.26	8364	10.99
浠水县	4529	10.92	5273	16.43	6322	19.9	7128	13.05	8112	13.80	9965	11.93
蕲春县	3898	9.4	4213	8.08	4900	16.3	5609	14.47	6247	13.71	9424	12.57
武穴市	5100	10.37	5958	16.82	7026	17.9	8047	14.53	8976	13.91	10927	12.74
黄梅县	4542	11.1	5268	15.99	6331	20.2	7161	13.11	8135	13.60	10453	12.13

注：根据国家统计制度，2014年起使用"农村常住居民人均可支配收入"指标及口径。2013年及之前为"农民人均纯收入"。

农村常住居民人均可支配收入

2015年		2016年		2017年		2018年		2019年		2020年	
总量（元）	增幅（%）	总量（元）	增幅（%）	总量（元）	增幅（%）	总量（元）	增幅（%）	总量（元）	增幅（%）	总量（元）	增幅（%）
10252	9.2	11076	8.04	12116	9.39	13238	9.26	14490	9.46	14693	1.4
12573	8.71	13643	8.51	14845	8.81	16119	8.58	17554	8.90	17786	1.32
9428	9.18	10244	8.66	11213	9.46	12326	9.93	13501	9.53	13740	1.77
8826	9.54	9537	8.06	10448	9.55	11364	8.77	12420	9.29	12671	2.02
9841	8.88	10651	8.23	11699	9.84	12769	9.15	14011	9.73	14276	1.89
8493	9.02	9139	7.61	10004	9.46	11039	10.35	12036	9.03	12208	1.43
9072	8.46	9774	7.74	10723	9.71	11770	9.76	12901	9.61	13024	0.95
10899	9.37	11708	7.42	12722	8.66	13914	9.37	15183	9.12	15345	1.07
10341	9.73	11252	8.81	12375	9.98	13626	10.11	14967	9.84	15144	1.18
12011	9.92	12963	7.93	14126	8.97	15392	8.96	16848	9.46	17126	1.65
11413	9.18	12367	8.36	13496	9.13	14789	9.58	16204	9.57	16449	1.51

2009－2020年分县(市、区)常住人口

单位:万人

地区	2009年	2010年	2011年	2012年	2013年	2014年	2015年	2016年	2017年	2018年	2019年	2020年
黄冈市	668.64	616.21	621.04	623.19	624.19	626.25	627.60	632.10	634.10	633.00	633.30	588.27
黄州区	34.24	36.68	36.79	36.89	36.81	37.22	37.53	38.86	39.63	39.63	39.78	45.69
团风县	33.52	33.86	33.93	34.00	34.05	34.06	34.11	34.42	34.59	34.59	34.61	26.62
红安县	60.29	60.21	60.28	60.36	60.28	60.20	60.30	60.74	60.92	60.92	60.92	51.02
麻城市	107.12	84.91	86.01	86.33	86.92	87.54	87.80	88.08	88.04	88.04	88.04	89.37
罗田县	54.98	54.47	54.52	54.67	54.58	54.69	54.79	55.20	55.27	55.27	55.27	47.32
英山县	36.01	35.73	35.77	35.90	35.81	35.92	35.95	36.27	36.34	36.34	36.39	31.02
浠水县	94.68	87.26	87.39	87.57	87.55	87.76	88.00	88.07	88.20	87.70	87.73	71.63
蕲春县	89.28	72.78	75.64	76.04	76.92	77.36	77.51	78.03	78.17	78.17	78.22	79.21
武穴市	67.41	64.42	64.68	65.11	65.02	65.14	65.29	65.55	66.00	65.40	65.40	67.63
黄梅县(含龙感湖)	91.11	85.88	86.03	86.32	86.25	86.37	86.32	86.88	86.94	86.94	86.94	78.78

注:2020年为第七次人口普查数据。

第三部分 2020 年统计资料

一、综　合

资料整理人员:顾援越

版 图 面 积

单位:平方公里

县市区	行政区域总面积	耕地	园地	林地	草地	城镇村及工矿用地	交通运输用地	水域及水利设施用地	其他土地
黄冈市	17457.20	5319.24	799.62	6869.03	316.21	1461.68	306.17	1980.91	404.33
黄州区	362.37	103.32	4.36	3.38	1.76	88.49	13.71	142.53	4.83
团风县	831.65	285.81	22.75	227.77	14.19	93.22	21.21	146.84	19.85
红安县	1791.41	603.27	98.17	645.73	91.37	140.35	29.17	124.72	58.64
麻城市	3604.02	1040.71	190.89	1711.16	56.15	207.53	54.13	243.36	100.10
罗田县	2129.94	366.34	224.86	1270.58	4.19	97.25	28.36	105.38	32.97
英山县	1438.81	252.06	100.59	884.55	6.58	94.30	19.57	57.87	23.30
浠水县	1951.12	718.93	76.58	524.64	35.58	226.36	39.27	277.19	52.58
蕲春县	2398.36	671.64	26.09	1035.49	78.40	206.74	44.64	284.20	51.16
武穴市	1241.70	509.30	36.16	260.77	16.65	125.43	21.68	225.41	46.30
黄梅县	1707.84	767.86	19.17	304.97	11.34	182.02	34.44	373.42	14.61

人 口 情 况

县市区	户籍人口 年末总户数(户)	户籍人口 年末总人口(人)	户籍人口 城镇人口(人)	户籍人口 乡村人口(人)	常住人口(万人)
合计	2474501	7344575	1558196	5786379	588.27
黄州区	152181	355024	220899	134125	45.69
团风县	127073	363192	52518	310674	26.62
红安县	213293	642556	121064	521492	51.02
麻城市	392449	1149431	195782	953649	89.37
罗田县	203607	589656	81446	508210	47.32
英山县	146512	395141	115513	279628	31.02
浠水县	340947	998762	153421	845341	71.63
蕲春县	317664	1004054	231000	773054	79.21
武穴市	250992	819708	202641	617067	67.63
黄梅县	329783	1027051	183912	843139	75.79

注:户籍人口为市公安局提供;2020年户籍人口及常住人口均为第七次人口普查数据。

行政建制

单位:个

	乡	镇	办事处	村民委员会	社区居委会
黄冈市	16	99	12	3821	300
黄州区	1	3	5	95	48
团风县	2	8	0	287	9
红安县	1	10	0	379	24
麻城市	1	15	3	430	22
罗田县	2	10	0	414	26
英山县	3	8	0	307	9
浠水县	1	12	0	638	21
蕲春县	1	13	0	530	34
武穴市	0	8	4	286	56
黄梅县	4	12	0	455	51

二、国民经济核算

资料整理人员：童　泉　左小平

2020年全市地区生产总值(一)

单位:亿元,%

指标	按当年价计算 2020年	按当年价计算 2019年	按2015年不变价计算 2020年	按2015年不变价计算 2019年	比上年同期增长%
地区生产总值	2169.55	2322.73	1964.13	2103.63	-6.6
农林牧渔业	461.33	426.60	397.34	396.35	0.3
农、林、牧、渔专业及辅助性活动	23.04	23.59	21.45	18.99	13.0
工业	617.42	703.12	630.90	684.98	-7.9
采矿业	14.65	13.83	14.98	13.53	10.7
#开采辅助活动	0.01	0.01	0.02	0.02	10.7
制造业	554.19	632.63	563.93	616.50	-8.5
#金属制品、机械和设备修理业	1.78	2.01	1.64	1.79	-8.5
电力、热力燃气及水生产和供应业	48.58	56.66	51.98	54.95	-5.4
建筑业	134.21	175.46	124.94	149.49	-16.4
批发和零售业	118.58	140.82	106.92	127.02	-15.8
批发业	51.50	60.08	46.77	53.64	-12.8
零售业	67.08	80.74	60.15	73.38	-18.0
交通运输、仓储和邮政业	70.28	90.98	67.19	80.24	-16.3
铁路运输业	4.77	6.19	4.12	5.47	-24.7
航空运输业	0.23	0.34	0.21	0.30	-31.6
其他交通和仓储业	55.63	75.68	53.99	66.75	-19.1
邮政业	9.65	8.77	8.87	7.72	14.9
住宿和餐饮业	55.91	77.32	47.44	67.01	-29.2
住宿业	16.21	22.65	14.75	20.03	-26.4
餐饮业	39.69	54.67	32.69	46.99	-30.4

2020年全市地区生产总值(二)

单位:亿元,%

指标	按当年价计算 2020年	按当年价计算 2019年	按2015年不变价计算 2020年	按2015年不变价计算 2019年	比上年同期增长%
金融业	128.90	119.64	109.93	103.14	6.6
货币金融服务	107.74	99.02	91.52	85.38	7.2
资本市场服务	0.59	0.45	0.39	0.38	2.6
保险业	20.49	20.11	17.95	17.31	3.7
其他金融业	0.08	0.07	0.07	0.06	9.5
房地产业	148.94	164.07	104.83	117.49	-10.8
房地产业(K门类)	44.79	72.18	32.83	48.91	-32.9
自有住房服务	104.14	91.89	72.01	68.58	5.0
其他服务业	433.99	424.71	374.65	377.90	-0.9
营利性服务业	204.25	205.05	188.15	190.70	-1.3
信息传输、软件和信息技术服务业	38.56	33.27	37.91	32.58	16.4
租赁和商务服务业	63.44	54.06	58.65	52.30	12.1
科学研究和技术服务业	19.76	19.31	15.62	16.12	-3.1
居民服务、修理和其他服务业	58.48	68.20	53.51	61.71	-13.3
文化、体育和娱乐业	24.01	30.20	22.46	27.99	-19.8
非营利性服务业	229.75	219.66	186.50	187.20	-0.4
水利、环境和公共设施管理业	18.20	17.32	14.00	14.52	-3.6
教育	90.82	87.85	71.80	74.11	-3.1
卫生和社会工作	52.58	46.99	39.45	38.57	2.3
公共管理、社会保障和社会组织	68.15	67.49	61.25	60.00	2.1
第一产业	438.28	403.01	375.89	377.36	-0.4
第二产业	749.83	876.56	754.18	832.66	-9.4
第三产业	981.43	1043.16	834.07	893.61	-6.7

2020 年分县(市、区)

县市区	按当年价格计算											
	地区生产总值	第一产业	第二产业	工业	建筑业	第三产业	交通运输、仓储和邮政业	批发和零售业	住宿和餐饮业	金融业	房地产业	其他服务业
黄州区	241.10	15.63	85.05	73.57	11.60	140.43	7.32	28.10	5.95	23.59	13.04	61.54
团风县	107.77	17.53	54.00	23.70	30.30	36.23	3.73	2.40	1.82	6.49	6.58	14.34
红安县	197.93	27.80	93.90	76.06	18.00	76.23	4.75	8.84	5.28	9.74	11.39	34.08
麻城市	340.35	66.22	130.34	116.56	13.99	143.79	9.19	14.16	10.58	12.68	26.54	66.23
罗田县	145.59	30.51	37.81	30.45	7.38	77.26	4.00	9.52	4.92	10.03	12.31	34.47
英山县	107.16	37.56	21.57	11.24	10.71	48.04	1.11	6.81	5.30	7.82	7.69	17.06
浠水县	236.03	69.90	52.94	46.98	6.15	113.18	6.69	12.48	5.01	14.32	17.81	54.16
蕲春县	247.64	55.45	71.13	56.64	14.49	121.05	19.53	12.77	5.69	16.89	18.81	44.91
武穴市	310.60	58.34	124.97	114.98	10.68	127.29	9.01	15.59	7.69	13.31	13.79	63.72
黄梅县	235.38	59.35	78.12	67.22	10.92	97.92	4.94	7.90	3.67	14.03	20.98	43.49

地区生产总值

单位：亿元，%

按2015年不变价计算												同比增长%
地区生产总值	第一产业	第二产业	工业	建筑业	第三产业	交通运输、仓储和邮政业	批发和零售业	住宿和餐饮业	金融业	房地产业	其他服务业	
218.28	14.70	81.46	72.17	9.40	122.12	6.93	27.76	4.98	19.78	8.59	53.10	-5.5
93.32	16.13	46.91	23.62	23.29	30.28	3.52	1.97	1.54	5.44	4.82	12.27	-8.2
189.18	25.45	97.62	77.03	20.72	66.12	4.51	8.09	4.55	8.16	8.52	29.01	0.2
309.04	53.63	136.57	122.59	14.18	118.83	8.72	13.20	8.89	10.64	17.91	55.45	-7.9
141.76	25.03	39.58	32.22	7.37	77.15	4.40	8.62	4.71	10.70	9.83	36.21	-9.9
95.41	33.69	21.96	12.53	9.80	39.76	1.08	5.99	4.62	6.63	5.20	14.46	-12.7
210.53	58.62	55.92	49.77	6.33	96.00	6.44	10.27	4.20	12.14	13.48	47.54	-8.5
219.02	46.25	70.39	57.25	13.15	102.37	18.80	10.97	4.77	14.14	13.04	39.02	-7.4
278.88	52.59	124.33	114.43	10.52	101.96	8.09	13.32	6.12	10.55	9.47	50.70	-5.2
208.73	49.80	79.44	69.28	10.17	79.49	4.69	6.76	3.04	11.75	13.98	36.84	-4.8

1952—2020年黄冈市

| 年份 | 地区生产总值 | 按产业分 |||农林牧渔业 | 工业 | 建筑业 |
		第一产业	第二产业	第三产业			
1952	3.65	2.07	0.57	1.01	—	—	—
1953	3.92	2.13	0.69	1.10	—	—	—
1954	3.50	1.78	0.82	0.90	—	—	—
1955	4.49	2.39	0.98	1.11	—	—	—
1956	5.10	2.55	1.17	1.38	—	—	—
1957	5.44	2.71	1.29	1.44	—	—	—
1958	5.31	2.31	1.70	1.29	—	—	—
1959	4.43	1.71	1.56	1.16	—	—	—
1960	3.95	1.47	1.47	1.02	—	—	—
1961	4.05	2.14	0.85	1.06	—	—	—
1962	4.83	2.71	0.99	1.13	—	—	—
1963	5.41	3.10	1.18	1.13	—	—	—
1964	5.38	2.82	1.49	1.08	—	—	—
1965	6.42	3.35	1.88	1.20	—	—	—
1966	5.99	3.36	1.63	1.00	—	—	—
1967	5.68	3.27	1.34	1.08	—	—	—
1968	6.68	3.71	1.78	1.18	—	—	—
1969	5.62	2.85	1.68	1.09	—	—	—
1970	5.92	2.81	2.05	1.06	—	—	—
1971	6.58	2.97	2.44	1.17	—	—	—
1972	7.11	3.26	2.69	1.17	—	—	—
1973	6.57	3.32	2.14	1.12	—	—	—
1974	7.96	3.90	2.79	1.27	—	—	—
1975	6.64	3.22	2.17	1.25	—	—	—
1976	8.04	3.78	2.81	1.45	—	—	—
1977	8.34	3.50	3.36	1.48	—	—	—
1978	13.90	8.40	2.70	2.80	—	—	—
1979	15.96	9.88	2.93	3.15	—	—	—
1980	15.77	9.39	3.09	3.29	—	—	—
1981	17.17	10.39	3.36	3.42	—	—	—
1982	20.50	12.81	4.06	3.63	—	—	—
1983	21.12	12.42	4.64	4.06	—	—	—
1984	24.37	13.64	5.79	4.93	—	—	—
1985	28.35	15.74	6.44	6.17	—	—	—
1986	32.42	18.56	7.44	6.42	—	—	—

地区生产总值(现价)(一)

单位:亿元

按行业分							人均地区生产总值(元/人)
批发和零售业	交通运输、仓储和邮政业	住宿餐饮业	金融业	房地产业	其他服务业	
—	—	—	—	—	—	95
—	—	—	—	—	—	100
—	—	—	—	—	—	89
—	—	—	—	—	—	112
—	—	—	—	—	—	126
—	—	—	—	—	—	133
—	—	—	—	—	—	129
—	—	—	—	—	—	109
—	—	—	—	—	—	98
—	—	—	—	—	—	99
—	—	—	—	—	—	114
—	—	—	—	—	—	125
—	—	—	—	—	—	122
—	—	—	—	—	—	142
—	—	—	—	—	—	126
—	—	—	—	—	—	116
—	—	—	—	—	—	141
—	—	—	—	—	—	112
—	—	—	—	—	—	119
—	—	—	—	—	—	125
—	—	—	—	—	—	133
—	—	—	—	—	—	117
—	—	—	—	—	—	152
—	—	—	—	—	—	114
—	—	—	—	—	—	150
—	—	—	—	—	—	150
—	—	—	—	—	—	240
—	—	—	—	—	—	275
—	—	—	—	—	—	269
—	—	—	—	—	—	291
—	—	—	—	—	—	344
—	—	—	—	—	—	354
—	—	—	—	—	—	405
—	—	—	—	—	—	465
—	—	—	—	—	—	524

1952—2020 年黄冈市

年份	地区生产总值	按产业分			农林牧渔业	工业	建筑业
		第一产业	第二产业	第三产业			
1987	36.29	20.14	8.75	7.40	—	—	—
1988	42.36	23.40	10.88	8.08	—	—	—
1989	49.29	27.28	11.95	10.06	—	—	—
1990	60.73	33.71	12.79	14.22	35.04	11.18	1.61
1991	66.10	31.87	17.34	16.88	33.13	15.16	2.18
1992	76.28	34.07	21.64	20.57	35.41	18.92	2.72
1993	98.39	42.93	30.68	24.78	44.63	26.82	3.86
1994	128.70	52.25	45.75	30.70	54.31	40.00	5.75
1995	167.47	65.45	60.76	41.25	68.04	53.39	7.37
1996	206.52	77.28	77.17	52.07	80.33	67.44	9.73
1997	236.06	83.76	85.61	66.69	87.07	74.39	11.22
1998	249.63	83.51	89.64	76.48	86.81	77.44	12.20
1999	256.67	80.87	92.13	83.68	84.06	75.06	17.07
2000	236.96	96.52	61.86	78.57	100.34	47.23	14.63
2001	250.95	95.05	68.04	87.87	98.80	48.03	20.00
2002	266.06	96.35	72.59	97.12	100.15	52.19	20.40
2003	284.76	100.44	79.19	105.13	104.41	57.99	21.20
2004	322.83	106.26	95.89	120.68	110.46	73.54	22.35
2005	348.56	111.14	107.86	129.56	115.53	83.47	24.39
2006	408.05	115.28	135.16	157.61	119.85	104.62	30.54
2007	491.94	141.67	167.53	182.74	147.27	126.70	40.83
2008	622.50	179.59	218.19	224.72	186.69	173.45	44.74
2009	725.75	198.80	275.09	251.86	206.65	222.13	52.96
2010	855.81	225.39	330.91	299.51	234.49	270.38	60.53
2011	1037.26	262.17	410.86	364.23	272.52	335.76	75.10
2012	1181.82	297.72	469.74	414.36	309.50	381.83	87.91
2013	1322.52	315.96	527.70	478.86	328.41	430.76	96.94
2014	1468.27	328.71	592.93	546.63	341.72	478.96	113.97
2015	1585.57	337.46	626.25	621.86	350.78	506.22	120.03
2016	1730.60	358.67	661.53	710.39	373.36	540.71	122.25
2017	1939.62	374.09	744.18	821.35	393.04	594.40	151.35
2018	2169.70	376.10	823.06	970.55	397.77	653.49	171.48
2019	2322.73	403.01	876.56	1043.16	426.60	703.12	175.46
2020	2169.55	438.28	749.85	981.43	461.33	617.42	134.21

地区生产总值(现价)(二)

单位:亿元

按行业分						人均地区生产总值(元/人)
批发和零售业	交通运输、仓储和邮政业	住宿餐饮业	金融业	房地产业	其他服务业	
–	–	–	–	–	–	574
–	–	–	–	–	–	730
–	–	–	–	–	–	830
2.34	2.43	1.08	1.31	1.61	4.13	999
2.84	2.95	1.30	1.58	1.95	5.00	1074
3.49	3.62	1.60	1.95	2.40	6.16	1440
4.19	4.35	1.93	2.34	2.88	7.39	1561
5.20	5.40	2.39	2.90	3.57	9.17	2019
7.45	6.84	3.42	3.90	4.63	12.41	2595
8.76	8.36	4.03	4.27	6.47	17.14	3171
12.09	10.68	5.56	4.05	8.39	22.62	3579
12.94	12.73	5.94	4.10	10.22	27.25	3741
13.99	13.11	6.43	3.70	11.09	32.16	3806
15.60	9.28	7.17	1.79	11.23	29.70	3549
17.56	14.05	8.07	3.12	12.84	28.48	3759
19.27	14.88	8.85	3.00	13.68	33.62	3978
20.76	15.27	9.54	2.75	14.25	38.59	4253
23.01	15.66	10.57	2.60	15.54	49.10	4811
25.98	11.94	9.77	2.81	15.90	58.77	5179
27.94	14.90	12.26	8.15	23.55	66.24	6081
33.41	20.52	13.82	9.61	26.82	72.96	7368
41.59	26.49	17.18	11.95	30.69	89.72	9331
48.29	27.15	20.79	15.26	31.64	100.88	10863
56.83	34.39	23.83	18.78	37.15	119.43	13322
65.32	40.74	28.20	23.66	45.24	150.72	16767
73.93	45.86	31.66	31.11	50.93	169.09	18997
82.17	53.62	36.76	41.10	61.09	191.67	21188
91.03	60.86	43.19	50.75	77.26	210.53	23465
100.90	68.18	50.34	66.80	90.83	231.49	25261
106.19	69.60	55.43	83.14	102.55	277.36	27444
115.86	77.12	62.46	98.33	126.10	320.96	30637
129.74	85.15	69.61	109.86	155.75	396.86	34247
140.82	90.98	77.32	119.64	164.07	424.71	36685
118.58	70.28	55.91	128.90	148.94	433.99	35784

1952—2020 年黄冈市

年份	地区生产总值	按产业分			农林牧渔业	工业
		第一产业	第二产业	第三产业		
以 1952 年为基期						
1952	3.65	2.07	0.57	1.01	–	–
1953	4.16	2.22	0.74	1.20	–	–
1954	3.49	1.77	0.83	0.90	–	–
1955	4.44	2.39	0.87	1.18	–	–
1956	5.76	2.79	1.38	1.58	–	–
1957	6.19	2.97	1.59	1.62	–	–
以 1957 年为基期						
1958	5.71	2.88	1.25	1.57	–	–
1959	5.44	2.52	1.19	1.73	–	–
1960	5.44	2.32	1.56	1.55	–	–
1961	4.51	2.18	1.23	1.10	–	–
1962	4.55	2.45	1.03	1.07	–	–
1963	5.00	2.69	1.20	1.11	–	–
1964	5.59	2.73	1.70	1.16	–	–
1965	5.95	3.04	1.60	1.30	–	–
1966	6.22	3.19	1.71	1.33	–	–
1967	6.33	3.04	1.86	1.43	–	–
1968	5.93	2.99	1.55	1.39	–	–
1969	5.75	2.67	1.62	1.47	–	–
1970	6.31	2.80	1.75	1.76	–	–
以 1970 年为基期						
1971	5.93	2.92	1.95	1.06	–	–
1972	6.16	2.99	2.07	1.10	–	–
1973	5.74	3.31	1.35	1.07	–	–
1974	6.14	3.47	1.50	1.17	–	–
1975	5.88	3.28	1.41	1.20	–	–
1976	6.52	3.53	1.59	1.40	–	–
1977	6.94	3.50	1.83	1.61	–	–
1978	8.19	3.62	2.43	2.14	–	–
1979	9.23	4.30	2.56	2.37	–	–
1980	9.23	3.74	2.83	2.66	–	–
以 1980 年为基期						
1981	17.11	10.05	3.46	3.61	–	–
1982	19.91	11.69	4.08	4.14	–	–
1983	20.30	11.22	4.57	4.51	–	–
1984	24.35	12.33	5.40	6.62	–	–
1985	27.16	13.91	6.15	7.09	–	–
1986	28.92	14.82	6.93	7.17	–	–

地区生产总值(不变价)(一)

单位:亿元

| 按行业分 ||||||| 人均地区 |
建筑业	批发和零售业	交通运输、仓储和邮政业	住宿餐饮业	金融业	房地产业	其他服务业	生产总值(元/人)
—	—	—	—	—	—	—	95
—	—	—	—	—	—	—	107
—	—	—	—	—	—	—	89
—	—	—	—	—	—	—	111
—	—	—	—	—	—	—	142
—	—	—	—	—	—	—	151
—	—	—	—	—	—	—	138
—	—	—	—	—	—	—	134
—	—	—	—	—	—	—	135
—	—	—	—	—	—	—	110
—	—	—	—	—	—	—	107
—	—	—	—	—	—	—	115
—	—	—	—	—	—	—	126
—	—	—	—	—	—	—	131
—	—	—	—	—	—	—	131
—	—	—	—	—	—	—	130
—	—	—	—	—	—	—	125
—	—	—	—	—	—	—	115
—	—	—	—	—	—	—	127
—	—	—	—	—	—	—	113
—	—	—	—	—	—	—	115
—	—	—	—	—	—	—	102
—	—	—	—	—	—	—	117
—	—	—	—	—	—	—	101
—	—	—	—	—	—	—	122
—	—	—	—	—	—	—	125
—	—	—	—	—	—	—	141
—	—	—	—	—	—	—	159
—	—	—	—	—	—	—	158
—	—	—	—	—	—	—	290
—	—	—	—	—	—	—	334
—	—	—	—	—	—	—	340
—	—	—	—	—	—	—	405
—	—	—	—	—	—	—	446
—	—	—	—	—	—	—	468

1952—2020 年黄冈市

年份	地区生产总值	按产业分				
		第一产业	第二产业	第三产业	农林牧渔业	工业
1987	30.33	14.92	7.63	7.78	–	–
1988	31.63	14.73	8.79	8.12	–	–
1989	33.50	16.09	9.06	8.34	–	–
1990	36.07	17.42	9.96	8.69	–	–
以 1990 年为基期						
1991	67.55	37.50	18.27	11.78	38.98	15.97
1992	79.45	39.48	22.77	17.20	41.04	19.90
1993	83.59	36.55	28.18	18.85	38.00	24.64
1994	89.22	30.47	38.43	20.32	31.67	33.60
1995	106.86	35.57	46.70	24.59	36.98	41.03
1996	126.62	40.09	55.32	31.22	41.67	48.34
1997	145.39	47.11	59.77	38.51	48.97	51.94
1998	151.83	45.27	60.61	45.94	47.06	52.36
1999	156.97	49.64	58.62	48.70	51.60	47.76
2000	168.35	49.79	66.33	52.23	51.75	53.97
以 2000 年为基期						
2001	250.88	95.08	68.12	87.68	98.83	51.86
2002	265.75	96.60	72.23	96.92	100.41	55.12
2003	283.45	100.75	77.69	105.01	104.73	59.37
2004	306.80	103.07	90.16	113.57	107.14	68.69
2005	335.05	107.50	104.13	123.42	111.75	80.23
以 2005 年为基期						
2006	401.58	114.13	132.14	155.31	118.65	101.96
2007	458.15	124.72	159.32	174.11	129.65	120.62
2008	524.48	132.24	190.92	201.32	137.47	153.11
2009	603.36	139.00	237.56	226.80	144.49	191.32
2010	689.49	143.42	282.42	263.65	149.21	232.52
以 2010 年为基期						
2011	976.55	232.86	398.82	344.87	242.05	328.83
2012	1072.75	241.04	450.57	381.14	250.58	372.55
2013	1202.24	250.05	518.54	433.65	259.90	432.93
2014	1326.57	260.05	578.60	487.92	270.34	479.05
2015	1450.34	270.51	626.75	553.08	281.19	520.95
以 2015 年为基期						
2016	1706.06	347.55	665.77	692.75	361.33	544.94
2017	1836.56	358.49	720.63	757.45	373.98	588.54
2018	1969.69	365.50	774.07	830.12	383.00	632.28
2019	2103.63	377.36	832.66	893.61	396.35	684.98
2020	1964.13	375.89	754.18	834.07	397.34	630.90

地区生产总值(不变价)(二)

单位:亿元

按行业分							人均地区生产总值(元/人)
建筑业	批发和零售业	交通运输、仓储和邮政业	住宿餐饮业	金融业	房地产业	其他服务业	
–	–	–	–	–	–	–	480
–	–	–	–	–	–	–	545
–	–	–	–	–	–	–	564
–	–	–	–	–	–	–	594
2.30	1.87	1.94	0.86	1.04	1.28	3.30	1098
2.86	2.84	2.95	1.31	1.59	1.95	5.01	1500
3.55	3.16	3.28	1.45	1.76	2.17	5.58	1326
4.83	3.47	3.60	1.60	1.94	2.38	6.12	1400
5.67	4.47	4.10	2.05	2.34	2.78	7.44	1656
6.97	5.30	5.05	2.43	2.58	3.91	10.36	1945
7.83	6.99	6.18	3.21	2.34	4.85	13.08	2205
8.25	7.81	7.68	3.59	2.48	6.17	16.44	2276
10.86	8.13	7.61	3.73	2.15	6.44	18.68	2327
12.36	10.49	9.28	4.82	1.20	7.55	16.92	2521
16.26	17.13	10.19	7.87	1.96	12.45	34.33	3758
17.10	18.60	11.11	8.55	2.18	13.47	39.20	3974
18.32	20.03	11.97	9.20	2.33	14.33	43.16	4234
21.47	21.52	13.14	9.88	2.52	14.66	47.78	4572
23.90	23.19	14.31	10.66	2.73	14.97	53.32	4978
30.18	28.78	13.80	12.15	8.02	23.24	64.80	5984
38.70	32.33	18.69	13.08	9.05	25.34	70.69	6862
37.81	37.00	22.15	14.77	10.47	26.03	85.67	7862
46.24	43.57	23.22	17.70	13.46	27.40	95.96	9031
49.90	49.68	29.49	19.75	16.01	30.95	111.98	10733
69.99	61.86	39.73	26.66	22.35	42.05	143.03	15786
78.02	67.57	43.66	29.28	28.71	44.67	157.71	17244
85.61	74.66	48.72	33.40	37.35	55.51	174.16	19261
99.55	81.48	54.47	38.66	45.43	69.15	188.44	21201
105.80	89.93	60.77	44.87	59.54	80.96	206.33	23107
122.27	104.42	68.19	53.66	82.39	95.14	273.73	27055
133.64	111.89	71.21	57.84	93.35	108.69	297.41	29009
143.46	120.84	75.53	62.27	96.67	115.60	340.04	31090
149.49	127.02	80.24	67.01	103.14	117.49	377.90	33225
124.94	106.92	67.19	47.44	109.93	104.83	374.65	32396

1953—2020 年黄冈市

上年＝100

年份	地区生产总值	按产业分					
		第一产业	第二产业	第三产业	农林牧渔业	工业	建筑业
1953	114.0	107.4	129.4	118.8	–	–	–
1954	83.9	79.5	112.2	74.7	–	–	–
1955	127.1	135.5	104.9	131.0	–	–	–
1956	129.8	116.7	159.5	134.6	–	–	–
1957	107.4	106.4	115.3	102.3	–	–	–
1958	104.8	106.3	97.1	109.1	–	–	–
1959	95.3	87.5	94.6	110.1	–	–	–
1960	100.0	92.1	131.7	89.8	–	–	–
1961	82.9	94.0	78.6	70.6	–	–	–
1962	100.9	112.3	84.0	97.1	–	–	–
1963	110.0	109.8	116.1	104.6	–	–	–
1964	111.8	101.4	142.4	104.0	–	–	–
1965	106.4	111.5	94.1	112.5	–	–	–
1966	104.5	104.8	106.4	101.6	–	–	–
1967	101.8	95.4	109.0	107.9	–	–	–
1968	93.7	98.3	83.2	97.3	–	–	–
1969	97.0	89.1	104.4	105.6	–	–	–
1970	109.6	105.0	108.3	119.5	–	–	–
1971	100.1	104.0	95.3	99.3	–	–	–
1972	103.9	102.5	106.1	103.7	–	–	–
1973	93.1	110.7	65.1	98.0	–	–	–
1974	107.0	104.7	111.0	109.2	–	–	–
1975	95.8	94.5	93.9	102.1	–	–	–
1976	110.8	107.8	112.8	116.7	–	–	–
1977	106.5	99.1	115.4	115.1	–	–	–
1978	118.0	103.4	132.5	133.1	–	–	–
1979	112.7	118.9	105.2	110.7	–	–	–
1980	100.0	86.9	110.7	112.4	–	–	–
1981	108.5	107.0	112.0	109.6	–	–	–
1982	116.3	116.3	117.9	114.8	–	–	–
1983	102.0	96.0	112.0	109.0	–	–	–
1984	119.9	109.8	118.1	146.9	–	–	–
1985	111.5	112.9	114.0	107.0	–	–	–
1986	106.5	106.5	112.6	101.1	–	–	–

地区生产总值发展速度(一)

单位:%

按行业分						人均地区生产总值(元/人)
批发和零售业	交通运输、仓储和邮政业	住宿餐饮业	金融业	房地产业	其他服务业	
—	—	—	—	—	—	111.9
—	—	—	—	—	—	83.1
—	—	—	—	—	—	125.4
—	—	—	—	—	—	128.3
—	—	—	—	—	—	105.9
—	—	—	—	—	—	104.2
—	—	—	—	—	—	96.8
—	—	—	—	—	—	100.9
—	—	—	—	—	—	81.4
—	—	—	—	—	—	97.6
—	—	—	—	—	—	107.4
—	—	—	—	—	—	109.6
—	—	—	—	—	—	103.9
—	—	—	—	—	—	100.0
—	—	—	—	—	—	98.8
—	—	—	—	—	—	96.3
—	—	—	—	—	—	92.0
—	—	—	—	—	—	110.6
—	—	—	—	—	—	94.5
—	—	—	—	—	—	102.4
—	—	—	—	—	—	88.1
—	—	—	—	—	—	115.2
—	—	—	—	—	—	86.5
—	—	—	—	—	—	120.1
—	—	—	—	—	—	102.6
—	—	—	—	—	—	113.3
—	—	—	—	—	—	112.2
—	—	—	—	—	—	99.3
—	—	—	—	—	—	107.6
—	—	—	—	—	—	115.3
—	—	—	—	—	—	101.8
—	—	—	—	—	—	119.1
—	—	—	—	—	—	110.0
—	—	—	—	—	—	104.9

1953—2020 年黄冈市

年份	地区生产总值	按产业分					
		第一产业	第二产业	第三产业	农林牧渔业	工业	建筑业
1987	104.9	100.7	110.1	108.5	–	–	–
1988	104.3	98.7	115.2	104.3	–	–	–
1989	105.9	109.3	103.2	102.8	–	–	–
1990	107.7	108.3	109.8	104.2	–	–	–
1991	111.2	111.2	142.8	82.9	111.2	142.8	142.8
1992	117.6	105.3	124.7	146.0	105.3	124.7	124.7
1993	105.2	92.6	123.8	109.6	92.6	123.8	123.8
1994	106.7	83.4	136.4	107.8	83.4	136.4	136.4
1995	119.8	116.7	121.5	121.0	116.7	122.1	117.2
1996	118.5	112.7	118.5	126.9	112.7	117.8	123.1
1997	114.8	117.5	108.1	123.4	117.5	107.4	112.3
1998	104.4	96.1	101.4	119.3	96.1	100.8	105.4
1999	103.4	109.6	96.7	106.0	109.6	91.2	131.7
2000	107.2	100.3	113.1	107.2	100.3	113.0	113.8
2001	105.9	98.5	110.1	111.6	98.5	109.8	111.1
2002	105.9	101.6	106.0	110.5	101.6	106.3	105.2
2003	106.7	104.3	107.6	108.3	104.3	107.7	107.1
2004	108.2	102.3	116.1	108.2	102.3	115.7	117.2
2005	109.2	104.3	115.5	108.7	104.3	116.8	111.3
2006	115.2	102.7	122.5	119.9	102.7	122.2	123.7
2007	114.1	109.3	120.6	112.1	109.3	118.3	128.2
2008	114.5	106.0	119.8	115.6	106.0	126.9	97.7
2009	115.0	105.1	124.4	112.7	105.1	125.0	122.3
2010	114.3	103.2	118.9	116.2	103.3	121.5	107.9
2011	114.1	103.3	120.5	115.1	103.2	121.6	115.6
2012	109.9	103.5	113.0	110.5	103.5	113.3	111.5
2013	112.1	103.7	115.1	113.8	103.7	116.2	109.7
2014	110.3	104.0	111.6	112.5	104.0	110.7	116.3
2015	109.3	104.0	108.3	113.4	104.0	108.7	106.3
2016	107.6	103.0	106.5	111.2	103.0	107.7	101.9
2017	107.6	103.1	108.2	109.3	103.5	108.0	109.3
2018	107.2	102.0	107.4	109.6	102.4	107.4	107.3
2019	106.8	103.2	107.6	107.6	103.5	108.3	104.2
2020	93.4	99.6	90.6	93.3	100.3	92.1	83.6

地区生产总值发展速度(二)

单位:%

按行业分						人均地区生产总值(元/人)
批发和零售业	交通运输、仓储和邮政业	住宿餐饮业	金融业	房地产业	其他服务业	
–	–	–	–	–	–	102.6
–	–	–	–	–	–	113.7
–	–	–	–	–	–	103.4
–	–	–	–	–	–	105.3
79.9	79.9	79.9	79.9	79.9	79.9	109.8
151.8	151.8	151.8	151.8	151.8	151.8	136.7
111.3	111.3	111.3	111.3	111.3	111.3	88.4
109.8	109.8	109.8	109.8	109.8	109.8	105.6
128.7	113.8	128.7	120.8	116.6	121.6	118.3
118.5	123.2	118.5	110.2	140.8	139.2	117.5
132.0	122.2	132.0	90.8	124.0	126.2	113.4
111.7	124.4	111.7	105.7	127.1	125.7	103.2
104.1	99.1	104.1	86.8	104.4	113.6	102.3
129.0	121.8	129.0	56.0	117.3	90.6	108.3
109.8	109.9	109.8	109.5	110.8	115.6	105.9
108.6	109.0	108.6	111.1	108.2	114.2	105.8
107.7	107.7	107.7	107.0	106.4	110.1	106.5
107.4	109.8	107.4	108.1	102.3	110.7	108.0
107.8	108.9	107.8	108.3	102.1	111.6	108.9
110.8	115.6	124.4	285.4	146.2	110.3	115.5
112.3	135.4	107.7	112.8	109.0	109.1	114.7
114.4	118.5	112.9	115.7	102.7	121.2	114.6
117.8	104.8	119.8	128.6	105.3	112.0	114.9
114.0	127.0	111.6	118.9	113.0	116.7	118.8
108.9	115.5	111.9	119.0	113.2	119.8	118.5
109.2	109.9	109.8	128.5	106.2	110.3	109.2
110.5	111.6	114.1	130.1	124.3	110.4	111.7
109.1	111.8	115.7	121.6	124.6	108.2	110.1
110.4	111.6	116.1	131.1	117.1	109.5	109.0
103.5	100.0	106.6	123.3	104.7	118.2	107.1
107.2	104.4	107.8	113.3	114.2	108.7	107.2
108.0	106.1	107.7	103.6	106.4	114.3	107.2
105.1	106.2	107.6	106.7	101.6	111.1	106.9
84.2	83.7	70.8	106.6	89.2	99.1	97.5

1952—2020 年黄州区

年份	地区生产总值(万元) 合计	第一产业	第二产业	第三产业	地区生产总值 合计	第一产业
1952	10200	2380	4210	3610	—	—
1953	10696	2410	4380	3906	104.63	100.88
1954	11200	2500	4540	4160	104.72	103.95
1955	11500	2530	4660	4310	102.64	101.48
1956	11750	2510	4790	4450	102.10	98.96
1957	12290	2590	4920	4780	105.04	103.36
1958	12720	2610	5040	5070	100.41	98.46
1959	13050	2540	5160	5350	102.51	97.25
1960	13605	2750	5310	5545	104.19	108.06
1961	14170	2980	5420	5770	104.10	108.58
1962	14580	3010	5590	5980	102.92	101.03
1963	15960	3990	5760	6210	109.42	132.31
1964	16530	4120	5970	6440	103.62	103.34
1965	17050	4160	6210	6680	103.19	101.00
1966	17676	4240	6520	6916	103.69	101.97
1967	18455	4310	6980	7165	104.51	101.69
1968	19460	4520	7510	7430	105.57	104.75
1969	20488	4730	8060	7698	105.50	104.76
1970	21585	4830	8710	8045	105.30	101.90
1971	22860	5080	9360	8420	106.83	108.07
1972	24340	5370	10160	8810	106.59	105.75
1973	25810	5530	11070	9210	106.18	102.90
1974	27220	5640	11830	9750	105.48	101.94
1975	28800	5780	12710	10310	105.88	102.59
1976	30720	5960	13850	10910	106.72	103.03
1977	33254	6110	15130	12014	108.13	102.45
1978	35690	5870	16410	13410	107.16	96.17
1979	39770	6750	17800	15220	107.10	114.93
1980	39840	6370	16710	16760	103.34	94.37
1981	43780	7520	17810	18450	119.88	130.46
1982	50225	9805	20110	20310	108.12	130.32
1983	53682	9502	21820	22360	103.33	96.86
1984	59960	10320	25020	24620	106.05	108.67
1985	67560	11310	29150	27100	104.67	103.33
1986	75990	13120	33080	29790	104.56	102.55

地区生产总值(一)

发展速度(上年=100)		三次产业结构(%)				人均地区生产总值(元/人)
第二产业	第三产业	合计	第一产业	第二产业	第三产业	
-	-	100	23.33	41.27	35.39	112
104.15	108.25	100	22.53	40.95	36.52	115
103.76	106.67	100	22.32	40.54	37.14	119
102.56	103.57	100	22.00	40.52	37.48	130
102.91	103.16	100	21.36	40.77	37.87	145
102.63	109.47	100	21.07	40.03	38.89	158
109.96	91.63	100	20.52	39.62	39.86	159
102.40	105.71	100	19.46	39.54	41.00	162
103.07	103.24	100	20.21	39.03	40.76	142
102.10	104.18	100	21.03	38.25	40.72	141
103.09	103.82	100	20.64	38.34	41.02	167
103.00	103.87	100	25.00	36.09	38.91	169
103.72	103.72	100	24.92	36.12	38.96	154
104.05	103.77	100	24.40	36.42	39.18	174
104.94	103.46	100	23.99	36.89	39.13	164
107.03	103.51	100	23.35	37.82	38.82	179
107.56	103.72	100	23.23	38.59	38.18	169
107.43	103.58	100	23.09	39.34	37.57	176
108.00	104.50	100	22.38	40.35	37.27	179
117.80	94.22	100	22.22	40.94	36.83	184
108.58	104.49	100	22.06	41.74	36.20	168
108.89	104.67	100	21.43	42.89	35.68	155
106.84	105.91	100	20.72	43.46	35.82	178
107.48	105.69	100	20.07	44.13	35.80	144
108.97	105.71	100	19.40	45.08	35.51	176
109.22	109.99	100	18.37	45.50	36.13	177
108.44	111.58	100	16.45	45.98	37.57	310
100.17	113.54	100	16.97	44.76	38.27	334
101.67	110.10	100	15.99	41.94	42.07	314
129.26	106.50	100	17.18	40.68	42.14	355
104.17	102.58	100	19.52	40.04	40.44	401
104.71	105.46	100	17.70	40.65	41.65	504
105.31	105.54	100	17.21	41.73	41.06	524
104.23	105.94	100	16.74	43.15	40.11	556
104.02	106.30	100	17.27	43.53	39.20	601

1952—2020 年黄州区

年份	地区生产总值(万元) 合计	第一产业	第二产业	第三产业	地区生产总值 合计	第一产业
1987	86850	14850	39200	32800	102.86	103.06
1988	97850	16120	45670	36060	105.64	103.69
1989	100710	19510	41500	39700	101.07	99.15
1990	107550	21515	41670	44365	100.66	100.47
1991	114620	19516	46380	48724	100.48	87.11
1992	127510	23852	51140	52518	111.23	122.15
1993	138540	24667	56220	57653	108.73	103.43
1994	152710	27015	62230	63466	110.26	109.55
1995	169038	30660	68480	69898	110.66	113.46
1996	188839	33357	75960	79522	111.66	108.80
1997	210306	35319	86850	88137	111.35	105.88
1998	228108	31402	96235	100471	108.39	88.93
1999	247650	30429	108760	108461	108.62	96.88
2000	273390	29983	121867	121540	108.43	98.54
2001	298540	31163	132320	135057	106.06	95.63
2002	325405	32306	143600	149499	109.13	103.65
2003	354430	36463	154140	163827	108.81	113.19
2004	386685	40792	166475	179418	109.40	110.99
2005	419891	44090	175385	200416	108.31	105.69
2006	505814	45803	225707	234304	111.11	95.70
2007	560509	56701	260600	243208	114.32	127.70
2008	698204	68600	343400	286204	119.81	116.30
2009	805819	76605	388413	340801	113.92	110.40
2010	895712	89700	453700	352312	114.01	110.10
2011	1023732	96606	494523	432603	116.03	86.80
2012	1297400	118200	560900	618300	117.41	142.70
2013	1444845	126708	601833	716304	110.02	104.00
2014	1582705	132400	639800	810505	108.51	104.50
2015	1701673	132490	649567	919616	108.02	104.50
2016	1839825	131165	672550	1036110	107.41	102.73
2017	2072150	141568	757005	1173577	107.52	103.24
2018	2372725	142062	837493	1393170	108.83	101.93
2019	2585352	151510	949069	1484773	108.13	103.15
2020	2411018	156276	850472	1404270	94.52	99.73

地区生产总值(二)

发展速度(上年=100)		三次产业结构(%)				人均地区生产
第二产业	第三产业	合计	第一产业	第二产业	第三产业	总值(元/人)
104.46	100.87	100	17.10	45.14	37.77	699
105.73	106.57	100	16.47	46.67	36.85	823
101.01	102.15	100	19.37	41.21	39.42	941
95.80	106.55	100	20.00	38.74	41.25	1211
109.07	99.08	100	17.03	40.46	42.51	1654
110.25	107.39	100	18.71	40.11	41.19	2541
109.96	110.11	100	17.81	40.58	41.61	3445
110.67	110.16	100	17.69	40.75	41.56	4354
110.04	110.02	100	18.14	40.51	41.35	5279
110.94	113.84	100	17.66	40.22	42.11	5549
114.20	110.90	100	16.79	41.30	41.91	5975
110.94	114.31	100	13.77	42.19	44.05	6232
113.01	108.06	100	12.29	43.92	43.80	6733
107.83	112.17	100	10.97	44.58	44.46	8166
107.06	120.85	100	10.44	44.32	45.24	8872
108.76	110.74	100	9.93	44.13	45.94	9619
107.10	109.56	100	10.29	43.49	46.22	10469
107.28	111.10	100	10.55	43.05	46.40	11405
106.07	110.96	100	10.50	41.77	47.73	12362
118.70	107.88	100	9.06	44.62	46.32	14879
119.07	107.03	100	10.12	46.49	43.39	16461
126.70	113.18	100	9.83	49.18	40.99	20472
111.62	117.49	100	9.51	48.20	42.29	23624
126.13	101.01	100	9.51	50.65	39.33	26210
112.65	127.85	100	10.01	48.31	42.26	28870
103.23	129.20	100	9.44	43.23	47.66	35270
107.73	113.27	100	9.11	41.65	49.58	39193
106.00	111.41	100	8.77	40.42	51.21	42741
103.90	112.03	100	8.37	38.17	54.04	45439
104.21	110.42	100	7.79	36.56	56.32	48075
107.74	107.94	100	7.13	36.53	56.64	52800
108.43	109.92	100	6.83	35.30	58.72	59872
110.24	107.33	100	5.99	36.71	57.43	65114
93.60	94.55	100	6.48	35.27	58.24	55651

1952—2020 年团风县

年份	地区生产总值(万元) 合计	第一产业	第二产业	第三产业	地区生产总值 合计	第一产业
1952	2250	1907	152	191	—	—
1953	2300	1891	127	282	100.00	98.58
1954	2083	1361	223	499	88.36	68.83
1955	2367	1803	238	326	115.64	139.10
1956	2792	2062	323	407	116.92	111.56
1957	3006	2219	362	425	111.05	108.57
1958	2989	2194	334	461	96.14	94.64
1959	2931	1652	784	495	101.38	76.29
1960	2885	1753	604	528	98.29	109.24
1961	2676	1766	319	591	86.81	100.11
1962	3128	2188	315	625	124.00	119.86
1963	3894	2860	340	694	122.58	135.71
1964	3924	2714	454	756	102.63	94.74
1965	5625	4262	542	821	143.59	155.56
1966	5501	4022	599	880	96.43	92.86
1967	5879	4336	613	930	107.59	110.26
1968	5472	3911	568	993	91.22	88.56
1969	5270	3448	571	1251	97.17	88.89
1970	6114	3932	720	1462	118.21	115.30
1971	6750	3692	1467	1591	108.00	91.10
1972	7536	4357	1494	1685	110.83	114.54
1973	7944	4501	1593	1850	107.71	108.46
1974	8413	4650	1774	1989	106.32	102.92
1975	8879	4530	2024	2325	105.01	98.21
1976	8799	4732	1486	2581	98.99	104.14
1977	9214	4343	1986	2885	104.56	91.97
1978	10183	4922	2046	3215	109.87	113.77
1979	12017	6218	2431	3368	118.57	124.10
1980	12042	6003	2389	3650	101.04	98.32
1981	14724	7562	2832	4330	116.97	124.62
1982	17276	8420	3645	5211	121.41	112.02
1983	20806	9315	4631	6860	115.95	107.82
1984	24563	10820	5032	8711	121.46	116.25
1985	28222	11831	6123	10268	115.82	105.47
1986	34148	15482	6643	12023	121.25	136.14

地区生产总值(一)

发展速度(上年=100)		三次产业结构(%)				人均地区生产总值(元/人)
第二产业	第三产业	合计	第一产业	第二产业	第三产业	
–	–	100	84.76	6.76	8.49	86
82.24	128.27	100	82.22	5.52	12.26	86
168.00	197.55	100	65.34	10.71	23.96	77
99.05	60.12	100	76.17	10.05	13.77	86
145.19	129.90	100	73.85	11.57	14.58	100
115.89	120.37	100	73.82	12.04	14.14	107
82.87	115.29	100	73.40	11.17	15.42	105
250.00	117.96	100	56.36	26.75	16.89	105
77.33	95.16	100	60.76	20.94	18.30	107
51.72	81.45	100	65.99	11.92	22.09	100
101.67	155.13	100	69.95	10.07	19.98	114
108.20	89.21	100	73.45	8.73	17.82	136
136.36	120.97	100	69.16	11.57	19.27	133
117.78	116.00	100	75.77	9.64	14.60	186
105.66	108.05	100	73.11	10.89	16.00	180
108.04	96.28	100	73.75	10.43	15.82	190
90.91	104.09	100	71.47	10.38	18.15	175
101.82	127.92	100	65.43	10.83	23.74	167
125.18	123.15	100	64.31	11.78	23.91	191
195.42	110.40	100	54.70	21.73	23.57	208
100.07	111.96	100	57.82	19.82	22.36	231
108.03	105.76	100	56.66	20.05	23.29	241
113.61	108.42	100	55.27	21.09	23.64	252
114.76	111.92	100	51.02	22.80	26.19	264
70.70	113.20	100	53.78	16.89	29.33	260
140.51	107.81	100	47.13	21.55	31.31	270
101.62	109.68	100	48.34	20.09	31.57	298
120.38	108.67	100	51.74	20.23	28.03	351
97.55	108.42	100	49.85	19.84	30.31	350
117.25	104.19	100	51.36	19.23	29.41	425
128.92	134.37	100	48.74	21.10	30.16	496
126.95	121.51	100	44.77	22.26	32.97	595
109.27	138.04	100	44.05	20.49	35.46	700
119.94	126.10	100	41.92	21.70	36.38	803
108.24	113.22	100	45.34	19.45	35.21	968

1952—2020年团风县

年份	地区生产总值(万元) 合计	第一产业	第二产业	第三产业	地区生产总值 合计	第一产业
1987	40863	18837	7163	14863	118.26	124.49
1988	44687	20088	7816	16783	109.69	105.62
1989	49508	23305	8446	17757	109.88	115.25
1990	54448	25810	9053	19585	111.65	114.57
1991	56445	26295	9423	20727	102.56	99.11
1992	61437	29672	9639	22126	108.02	113.48
1993	66038	32086	10310	23642	108.39	109.95
1994	70738	34469	10967	25302	107.05	106.99
1995	76687	37827	11612	27248	108.72	108.22
1996	79913	37083	14028	28802	103.92	99.29
1997	83750	37219	15726	30805	104.95	100.49
1998	88365	36228	19094	33043	105.62	97.36
1999	93582	36761	21504	35317	105.59	100.67
2000	99956	37362	24865	37729	104.13	99.99
2001	108036	38933	28839	40264	104.14	101.28
2002	117523	40689	33586	43248	108.70	104.14
2003	129308	43191	39851	46266	109.50	106.00
2004	143700	44232	49800	49668	110.00	102.50
2005	156920	47063	57991	51866	115.14	106.61
2006	177414	48012	70900	58502	110.90	100.04
2007	211807	57000	89807	65000	115.22	114.60
2008	294924	73522	141500	79902	117.94	109.11
2009	338308	82700	168008	87600	115.12	112.90
2010	424137	93934	232200	98003	114.90	104.12
2011	491405	112300	261605	117500	114.73	103.40
2012	561616	125314	299400	136902	110.10	103.44
2013	651206	140100	339506	171600	112.60	103.40
2014	729027	155023	376400	197604	111.43	104.52
2015	770703	144841	397559	228303	108.50	104.43
2016	837251	151603	422853	262795	107.61	102.72
2017	948292	150496	495953	301843	107.74	103.21
2018	1180027	150987	679083	349957	106.61	102.22
2019	1222474	161353	683618	377503	106.62	103.21
2020	1077669	175323	540001	362344	91.82	99.61

地区生产总值(二)

发展速度(上年=100)		三次产业结构(%)				人均地区生产
第二产业	第三产业	合计	第一产业	第二产业	第三产业	总值(元/人)
108.90	115.56	100	46.10	17.53	36.37	1144
107.77	116.05	100	44.95	17.49	37.56	1238
110.09	103.30	100	47.07	17.06	35.87	1361
105.36	110.84	100	47.40	16.63	35.97	1476
100.32	108.53	100	46.58	16.69	36.72	1509
105.51	102.09	100	48.30	15.69	36.01	1644
104.33	108.01	100	48.59	15.61	35.80	1781
106.11	107.57	100	48.73	15.50	35.77	1930
105.72	110.78	100	49.33	15.14	35.53	2113
123.92	102.14	100	46.40	17.55	36.04	2216
108.40	109.36	100	44.44	18.78	36.78	2349
125.39	106.15	100	41.00	21.61	37.39	2495
109.51	108.99	100	39.28	22.98	37.74	2644
111.75	104.02	100	37.38	24.88	37.75	2825
109.02	103.84	100	36.04	26.69	37.27	3105
120.21	105.16	100	34.62	28.58	36.80	3454
117.27	106.72	100	33.40	30.82	35.78	3826
120.90	107.80	100	30.78	34.66	34.56	4258
125.51	112.89	100	29.99	36.96	33.05	4654
120.00	110.60	100	27.06	39.96	32.97	5282
122.13	107.14	100	26.91	42.40	30.69	6337
133.41	104.07	100	24.93	47.98	27.09	8829
119.05	110.00	100	24.45	49.66	25.89	10105
126.74	102.41	100	22.15	54.75	23.11	12604
118.95	115.41	100	22.85	53.24	23.91	14515
111.69	112.11	100	22.31	53.31	24.38	16557
111.02	123.82	100	21.51	52.13	26.35	19131
112.55	113.31	100	21.26	51.63	27.11	21376
106.82	114.56	100	18.79	51.58	29.62	22562
106.84	112.11	100	18.11	50.50	31.39	24381
109.24	108.44	100	15.87	52.30	31.83	27483
108.63	106.24	100	12.80	57.55	29.66	34115
106.44	106.71	100	13.20	55.92	30.88	35332
87.80	94.60	100	16.27	50.11	33.62	36144

1952—2020年红安县

年份	地区生产总值(万元) 合计	第一产业	第二产业	第三产业	地区生产总值 合计	第一产业
1952	3072	2329	131	612	—	—
1953	3967	3147	189	631	104.52	103.09
1954	4083	3198	236	649	102.92	101.61
1955	4339	3377	294	668	106.27	105.59
1956	4653	3657	312	684	107.23	108.30
1957	5039	3961	372	706	108.30	108.32
1958	4900	3783	389	728	97.25	43.70
1959	3317	2270	303	744	67.66	59.97
1960	4135	2974	357	804	124.72	131.02
1961	3884	2706	321	857	93.92	91.03
1962	4852	3600	361	891	124.87	133.04
1963	5178	3874	377	927	106.76	107.59
1964	5403	4033	398	972	104.35	104.12
1965	6046	4558	485	1003	111.89	113.01
1966	5650	4098	500	1052	93.46	89.93
1967	5603	3992	510	1101	99.15	97.39
1968	5911	4319	440	1152	105.50	108.21
1969	6202	4470	528	1204	104.92	103.49
1970	6692	4877	565	1250	107.90	109.10
1971	7475	5569	611	1295	117.00	57.88
1972	7387	5374	686	1327	98.81	96.49
1973	7995	5858	767	1370	108.23	109.03
1974	8150	5886	854	1410	101.95	100.34
1975	8447	6098	881	1468	103.63	103.72
1976	8653	6214	929	1510	102.45	101.91
1977	8921	6320	1059	1542	103.10	101.68
1978	8709	6131	1005	1573	97.61	97.00
1979	10165	7383	1065	1717	116.72	120.44
1980	11702	7733	1698	2271	115.12	104.76
1981	14165	9060	2184	2921	137.36	140.40
1982	17778	11164	3327	3287	106.02	101.11
1983	18442	11421	3368	3653	103.04	102.30
1984	21479	12650	4796	4033	109.55	100.90
1985	24577	13884	5119	5574	114.27	109.56
1986	28944	16851	5924	6169	109.24	109.44

地区生产总值(一)

发展速度(上年=100)		三次产业结构(%)				人均地区生产
第二产业	第三产业	合计	第一产业	第二产业	第三产业	总值(元/人)
–	–	100	75.81	4.26	19.92	86
144.44	103.15	100	79.33	4.76	15.91	111
125.64	102.67	100	78.32	5.78	15.90	113
124.49	102.97	100	77.83	6.78	15.40	116
105.74	102.53	100	78.59	6.71	14.70	124
119.38	103.17	100	78.61	7.38	14.01	133
47.85	47.17	100	77.20	7.94	14.86	128
78.09	102.10	100	68.44	9.13	22.43	86
117.27	108.53	100	71.92	8.63	19.44	106
90.18	106.23	100	69.67	8.26	22.06	97
112.24	103.83	100	74.20	7.44	18.36	116
104.24	104.42	100	74.82	7.28	17.90	120
106.98	104.24	100	74.64	7.37	17.99	124
120.65	103.61	100	75.39	8.02	16.59	137
103.15	104.79	100	72.53	8.85	18.62	125
102.18	104.57	100	71.25	9.10	19.65	122
85.90	104.77	100	73.07	7.44	19.49	126
120.40	104.36	100	72.07	8.51	19.41	129
106.61	104.00	100	72.88	8.44	18.68	136
54.87	52.48	100	74.50	8.17	17.32	149
112.26	102.44	100	72.75	9.29	17.96	146
111.78	103.13	100	73.27	9.59	17.14	156
111.31	103.61	100	72.22	10.48	17.30	157
103.23	103.48	100	72.19	10.43	17.38	161
105.37	102.96	100	71.81	10.74	17.45	163
114.01	102.22	100	70.84	11.87	17.29	167
94.79	102.05	100	70.40	11.54	18.06	161
106.09	109.02	100	72.63	10.48	16.89	186
159.44	132.18	100	66.08	14.51	19.41	214
131.45	131.44	100	63.96	15.42	20.62	258
134.72	102.45	100	62.80	18.71	18.49	322
101.23	107.49	100	61.93	18.26	19.81	332
141.10	109.89	100	58.89	22.33	18.78	386
111.29	132.61	100	56.49	20.83	22.68	444
107.53	107.31	100	58.22	20.47	21.31	519

1952—2020 年红安县

年份	地区生产总值(万元) 合计	第一产业	第二产业	第三产业	地区生产总值 合计	第一产业
1987	33401	20751	6197	6453	105.90	108.57
1988	36340	22038	7176	7126	107.82	106.20
1989	46620	28112	9324	9184	119.02	125.63
1990	55525	32423	11272	11830	119.00	118.90
1991	63901	39456	12010	12435	110.34	114.08
1992	70714	41271	16376	13067	104.93	98.62
1993	84362	49235	18464	16663	109.36	112.47
1994	102674	57063	26238	19373	108.99	103.79
1995	128322	62712	37258	28352	121.36	105.19
1996	150503	71116	45045	34342	115.61	113.40
1997	168864	75880	50908	42076	112.20	106.70
1998	181272	74135	58292	48845	111.32	101.32
1999	194313	70280	65578	58455	111.32	98.45
2000	202425	65863	72288	64274	106.20	95.08
2001	213984	65119	79902	68963	102.37	88.99
2002	228338	70915	82858	74565	106.50	112.78
2003	243687	78077	85178	80432	105.60	106.71
2004	268302	91277	90802	86223	110.10	122.66
2005	291435	94633	99902	96900	112.73	106.05
2006	336116	97000	115303	123813	111.11	98.70
2007	400433	112532	146301	141600	114.80	111.80
2008	522421	142000	209200	171221	117.13	113.22
2009	604144	159243	254601	190300	116.20	112.60
2010	683232	178600	282800	221832	115.73	114.82
2011	871812	191909	415003	264900	116.50	105.90
2012	1026333	226000	489100	311233	113.62	106.22
2013	1170247	244932	560903	364412	112.33	103.70
2014	1316104	245800	646104	424200	112.61	103.83
2015	1433874	234101	695874	503899	110.74	104.30
2016	1543657	228220	741345	574092	107.81	102.73
2017	1715001	221459	827453	666089	107.82	102.81
2018	1892546	232162	892637	767747	106.54	101.43
2019	1991121	247333	935099	808689	106.31	103.00
2020	1979276	277972	939040	762263	100.22	98.65

地区生产总值(二)

发展速度(上年=100)		三次产业结构(%)				人均地区生产总值(元/人)
第二产业	第三产业	合计	第一产业	第二产业	第三产业	
102.33	102.33	100	62.13	18.55	19.32	589
112.02	112.02	100	60.64	19.75	19.61	632
110.78	110.78	100	60.30	20.00	19.70	800
120.90	120.90	100	58.39	20.30	21.31	939
106.49	102.80	100	61.75	18.79	19.46	1062
124.02	105.94	100	58.36	23.16	18.48	1156
103.35	107.01	100	58.36	21.89	19.75	1359
127.26	104.14	100	55.58	25.55	18.87	1630
135.92	153.66	100	48.87	29.03	22.09	2009
120.90	113.70	100	47.25	29.93	22.82	2334
113.02	123.60	100	44.94	30.15	24.92	2595
118.74	121.52	100	40.90	32.16	26.95	2758
116.83	125.55	100	36.17	33.75	30.08	2924
113.27	112.26	100	32.54	35.71	31.75	3212
109.12	109.14	100	30.43	37.34	32.23	3608
103.70	104.16	100	31.06	36.29	32.66	3844
102.77	107.80	100	32.04	34.95	33.01	4096
101.71	107.38	100	34.02	33.84	32.14	4494
116.80	115.75	100	32.47	34.28	33.25	4869
111.11	109.40	100	28.86	34.30	36.84	5602
122.34	110.20	100	28.10	36.54	35.36	6652
128.20	112.00	100	27.18	40.04	32.77	8671
122.29	107.60	100	26.36	42.14	31.50	10031
113.62	111.10	100	26.14	41.39	32.47	11528
124.79	112.10	100	22.01	47.60	30.38	14725
117.20	111.70	100	22.02	47.66	30.32	17229
115.33	112.70	100	20.93	47.93	31.14	19605
115.12	112.40	100	18.68	49.09	32.23	21831
110.47	112.10	100	16.33	48.53	35.14	23771
107.30	110.92	100	14.78	48.03	37.19	25475
108.20	109.50	100	12.91	48.25	38.84	28193
106.70	108.44	100	12.27	47.17	40.57	31066
106.80	107.11	100	12.42	46.96	40.61	32684
106.12	93.14	100	14.04	47.44	38.51	36001

1952—2020年麻城市

年份	地区生产总值(万元) 合计	第一产业	第二产业	第三产业	地区生产总值 合计	第一产业
1952	2351	2299	27	25	—	—
1953	2647	2436	120	91	150.62	149.96
1954	3987	3653	213	121	101.53	98.80
1955	4048	3609	274	165	110.08	109.67
1956	4456	3958	297	201	117.28	114.93
1957	5226	4549	379	298	118.18	116.03
1958	7088	6070	616	402	105.14	100.07
1959	7452	6074	869	509	87.78	75.95
1960	6541	4613	1215	713	109.68	119.79
1961	7174	5526	1256	392	84.25	89.18
1962	6044	4928	640	476	114.82	117.59
1963	6940	5795	641	504	104.99	105.33
1964	7286	6104	610	572	109.24	110.17
1965	7959	6725	653	581	118.72	121.32
1966	9449	8159	683	607	95.40	94.14
1967	9014	7681	702	631	101.11	99.86
1968	9114	7670	673	771	101.90	101.97
1969	9287	7821	608	858	96.15	90.59
1970	8929	7085	871	973	126.88	122.99
1971	12600	10008	1489	1103	116.33	113.49
1972	16819	12096	1826	2897	100.05	97.40
1973	16917	11783	2036	3098	109.83	109.50
1974	18532	12902	2354	3276	105.21	104.10
1975	19476	13433	2634	3409	98.98	94.30
1976	19267	12672	3019	3576	106.18	109.20
1977	20571	13840	2982	3749	101.42	99.80
1978	21307	13814	3663	3830	109.52	111.90
1979	23339	15464	3814	4061	103.03	103.50
1980	24038	16010	3849	4179	95.22	92.76
1981	29136	20416	4445	4275	84.74	82.85
1982	30449	21332	4060	5057	109.86	106.60
1983	34139	24396	4380	5363	114.57	109.50
1984	35799	25578	4701	5520	113.43	107.90
1985	42072	26613	7540	7919	103.60	104.30
1986	43260	27414	7610	8236	108.22	107.50

地区生产总值(一)

发展速度(上年=100)		三次产业结构(%)				人均地区生产总值(元/人)
第二产业	第三产业	合计	第一产业	第二产业	第三产业	
–	–	100	97.8	1.1	1.1	37
177.50	132.97	100	92.0	4.5	3.4	41
128.64	136.36	100	91.6	5.3	3.0	61
108.39	121.82	100	89.2	6.8	4.1	61
127.61	148.26	100	88.8	6.7	4.5	66
143.80	118.46	100	87.0	7.3	5.7	77
141.07	126.62	100	85.6	8.7	5.7	103
139.82	140.08	100	81.5	11.7	6.8	108
103.37	54.98	100	70.5	18.6	10.9	97
50.96	121.43	100	77.0	17.5	5.5	105
100.16	105.88	100	81.5	10.6	7.9	87
95.16	113.49	100	83.5	9.2	7.3	99
107.05	101.57	100	83.8	8.4	7.9	101
104.59	104.48	100	84.5	8.2	7.3	108
102.78	103.95	100	86.3	7.2	6.4	125
95.87	122.19	100	85.2	7.8	7.0	116
90.34	111.28	100	84.2	7.4	8.5	114
143.26	113.40	100	84.2	6.5	9.2	113
164.98	121.07	100	79.3	9.8	10.9	106
139.09	111.33	100	79.4	11.8	8.8	147
110.48	107.00	100	71.9	10.9	17.2	193
113.99	105.33	100	69.7	12.0	18.3	190
111.00	103.97	100	69.6	12.7	17.7	205
113.51	104.52	100	69.0	13.5	17.5	212
98.81	104.79	100	65.8	15.7	18.6	207
107.51	102.22	100	67.3	14.5	18.2	218
104.10	102.17	100	64.8	17.2	18.0	224
101.21	102.92	100	66.3	16.3	17.4	243
102.50	101.12	100	66.6	16.0	17.4	248
129.79	46.92	100	70.1	15.3	14.7	298
103.61	155.38	100	70.1	13.3	16.6	310
119.31	134.81	100	71.5	12.8	15.7	345
125.40	119.09	100	71.4	13.1	15.4	360
91.70	121.90	100	63.3	17.9	18.8	422
118.29	97.30	100	63.4	17.6	19.0	431

1952—2020年麻城市

年份	地区生产总值(万元) 合计	第一产业	第二产业	第三产业	地区生产总值 合计	第一产业
1987	46456	27428	8930	10098	107.40	97.77
1988	51603	28911	11421	11271	98.50	89.27
1989	59612	32807	13662	13143	103.70	118.10
1990	68566	38700	14122	15744	109.70	100.20
1991	87134	49126	16001	22007	107.25	87.82
1992	106192	53547	25353	27292	110.47	105.66
1993	114578	55122	27673	31783	116.86	121.30
1994	142734	65422	36009	41303	108.45	110.58
1995	161262	77152	38007	46103	104.91	104.20
1996	183856	89711	39812	54333	105.13	105.50
1997	209024	106684	43100	59240	106.89	104.70
1998	246979	122201	51073	73705	107.09	105.30
1999	281511	134657	58734	88120	108.50	98.59
2000	301805	130629	62207	108969	106.12	109.40
2001	321682	143030	65541	113111	105.94	87.69
2002	341891	126185	70986	144720	107.64	103.60
2003	368558	130739	74316	163503	108.23	118.00
2004	398043	153430	77878	166735	109.80	118.74
2005	475483	191220	91089	193174	109.00	101.90
2006	531211	204015	110245	216951	109.13	104.24
2007	639425	247813	143197	248415	115.05	116.06
2008	861526	322446	238165	300915	117.39	113.36
2009	991538	357015	317826	316697	116.31	92.98
2010	1185639	401285	408985	375369	114.96	105.17
2011	1576028	426235	688876	460917	113.47	97.16
2012	1783947	415635	833795	534517	113.16	105.36
2013	2077145	463638	945886	667621	113.24	103.68
2014	2321647	484312	1069825	767510	111.00	104.48
2015	2511573	482937	1147663	880973	109.48	104.47
2016	2809252	569843	1234514	1004895	108.20	102.80
2017	3110404	557877	1378675	1173852	108.20	103.10
2018	3488911	557623	1505198	1426090	107.10	101.90
2019	3741283	600546	1628007	1512730	106.50	103.50
2020	3403508	662183	1303438	1437887	92.09	99.39

地区生产总值(二)

发展速度(上年=100)		三次产业结构(%)				人均地区生产总值(元/人)
第二产业	第三产业	合计	第一产业	第二产业	第三产业	
120.40	124.90	100	59.0	19.2	21.7	457
110.10	109.29	100	56.0	22.1	21.8	501
81.49	101.90	100	55.0	22.9	22.0	572
118.10	127.00	100	56.4	20.6	23.0	648
164.05	103.59	100	56.4	18.4	25.3	810
102.81	137.88	100	50.4	23.9	25.7	978
100.18	125.12	100	48.1	24.2	27.7	1043
104.36	108.15	100	45.8	25.2	28.9	1287
101.46	108.50	100	47.8	23.6	28.6	1440
104.50	105.00	100	48.8	21.7	29.6	1624
107.10	110.10	100	51.0	20.6	28.3	1827
107.40	109.50	100	49.5	20.7	29.8	2133
106.00	124.00	100	47.8	20.9	31.3	2406
104.20	103.50	100	43.3	20.6	36.1	2581
108.21	129.33	100	44.5	20.4	35.2	2852
104.60	112.89	100	36.9	20.8	42.3	2989
104.50	101.72	100	35.5	20.2	44.4	3219
106.42	102.66	100	38.5	19.6	41.9	3473
110.16	116.46	100	40.2	19.2	40.6	4138
118.22	109.68	100	38.4	20.8	40.8	4607
124.14	109.49	100	38.8	22.4	38.8	7181
144.95	105.52	100	37.4	27.6	34.9	8055
142.36	120.67	100	36.0	32.1	31.9	9256
122.58	115.91	100	33.8	34.5	31.7	13963
125.89	117.37	100	27.0	43.7	29.2	18442
120.18	111.87	100	23.3	46.7	30.0	20703
113.77	120.56	100	22.3	45.5	32.1	23965
113.22	113.04	100	20.9	46.1	33.1	26600
110.19	111.97	100	19.2	45.7	35.1	28622
108.30	110.90	100	20.3	43.9	35.8	31918
108.70	110.30	100	17.9	44.3	37.7	35321
107.50	109.20	100	16.0	43.1	40.9	39629
107.90	106.30	100	16.1	43.5	40.4	42495
87.19	95.07	100	19.5	38.3	42.2	38312

1952—2020 年罗田县

年份	地区生产总值(万元) 合计	第一产业	第二产业	第三产业	地区生产总值 合计	第一产业
1952	1172	807	127	238	—	—
1953	1602	1133	156	313	127.05	126.52
1954	1800	1239	206	355	100.07	93.44
1955	2183	1537	242	404	111.95	111.74
1956	2835	2034	293	508	113.61	111.63
1957	3387	2415	368	604	111.77	108.24
1958	3719	2490	588	641	101.71	98.05
1959	3822	2081	911	830	99.62	79.48
1960	3909	2291	910	708	98.25	104.73
1961	3409	2276	415	718	84.13	94.47
1962	3926	2769	355	802	112.30	115.68
1963	4321	3147	338	836	106.21	108.12
1964	4593	3417	312	864	101.42	103.22
1965	4708	3509	307	892	99.01	97.71
1966	4670	3448	327	895	95.11	93.44
1967	5127	3775	311	1041	106.75	104.10
1968	5428	4107	282	1039	101.13	103.50
1969	4993	3738	276	979	87.53	86.55
1970	5910	4409	395	1106	113.46	112.16
1971	6660	4859	654	1147	118.14	122.84
1972	7147	5141	743	1263	105.34	105.80
1973	7609	5348	823	1438	107.90	104.05
1974	8010	5373	1116	1521	101.52	100.45
1975	8580	5614	1308	1658	109.02	105.06
1976	8816	5700	1342	1774	102.23	101.54
1977	9154	5537	1713	1904	104.35	100.49
1978	9376	5490	1932	1954	101.52	99.41
1979	10905	6364	2280	2261	116.50	115.61
1980	11874	6730	2466	2678	95.20	84.55
1981	12813	7967	1930	2916	107.83	114.78
1982	15080	9608	2004	3468	115.46	118.92
1983	14954	8784	2979	3191	95.99	91.47
1984	17769	10542	3656	3571	119.67	113.28
1985	21861	13289	4152	4420	109.66	105.85
1986	21987	12681	4478	4828	100.41	98.33

地区生产总值(一)

发展速度(上年=100)		三次产业结构(%)				人均地区生产总值(元/人)
第二产业	第三产业	合计	第一产业	第二产业	第三产业	
–	–	100	68.86	10.84	20.31	38
129.92	127.31	100	70.72	9.74	19.54	51
130.91	105.61	100	68.83	11.44	19.72	56
117.59	108.75	100	70.41	11.09	18.51	67
121.26	114.08	100	71.75	10.34	17.92	84
119.81	116.12	100	71.30	10.87	17.83	98
132.61	97.52	100	66.95	15.81	17.24	106
155.33	134.47	100	54.45	23.84	21.72	108
99.87	81.31	100	58.61	23.28	18.11	110
45.57	97.83	100	66.76	12.17	21.06	96
85.51	116.98	100	70.53	9.04	20.43	108
95.25	105.02	100	72.83	7.82	19.35	116
92.17	99.35	100	74.40	6.79	18.81	121
98.84	103.12	100	74.53	6.52	18.95	121
106.25	96.47	100	73.83	7.00	19.16	118
95.22	118.43	100	73.63	6.07	20.30	126
90.35	98.23	100	75.66	5.20	19.14	130
97.86	87.42	100	74.86	5.53	19.61	117
143.67	107.97	100	74.60	6.68	18.71	136
123.80	97.38	100	72.96	9.82	17.22	150
104.29	103.53	100	71.93	10.40	17.67	158
134.90	115.34	100	70.29	10.82	18.90	166
107.70	103.19	100	67.08	13.93	18.99	173
143.18	107.84	100	65.43	15.24	19.32	183
102.64	104.96	100	64.66	15.22	20.12	187
127.82	103.79	100	60.49	18.71	20.80	194
104.89	107.18	100	58.55	20.61	20.84	197
126.03	111.61	100	58.36	20.91	20.73	228
109.95	122.79	100	56.68	20.77	22.55	246
84.66	108.59	100	62.18	15.06	22.76	265
99.49	116.14	100	63.71	13.29	23.00	310
112.71	100.66	100	58.74	19.92	21.34	306
156.62	112.25	100	59.33	20.58	20.10	362
112.10	119.43	100	60.79	18.99	20.22	444
104.06	102.75	100	57.67	20.37	21.96	439

1952—2020 年罗田县

年份	地区生产总值(万元) 合计	第一产业	第二产业	第三产业	地区生产总值 合计	第一产业
1987	29663	15745	8071	5847	108.02	106.48
1988	32683	18533	5644	8506	113.96	117.71
1989	37828	20611	8461	8756	115.14	106.57
1990	46879	28269	8902	9708	102.25	103.55
1991	48962	26599	10209	12154	105.33	97.59
1992	54304	26969	10953	16382	109.65	99.95
1993	64271	33541	12152	18578	106.18	107.57
1994	81286	46926	16404	17956	104.97	98.16
1995	103057	57213	22301	23543	108.91	109.05
1996	119702	56675	27852	35175	105.47	93.75
1997	132030	60080	30260	41690	110.11	105.24
1998	141974	62690	32080	47204	114.80	113.67
1999	150009	63873	34182	51954	106.59	108.46
2000	156343	63652	35739	56952	105.05	102.20
2001	159989	60212	36978	62799	102.97	96.30
2002	169165	60657	38873	69635	101.44	100.15
2003	181828	66359	41181	74288	105.28	102.43
2004	198481	75257	43801	79423	110.86	115.86
2005	219452	76393	61348	81711	109.63	97.33
2006	276515	80112	83500	112903	123.12	102.40
2007	318208	87000	117308	113900	126.20	119.22
2008	474725	114622	179500	180603	114.52	101.10
2009	544601	129600	218601	196400	115.10	113.52
2010	652847	153545	260900	238402	116.04	114.60
2011	757004	167500	282004	307500	115.60	105.73
2012	888325	207823	314400	366102	110.52	115.50
2013	1015306	235800	345706	433800	111.30	103.83
2014	1126944	241843	377900	507201	110.73	104.92
2015	1216626	225702	396504	594420	110.00	104.84
2016	1306468	227415	409064	669989	106.71	103.31
2017	1470939	248569	456654	765716	106.84	102.82
2018	1487703	255607	466493	765603	106.22	101.81
2019	1588545	273675	489851	825019	106.92	103.22
2020	1455861	305109	378141	772612	90.08	99.34

地区生产总值(二)

发展速度(上年=100)		三次产业结构(%)				人均地区生产
第二产业	第三产业	合计	第一产业	第二产业	第三产业	总值(元/人)
106.02	114.25	100	53.08	27.21	19.71	578
69.92	145.32	100	56.71	17.27	26.03	624
181.86	103.05	100	54.49	22.37	23.15	710
118.82	86.37	100	60.30	18.99	20.71	868
116.25	119.83	100	54.33	20.85	24.82	897
114.94	130.56	100	49.66	20.17	30.17	987
97.01	111.21	100	52.19	18.91	28.91	1158
121.56	106.07	100	57.73	20.18	22.09	1449
108.01	109.45	100	55.52	21.64	22.85	1827
98.92	132.54	100	47.35	23.27	29.39	2121
112.22	115.10	100	45.50	22.92	31.58	2338
113.88	116.70	100	44.16	22.60	33.25	2513
106.78	104.30	100	42.58	22.79	34.63	2653
108.76	106.18	100	40.71	22.86	36.43	2764
104.50	109.94	100	37.63	23.11	39.25	2826
104.27	101.04	100	35.86	22.98	41.16	2983
105.96	107.79	100	36.50	22.65	40.86	3205
101.93	111.54	100	37.92	22.07	40.02	3524
138.83	105.49	100	34.81	27.96	37.23	3939
132.74	134.84	100	28.97	30.20	40.83	4980
154.23	110.52	100	27.34	36.87	35.79	5760
117.42	121.82	100	24.14	37.81	38.04	8648
122.15	109.02	100	23.80	40.14	36.06	9912
115.47	117.42	100	23.52	39.96	36.52	11946
115.71	121.94	100	22.13	37.25	40.62	13905
98.61	119.99	100	23.39	35.39	41.21	16271
110.61	115.94	100	23.22	34.05	42.73	18577
109.02	114.86	100	21.46	33.53	45.01	20608
107.38	114.21	100	18.55	32.59	48.86	22195
103.81	109.94	100	17.41	31.31	51.28	23724
107.31	107.81	100	16.90	31.05	52.06	26631
105.74	108.11	100	17.18	31.36	51.46	26917
106.62	108.42	100	17.23	30.84	51.94	28742
79.51	93.59	100	20.96	25.97	53.07	28830

1952—2020年英山县

年份	地区生产总值(万元) 合计	第一产业	第二产业	第三产业	地区生产总值 合计	第一产业
1952	2158	1613	135	409	-	-
1953	2507	1870	162	475	107.46	107.18
1954	2675	1979	189	507	106.73	105.86
1955	3157	2357	201	599	117.99	119.10
1956	3603	2554	362	688	114.15	108.35
1957	3546	2609	264	673	98.41	102.16
1958	4387	3089	460	838	108.91	104.26
1959	4304	2885	592	827	98.11	93.38
1960	3775	2379	665	730	87.70	82.47
1961	3655	2616	343	696	96.84	109.95
1962	4061	2977	313	771	111.09	113.80
1963	4269	3157	303	809	105.15	106.04
1964	4186	3100	293	794	98.06	98.18
1965	4776	3574	298	904	114.08	115.31
1966	4343	3165	352	826	90.94	88.56
1967	4308	3129	360	819	99.19	98.85
1968	4352	3127	397	829	101.03	99.94
1969	3985	2811	413	761	91.54	89.91
1970	5035	3347	499	1189	126.37	119.05
1971	6733	4601	716	1416	115.05	112.02
1972	7328	4916	865	1546	109.03	106.86
1973	7892	5310	918	1665	107.68	108.00
1974	7623	5067	944	1612	96.69	95.43
1975	8026	5273	1053	1701	105.41	104.07
1976	7979	5316	1248	1416	104.21	100.82
1977	8761	5337	1541	1883	105.47	100.39
1978	7943	4585	1457	1901	104.25	105.43
1979	8937	5464	1596	1877	112.51	119.17
1980	9384	6094	1631	1659	90.67	90.89
1981	9135	5756	1615	1764	103.88	104.64
1982	10275	6423	1922	1930	105.02	102.46
1983	10626	6993	1717	1916	97.19	97.29
1984	12481	8117	2141	2223	117.58	116.16
1985	14520	8856	2946	2718	109.44	106.74
1986	16194	9008	3702	3484	109.60	95.36

地区生产总值(一)

发展速度(上年=100)		三次产业结构(%)				人均地区生产总值(元/人)
第二产业	第三产业	合计	第一产业	第二产业	第三产业	
-	-	100	74.77	6.28	18.96	86
110.76	107.33	100	74.58	6.47	18.95	98
116.61	106.80	100	73.97	7.07	18.96	102
106.18	118.06	100	74.66	6.37	18.97	118
180.00	114.88	100	70.87	10.04	19.09	132
73.00	97.82	100	73.58	7.44	18.98	127
153.37	109.62	100	70.42	10.48	19.10	156
128.77	98.65	100	67.03	13.76	19.21	153
112.39	88.29	100	63.03	17.63	19.34	136
51.56	95.35	100	71.57	9.39	19.04	131
91.25	110.78	100	73.30	7.71	18.99	143
96.86	104.86	100	73.96	7.10	18.94	146
96.76	98.14	100	74.04	7.01	18.96	139
101.57	113.88	100	74.84	6.24	18.92	156
118.22	91.35	100	72.88	8.11	19.01	139
102.30	99.18	100	72.63	8.37	19.01	135
110.10	101.19	100	71.85	9.12	19.04	133
104.08	91.83	100	70.55	10.36	19.09	119
120.84	156.27	100	66.48	9.90	23.62	147
134.72	115.39	100	68.33	10.64	21.02	196
120.70	109.25	100	67.09	11.80	21.10	212
106.12	107.67	100	67.27	11.63	21.10	229
102.88	96.78	100	66.47	12.39	21.14	220
111.47	105.53	100	65.70	13.11	21.19	229
118.54	83.23	100	66.62	15.64	17.74	226
123.53	133.03	100	60.92	17.59	21.49	248
100.84	104.16	100	57.72	18.34	23.93	224
109.54	98.74	100	61.14	17.86	21.00	252
95.80	85.67	100	64.94	17.38	17.68	264
94.67	110.13	100	63.01	17.68	19.31	256
111.85	108.16	100	62.51	18.71	18.78	286
98.61	95.60	100	65.81	16.16	18.03	295
124.54	116.09	100	65.03	17.15	17.81	344
130.17	98.45	100	60.99	20.29	18.72	399
128.54	137.38	100	55.63	22.86	21.51	442

1952—2020 年英山县

年份	地区生产总值(万元) 合计	第一产业	第二产业	第三产业	地区生产总值 合计	第一产业
1987	18095	9155	4416	4524	108.82	103.47
1988	25445	15118	4899	5428	111.91	111.48
1989	27939	16039	5269	6631	97.95	97.28
1990	31859	18175	8484	5200	105.66	100.04
1991	33418	15487	10002	7929	104.66	87.56
1992	42955	21579	10997	10379	124.24	135.71
1993	51582	23040	14293	14249	109.22	102.74
1994	83220	31867	32011	19342	108.44	122.31
1995	98333	38253	37104	22976	107.79	110.75
1996	116147	44644	44071	27432	111.98	107.46
1997	127560	48000	46998	32562	109.21	102.99
1998	140125	74658	37067	28400	109.05	107.04
1999	159396	78354	47570	33472	106.40	102.45
2000	115297	64191	20625	30481	91.49	104.79
2001	137937	71715	31654	34568	102.60	97.48
2002	141068	73132	30944	36992	106.00	105.04
2003	161034	91975	31198	37861	109.10	106.60
2004	175900	84972	36600	54328	109.30	103.10
2005	185657	87765	38361	59531	104.94	99.62
2006	205306	91700	41203	72403	106.22	100.50
2007	259902	122202	57100	80600	115.30	121.33
2008	356007	150200	108004	97803	114.43	102.74
2009	404505	164805	120700	119000	114.11	110.30
2010	491006	204800	147904	138302	115.70	118.44
2011	534506	259206	107300	168000	112.21	105.10
2012	653807	265200	171103	217504	107.80	106.22
2013	730701	299101	193500	238100	108.61	104.70
2014	805614	305005	225304	275305	110.80	104.52
2015	857659	296533	235473	325653	109.42	104.50
2016	928068	312324	246364	369380	106.62	103.21
2017	1030536	325576	281415	423545	106.63	103.22
2018	1126368	323241	309702	493425	105.51	102.31
2019	1216150	345301	331498	539351	106.44	103.24
2020	1071634	375582	215693	480359	87.32	100.91

地区生产总值(二)

发展速度(上年=100)		三次产业结构(%)				人均地区生产总值(元/人)
第二产业	第三产业	合计	第一产业	第二产业	第三产业	
111.50	119.18	100	50.59	24.40	25.00	487
100.71	125.40	100	59.41	19.25	21.33	677
100.43	97.04	100	57.41	18.86	23.73	734
149.65	75.76	100	57.05	26.63	16.32	827
118.22	148.94	100	46.34	29.93	23.73	862
104.69	125.39	100	50.24	25.60	24.16	1102
36.67	213.83	100	44.67	27.71	27.62	1313
142.88	84.15	100	38.29	38.47	23.24	2112
139.99	91.10	100	38.90	37.73	23.37	2495
144.96	103.97	100	38.44	37.94	23.62	2939
120.47	114.72	100	37.63	36.84	25.53	3205
107.40	114.44	100	53.28	26.45	20.27	3483
80.63	133.08	100	49.16	29.84	21.00	3916
105.46	65.80	100	55.67	17.89	26.44	2823
107.80	110.73	100	51.99	22.95	25.06	3398
107.87	106.64	100	51.84	21.94	26.22	3483
114.77	110.09	100	57.12	19.37	23.51	4132
113.02	118.63	100	48.31	20.81	30.89	4894
104.21	114.49	100	47.27	20.66	32.07	5280
103.13	112.27	100	44.67	20.07	35.27	5724
126.26	101.52	100	47.02	21.97	31.01	7202
158.00	100.75	100	42.19	30.34	27.47	9858
112.15	122.11	100	40.74	29.84	29.42	11242
117.04	110.57	100	41.71	30.12	28.17	13733
118.73	115.23	100	48.49	20.07	31.43	15057
86.16	133.91	100	40.56	26.17	33.27	18417
113.42	103.59	100	40.93	26.48	32.59	20465
115.68	112.99	100	37.86	27.97	34.17	22431
108.46	113.20	100	34.57	27.46	37.97	23817
105.21	110.62	100	33.65	26.55	39.80	25648
107.70	108.71	100	31.59	27.31	41.10	28386
104.22	108.92	100	28.70	27.50	43.81	30995
108.04	107.61	100	28.39	27.26	44.35	33443
73.18	86.68	100	35.05	20.13	44.82	32309

1952—2020 年浠水县

年份	地区生产总值(万元) 合计	第一产业	第二产业	第三产业	地区生产总值 合计	第一产业
1952	6887	6129	402	356	-	-
1953	7720	6760	500	460	111.80	110.20
1954	6748	5712	526	510	85.90	83.20
1955	7406	6244	508	654	109.90	109.10
1956	8225	7025	477	723	110.90	113.50
1957	8800	7108	798	894	106.20	101.80
1958	8321	6355	1014	952	91.90	87.70
1959	6886	4734	1159	993	81.60	74.20
1960	7140	4938	1150	1052	103.50	104.20
1961	6739	4627	1050	1062	93.90	93.80
1962	8100	6390	897	813	119.50	136.20
1963	9420	7578	982	860	116.80	117.30
1964	8366	6570	906	890	87.90	87.90
1965	10402	8522	968	912	122.40	126.10
1966	10355	8445	989	921	98.60	98.70
1967	10265	8352	918	995	99.50	99.10
1968	11404	9038	1125	1241	109.90	108.60
1969	10617	7537	1624	1456	92.60	83.60
1970	12119	9127	1569	1423	110.40	116.70
1971	13742	9729	2028	1985	105.80	103.40
1972	15542	10245	2704	2593	108.40	105.20
1973	15242	9190	3355	2697	92.90	89.60
1974	16044	9842	3343	2859	110.50	107.20
1975	16954	9931	3935	3088	105.70	100.90
1976	17719	10755	3675	3289	105.10	108.20
1977	18468	10078	4903	3487	99.30	93.70
1978	19041	10593	4786	3662	103.40	104.80
1979	22355	14213	4463	3679	116.70	109.80
1980	20655	11491	5192	3972	95.70	91.70
1981	24785	15213	5362	4210	11.80	118.70
1982	30966	20210	5289	5467	120.40	131.10
1983	32523	20684	5615	6224	103.30	96.40
1984	35569	21325	7424	6820	119.60	122.30
1985	38267	23039	8013	7215	103.00	102.90
1986	46000	27247	11046	7707	113.30	107.80

地区生产总值(一)

发展速度(上年=100)		三次产业结构(%)				人均地区生产总值(元/人)
第二产业	第三产业	合计	第一产业	第二产业	第三产业	
-	-	100	89.0	5.8	5.2	118
123.10	126.90	100	87.6	6.5	6.0	132
101.40	110.40	100	84.6	7.8	7.6	115
99.40	130.30	100	84.3	6.9	8.8	126
91.40	106.60	100	85.4	5.8	8.8	139
143.40	125.30	100	80.8	9.1	10.2	148
121.30	99.90	100	76.4	12.2	11.4	138
110.10	102.40	100	68.7	16.8	14.4	114
95.80	108.60	100	69.2	16.1	14.7	120
97.60	90.20	100	68.7	15.6	15.8	113
78.90	80.60	100	78.9	11.1	10.0	131
115.90	113.70	100	80.4	10.4	9.1	149
90.10	98.80	100	78.5	10.8	10.6	130
109.10	106.70	100	81.9	9.3	8.8	159
95.10	106.90	100	81.6	9.6	8.9	154
96.60	105.60	100	81.4	8.9	9.7	149
120.70	110.90	100	79.3	9.9	10.9	161
142.50	119.60	100	71.0	15.3	13.7	145
86.60	101.60	100	75.3	12.9	11.7	161
121.90	103.60	100	70.8	14.8	14.4	180
126.70	105.60	100	65.9	17.4	16.7	200
96.60	108.90	100	60.3	22.0	17.7	193
122.30	112.50	100	61.3	20.8	17.8	201
116.50	113.60	100	58.6	23.2	18.2	210
99.80	99.40	100	60.7	20.7	18.6	217
112.30	106.10	100	54.6	26.5	18.9	224
99.60	104.00	100	55.6	25.1	19.2	229
121.20	104.80	100	63.6	20.0	16.5	267
96.80	111.70	100	55.6	25.1	19.2	245
101.00	105.90	100	61.4	21.6	17.0	292
98.90	112.60	100	65.3	17.1	17.7	363
117.30	113.80	100	63.6	17.3	19.1	379
117.30	113.80	100	60.0	20.9	19.2	413
107.50	98.20	100	60.2	20.9	18.9	439
130.80	110.30	100	59.2	24.0	16.8	524

1952—2020 年浠水县

年份	地区生产总值(万元) 合计	第一产业	第二产业	第三产业	地区生产总值 合计	第一产业
1987	51802	32326	9617	9859	101.80	103.80
1988	61025	37124	12539	11362	104.30	101.40
1989	70560	42400	15889	12271	106.60	105.80
1990	75339	50229	12646	12464	100.50	102.90
1991	73837	46207	14375	13255	104.90	97.20
1992	89394	49072	20662	19660	117.50	108.10
1993	130161	63745	36081	30335	112.30	102.10
1994	182564	90453	36279	55833	114.40	106.50
1995	206327	107297	39017	60013	109.60	104.60
1996	230882	124910	41318	64654	108.60	106.70
1997	244493	125696	46665	72132	108.80	106.60
1998	257343	122663	53946	80734	104.90	96.10
1999	266673	112814	62680	91179	108.30	103.10
2000	281236	107111	72586	101539	107.20	99.20
2001	305704	110948	81296	113460	103.90	103.10
2002	327409	110083	89995	127331	107.10	98.90
2003	349018	119962	95755	133301	107.40	110.00
2004	397183	148265	101883	147036	112.90	115.30
2005	444537	164236	118535	161766	110.80	108.10
2006	483826	167945	131125	184756	106.39	101.61
2007	580125	223115	153689	203321	114.57	127.00
2008	753356	284623	218987	249746	114.34	112.38
2009	852087	320598	255689	275800	113.32	112.77
2010	1011235	351625	336102	323508	113.06	104.51
2011	1152965	381025	380145	391795	113.49	105.38
2012	1307721	410245	442239	455237	112.50	104.86
2013	1479215	477325	480125	521765	109.19	104.79
2014	1620356	498965	523789	597602	109.21	104.54
2015	1744883	521018	540739	683126	107.55	104.46
2016	1915049	564547	567111	783391	107.30	103.20
2017	2146518	598986	635141	912391	107.30	103.30
2018	2361257	598879	665144	1097234	107.30	102.20
2019	2510343	644033	682363	1183947	106.70	103.40
2020	2360288	699026	529428	1131834	91.53	99.83

地区生产总值(二)

发展速度(上年=100)		三次产业结构(%)				人均地区生产总值(元/人)
第二产业	第三产业	合计	第一产业	第二产业	第三产业	
82.60	119.60	100	62.4	18.6	19.0	586
126.10	90.70	100	60.8	20.5	18.6	682
114.00	98.80	100	60.1	22.5	17.4	775
101.80	89.10	100	66.7	16.8	16.5	810
124.30	119.70	100	62.6	19.5	18.0	779
141.20	124.80	100	54.9	23.1	22.0	931
122.80	132.10	100	49.0	27.7	23.3	1340
121.20	125.90	100	49.5	19.9	30.6	1865
116.10	112.80	100	52.0	18.9	29.1	2086
107.70	113.50	100	54.1	17.9	28.0	2308
110.00	111.50	100	51.4	19.1	29.5	2420
111.20	113.50	100	47.7	21.0	31.4	2520
113.00	110.90	100	42.3	23.5	34.2	2587
112.30	112.70	100	38.1	25.8	36.1	2869
98.80	108.50	100	36.3	26.6	37.1	3302
110.60	113.40	100	33.6	27.5	38.9	3533
108.30	104.40	100	34.4	27.4	38.2	3763
115.10	109.70	100	37.3	25.7	37.0	4285
114.80	110.40	100	36.9	26.7	36.4	4743
105.69	111.68	100	34.7	27.1	38.2	5095
112.10	105.04	100	38.5	26.5	35.0	6075
125.49	108.06	100	37.8	29.1	33.2	7913
116.93	110.78	100	37.6	30.0	32.4	9006
125.20	111.75	100	34.8	33.2	32.0	11116
119.64	115.92	100	33.0	33.0	34.0	13202
114.57	117.81	100	31.4	33.8	34.8	14949
109.27	112.99	100	32.3	32.5	35.3	16884
108.88	113.36	100	30.8	32.3	36.9	18289
105.86	111.50	100	29.9	31.0	39.2	19640
105.50	111.90	100	29.5	29.6	40.9	21735
107.20	110.10	100	27.9	29.6	42.5	24355
107.60	110.50	100	25.4	28.2	46.5	26848
106.30	109.00	100	25.7	27.2	47.2	28619
79.91	94.72	100	29.6	22.4	48.0	30234

1952—2020年蕲春县

年份	地区生产总值(万元) 合计	第一产业	第二产业	第三产业	地区生产总值 合计	第一产业
1952	3775	2650	493	632	—	—
1953	4790	3145	592	1053	101.79	106.07
1954	5267	3140	749	1378	104.35	103.57
1955	7181	5077	841	1263	112.27	122.69
1956	8778	5944	1323	1511	117.76	112.75
1957	10059	6700	1492	1867	115.99	115.25
1958	10433	6695	1484	2254	99.90	95.64
1959	11397	6544	2561	2292	108.63	93.58
1960	12874	7720	2899	2255	107.34	112.15
1961	12574	7669	2765	2140	90.49	96.85
1962	14544	9421	2488	2635	115.66	122.86
1963	16990	11639	2439	2912	109.11	111.71
1964	16887	11265	2392	3230	94.49	89.14
1965	19048	13144	2639	3265	111.85	116.66
1966	19395	12779	3316	3300	102.39	97.22
1967	19980	13131	3375	3474	103.13	102.77
1968	18045	12183	2833	3029	89.90	92.79
1969	17994	11129	3573	3292	99.75	89.15
1970	20937	13589	3716	3632	115.37	122.09
1971	24216	16340	4056	3820	115.41	120.23
1972	25671	16746	4734	4191	103.57	102.48
1973	25463	16135	4787	4541	99.32	96.35
1974	27165	17603	4991	4571	106.62	109.11
1975	27180	17231	5113	4836	98.04	94.66
1976	30035	19351	5461	5223	110.48	112.29
1977	30217	18719	5912	5586	100.70	96.73
1978	31339	19092	6158	6089	103.71	101.99
1979	34273	21284	6349	6640	109.36	111.48
1980	37496	23728	6527	7241	95.91	88.80
1981	41456	26725	6906	7825	102.93	101.60
1982	45793	30200	7137	8456	107.14	107.09
1983	45876	26718	8482	10676	100.97	93.38
1984	48565	26922	9962	11681	101.95	100.41
1985	60355	31539	12545	16271	106.81	105.15
1986	65743	35086	13857	16800	104.72	102.98

地区生产总值(一)

发展速度(上年=100)		三次产业结构(%)				人均地区生产总值(元/人)
第二产业	第三产业	合计	第一产业	第二产业	第三产业	
–	–	100	70.2	13.1	16.7	75
99.77	112.98	100	65.7	12.4	22.0	94
108.39	119.60	100	59.6	14.2	26.2	102
112.34	85.53	100	70.7	11.7	17.6	138
138.55	119.46	100	67.7	15.1	17.2	168
118.95	115.79	100	66.6	14.8	18.6	190
93.24	120.70	100	64.2	14.2	21.6	197
142.45	101.76	100	57.4	22.5	20.1	221
105.03	98.36	100	60.0	22.5	17.5	258
76.85	90.86	100	61.0	22.0	17.0	254
90.02	123.11	100	64.8	17.1	18.1	289
98.01	110.56	100	68.5	14.4	17.1	328
94.20	110.87	100	66.7	14.2	19.1	317
110.37	101.09	100	69.0	13.9	17.1	348
125.58	101.08	100	65.9	17.1	17.0	344
101.78	105.27	100	65.7	16.9	17.4	345
83.92	87.19	100	67.5	15.7	16.8	301
126.11	108.68	100	61.8	19.9	18.3	290
103.99	110.31	100	64.9	17.7	17.3	327
109.14	105.14	100	67.5	16.7	15.8	368
101.70	109.73	100	65.2	18.4	16.3	381
101.15	108.37	100	63.4	18.8	17.8	370
104.26	100.67	100	64.8	18.4	16.8	387
102.45	105.84	100	63.4	18.8	17.8	383
106.83	108.03	100	64.4	18.2	17.4	418
108.26	106.96	100	61.9	19.6	18.5	416
103.45	109.03	100	60.9	19.6	19.4	428
102.78	109.07	100	62.1	18.5	19.4	463
103.28	107.12	100	63.3	17.4	19.3	504
102.05	108.07	100	64.5	16.7	18.9	553
106.25	108.06	100	65.9	15.6	18.5	606
123.65	105.13	100	58.2	18.5	23.3	602
102.77	105.34	100	55.4	20.5	24.1	633
111.74	106.34	100	52.3	20.8	27.0	780
107.49	106.36	100	53.4	21.1	25.6	839

1952—2020 年蕲春县

年份	地区生产总值(万元) 合计	第一产业	第二产业	第三产业	地区生产总值 合计	第一产业
1987	69688	36409	15935	17344	106.46	106.29
1988	74908	36635	20262	18011	103.45	100.39
1989	81575	39108	23888	18579	106.69	104.34
1990	83973	38842	24892	20239	105.83	101.57
1991	89263	37751	25138	26374	102.34	100.18
1992	103634	44492	26183	32959	110.33	111.72
1993	118661	50647	32075	35939	112.56	101.88
1994	147371	62960	36084	48327	112.11	103.34
1995	166312	86606	40053	39653	119.50	109.97
1996	198909	99556	50627	48726	119.60	116.07
1997	237497	101872	62838	72787	119.40	111.22
1998	280484	95289	75280	109915	118.10	90.10
1999	309374	97311	83252	128811	110.03	106.05
2000	319041	96729	92826	129486	109.67	123.46
2001	342314	97681	102851	141782	105.60	100.25
2002	354014	97185	102851	153978	101.50	95.68
2003	359930	89824	110544	159562	103.11	92.43
2004	398800	102626	121400	174774	109.90	110.83
2005	443136	114495	136493	192148	109.27	104.93
2006	476742	118425	147612	210705	105.51	101.40
2007	567385	146836	181245	239304	113.13	117.92
2008	722136	188798	240498	292840	115.33	116.51
2009	811802	225336	258320	328146	113.18	120.13
2010	959724	256341	308415	394968	113.33	109.08
2011	1204235	322425	408126	473684	113.01	104.41
2012	1315789	338687	470198	506904	109.37	104.19
2013	1499102	393125	507145	598832	110.34	104.34
2014	1653124	410845	553625	688654	109.69	104.50
2015	1765159	411647	568272	785240	108.34	104.47
2016	1917948	419693	605058	893197	107.90	103.10
2017	2198541	476492	685516	1036533	107.90	103.30
2018	2472972	475545	748201	1249226	107.40	102.20
2019	2656134	509976	797693	1348465	107.10	103.40
2020	2476423	554542	711349	1210532	92.65	99.83

地区生产总值(二)

发展速度(上年=100)		三次产业结构(%)				人均地区生产总值(元/人)
第二产业	第三产业	合计	第一产业	第二产业	第三产业	
109.44	103.85	100	52.2	22.9	24.9	871
109.51	104.67	100	48.9	27.0	24.0	911
113.74	104.49	100	47.9	29.3	22.8	968
116.92	102.59	100	46.3	29.6	24.1	980
100.99	108.64	100	42.3	28.2	29.5	1027
103.76	115.63	100	42.9	25.3	31.8	1177
115.30	129.56	100	42.7	27.0	30.3	1330
119.73	117.63	100	42.7	24.5	32.8	1636
126.84	124.59	100	52.1	24.1	23.8	1829
110.38	132.90	100	50.1	25.5	24.5	2163
124.60	123.22	100	42.9	26.5	30.6	2556
119.80	141.89	100	34.0	26.8	39.2	2985
110.60	111.90	100	31.5	26.9	41.6	3259
111.27	101.08	100	30.3	29.1	40.6	3344
111.85	105.23	100	28.5	30.0	41.4	3580
97.62	108.90	100	27.5	29.1	43.5	3689
107.48	107.11	100	25.0	30.7	44.3	3740
109.82	109.42	100	25.7	30.4	43.8	4130
110.84	110.66	100	25.8	30.8	43.4	5125
106.09	107.54	100	24.8	31.0	44.2	6241
116.72	107.93	100	25.9	31.9	42.2	6854
120.31	110.85	100	26.1	33.3	40.6	8108
108.07	112.90	100	27.8	31.8	40.4	9102
114.48	115.33	100	26.7	32.1	41.2	11064
123.38	110.51	100	26.8	33.9	39.3	14485
113.22	109.19	100	25.7	35.7	38.5	16652
108.38	115.61	100	26.2	33.8	39.9	19594
108.80	113.18	100	24.9	33.5	41.7	21416
105.06	112.89	100	23.3	32.2	44.5	22773
107.00	110.90	100	21.9	31.5	46.6	24638
108.60	109.70	100	21.7	31.2	47.1	28150
107.70	109.70	100	19.2	30.3	50.5	31636
107.70	108.30	100	19.2	30.0	50.8	33968
91.81	90.29	100	22.4	28.7	48.9	31421

1952—2020年武穴市

年份	地区生产总值(万元) 合计	第一产业	第二产业	第三产业	地区生产总值 合计	第一产业
1952	4085	3149	276	660	—	—
1953	4440	3458	287	695	104.50	104.60
1954	4136	3078	348	710	93.20	89.00
1955	4853	3682	385	786	117.30	119.60
1956	5864	4359	555	950	120.80	118.40
1957	5672	4132	608	932	96.70	94.80
1958	5999	4093	910	996	101.70	94.30
1959	4895	3038	1049	808	81.60	74.20
1960	4788	3009	918	861	97.80	99.00
1961	4183	2700	730	753	87.40	89.70
1962	5240	3587	710	943	125.30	132.90
1963	5965	4132	730	1103	113.80	115.20
1964	5951	4118	742	1091	99.80	99.70
1965	6797	4811	814	1172	114.20	116.80
1966	7306	5217	800	1289	107.50	108.40
1967	6106	4290	708	1108	83.60	82.20
1968	6155	4297	715	1143	100.80	100.20
1969	6174	4011	991	1172	100.30	93.30
1970	6579	4248	1055	1276	106.60	105.90
1971	7969	4972	1418	1579	116.50	111.50
1972	8212	4969	1583	1660	103.00	99.90
1973	7768	4589	1576	1603	94.60	92.40
1974	8638	4985	1836	1817	111.20	108.60
1975	9211	5037	2198	1976	106.60	101.00
1976	10718	6654	1718	2346	116.40	132.10
1977	10056	6235	1579	2242	93.80	93.70
1978	10750	6644	1708	2398	106.90	106.60
1979	13842	7772	3004	3066	128.80	117.00
1980	17470	8562	3670	5238	126.20	110.70
1981	18349	8524	4301	5524	110.40	95.30
1982	26095	13829	6025	6241	136.00	148.90
1983	26194	12841	7223	6130	112.40	90.80
1984	32040	15899	9324	6817	113.60	107.70
1985	36733	18560	9869	8304	106.70	105.90
1986	45342	26473	10719	8150	109.10	107.30

地区生产总值(一)

发展速度(上年=100)		三次产业结构(%)				人均地区生产
第二产业	第三产业	合计	第一产业	第二产业	第三产业	总值(元/人)
-	-	100	77.1	6.8	16.2	119
103.30	104.60	100	77.9	6.5	15.7	129
120.60	101.60	100	74.4	8.4	17.2	118
110.90	110.90	100	75.9	7.9	16.2	135
143.80	120.60	100	74.3	9.5	16.2	160
109.30	97.90	100	72.8	10.7	16.4	152
146.90	104.90	100	68.2	15.2	16.6	160
114.70	80.70	100	62.1	21.4	16.5	131
87.60	106.60	100	62.8	19.2	18.0	130
79.60	87.60	100	64.5	17.5	18.0	115
97.60	125.60	100	68.5	13.5	18.0	140
102.90	117.10	100	69.3	12.2	18.5	154
101.60	98.90	100	69.2	12.5	18.3	149
109.90	107.60	100	70.8	12.0	17.2	166
98.30	110.10	100	71.4	10.9	17.6	173
88.40	85.90	100	70.3	11.6	18.1	142
100.90	103.10	100	69.8	11.6	18.6	139
138.00	102.10	100	65.0	16.1	19.0	134
106.40	108.80	100	64.6	16.0	19.4	138
131.30	120.90	100	62.4	17.8	19.8	163
111.50	105.00	100	60.5	19.3	20.2	165
99.50	96.50	100	59.1	20.3	20.6	153
116.40	113.30	100	57.7	21.3	21.0	168
119.50	108.60	100	54.7	23.9	21.5	177
78.50	119.20	100	62.1	16.0	21.9	203
91.90	95.60	100	62.0	15.7	22.3	189
108.20	106.90	100	61.8	15.9	22.3	200
175.30	127.50	100	56.1	21.7	22.1	256
121.20	169.50	100	49.0	21.0	30.0	320
132.70	119.40	100	46.5	23.4	30.1	332
142.00	114.50	100	53.0	23.1	23.9	467
144.30	118.20	100	49.0	27.6	23.4	463
125.10	107.80	100	49.6	29.1	21.3	561
100.70	115.90	100	50.5	26.9	22.6	634
115.10	104.00	100	58.4	23.6	18.0	769

1952—2020 年武穴市

年份	地区生产总值(万元) 合计	第一产业	第二产业	第三产业	地区生产总值 合计	第一产业
1987	46134	25756	11617	8761	97.00	100.30
1988	51709	26386	15531	9792	104.10	97.60
1989	59400	30336	16955	12109	108.20	102.50
1990	67426	35354	19020	13052	113.40	105.40
1991	76646	37980	25198	13468	110.40	107.20
1992	84405	37257	30288	16860	109.40	99.60
1993	115125	47592	44050	23483	119.20	105.50
1994	169836	67298	64425	38113	117.60	106.40
1995	217876	81475	83362	53039	119.30	104.20
1996	270156	96730	108437	64989	122.60	115.70
1997	318850	99462	130296	89092	122.50	110.00
1998	312433	91570	127707	93156	110.00	88.30
1999	320493	88578	136321	95594	108.60	104.00
2000	334195	83994	144786	105415	109.40	101.50
2001	345416	82659	145317	117440	108.50	101.60
2002	353366	81917	147389	124060	108.20	98.50
2003	376591	93624	152302	130665	107.80	104.70
2004	426100	130659	153100	142341	109.30	109.40
2005	461179	149411	162195	149573	110.10	106.70
2006	522646	150432	190925	181289	111.73	99.26
2007	632035	194728	217238	220069	114.34	122.39
2008	845095	252932	318298	273865	119.71	116.25
2009	963825	277425	386098	300302	114.05	109.72
2010	1141095	318085	477542	345468	112.91	109.37
2011	1508536	417489	675746	415301	115.98	115.22
2012	1687535	431246	774198	482091	110.72	103.60
2013	1871185	466045	852845	552295	109.32	104.40
2014	2061948	486942	942836	632170	109.61	104.44
2015	2192224	474575	983387	734262	108.45	104.47
2016	2365506	475159	1042840	847507	108.00	102.90
2017	2651776	497356	1166663	987757	108.00	103.20
2018	3031923	498652	1304481	1228790	107.30	101.80
2019	3244703	533907	1380478	1330318	107.30	103.00
2020	3105971	583379	1249691	1272900	94.76	99.52

地区生产总值(二)

发展速度(上年=100)		三次产业结构(%)				人均地区生产总值(元/人)
第二产业	第三产业	合计	第一产业	第二产业	第三产业	
95.60	94.80	100	55.8	25.2	19.0	766
115.90	96.90	100	51.0	30.0	18.9	837
105.70	119.70	100	51.1	28.5	20.4	935
123.30	108.50	100	52.4	28.2	19.4	1035
124.90	100.00	100	49.6	32.9	17.6	1155
117.80	125.20	100	44.1	35.9	20.0	1263
133.40	128.50	100	41.3	38.3	20.4	1703
121.00	135.40	100	39.6	37.9	22.4	2470
124.90	135.40	100	37.4	38.3	24.3	3121
128.80	121.50	100	35.8	40.1	24.1	3821
121.40	140.20	100	31.2	40.9	27.9	4463
115.30	123.60	100	29.3	40.9	29.8	4324
111.70	107.50	100	27.6	42.5	29.8	4390
109.70	114.40	100	25.1	43.3	31.5	4734
105.90	117.90	100	23.9	42.1	34.0	5125
109.20	113.90	100	23.2	41.7	35.1	5276
107.80	109.70	100	24.9	40.4	34.7	5620
105.60	113.70	100	30.7	35.9	33.4	6869
112.40	109.50	100	32.4	35.2	32.4	8089
116.03	119.53	100	28.8	36.5	34.7	9135
107.55	114.83	100	30.8	34.4	34.8	11001
131.23	111.40	100	29.9	37.7	32.4	14085
121.31	109.62	100	28.8	40.1	31.2	15421
117.94	109.70	100	27.9	41.8	30.3	18258
116.84	115.48	100	27.7	44.8	27.5	24137
113.48	113.41	100	25.6	45.9	28.6	26368
110.73	111.47	100	24.9	45.6	29.5	28655
110.43	112.53	100	23.6	45.7	30.7	31664
108.09	111.86	100	21.6	44.9	33.5	33577
106.80	112.80	100	20.1	44.1	35.8	36117
108.50	110.30	100	18.8	44.0	37.2	40316
107.60	110.00	100	16.4	43.0	40.5	46148
107.70	108.90	100	16.5	42.5	41.0	49613
94.18	93.17	100	18.8	40.2	41.0	46542

1952—2020 年黄梅县

年份	地区生产总值(万元) 合计	第一产业	第二产业	第三产业	地区生产总值 合计	第一产业
1952	7070	6035	479	556	—	—
1953	7350	6210	525	615	102.70	102.00
1954	7535	6325	560	650	102.49	101.80
1955	7980	6480	690	810	102.22	101.50
1956	8170	6610	750	810	102.13	101.40
1957	8565	6735	862	968	102.09	101.30
1958	8870	6865	960	1045	102.09	101.11
1959	8995	6910	990	1095	102.12	101.10
1960	9392	7066	1126	1200	102.25	101.21
1961	9566	7056	1250	1260	102.49	101.31
1962	10020	7300	1360	1360	102.62	101.40
1963	10730	7450	1750	1530	102.84	101.61
1964	11830	7950	2130	1750	102.95	101.70
1965	12970	8210	2630	2130	103.05	101.80
1966	13790	8530	2830	2430	103.17	101.90
1967	15093	9023	3210	2860	103.34	102.10
1968	16080	9400	3560	3120	103.64	102.41
1969	16750	9723	3860	3167	103.86	102.70
1970	17225	9822	3928	3475	104.28	103.20
1971	18850	10530	4460	3860	104.84	103.50
1972	19810	10800	4850	4160	104.88	103.50
1973	21030	11300	5300	4430	104.98	103.60
1974	22350	11800	5600	4950	105.05	103.61
1975	23680	12530	6020	5130	105.20	103.80
1976	26610	13200	7160	6250	105.10	103.80
1977	30870	14560	8950	7360	104.85	103.49
1978	35710	16800	10260	8650	104.84	103.20
1979	36010	17230	11250	7530	105.02	103.40
1980	37453	19286	10173	7994	106.64	106.80
1981	45320	20530	13560	11230	105.09	103.40
1982	50950	21850	15600	13500	105.15	103.50
1983	56960	23150	17850	15960	105.10	103.40
1984	59790	24360	18780	16650	105.03	103.30
1985	62490	25430	19530	17530	105.00	103.30
1986	66160	26950	20850	18360	104.92	103.20

地区生产总值(一)

发展速度(上年=100)		三次产业结构(%)				人均地区生产总值(元/人)
第二产业	第三产业	合计	第一产业	第二产业	第三产业	
-	-	100	85.4	6.8	7.9	155
106.80	106.20	100	84.5	7.1	8.4	160
106.84	105.92	100	83.9	7.4	8.6	162
106.76	105.43	100	81.2	8.6	10.2	170
106.68	105.15	100	80.9	9.2	9.9	173
106.74	105.19	100	78.6	10.1	11.3	179
106.96	104.55	100	77.4	10.8	11.8	181
106.51	104.94	100	76.8	11.0	12.2	183
106.42	105.18	100	75.2	12.0	12.8	192
106.99	105.64	100	73.8	13.1	13.2	194
106.80	105.93	100	72.9	13.6	13.6	199
106.87	106.08	100	69.4	16.3	14.3	207
106.82	106.03	100	67.2	18.0	14.8	222
106.68	106.12	100	63.3	20.3	16.4	236
106.60	106.23	100	61.9	20.5	17.6	244
106.71	106.06	100	59.8	21.3	18.9	258
106.83	106.25	100	58.5	22.1	19.4	262
106.68	106.27	100	58.0	23.0	18.9	264
106.84	106.38	100	57.0	22.8	20.2	268
106.90	106.30	100	55.9	23.7	20.5	287
106.91	106.39	100	54.5	24.5	21.0	295
106.91	106.49	100	53.7	25.2	21.1	307
106.90	106.69	100	52.8	25.1	22.1	320
106.90	106.81	100	52.9	25.4	21.7	334
106.49	106.69	100	49.6	26.9	23.5	369
106.40	106.31	100	47.2	29.0	23.8	423
106.81	106.42	100	47.0	28.7	24.2	485
106.90	106.50	100	47.8	31.2	20.9	485
106.81	106.10	100	51.5	27.2	21.3	500
107.10	106.60	100	45.3	29.9	24.8	600
107.10	106.50	100	42.9	30.6	26.5	667
107.00	106.50	100	40.6	31.3	28.0	740
106.90	106.40	100	40.7	31.4	27.8	774
106.80	106.31	100	40.7	31.3	28.1	808
106.70	106.20	100	40.7	31.5	27.8	847

1952—2020 年黄梅县

年份	地区生产总值(万元) 合计	第一产业	第二产业	第三产业	地区生产总值 合计	第一产业
1987	67820	27500	21300	19020	105.00	103.30
1988	82155	39500	22650	20005	105.34	103.20
1989	98500	51429	25621	21450	105.28	103.50
1990	111699	60448	28728	22523	105.50	103.80
1991	127780	66500	34500	26780	107.50	106.31
1992	135295	68900	37500	28895	106.43	104.50
1993	147500	72350	39870	35280	106.40	104.50
1994	150035	74618	42396	33021	105.62	104.10
1995	156350	76345	42685	37320	108.50	104.20
1996	172284	80705	49563	42016	110.39	106.00
1997	188250	87387	54456	46407	109.08	108.07
1998	198870	87929	59787	51154	105.38	100.13
1999	221154	99150	65707	56297	110.38	112.40
2000	243500	108348	73405	61747	109.90	109.38
2001	280629	128915	83025	68689	115.04	118.90
2002	299014	131604	89478	77932	106.20	103.56
2003	320143	139368	94442	86333	106.80	103.80
2004	360900	162500	104500	93900	106.80	107.50
2005	406794	165937	121686	119171	110.80	107.80
2006	453426	170832	139205	143389	108.78	100.48
2007	534834	202425	167644	164765	113.15	113.68
2008	664298	248798	221389	194111	114.10	112.93
2009	755575	273945	254723	226907	114.06	110.37
2010	942632	317326	356328	268978	113.38	105.29
2011	1041448	298375	432625	310448	114.27	106.33
2012	1269653	405532	596289	267832	110.98	104.68
2013	1419589	438105	553095	428389	110.36	104.39
2014	1553126	457725	605134	490267	108.77	104.45
2015	1661248	450815	634075	576358	108.24	104.44
2016	1842927	506736	673641	662550	107.5	102.70
2017	2052108	522588	757298	772222	107.6	103.20
2018	2282608	526269	822130	934209	106.6	101.80
2019	2471237	562502	887946	1020789	107.1	103.20
2020	2353828	593457	781211	979160	95.2	99.20

地区生产总值(二)

发展速度(上年=100)		三次产业结构(%)				人均地区生产总值(元/人)
第二产业	第三产业	合计	第一产业	第二产业	第三产业	
106.80	106.10	100	40.5	31.4	28.0	853
107.20	107.12	100	48.1	27.6	24.4	1010
107.00	106.40	100	52.2	26.0	21.8	1184
107.10	106.50	100	54.1	25.7	20.2	1301
108.90	108.90	100	52.0	27.0	21.0	1441
108.60	108.70	100	50.9	27.7	21.4	1501
108.50	108.50	100	49.1	27.0	23.9	1613
106.53	108.16	100	49.7	28.3	22.0	1620
108.30	118.79	100	48.8	27.3	23.9	1668
116.44	112.44	100	46.8	28.8	24.4	1821
109.30	110.76	100	46.4	28.9	24.7	1973
109.82	110.08	100	44.2	30.1	25.7	2064
109.87	107.53	100	44.8	29.7	25.5	2271
110.44	110.19	100	44.5	30.1	25.4	2627
112.91	110.81	100	45.9	29.6	24.5	3209
105.59	111.90	100	44.0	29.9	26.1	3411
106.80	112.03	100	43.5	29.5	27.0	3644
107.50	104.91	100	45.0	29.0	26.0	4101
110.84	115.72	100	40.8	29.9	29.3	4614
111.68	117.35	100	37.7	30.7	31.6	5131
115.54	110.21	100	37.8	31.3	30.8	6039
121.35	108.17	100	37.5	33.3	29.2	7464
115.34	117.32	100	36.3	33.7	30.0	8372
127.14	107.71	100	33.7	37.8	28.5	10850
124.17	110.52	100	28.7	41.5	29.8	12349
113.49	114.40	100	31.9	47.0	21.1	14733
111.75	114.50	100	30.9	39.0	30.2	16763
109.12	112.35	100	29.5	39.0	31.6	18355
106.99	113.35	100	27.1	38.2	34.7	19244
106.90	111.80	100	27.5	36.6	36.0	21262
108.50	109.90	100	25.5	36.9	37.6	23612
107.40	109.10	100	23.1	36.0	40.9	26255
107.80	108.80	100	22.8	35.9	41.3	28425
93.32	94.65	100	25.2	33.2	41.6	28690

2012—2019年分县(市、区)

县市区	2012年 增加值	2012年 比重	2013年 增加值	2013年 比重	2014年 增加值	2014年 比重	2015年 增加值	2015年 比重
黄冈市	37.17	3.15	43.67	3.30	51.32	3.50	59.01	3.72
黄州区	2.14	1.65	2.41	1.67	2.69	1.70	2.98	1.75
团风县	0.63	1.12	0.74	1.14	0.85	1.16	0.92	1.19
红安县	3.35	3.26	3.98	3.40	4.71	3.58	5.26	3.67
麻城市	8.74	4.90	10.84	5.22	13.37	5.76	15.32	6.10
罗田县	2.13	2.40	2.55	2.51	3.02	2.68	3.37	2.77
英山县	1.18	1.80	1.35	1.85	1.60	1.98	1.76	2.05
浠水县	4.80	3.67	5.69	3.85	6.56	4.05	7.28	4.17
蕲春县	4.34	3.30	5.16	3.44	5.90	3.57	6.51	3.69
武穴市	6.04	3.58	7.15	3.82	8.29	4.02	9.08	4.14
黄梅县	4.65	3.66	5.47	3.85	6.31	4.06	6.94	4.18

文化及相关产业增加值

增加值:亿元　　占 GDP 比重:%

2016 年		2017 年		2018 年		2019 年	
增加值	比重	增加值	比重	增加值	比重	增加值	比重
68.46	3.96	80.44	4.15	94.51	4.36	86.27	3.71
3.27	1.78	3.77	1.82	4.36	1.84	5.25	2.03
1.00	1.20	1.17	1.23	1.47	1.25	1.76	1.44
6.02	3.90	6.89	4.02	7.76	4.10	6.40	3.21
18.26	6.50	22.08	7.10	26.81	7.68	18.31	4.90
3.92	3.00	4.56	3.10	4.76	3.20	4.54	2.86
2.12	2.28	2.49	2.42	2.88	2.55	2.87	2.36
8.45	4.41	9.77	4.55	11.16	4.73	11.67	4.65
7.52	3.92	8.86	4.03	10.16	4.11	8.39	3.16
10.34	4.37	11.93	4.50	14.28	4.71	15.15	4.67
8.13	4.41	9.38	4.57	10.88	4.77	11.94	4.83

三、农村经济

资料整理人员：李 瑛 汪小平

2020年分县(市、区)农村基层组织

指标名称	计量单位	黄冈市	龙感湖	黄州区	团风县
一、农村基层组织情况					
（一）乡镇政府个数	个	115	0	4	10
其中:镇个数	个	99	0	3	8
（二）办事处	个	22	7	5	0
（三）村民委员会	个	3960	56	95	294
（四）村民小组	个	37442	56	861	2343
二、农村社会基础设施					
自来水受益村数	个	3869	56	95	293
通有线电视村数	个	3926	56	95	293
通宽带村数	个	3941	56	95	293
三、乡村人口与从业					
（一）乡村户数	户	1635316	7478	50736	97342
（二）乡村人口数	人	6096751	24352	188279	331545
1.男	人	3245958	12963	104263	175034
2.女	人	2850793	11389	84016	156511
（三）乡村劳动力资源合计	人	3646003	12382	119478	185480
1.男	人	1988502	7083	63135	103542
2.女	人	1657501	5299	56343	81938
（四）乡村从业人员合计	人	3357742	10761	96412	152885
1.男	人	1835450	6379	49330	87187
其中:从事农业人员	人	678110	4847	22793	38356
2.女	人	1522292	4382	47082	65698
其中:农业从业人员	人	575829	3484	21529	30295
四、国营农林牧渔场情况					
（一）国有农林牧渔场总人口	人	71591	38297	6592	1541
（二）国有农林牧渔场从业人员	人	36369	18076	3723	1001
1.农业从业人员	人	21024	10737	527	798
2.非农业从业人员	人	15345	7339	3196	203

及户数、人口、就业人员情况表

红安县	罗田县	英山县	浠水县	蕲春县	黄梅县	麻城市	武穴市
11	12	11	13	14	16	16	8
10	10	8	12	13	12	15	8
2	0	0	0	1	0	3	4
403	414	309	623	564	460	453	289
3828	4090	2579	5817	4867	4047	6210	2744
395	414	298	580	559	448	442	289
403	408	309	623	557	458	435	289
403	409	309	623	559	459	446	289
165554	134625	103248	232000	226561	197508	257351	162913
562008	513137	340937	836300	869617	792856	959920	677800
294502	277286	180484	433000	462244	437480	508570	360132
267506	235851	160453	403300	407373	355376	451350	317668
339252	323912	221576	536200	483413	422491	605190	396629
183704	180427	120968	295000	268642	226374	328480	211147
155548	143485	100608	241200	214771	196117	276710	185482
304860	313394	207891	505200	470259	380951	571620	343509
168423	176535	112218	274000	249391	206474	315920	189593
74528	66826	41159	64000	90850	82970	128760	63021
136437	136859	95673	231200	220868	174477	255700	153916
73263	42272	37571	56000	76973	71882	105850	56710
2092	465	2961	5500	2948	3195	8000	0
1142	300	1872	2400	1340	1315	5200	0
952	101	825	800	894	790	4600	0
190	199	1047	1600	446	525	600	0

2020年分县(市、区)

指标名称	计量单位	黄冈市	龙感湖	黄州区	团风县
一、农村主要能源及物资消耗					
（一）农村用电量	万千瓦小时	230980.60	1368.00	8993.00	15450.00
（二）农用化肥施用量（按折纯法计算）	吨	302475	2745	14682	18988
1.氮肥	吨	122321	585	5396	6523
2.磷肥	吨	42650	325	3273	3328
3.钾肥	吨	28200	360	1641	2083
4.复合肥	吨	109304	1475	4372	7054
（三）农用塑料薄膜使用量	吨	8546	2	415	264
其中:地膜使用量	吨	1449	1	62	41
地膜覆盖面积	亩	499952	450	21390	14004
（四）农用柴油使用量	吨	66327	40	1609	2708
（五）农药使用量	吨	11401	41	278	924
二、农田水利建设情况					
（一）有效灌溉面积	亩	4079574	69177	117460	185620
（二）旱涝保收面积	亩	2942474	68500	107300	124430
（三）机电排灌面积	亩	1720541	68500	86700	109642

农业生产条件

红安县	罗田县	英山县	浠水县	蕲春县	黄梅县	麻城市	武穴市
15200.00	17461.60	10915.00	30852.00	36392.00	37744.00	31562.00	25043.00
45564	16142	5503	46903	38450	39565	30586	43347
20587	7013	2108	22188	18623	18355	7232	13711
9910	1351	619	2651	5637	6354	2325	6877
4054	1826	444	2964	2785	2760	2971	6312
11013	5952	2332	19100	11405	12096	18058	16447
3844	150	475	1258	413	157	1357	211
68	110	39	612	5	157	312	42
22520	36942	13200	204500	16031	52736	104026	14153
4250	2746	4961	13152	9713	12957	9411	4780
840	594	199	1600	1407	2055	1989	1474
329712	302100	162636	659700	344859	736800	715100	456410
222153	243000	126528	598600	186755	544950	367100	353158
201756	48900	33400	36890	127156	518250	235900	253447

2020 年分县(市、区)

指标名称	计量单位	黄冈市	龙感湖	黄州区	团风县
一、基本情况					
农村人口	人	6090448	24352	188227	329805
其中:男性	人	3248201	12963	104194	172951
农村劳动力资源	人	3657434	12382	118965	18648
农村从业人数	人	3369241	10761	102802	153886
二、农村劳动力转移情况					
(一)在本乡镇内从业人数	人	1692017	7624	57079	46028
1.从事农林牧渔业人员	人	1009844	5735	30101	31302
2.从事二、三产业人员	人	682173	1889	26978	14726
(二)外出从业人员规模					
1.外出从业人员	人	1677224	3137	45723	107858
其中:男性	人	1003627	1843	26036	67610
① 按文化程度分					
小学及以下	人	240967	53	7294	15797
初中	人	920702	1988	25876	61791
高中及以上	人	515555	1096	12553	30270
② 按年龄状况分					
20岁以下	人	198425	253	8193	9934
21岁-49岁	人	1193557	2410	31379	68599
50岁以上	人	285242	474	6151	29325
2.外出渠道					
①政府有关部门组织	人	220701	0	5612	11975
②中介组织介绍	人	125475	13	3792	8449
③企业招收	人	235404	380	7306	17207
④自发及其他	人	1095644	2744	29013	70227
3.外出从业时间					
1个月-3个月	人	175173	75	4102	15411
3个月-6个月	人	398350	102	11053	32629
6个月以上	人	1103701	2960	30568	59818
4.外出地点					
①县内乡外	人	240999	359	15165	22946
②省内县外	人	473675	750	11252	43705
其中:省内市(州)外	人	328564	524	5321	26277
其中:武汉	人	239316	513	3361	21277
宜昌	人	25653	8	303	2131
襄阳	人	18686	3	1657	1708
③省外(不含港澳台及境外)	人	958342	2028	19306	40506
④港、澳、台	人	2335	0	0	89
⑤境外	人	1873	0	0	612
5.外出地域					
①东部	人	802553	1962	14643	35210
其中:北京	人	94004	36	912	2497
上海	人	116443	90	1628	3113
广东	人	270581	1172	4089	18113
浙江	人	148092	377	1521	4222
江苏	人	131366	200	4693	3120
②中部	人	758323	1109	26706	66651

农村劳动力转移情况（一）

红安县市	罗田县	英山县	浠水县	蕲春县	黄梅县	麻城市	武穴市
573240	513602	343161	815200	872565	784576	967920	677800
295400	277486	180459	432800	462244	436512	513060	360132
333800	324212	231334	536200	483413	416558	617460	396629
296300	313694	209093	505200	471417	385759	576820	343509
143100	148629	106841	253200	222515	249041	312590	145370
84000	104812	59455	101000	135312	154456	210580	93091
59100	43817	47386	152200	87203	94585	102010	52279
153200	165065	102252	252000	248902	136718	264230	198139
89800	94611	67937	145200	144275	73556	165540	127219
22800	14123	12819	43400	42100	24406	38230	19945
85200	84830	58457	133800	136415	79130	148090	105125
45200	66112	30976	74800	70387	33182	77910	73069
33600	12254	9876	30800	30720	14817	30930	17048
75600	125612	80605	176700	167069	120358	197760	147465
44000	27199	11771	44500	51113	1543	35540	33626
18500	17605	14566	22300	44405	7955	17920	59863
11900	15929	12171	18500	18469	663	22760	12829
34800	29833	12070	43100	35436	878	35570	18824
88000	101698	63445	168100	150592	127222	187980	106623
24300	14560	9078	21200	21592	4108	42110	18637
42500	51633	22048	41100	54203	33150	67230	42702
86400	98872	71126	189700	173107	99460	154890	136800
32300	14585	13567	22400	36285	24076	41120	18196
59400	40508	23044	71000	63587	53667	66170	40592
27200	38239	18156	56800	38426	23100	64330	30191
18300	24205	7980	35200	28716	21058	55910	22796
5200	1293	2394	1580	5706	411	2920	3707
3500	595	2095	1420	3502	325	990	2891
61200	109804	65467	157800	147789	58845	156450	139147
175	37	78	200	1039	75	490	152
125	131	96	600	202	55	0	52
45100	104091	45289	134600	129607	54818	126560	110673
8123	3870	5886	34000	15860	9755	4960	8105
5763	21140	7581	24500	22727	10140	8970	10791
20157	32636	8679	64000	38734	13310	39280	30411
5742	19129	7382	6800	26338	10952	25850	39779
4900	14964	6684	5300	21461	9865	45120	15059
100863	55512	40927	109900	102172	80324	110310	63849

2020 年分县(市、区)

指标名称	计量单位	黄冈市	龙感湖	黄州区	团风县
③西部	人	84534	36	605	1369
④东北地区	人	27606	30	3769	3927
6.外出从业人员从事行业					
①第一产业	人	126295	588	5157	11590
②第二产业	人	864222	1358	26073	60594
其中:建筑业	人	410523	506	8376	37014
制造业	人	332176	639	13573	17321
③第三产业	人	686707	1191	14493	35674
7.外出从业形式					
①务工	人	1292722	2441	37566	77825
②自营	人	214471	416	2973	8833
③其他	人	170031	280	5184	21200
8.外出从业人员职业技能培训情况					
①参加过职业技能培训	人	493937	902	10264	20676
其中:参加过政府举办的技能培训	人	239889	36	6189	10250
②持有职业技术资格证书	人	234315	303	6187	11383
9.劳务收入					
劳务经济总收入(年)	万元	5803849.55	12705	141892	284978
其中:月收入1000元以下	人	26903	0	0	1691
1001元-2000元	人	226867	0	4491	12309
2001元-3000元	人	550790	598	12376	24373
3001元-4000元	人	539663	1172	17363	29385
4000元以上	人	333001	1367	11493	40100
10.从业环境					
①雇主拖欠工资人数	人	13466	0	0	571
②从事高危、有害工作人数	人	68805	0	1023	4810
③致伤致残人数	人	3576	0	0	248
④享受劳保补贴人数	人	329959	157	4589	13392
11.社会保障					
与雇主签定劳动合同	人	813577	638	24693	40244
参与养老保险人数	人	1062119	1023	30105	51853
参与医疗保险人数	人	1171438	2387	31987	57906
参与失业保险人数	人	243323	58	6235	11082
参与生育保险人数	人	189875	17	4139	8160
参与工伤保险人数	人	429310	58	8293	23999
12.返乡情况					
(1)全年外出返乡人员数	人	209883	10	1979	7838
返乡原因					
①企业关停或裁员	人	62007	0	0	1134
②找不到工作	人	32849	0	0	853
③工资水平低	人	41357	0	723	1730
④其他原因	人	73670	10	1256	4121
(2)返乡人员再就业情况					
①本地务农	人	38006	4	418	1562
②在本地从事二、三产业	人	66217	0	943	2007
③再次外出从业	人	82762	6	158	3930
(3)农民工返乡创业人数	人	11772	0	126	629

农村劳动力转移情况（二）

红安县	罗田县	英山县	浠水县	蕲春县	黄梅县	麻城市	武穴市
4520	4562	15662	4100	11220	1358	25920	15182
2417	732	200	2600	4662	88	950	8231
16700	4387	8579	20000	25660	1085	23110	9439
81000	103630	59155	120000	123223	80077	84590	124522
27300	42836	8579	69000	47957	39775	73250	55930
33500	56525	13367	51000	49642	40302	6150	50157
55500	57048	34518	112000	100019	55556	156530	64178
116500	130335	79107	189000	188405	106091	216910	148542
21300	19907	21249	20100	30104	24822	27510	37257
15400	14823	1896	42900	30393	5805	19810	12340
90300	37539	59155	71100	43789	48815	60090	51307
28300	11887	29628	42000	20760	39000	24980	26859
28000	15494	23642	39500	18761	20100	31090	39855
430559	592801	273588	895883	980010.55	512985	936923	741525
8700	985	0	1300	2711	88	11260	168
29100	7858	26833	48700	21691	9180	54310	12395
57800	34695	63741	90000	55223	65545	83810	62629
23600	53580	11472	97000	93847	59807	85470	66967
34000	67947	206	15000	75430	2098	29380	55980
4400	786	599	1800	2481	1255	1120	454
8020	5791	10175	12000	5518	818	15330	5320
195	262	72	500	1962	66	95	176
43300	21417	53070	44800	23633	17059	68620	39922
59300	94220	79905	104000	91781	61200	135570	122026
108000	94992	78907	205500	109702	85500	115620	180917
126800	103504	95666	249600	122537	85000	112530	183521
24200	69772	34017	13500	31310	11500	13010	28639
24200	56829	21148	10900	20379	8100	12610	23393
44200	76243	41499	49600	47747	5500	70250	61921
30900	12330	833	39500	33005	28415	33170	21903
1475	2064	5	8900	9830	13320	21160	4119
735	2008	127	7400	4091	8145	5820	3670
1152	3091	298	17800	5712	2042	3940	4869
27538	5167	403	5400	13372	4908	2250	9245
3611	2789	189	8400	7954	1350	9180	2549
4623	3994	549	11800	9673	14980	10140	7508
11400	5547	95	12000	11845	12085	13850	11846
835	380	20	1800	1067	450	5390	1075

2020 年分县(市、区)

指标名称	计量单位	黄冈市	龙感湖	黄州区	团风县
全年粮食面积	亩	5915902	58559	96036	262642
产量	吨	2691071	33360	31426	109793
亩产	公斤/亩	455	570	327	418
一、谷物面积	亩	5371651	57559	88097	252660
产量	吨	2591837	33260	30391	107788
亩产	公斤/亩	483	578	345	427
其中：夏收谷物面积	亩	541703	1048	45466	24880
产量	吨	113019	218	8402	5023
亩产	公斤/亩	209	208	184	202
秋收谷物面积	亩	4829948	56511	42631	227780
产量	吨	2478818	33042	21989	102765
亩产	公斤/亩	513	576	518	458
(一)稻谷面积	亩	4683517	56098	35727	225714
产量	吨	2434636	32921	19710	102199
亩产	公斤/亩	520	587	0	453
1.早稻面积	亩	593300	0	600	15700
产量	吨	221837	0	213	5672
亩产	公斤/亩	374	0	356	361
2.中稻(含一季晚)面积	亩	3365499	56098	34078	189419
产量	吨	1876769	32921	19000	87786
亩产	公斤/亩	558	587	557	463
3.双季晚稻面积	亩	724718	0	1049	20595
产量	吨	336030	0	497	8741
亩产	公斤/亩	464	0	478	424
(二)小麦面积	亩	539264	1048	45466	24880
产量	吨	112506	218	8402	5023
亩产	公斤/亩	209	208	185	211
冬小麦面积	亩	539264	1048	45466	24880
产量	吨	112506	218	8402	5023
亩产	公斤/亩	209	208	184	211
(三)玉米面积	亩	142029	413	6904	1497
产量	吨	42953	121	2279	424
亩产	公斤/亩	302	293	330	283
(四)其他谷物面积	亩	6841	0	0	569
产量	吨	1742	0	0	142
亩产	公斤/亩	254	0	0	250
1.高粱面积	亩	2033	0	0	0
产量	吨	550	0	0	0
亩产	公斤/亩	270	0	0	0

粮食作物生产情况（一）

红安县	罗田县	英山县	浠水县	蕲春县	黄梅县	麻城市	武穴市
464825	622258	277086	823330	970729	904634	745163	690640
179338	258360	105423	410915	451826	423073	361046	326511
385	415	380	499	465	468	485	473
399885	548743	222959	770359	881111	817643	689189	643446
164855	246214	95244	401352	433436	410283	350113	318901
412	449	427	776	192	502	508	496
23650	110709	39889	17405	8874	119196	81199	69387
4669	26270	7563	3710	2583	24072	16480	14029
197	237	190	213	291	202	203	202
376235	438034	183070	752954	872237	698447	607990	574059
160186	219944	87681	397642	430853	386211	333633	304872
486	502	479	563	542	553	549	531
369589	411872	165704	738595	863366	664411	591084	561357
158429	211731	82590	393113	428243	375175	328477	302048
428	514	498	569	496	565	556	538
50600	6400	6900	138900	249900	33700	54800	35800
18279	2397	2489	51749	93607	13017	20910	13504
361	375	361	373	375	386	382	377
259928	397289	150524	433300	317195	571760	480208	475700
116694	205762	76337	261046	194193	337127	280901	265002
449	518	507	602	612	590	585	557
59061	8183	8280	166395	296271	58951	56076	49857
23456	3572	3764	80318	140443	25031	26666	23542
397	437	455	483	474	425	476	472
23650	110197	39889	17405	6947	119196	81199	69387
4669	26182	7563	3710	2158	24072	16480	14029
197	238	190	213	311	202	203	202
23650	110197	39889	17405	6947	119196	81199	69387
4669	26182	7563	3710	2158	24072	16480	14029
197	238	190	213	311	202	203	202
6646	25453	17366	14359	7547	32236	16906	12702
1757	8029	5091	4529	2244	10499	5156	2824
264	315	293	315	297	326	305	222
0	1221	0	0	3251	1800	0	0
0	272	0	0	791	537	0	0
0	223	0	0	243	298	0	0
0	709	0	0	1324	0	0	0
0	184	0	0	366	0	0	0
0	260	0	0	276	0	0	0

2020 年分县(市、区)

指标名称	计量单位	黄冈市	龙感湖	黄州区	团风县
2.大麦面积	亩	699	0	0	0
产量	吨	132	0	0	0
亩产	公斤/亩	189	0	0	0
3.其他面积	亩	4109	0	0	569
产量	吨	1060	0	0	142
亩产	公斤/亩	258	0	0	250
二、豆类面积	亩	254636	1000	6450	3977
产量	吨	28215	100	745	597
亩产	公斤/亩	111	100	115	150
其中:夏收豆类面积	亩	3022	0	0	195
产量	吨	287	0	0	21
亩产	公斤/亩	95	0	0	108
(一)大豆面积	亩	234566	1000	6450	3587
产量	吨	26005	100	745	557
亩产	公斤/亩	111	100	115	155
(二)绿豆面积	亩	8290	0	0	195
产量	吨	929	0	0	19
亩产	公斤/亩	112	0	0	99
(三)红小豆面积	亩	2852	0	0	0
产量	吨	248	0	0	0
亩产	公斤/亩	87	0	0	0
(四)其他杂豆面积	亩	8928	0	0	195
产量	吨	1033	0	0	21
亩产	公斤/亩	116	0	0	108
三、薯类面积	亩	289615	0	1489	6005
产量(五折一计算)	吨	71019	0	290	1408
亩产	公斤/亩	245	0	0	234
其中:夏收薯类面积	亩	150700	0	800	3700
产量(五折一计算)	吨	31913	0	160	758
亩产	公斤/亩	212	0	200	205
(一)马铃薯面积	亩	214221	0	1391	4428
产量(五折一计算)	吨	50822	0	270	938
亩产	公斤/亩	237	0	0	212
(二)甘薯面积	亩	75394	0	98	1577
产量(五折一计算)	吨	20197	0	20	470
亩产	公斤/亩	268	0	207	298

粮食作物生产情况（二）

红安县	罗田县	英山县	浠水县	蕲春县	黄梅县	麻城市	武穴市
0	512	0	0	187	0	0	0
0	88	0	0	44	0	0	0
0	172	0	0	235	0	0	0
0	0	0	0	1740	1800	0	0
0	0	0	0	381	537	0	0
0	0	0	0	219	298	0	0
14202	50179	12963	18746	31015	64117	25498	26489
1566	5676	1339	1964	3656	7146	2777	2649
110	113	103	105	117	111	109	100
0	1225	0	0	900	577	0	125
0	128	0	0	81	45	0	12
0	104	0	0	90	78	0	96
14202	47094	12592	15741	23934	61367	22602	25997
1566	5338	1308	1607	2896	6825	2462	2601
110	113	104	102	121	111	109	100
0	1548	217	505	938	1624	2896	367
0	174	18	41	94	232	315	36
0	112	83	82	101	143	109	98
0	312	154	0	1837	549	0	0
0	36	13	0	155	44	0	0
0	115	84	0	84	80	0	0
0	1225	0	2500	4306	577	0	125
0	128	0	316	511	45	0	12
0	104	0	126	120	78	0	96
50738	23336	41164	34225	58603	22874	30476	20705
12917	6470	8840	7599	14734	5644	8156	4961
254	277	215	534	251	247	268	240
9800	6300	28500	29800	41900	7600	14800	7500
1979	1287	5950	6149	9100	1659	3106	1765
201	204	209	206	217	218	210	235
14539	11196	38416	33413	50848	21301	23523	15166
3478	2849	8310	7343	12268	5203	6352	3811
239	254	216	220	241	244	270	251
36199	12140	2748	812	7755	1573	6953	5539
9439	3621	530	256	2466	441	1804	1150
260	298	193	315	318	280	259	208

2020 年分县(市、区)

指标名称	计量单位	黄冈市	龙感湖	黄州区	团风县
经济作物面积	亩	6511102	20610	258199	223461
一、油料作物面积	亩	3030213	3000	36740	103650
产量	吨	530123	466	5525	14383
亩产	公斤/亩	175	155	150	139
(一)花生面积	亩	715936	0	2745	18150
产量	吨	171113	0	611	3596
亩产	公斤/亩	239	0	223	198
(二)油菜籽面积	亩	2164200	3000	30600	53850
产量	吨	344400	466	4608	8493
亩产	公斤/亩	159	155	151	158
(三)芝麻面积	亩	142962	0	1819	31650
产量	吨	12341	0	131	2294
亩产	公斤/亩	86	0	72	72
(四)胡麻子面积	亩	0	0	0	0
产量	吨	0	0	0	0
亩产	公斤/亩	0	0	0	0
(五)葵花籽面积	亩	4653	0	0	0
产量	吨	596	0	0	0
亩产	公斤/亩	128	0	0	0
(六)其它油料面积	亩	2462	0	1576	0
产量	吨	1673	0	175	0
亩产	公斤/亩	680	0	111	0
二、棉花面积	亩	367655	0	30714	29594
产量(皮棉)	吨	20199	0	1643	1557
亩产	公斤/亩	55	0	53	53
三、生麻面积	亩	14937	0	0	0
产量	吨	2902	0	0	0
亩产	公斤/亩	194	0	0	0
(一)生黄红麻面积	亩	0	0	0	0
产量	吨	0	0	0	0
亩产	公斤/亩	0	0	0	0
(二)生苎麻面积	亩	14937	0	0	0
产量	吨	2902	0	0	0
亩产	公斤/亩	194	0	0	0
(三)生大麻面积	亩	0	0	0	0
产量	吨	0	0	0	0
亩产	公斤/亩	0	0	0	0
(四)生亚麻面积	亩	0	0	0	0
产量	吨	0	0	0	0

经济作物生产情况(一)

红安县	罗田县	英山县	浠水县	蕲春县	黄梅县	麻城市	武穴市
623286	595239	405655	969692	1037436	669288	1134684	573552
410060	213900	105525	402522	348456	470250	537750	398360
85035	35943	17437	71572	55396	74527	103196	66643
207	168	165	178	159	158	189	167
286910	33012	13733	65198	28352	16950	237000	13886
66710	7830	3613	18540	5763	4759	56571	3120
233	237	263	284	203	281	239	225
118500	162900	82350	321000	306750	436050	276900	372300
18175	26592	12926	51135	48278	67768	43700	62259
153	163	157	159	157	155	158	167
4650	17988	4789	16324	13068	17250	23250	12174
150	1521	302	1897	1296	2000	1486	1264
32	85	63	116	99	116	64	104
0	0	0	0	0	0	0	0
0	0	0	0	0	0	0	0
0	0	0	0	0	0	0	0
0	0	4653	0	0	0	0	0
0	0	596	0	0	0	0	0
0	0	128	0	0	0	0	0
0	0	0	0	286	0	600	0
0	0	0	0	59	0	1439	0
0	0	0	0	206	0	2398	0
16919	3971	3331	55515	53414	72126	62813	39258
941	207	183	3022	2919	4028	3433	2266
56	52	55	54	55	56	55	58
0	153	0	0	14550	0	0	234
0	6	0	0	2880	0	0	16
0	39	0	0	198	0	0	0
0	0	0	0	0	0	0	0
0	0	0	0	0	0	0	0
0	0	0	0	0	0	0	0
0	153	0	0	14550	0	0	234
0	6	0	0	2880	0	0	16
0	39	0	0	198	0	0	0
0	0	0	0	0	0	0	0
0	0	0	0	0	0	0	0
0	0	0	0	0	0	0	0
0	0	0	0	0	0	0	0
0	0	0	0	0	0	0	0

2020 年分县(市、区)

指标名称	计量单位	黄冈市	龙感湖	黄州区	团风县
亩产	公斤/亩	0	0	0	0
（五）其它麻面积	亩	0	0	0	0
产量	吨	0	0	0	0
亩产	公斤/亩	0	0	0	0
四、糖料合计面积	亩	14718	0	144	780
产量	吨	33522	0	299	2152
亩产	公斤/亩	2278	0	2076	2869
（一）甘蔗面积	亩	14718	0	144	780
产量	吨	33522	0	299	2152
亩产	公斤/亩	2278	0	2076	2869
（二）甜菜面积	亩	0	0	0	0
产量	吨	0	0	0	0
亩产	公斤/亩	0	0	0	0
五、烟叶(未加工烟草)面积	亩	0	0	0	0
产量	吨	0	0	0	0
亩产	公斤/亩	0	0	0	0
其中:烤烟(未去梗)面积	亩	0	0	0	0
产量	吨	0	0	0	0
亩产	公斤/亩	0	0	0	0
六、中草药材播种面积	亩	952813	0	0	11845
其中:人参面积	亩	0	0	0	0
产量	吨	0	0	0	0
甘草面积	亩	0	0	0	0
产量	吨	0	0	0	0
枸杞面积	亩	0	0	0	0
产量	吨	0	0	0	0
七、蔬菜及食用菌面积	亩	1846204	16560	146439	64510
产量	吨	3521130	23337	285714	117791
（一）叶菜类面积	亩	353607	2250	33435	4837
产量	吨	662747	2064	63280	5965
其中:芹菜面积	亩	65956	2250	5727	2268
产量	吨	124092	2064	9694	3119
油菜面积	亩	10099	0	1661	1
产量	吨	14854	0	3247	2
菠菜面积	亩	63584	0	3711	908
产量	吨	104148	0	7947	1538
（二）白菜类面积	亩	272426	1875	23794	4284
产量	吨	577692	3933	53185	6765
其中:大白菜面积	亩	180337	1875	9342	3192

经济作物生产情况(二)

红安县	罗田县	英山县	浠水县	蕲春县	黄梅县	麻城市	武穴市
0	0	0	0	0	0	0	0
0	0	0	0	0	0	0	0
0	0	0	0	0	0	0	0
0	0	0	0	0	0	0	0
150	2400	756	2500	5294	300	600	1794
113	4568	1012	2980	14230	1080	1620	5468
753	1903	1339	1192	2688	3600	2700	3048
150	2400	756	2500	5294	300	600	1794
113	4568	1012	2980	14230	1080	1620	5468
0	1903	1339	1192	2688	3600	2700	3048
0	0	0	0	0	0	0	0
0	0	0	0	0	0	0	0
0	0	0	0	0	0	0	0
0	0	0	0	0	0	0	0
0	0	0	0	0	0	0	0
0	0	0	0	0	0	0	0
0	0	0	0	0	0	0	0
0	0	0	0	0	0	0	0
0	0	0	0	0	0	0	0
19492	205000	179446	20950	333517	9750	168850	3963
0	0	0	0	0	0	0	0
0	0	0	0	0	0	0	0
0	0	0	0	0	0	0	0
0	0	0	0	0	0	0	0
0	0	0	0	0	0	0	0
0	0	0	0	0	0	0	0
169800	149971	105344	444584	206850	109620	335851	96675
307174	285675	196057	835727	367480	232196	654873	215106
16350	16150	19614	98400	25950	24150	101746	10725
21735	26944	32314	181878	45422	62255	202939	17951
7500	1650	1560	3526	9150	9450	19275	3600
12248	2858	1901	6828	19219	19388	40015	6758
1500	2	626	310	2324	900	0	2775
1034	7	849	461	2890	1652	0	4712
4950	1800	1697	7280	7050	4500	27938	3750
6784	4080	2480	12014	7990	8656	47162	5497
18750	25550	16313	44850	35700	30150	55860	15300
37198	57858	30331	99082	70212	64809	113932	40388
13950	9700	11505	31953	27600	20100	38520	12600

2020 年分县(市、区)

指标名称	计量单位	黄冈市	龙感湖	黄州区	团风县
产量	吨	390557	3933	21595	5370
(三)甘蓝类面积	亩	110253	435	9166	4249
产量	吨	192658	210	17028	7850
其中:卷心菜(结球甘蓝)面积	亩	89295	435	6653	3181
产量	吨	163560	210	13456	6517
(四)根茎类面积	亩	347027	1620	16241	3805
产量	吨	623599	2447	30386	4190
其中:白萝卜面积	亩	145383	885	6740	1540
产量	吨	284433	1576	14820	2211
胡萝卜面积	亩	58801	735	1763	378
产量	吨	112204	871	3332	535
生姜面积	亩	4431	0	2	0
产量	吨	5625	0	0	0
榨菜头面积	亩	2383	0	106	304
产量	吨	3238	0	0	397
(五)瓜果类面积	亩	160390	2325	16700	5616
产量	吨	405214	3747	40014	17383
其中:黄瓜面积	亩	74808	1575	6795	1960
产量	吨	151006	2401	15130	4341
南瓜面积	亩	24856	360	1174	1214
产量	吨	59672	846	2803	2971
冬瓜面积	亩	28480	390	2734	1503
产量	吨	95906	500	8956	5406
(六)豆类(菜用)面积	亩	164262	1335	14868	5560
产量	吨	286278	2217	26674	7599
其中:豇豆面积	亩	113354	1335	10270	4171
产量	吨	191018	2217	21077	5680
四季豆面积	亩	25370	0	1513	1354
产量	吨	41305	0	2922	1754
(七)茄果菜类面积	亩	200892	5550	17796	5729
产量	吨	329071	7899	29825	10751
其中:茄子面积	亩	57991	1350	4977	1378
产量	吨	91164	1650	7864	2103
辣椒面积	亩	109975	2400	9771	3008
产量	吨	166438	3267	13992	5228
西红柿面积	亩	26634	1800	2407	1056
产量	吨	60292	2982	4455	3294
(八)葱蒜类面积	亩	69187	720	7974	2417
产量	吨	128848	389	14163	2978

经济作物生产情况（三）

红安县	罗田县	英山县	浠水县	蕲春县	黄梅县	麻城市	武穴市
28153	20747	21036	75753	59184	41058	79711	34017
14850	5500	3873	27150	6450	12045	20685	5850
18474	10162	5980	49409	10120	25152	37662	10611
13500	4155	3663	18303	4350	11145	18660	5250
18080	8315	5660	37332	7306	23258	33798	9628
27000	34400	20735	100650	53100	22500	52726	14250
46439	68688	38843	168079	90620	42549	100636	30722
15900	13816	9554	24603	33900	5400	24795	8250
25979	28670	16384	51833	57663	12205	51380	21712
8700	6030	2096	12466	11025	7860	4761	2987
17414	12428	3273	26431	17636	15950	9322	5012
4	31	0	284	1875	900	0	1335
6	67	0	280	3486	2	0	1784
0	0	0	198	474	0	0	1301
0	0	0	44	783	0	0	2014
13350	23741	14265	14103	31800	3810	15330	19350
31816	51388	36008	39825	65938	8817	48024	62254
6450	13919	5970	8477	13695	1950	10417	3510
15196	26301	12329	19487	19505	4532	23890	7894
4500	3730	0	1305	5714	600	1159	5100
11158	4878	0	3633	16643	1929	3122	11689
150	1848	1082	1805	7500	0	818	10650
186	6307	3599	6771	18969	0	3096	42116
18150	16841	9375	50850	17850	7050	14583	7800
26648	25116	15474	101415	28297	11414	30522	10902
13935	14231	7725	28497	13650	1011	13729	4800
18813	20837	12459	50324	22757	1387	28596	6871
3015	2610	1515	5755	3900	2250	458	3000
5356	4279	2417	10538	5310	3828	870	4031
12000	13732	10170	58500	16650	3915	45750	11100
20424	20725	14071	99956	22366	5968	77298	19788
4801	5670	3060	13833	6000	1950	10922	4050
6690	8921	5507	21483	7343	3318	19374	6911
5850	6615	3510	36761	7050	900	29310	4800
9700	9423	5039	55685	8556	952	45420	9176
795	1447	1170	7501	1800	900	5508	2250
2145	2227	1224	21751	4899	1499	12115	3701
7500	4855	10845	6871	8400	300	13755	5550
16110	8340	21393	16665	13943	627	25436	8804

2020 年分县(市、区)

指标名称	计量单位	黄冈市	龙感湖	黄州区	团风县
其中:大葱面积	亩	14407	720	601	452
产量	吨	25163	389	924	318
蒜头面积	亩	8521	0	690	754
产量	吨	13383	0	1270	1030
(九)水生菜类面积	亩	112562	450	2970	23019
产量	吨	227615	431	5615	48204
其中:莲藕面积	亩	101044	450	2298	17761
产量	吨	206935	431	3948	38874
(十)其它蔬菜面积	亩	55598	0	3495	4994
产量	吨	69084	0	4105	5234
(十一)食用菌(干鲜混合)产量	吨	18323	0	1439	872
1.干品产量	吨	1643	0	0	287
其中:香菇产量	吨	857	0	0	194
黑木耳产量	吨	392	0	0	65
2.鲜品产量	吨	16680	0	1439	585
其中:蘑菇产量	吨	14321	0	1202	427
八、瓜果类面积	亩	71977	1050	7433	5732
产量	吨	151203	3980	15179	11831
(一)西瓜面积	亩	54535	1050	5344	4923
产量	吨	133246	3980	13150	10799
(二)香瓜(甜瓜)面积	亩	11456	0	518	504
产量	吨	13464	0	898	571
(三)草莓面积	亩	4452	0	1571	305
产量	吨	3478	0	1131	461
(四)其他瓜类面积	亩	1534	0	0	0
产量	吨	1015	0	0	0
九、其他作物播种面积	亩	212585	0	36729	7350
其中:青饲料面积	亩	70450	0	0	3450
十、特种作物					
花卉面积	亩	14793	0	0	300
鲜切花	万枝	316.83	0.00	0.00	2.07
盆栽观赏植物(包括盆景)	万盆	157.40	0.00	101.00	1.05
香料原料	吨	2	0	0	0
其中:花椒	吨	1	0	0	0
八角	吨	1	0	0	0
饲料用青贮玉米面积	亩	14467	0	0	0

经济作物生产情况(四)

红安县	罗田县	英山县	浠水县	蕲春县	黄梅县	麻城市	武穴市
6000	6	1710	118	3450	0	0	1350
11373	20	3592	251	4880	18	0	3398
0	167	301	291	2385	0	783	3150
0	225	407	489	4143	4	1328	4487
40500	3211	154	15453	5700	5700	11955	3450
86427	5876	406	36184	12320	9830	14236	8086
38548	2361	128	14103	5490	5250	11355	3300
83885	3395	291	34711	11290	9078	13306	7726
1350	5991	0	27757	5250	0	3461	3300
1597	7495	0	33345	7885	0	4095	5328
306	3083	1237	9889	357	775	93	272
223	214	290	453	141	0	32	3
176	55	216	173	37	0	3	3
40	34	62	64	104	0	23	0
83	2869	947	9436	216	775	61	269
50	2465	922	8002	206	717	61	269
4200	6194	0	8196	11497	7242	5870	14563
9093	13009	0	17278	24222	16129	11968	28514
3750	4300	0	5476	9347	4770	4775	10800
8760	11108	0	15205	21487	13269	10876	24612
0	785	0	1088	1709	2472	930	3450
0	1174	0	963	2304	2860	979	3715
450	1109	0	98	441	0	165	313
333	727	0	95	431	0	113	187
0	0	0	1534	0	0	0	0
0	0	0	1015	0	0	0	0
2665	13650	11253	35425	63858	0	22950	18705
2440	11400	4968	10450	28813	0	4650	4279
1555	600	6313	150	2515	0	2400	960
11.40	0.04	0.00	1.00	0.32	0.00	26.00	276.00
14.30	35.00	0.00	2.00	0.19	0.00	1.00	2.86
0	0	0	2	0	0	0	0
0	0	0	1	0	0	0	0
0	0	0	1	0	0	0	0
150	7500	0	1500	2692	0	0	2625

2020年分县(市、区)

指标名称	计量单位	黄冈市	龙感湖	黄州区	团风县
一、蔬菜面积	亩	133151	1000	12629	6285
产量	吨	283929	1252	25775	10524
(一)芹菜面积	亩	12923	0	201	165
产量	吨	23199	0	308	330
(二)油菜面积	亩	1563	0	122	0
产量	吨	3025	0	319	0
(三)菠菜面积	亩	13597	0	203	375
产量	吨	23122	0	298	495
(四)黄瓜面积	亩	17534	180	2890	165
产量	吨	44581	477	7217	474
(五)西红柿面积	亩	17360	0	2407	180
产量	吨	33631	0	4455	314
(六)生姜面积	亩	657	0	0	0
产量	吨	1448	0	0	0
(七)辣椒面积	亩	34488	820	5617	705
产量	吨	51665	775	11796	489
(八)其他蔬菜面积	亩	35029	0	1189	4695
产量	吨	103258	0	1382	8422
二、瓜类面积	亩	18358	500	7433	525
产量	吨	41140	1495	10939	1813
其中:草莓面积	亩	2555	0	1571	15
产量	吨	2031	0	1109	20
三、花卉苗木面积	亩	10968	0	0	150
四、食用菌产量	吨	5872	0	800	9
1.干品产量	吨	786	0	0	0
2.鲜品产量	吨	5086	0	800	9
其中:蘑菇产量	吨	3277	0	800	9
五、其他作物面积	亩	3354	0	380	285
六、补充资料					
设施数量	个	54805	900	2236	1056
设施占地面积	亩	59885	693	4529	735
其中:设施实际使用面积	亩	48482	512	3589	690

设施农业生产情况

红安县	罗田县	英山县	浠水县	蕲春县	黄梅县	麻城市	武穴市
14550	8470	3099	30100	10838	14625	28605	2950
30721	20810	7056	66952	18351	32550	65554	4384
1030	0	211	3185	91	4245	3795	0
1538	0	546	6012	210	5965	8290	0
150	0	0	250	1041	0	0	0
300	0	0	420	1986	0	0	0
1250	320	183	2985	1174	2495	4365	247
190	520	331	5358	2621	5889	6960	460
1150	3780	629	1750	2073	1680	3120	117
3100	10111	1702	4580	4257	4100	8230	333
650	1086	438	6820	1460	675	3270	374
1940	1402	703	14680	2568	1495	5336	738
0	0	0	85	572	0	0	0
0	0	0	260	1188	0	0	0
2065	1148	633	9820	1351	645	11328	356
1430	2250	988	15958	2688	950	13626	715
8255	2136	1005	5205	3076	4885	2727	1856
22223	6527	2786	19684	2833	14151	23112	2138
980	565	0	2010	436	3127	1965	817
3512	2938	0	8100	420	1540	7710	2673
215	280	0	88	203	0	50	133
226	300	0	90	164	0	35	87
1500	560	5445	150	2113	0	165	885
224	2480	197	980	346	750	39	47
171	202	91	170	140	0	12	0
53	2278	106	810	206	750	27	47
38	549	93	810	206	698	27	47
196	70	0	210	1848	0	165	200
3400	3608	1885	7981	3085	7638	17046	5970
6800	3810	3390	12856	4865	6705	11265	4237
5046	2815	2520	11251	3672	5940	8595	3852

2020 年分县(市、区)

指标名称	计量单位	黄冈市	龙感湖	黄州区	团风县
一、茶叶产量	吨	39287	0	0	275
（一）绿茶	吨	37419	0	0	272
（二）青茶	吨	0	0	0	0
（三）红茶	吨	755	0	0	0
（四）黑茶	吨	1079	0	0	0
（五）黄茶	吨	0	0	0	0
（六）白茶	吨	6	0	0	0
（七）其它茶叶	吨	28	0	0	3
二、园林水果产量	吨	85868	1345	1327	613
（一）苹果	吨	611	0	0	17
其中:红富士苹果	吨	105	0	0	0
国光苹果	吨	0	0	0	0
（二）梨子	吨	5293	450	141	113
其中:雪花梨	吨	2269	0	0	0
鸭梨	吨	0	0	0	0
（三）柑橘类	吨	25761	698	521	166
其中:柑	吨	4730	0	0	41
橘	吨	19758	698	521	113
橙	吨	781	0	0	1
柚	吨	456	0	0	8
（四）其它园林水果	吨	54203	197	665	317
1.桃	吨	36001	161	239	8
2.猕猴桃	吨	681	0	0	0
3.葡萄	吨	6328	32	421	253
4.红枣	吨	338	0	5	56
5.柿子	吨	9526	0	0	0
6.其他	吨	1329	4	0	0
三、食用坚果产量	吨	85624	0	0	218
（一）核桃	吨	28	0	0	0
（二）板栗	吨	85485	0	0	218
（三）松子	吨	0	0	0	0
（四）其他坚果	吨	111	0	0	0
四、年末实有茶园面积	亩	453615	0	0	8640
其中:本年采摘面积	亩	384149	0	0	6435
五、年末果园面积	亩	161737	690	2954	1785
（一）苹果园	亩	1130	0	0	30
（二）梨园	亩	8316	180	298	315
（三）柑橘园	亩	38814	345	897	555
（四）桃园	亩	70603	105	586	30
（五）猕猴桃园	亩	6725	0	0	0
（六）葡萄园	亩	16171	45	797	645
（七）其他果园	亩	19978	15	376	210

茶叶、水果生产情况

红安县	罗田县	英山县	浠水县	蕲春县	黄梅县	麻城市	武穴市
2840	1325	27631	1450	1961	578	3200	27
2840	1325	25826	1450	1933	570	3180	23
0	0	0	0	0	0	0	0
0	0	726	0	11	0	15	3
0	0	1079	0	0	0	0	0
0	0	0	0	0	0	0	0
0	0	0	0	0	0	5	1
0	0	0	0	17	8	0	0
4596	10782	211	5488	45879	2220	6036	7371
158	8	0	105	0	0	323	0
0	0	0	105	0	0	0	0
0	0	0	0	0	0	0	0
520	489	39	215	1951	260	1012	103
0	0	0	215	1951	0	0	103
0	0	0	0	0	0	0	0
780	1019	35	3070	10997	1398	910	6167
0	0	22	500	2955	115	309	788
780	986	13	1920	7861	1283	601	4982
0	0	0	500	174	0	0	106
0	0	0	150	7	0	0	291
3138	9266	137	2098	32931	562	3791	1101
640	507	99	900	31563	50	1503	331
0	128	16	255	216	0	50	16
2498	312	22	510	136	445	1152	547
0	23	0	53	58	32	10	101
0	7922	0	180	282	35	1066	41
0	374	0	200	676	0	10	65
3690	50102	5059	1210	1458	0	23700	187
0	20	0	0	8	0	0	0
3690	50082	5059	1210	1339	0	23700	187
0	0	0	0	0	0	0	0
0	0	0	0	111	0	0	0
44250	22560	258014	16725	29853	11550	60015	2008
35730	17280	231470	16585	24405	5600	45011	1633
10380	12885	638	15530	82860	6150	11095	16770
165	75	0	185	0	0	675	0
780	1350	56	500	1483	675	2500	179
570	960	51	3880	14994	2025	1095	13442
1245	990	246	1970	60779	135	3020	1497
0	180	132	4180	1963	0	255	15
7440	900	153	1128	824	315	2920	1004
180	8430	0	3687	2817	3000	630	633

2020年分县(市、区)

指标名称	计量单位	黄冈市	龙感湖	黄州区	团风县
一、荒山、荒沙造林面积	亩	203429	2025	490	36255
二、有林地造林面积	亩	38019	0	4154	1845
三、更新改造面积	亩	10871	0	456	2220
四、四旁零星植树	万株	2050.37	13.00	17.90	225.00
五、森林抚育面积	亩	528930	4725	3420	22455
六、林木种苗					
1.当年苗木产量	万株	6639.80	30.00	35.20	162.00
2.育苗面积	亩	36758	375	128	1650
七、主要林产品产量					
1.天然生漆	吨	0	0	0	0
2.油桐籽	吨	2026	0	0	6
3.油茶籽	吨	30230	0	0	426
4.乌桕籽	吨	1057	0	0	0
5.五倍籽	吨	0	0	0	0
6.棕片	吨	0	0	0	0
7.天然松脂	吨	72	0	0	0
8.竹笋干	吨	226	0	0	12
9.核桃	吨	28	0	0	0
10.板栗	吨	85485	0	0	218
11.松子	吨	0	0	0	0
12.花椒	吨	1	0	0	0
13.八角	吨	1	0	0	0
八、竹木采伐					
1.木材	万立方米	12.00	0.00	0.56	0.44
其中:村及村以下采伐	万立方米	8.36	0.00	0.56	0.44
2.竹材	万根	1227.62	0.00	0.00	82.46
其中:村及村以下采伐	万根	1156.53	0.00	0.00	81.17
(1)楠竹	万根	348.80	0.00	0.00	10.54
(2)杂竹	万根	878.82	0.00	0.00	71.92

林业生产情况

红安县	罗田县	英山县	浠水县	蕲春县	黄梅县	麻城市	武穴市
9370	11610	27930	37849	26660	8040	31200	12000
0	0	19995	0	0	5025	0	7000
5000	0	0	3195	0	0	0	0
242.71	280.00	161.10	120.00	599.40	166.00	220.00	5.26
80660	84000	69435	68230	80000	31005	35000	50000
2179.60	420.00	614.00	1320.00	820.00	409.00	500.00	150.00
15224	180	201	12500	1200	1500	2200	1600
0	0	0	0	0	0	0	0
0	688	130	2	0	0	1200	0
0	1865	8006	1320	1946	0	16000	667
0	151	0	6	0	0	900	0
0	0	0	0	0	0	0	0
0	0	0	0	0	0	0	0
0	0	0	72	0	0	0	0
0	0	0	5	12	50	15	132
0	20	0	0	8	0	0	0
3690	50082	5059	1210	1339	0	23700	187
0	0	0	0	0	0	0	0
0	0	0	1	0	0	0	0
0	0	0	1	0	0	0	0
2.34	2.03	0.66	1.85	1.50	0.84	0.99	0.79
1.70	1.81	0.66	1.64	0.00	0.84	0.00	0.71
0.00	185.26	0.00	680.10	44.80	0.00	25.00	210.00
0.00	185.26	0.00	680.10	0.00	0.00	0.00	210.00
0.00	120.16	0.00	8.10	0.00	0.00	0.00	210.00
0.00	65.10	0.00	672.00	44.80	0.00	25.00	0.00

2020 年分县(市、区)

指标名称	计量单位	黄冈市	龙感湖	黄州区	团风县
一、畜禽年末存栏(笼)数					
(一)猪存栏	万头	249.68	0.00	3.62	4.61
其中:能繁殖母猪	万头	24.48	0.00	0.39	0.48
(二)牛存栏	头	634400	300	3000	12500
1.肉牛	头	603436	0	2700	12060
2.奶牛	头	18364	300	300	440
其中:能繁殖母牛	头	154309	0	280	2258
(三)羊存栏	只	789600	0	2400	15800
1.山羊	只	761600	0	2400	15800
2.绵羊	只	5300	0	0	0
(四)活家禽存笼	万只	5871.90	16.60	62.88	198.92
1.活鸡	万只	2962.87	3.65	59.42	162.74
其中:肉鸡	万只	1386.13	0.00	11.56	30.00
蛋鸡	万只	1576.74	3.65	47.86	132.74
2.活鸭	万只	363.75	12.95	3.46	36.18
二、畜禽当年出栏(笼)数					
(一)猪出栏	万头	258.42	2.02	2.96	4.83
(二)牛出栏	头	230600	0	1200	10900
(三)羊出栏	只	576600	0	2100	21300
1.山羊	只	559300	0	2100	21300
2.绵羊	只	4300	0	0	0
(四)活家禽出笼	万只	4834.86	34.81	89.55	463.79
1.活鸡	万只	2577.89	13.26	86.85	376.70
2.活鸭	万只	320.98	21.55	2.70	87.09
三、畜产品产量					
(一)猪肉产量	吨	200200	1700	2400	3800
(二)牛肉	吨	34800	0	200	1600
(三)羊肉	吨	9600	0	35	357
1.山羊肉	吨	9268	0	35	357
2.绵羊肉	吨	85	0	0	0
(四)禽肉	吨	64400	400	1200	6200
其中:鸡肉	吨	34455	0	1200	5213
(五)禽蛋产量	吨	314500	800	3600	43100
其中:鸡蛋	吨	173122	391	3200	36752
(六)生牛奶	吨	108100	1000	3900	7100

畜牧业生产情况

红安县	罗田县	英山县	浠水县	蕲春县	黄梅县	麻城市	武穴市
22.20	10.56	10.60	36.50	44.26	28.73	37.57	51.03
2.50	1.15	1.09	3.85	4.72	2.99	3.38	3.93
103000	52600	19400	131200	173400	15400	111000	12600
95000	52600	19400	130890	173010	10876	106900	0
8000	0	0	310	390	4524	4100	0
11330	0	2781	62450	66692	8518	0	0
65100	205600	69100	84400	130000	20600	173900	22700
59800	205600	69100	84400	130000	20600	173900	0
5300	0	0	0	0	0	0	0
306.14	475.00	82.66	1435.00	1539.00	645.42	690.12	420.16
286.41	458.70	74.88	0.00	1487.00	430.07	0.00	0.00
20.23	289.30	62.49	0.00	772.00	200.55	0.00	0.00
266.18	169.40	12.39	0.00	715.00	229.52	0.00	0.00
19.73	16.30	7.78	0.00	52.00	215.35	0.00	0.00
27.25	9.59	9.07	36.97	33.74	33.40	45.88	52.71
18900	21100	4200	21000	77200	7800	62900	5400
26500	168800	90600	39600	65600	12500	136600	13000
22200	168800	90600	39600	65600	12500	136600	0
4300	0	0	0	0	0	0	0
174.43	1214.30	140.33	985.46	431.50	412.82	478.26	409.61
143.18	1193.74	123.03	0.00	355.48	285.65	0.00	0.00
31.25	20.56	12.71	0.00	27.86	117.26	0.00	0.00
21500	7400	7000	28500	25900	26100	35200	40700
2900	3400	700	3000	11800	1200	9200	800
524	2764	1448	646	1087	216	2276	247
439	2764	1448	646	1087	216	2276	0
85	0	0	0	0	0	0	0
2300	16200	1900	13100	5800	5500	6400	5400
1880	15770	1736	0	5531	3125	0	0
16100	17800	4800	78000	68500	28600	41800	11400
15179	17241	4498	0	68303	27558	0	0
7400	0	0	4900	5000	18200	34900	25700

2020 年分县(市、区)

指标名称	计量单位	黄冈市	龙感湖	黄州区	团风县
一、水产品产量	吨	441464	11821	34218	47883
(一)淡水捕捞产量	吨	9466	0	1460	2
1.鱼类	吨	6284	0	1231	0
2.虾蟹类	吨	1496	0	13	0
3.贝类	吨	1109	0	214	0
4.其他类	吨	577	0	2	2
(二)淡水养殖产量	吨	410800	11821	29039	46405
1.鱼类	吨	307158	7638	26423	42826
2.虾蟹类	吨	100079	4183	2606	3579
其中:螃蟹	吨	761	0	36	5
克氏原螯虾(小龙虾)	吨	93934	4183	1200	3574
3.贝类	吨	1190	0	10	0
4.其他类	吨	2373	0	0	0
其中:龟鳖	吨	274	0	0	0
(三)增殖渔业产量	吨	21198	0	3719	1476
1.鱼类	吨	20748	0	3719	1476
2.贝类	吨	107	0	0	0
3.其他类	吨	343	0	0	0
二、淡水养殖面积(池塘养殖)	亩	799140	20370	43680	72000
1.稻田养殖面积	亩	823320	56520	7995	40395
2.增殖养殖面积	亩	360510	0	35115	19680

渔业生产情况

红安县	罗田县	英山县	浠水县	蕲春县	黄梅县	麻城市	武穴市
15763	6009	6015	67911	77101	93848	24850	56045
1480	29	391	2269	309	0	0	3526
1200	29	365	1819	305	0	0	1335
265	0	23	450	1	0	0	744
0	0	0	0	3	0	0	892
15	0	3	0	0	0	0	555
13997	4885	5624	62621	71868	92048	21850	50642
11370	4427	5382	51970	62016	43350	20954	30802
2470	371	237	10336	9808	46020	853	19616
0	4	0	0	21	590	50	55
2470	365	237	9906	9545	42200	803	19451
0	0	0	0	28	1038	0	114
157	87	5	315	16	1640	43	110
7	82	5	60	3	80	13	24
286	1095	0	3021	4924	1800	3000	1877
276	1095	0	2900	4924	1495	3000	1863
0	0	0	0	0	100	0	7
10	0	0	121	0	205	0	7
89505	22185	26475	126090	121320	96075	65250	116190
22950	7665	2595	122925	126765	300000	8835	126675
15870	22005	0	52965	87600	31995	54000	41280

2020 年分县(市、区)

指标名称	黄冈市	黄州区	团风县	红安县
农林牧渔业总产值	7731395	270683	312426	483002
农业总产值	3422187	144830	128043	212282
林业总产值	363399	10353	19224	44607
牧业总产值	2205981	27149	83197	160292
渔业总产值	1192465	69882	61655	21395
服务业总产值	547364	18468	20308	44426
农业占总产值比重	44.26	53.51	40.98	43.95
林业占总产值比重	4.70	3.82	6.15	9.24
牧业占总产值比重	28.53	10.03	26.63	33.19
渔业占总产值比重	15.42	25.82	19.73	4.43
服务业占总产值比重	7.08	6.82	6.50	9.20

农林牧渔业现价产值及其构成

单位:万元、%

麻城市	罗田县	英山县	浠水县	蕲春县	武穴市	黄梅县	龙感湖
1182876	547444	621825	1229879	1000623	1035186	963926	83525
526981	295848	463834	481506	393828	363544	396141	15351
69829	34633	36043	43530	43247	27149	34240	543
388537	157197	71703	380573	299119	376769	246189	15256
98935	13930	7642	265109	197979	185009	221230	49698
98594	45836	42603	59161	66450	82715	66126	2677
44.55	54.04	74.59	39.15	39.36	35.12	41.10	18.38
5.90	6.33	5.80	3.54	4.32	2.62	3.55	0.65
32.85	28.71	11.53	30.94	29.89	36.40	25.54	18.27
8.36	2.54	1.23	21.56	19.79	17.87	22.95	59.50
8.34	8.37	6.85	4.81	6.64	7.99	6.86	3.21

四、工　业

资料整理人员：涂亦星　胡　尉

2020年规模以上工业发展基本情况

	规上工业单位数（个）	工业总产值(现行价格)（亿元）	轻工业	重工业	营业收入（亿元）	利润总额（亿元）	税金总额（亿元）	平均用工人数（万人）
黄冈市	1264	1535	682.9	852.1	1387.2	82.8	34.3	14.8
黄州区	99	233.9	132.1	101.7	228.3	12.6	4.1	1.7
团风县	64	77	33.4	43.6	85.8	3.6	1.3	0.9
红安县	122	83	39.6	43.3	76.7	2.4	2.1	1.0
罗田县	82	54.5	32.1	22.5	52.4	5.5	1.9	0.9
英山县	70	31.8	16.1	15.7	29.0	1.4	1.1	0.9
浠水县	106	94.2	59.6	34.6	76.4	4.6	2.0	1.0
蕲春县	114	144.7	76.2	68.5	127.4	4.9	4.2	2.3
黄梅县	130	181.4	118.4	63.0	143.5	4.4	2.7	1.3
麻城市	280	412.3	110.9	301.4	377.5	19.7	9.2	2.6
武穴市	170	210.8	53.8	157.0	178.4	23.9	5.4	1.8
龙感湖	27	11.5	10.7	0.8	11.7	-0.3	0.1	0.3

2020年规模以上工业企业主要

指标名称	企业单位数 年末（个）	亏损企业数 年末（个）	亏损企业数 上年同期（个）	亏损企业数 增减（%）
总　计	1264	152	101	50.5
煤炭开采和洗选业				
石油和天然气开采业				
黑色金属矿采选业	3	1	1	
有色金属矿采选业				
非金属矿采选业	29	1	2	-50.0
开采专业及辅助性活动				
其他采矿业				
农副食品加工业	109	17	11	54.5
食品制造业	28	2	2	
酒、饮料和精制茶制造业	37	5	2	150.0
烟草制品业				
纺织业	84	16	12	33.3
纺织服装、服饰业	42	5		
皮革、毛皮、羽毛及其制品和制鞋业	11	1	2	-50.0
木材加工和木、竹、藤、棕、草制品业	20	3		
家具制造业	23	3	1	200.0
造纸和纸制品业	8	1	1	
印刷和记录媒介复制业	21	4	5	-20.0
文教、工美、体育和娱乐用品制造业	62	1		
石油、煤炭及其他燃料加工业	3		1	-100.0

经济指标(按国民经济行业分)(一)

流动资产合计			其中:应收账款		
年末 (亿元)	上年同期 (亿元)	增减 (%)	年末 (亿元)	上年同期 (亿元)	增减 (%)
645.0	596.9	8.1	168.1	109.1	54.1
1.0	0.6	66.7	0.6	0.2	200.0
13.8	6.4	115.6	1.3	0.1	1200.0
48.1	43.1	11.6	5.7	3.4	67.6
26.4	22.5	17.3	16.8	12.8	31.3
7.7	8.1	-4.9	3.6	3.5	2.9
23.2	27.5	-15.6	4.8	2.9	65.5
7.6	8.0	-5.0	1.9	1.2	58.3
3.1	3.5	-11.4	0.3	0.1	200.0
16.0	12.8	25.0	1.2	0.5	140.0
18.2	15.4	18.2	2.6	0.9	188.9
14.8	22.8	-35.1	1.1	0.3	266.7
8.3	8.1	2.5	3.0	3.4	-11.8
13.2	12.4	6.5	3.9	2.0	95.0
1.2	0.6	100.0	0.7		

2020 年规模以上工业企业主要

指标名称	企业单位数 年末（个）	亏损企业数 末年（个）	亏损企业数 上年同期（个）	亏损企业数 增减（％）
化学原料和化学制品制造业	52	7	5	40.0
医药制造业	65	7	5	40.0
化学纤维制造业				
橡胶和塑料制品业	31	4	3	33.3
非金属矿物制品业	297	20	13	53.8
黑色金属冶炼和压延加工业	7	1		
有色金属冶炼和压延加工业	17	6	4	50.0
金属制品业	66	11	7	57.1
通用设备制造业	41	4	2	100.0
专用设备制造业	39	4	1	300.0
汽车制造业	39	4	3	33.3
铁路、船舶、航空航天和其他运输设备制造业	13	2	1	100.0
电气机械和器材制造业	37	5	5	
计算机、通信和其他电子设备制造业	19	3	2	50.0
仪器仪表制造业	5	1	1	
其他制造业	4	1	1	
废弃资源综合利用业	12	5	2	150.0
金属制品、机械和设备修理业	2			
电力、热力生产和供应业	21	2	1	100.0
燃气生产和供应业	4	1	1	
水的生产和供应业	13	4	4	

经济指标(按国民经济行业分)(续一)

流动资产合计			其中:应收票据及应收账款		
年末 (亿元)	上年同期 (亿元)	增减 (%)	年末 (亿元)	上年同期 (亿元)	增减 (%)
44.6	45.3	-1.5	6.2	4.0	55.0
59.2	49.9	18.6	12.1	9.5	27.4
10.6	10.1	5.0	2.9	2.4	20.8
91.7	83.4	10.0	29.1	14.4	102.1
2.7	2.6	3.8	0.9	0.6	50.0
11.7	12.0	-2.5	5.3	3.7	43.2
70.3	58.1	21.0	17.3	9.7	78.4
10.3	10.4	-1.0	3.4	2.6	30.8
11.5	7.6	51.3	2.7	1.3	107.7
17.8	15.7	13.4	5.7	4.5	26.7
9.7	9.1	6.6	1.2	0.6	100.0
14.4	14.0	2.9	8.1	5.3	52.8
21.9	16.2	35.2	6.8	3.9	74.4
1.5	1.5		0.2	0.2	
0.5	0.5				
21.1	29.6	-28.7	4.3	6.3	-31.7
0.6	0.8	-25.0	0.3		
33.8	30.6	10.5	12.4	7.0	77.1
3.8	3.4	11.8	0.2	0.1	100.0
4.5	4.2	7.1	1.5	1.5	

2020 年规模以上工业企业主要

指标名称	存货		
	年末（亿元）	上年同期（亿元）	增减（%）
总 计	168.4	159.1	5.8
煤炭开采和洗选业			
石油和天然气开采业			
黑色金属矿采选业	0.3	0.2	50.0
有色金属矿采选业			
非金属矿采选业	1.2	1.5	-20.0
开采专业及辅助性活动			
其他采矿业			
农副食品加工业	18.5	16.7	10.8
食品制造业	3.9	3.6	8.3
酒、饮料和精制茶制造业	2.0	2.3	-13.0
烟草制品业			
纺织业	8.7	9.5	-8.4
纺织服装、服饰业	1.6	1.7	-5.9
皮革、毛皮、羽毛及其制品和制鞋业	0.5	0.6	-16.7
木材加工和木、竹、藤、棕、草制品业	5.7	2.5	128.0
家具制造业	3.4	3.1	9.7
造纸和纸制品业	1.7	1.2	41.7
印刷和记录媒介复制业	2.0	2.0	
文教、工美、体育和娱乐用品制造业	5.3	5.4	-1.9
石油、煤炭及其他燃料加工业	0.2	0.1	100.0

经济指标(按国民经济行业分)(二)

其中:产成品			固定资产原价			资产总计		
年末(亿元)	上年同期(亿元)	增减(%)	年末(亿元)	上年同期(亿元)	增减(%)	年末(亿元)	上年同期(亿元)	增减(%)
78.0	82.5	-5.5	745.3	606.8	22.8	1424.1	1341.3	6.2
0.2	0.1	100.0	1.0	1.0		2.5	1.9	31.6
0.8	1.4	-42.9	13.6	10.0	36.0	39.6	17.0	132.9
7.0	6.9	1.4	32.3	26.4	22.3	88.1	81.3	8.4
1.1	1.0	10.0	26.6	24.7	7.7	48.2	44.4	8.6
1.1	1.2	-8.3	9.1	8.2	11.0	16.7	16.4	1.8
4.6	5.0	-8.0	28.3	26.2	8.0	47.3	52.7	-10.2
0.8	0.9	-11.1	8.6	7.3	17.8	16.7	16.7	
0.2	0.2		0.6	0.5	20.0	6.4	6.9	-7.2
1.9	1.6	18.8	9.0	7.0	28.6	25.9	21.9	18.3
1.3	1.5	-13.3	21.7	13.3	63.2	40.1	35.4	13.3
0.3	0.5	-40.0	55.0	4.9	1022.4	72.5	80.5	-9.9
0.9	0.7	28.6	6.7	6.1	9.8	14.5	14.3	1.4
3.4	3.6	-5.6	22.9	22.1	3.6	49.7	47.3	5.1
0.1			0.3	0.2	50.0	1.9	1.2	58.3

2020年规模以上工业企业主要

指标名称	存货		
	年末（亿元）	上年同期（亿元）	增减（%）
化学原料和化学制品制造业	15.2	16.7	-9.0
医药制造业	15.4	11.9	29.4
化学纤维制造业			
橡胶和塑料制品业	3.2	3.1	3.2
非金属矿物制品业	19.8	19.2	3.1
黑色金属冶炼和压延加工业	1.3	1.1	18.2
有色金属冶炼和压延加工业	3.0	2.0	50.0
金属制品业	24.6	28.4	-13.4
通用设备制造业	2.6	2.6	
专用设备制造业	2.4	1.8	33.3
汽车制造业	3.9	4.2	-7.1
铁路、船舶、航空航天和其他运输设备制造业	2.9	2.4	20.8
电气机械和器材制造业	3.2	2.9	10.3
计算机、通信和其他电子设备制造业	8.9	3.7	140.5
仪器仪表制造业	0.6	0.8	-25.0
其他制造业	0.2	0.1	100.0
废弃资源综合利用业	5.0	6.4	-21.9
金属制品、机械和设备修理业	0.1	0.1	
电力、热力生产和供应业	0.6	0.5	20.0
燃气生产和供应业	0.3	0.3	
水的生产和供应业	0.3	0.2	50.0

经济指标(按国民经济行业分)(续二)

其中:产成品			固定资产原价			资产总计		
年末(亿元)	上年同期(亿元)	增减(%)	年末(亿元)	上年同期(亿元)	增减(%)	年末(亿元)	上年同期(亿元)	增减(%)
12.5	13.4	-6.7	46.6	40.9	13.9	106.4	96.8	9.9
7.4	5.6	32.1	44.8	44.0	1.8	112.1	98.9	13.3
2.0	1.8	11.1	9.7	8.8	10.2	20.7	20.2	2.5
11.5	12.1	-5.0	122.1	111.5	9.5	214.6	213.1	0.7
0.5	0.4	25.0	2.1	1.8	16.7	4.7	4.4	6.8
0.6	0.6		4.1	5.6	-26.8	15.9	15.7	1.3
11.2	10.2	9.8	24.8	22.4	10.7	96.9	87.8	10.4
1.3	1.2	8.3	5.8	4.7	23.4	18.1	17.5	3.4
1.0	0.7	42.9	8.9	8.1	9.9	21.3	17.9	19.0
2.2	2.8	-21.4	14.5	13.0	11.5	28.6	26.9	6.3
0.9	0.5	80.0	11.4	11.0	3.6	15.5	15.0	3.3
1.2	1.2		9.1	7.0	30.0	24.8	24.4	1.6
0.6	0.7	-14.3	4.2	3.5	20.0	26.4	20.8	26.9
0.1	0.1		0.7	0.7		2.6	2.7	-3.7
0.1			1.2	1.2		2.0	1.9	5.3
0.9	6.2	-85.5	5.3	4.7	12.8	34.0	40.1	-15.2
0.1			0.2	0.1	100.0	1.3	1.5	-13.3
0.1			155.3	121.6	27.7	163.6	155.7	5.1
0.1			27.1	28.0	-3.2	29.3	30.0	-2.3
0.1	0.1		11.7	10.4	12.5	14.9	11.6	28.4

2020年规模以上工业企业主要

指标名称	负债合计 年末（亿元）	上年同期（亿元）	增减（％）
总 计	760.8	700.2	8.7
煤炭开采和洗选业			
石油和天然气开采业			
黑色金属矿采选业	2.7	2.3	17.4
有色金属矿采选业			
非金属矿采选业	22.8	7.5	204.0
开采专业及辅助性活动			
其他采矿业			
农副食品加工业	51.7	44.4	16.4
食品制造业	24.0	20.6	16.5
酒、饮料和精制茶制造业	4.8	5.0	-4.0
烟草制品业			
纺织业	27.3	29.8	-8.4
纺织服装、服饰业	6.7	5.7	17.5
皮革、毛皮、羽毛及其制品和制鞋业	3.7	4.2	-11.9
木材加工和木、竹、藤、棕、草制品业	16.6	15.4	7.8
家具制造业	17.1	13.1	30.5
造纸和纸制品业	49.8	57.4	-13.2
印刷和记录媒介复制业	9.8	9.3	5.4
文教、工美、体育和娱乐用品制造业	12.4	14.1	-12.1
石油、煤炭及其他燃料加工业	0.9	0.8	12.5

经济指标(按国民经济行业分)(三)

所有者权益合计			营业收入			营业成本		
全年(亿元)	上年同期(亿元)	增减(%)	全年(亿元)	上年同期(亿元)	增减(%)	全年(亿元)	上年同期(亿元)	增减(%)
663.3	641.1	3.5	1387.2	1497.9	-7.4	1182.5	1292.8	-8.5
-0.2	-0.4	-50.0	5.9	4.8	22.9	5.6	4.5	24.4
16.8	9.5	76.8	38.1	24.2	57.4	31.7	19.4	63.4
36.4	36.9	-1.4	144.3	147.6	-2.2	133.6	136.7	-2.3
24.2	23.8	1.7	48.5	59.5	-18.5	41.3	50.2	-17.7
11.9	11.4	4.4	27.5	38.6	-28.8	23.4	33.3	-29.7
20.0	22.9	-12.7	62.0	75.1	-17.4	58.3	69.7	-16.4
10.0	11.0	-9.1	20.6	27.6	-25.4	17.9	24.3	-26.3
2.7	2.7		6.3	8.9	-29.2	5.7	8.2	-30.5
9.3	6.5	43.1	15.8	16.0	-1.3	12.1	12.6	-4.0
23.0	22.3	3.1	26.1	28.9	-9.7	20.7	21.9	-5.5
22.7	23.1	-1.7	18.5	3.9	374.4	15.3	3.7	313.5
4.7	5.0	-6.0	11.1	14.4	-22.9	9.2	12.0	-23.3
37.3	33.2	12.3	55.2	66.4	-16.9	47.4	59.6	-20.5
1.0	0.4	150.0	1.4	0.7	100.0	1.2	0.6	100.0

2020年规模以上工业企业主要

指标名称	负债合计 年末（亿元）	上年同期（亿元）	增减（%）
化学原料和化学制品制造业	59.1	51.4	15.0
医药制造业	43.6	46.2	-5.6
化学纤维制造业			
橡胶和塑料制品业	9.0	8.4	7.1
非金属矿物制品业	76.2	67.9	12.2
黑色金属冶炼和压延加工业	1.8	2.0	-10.0
有色金属冶炼和压延加工业	8.5	8.4	1.2
金属制品业	66.5	57.1	16.5
通用设备制造业	10.2	9.8	4.1
专用设备制造业	8.8	6.9	27.5
汽车制造业	12.0	10.4	15.4
铁路、船舶、航空航天和其他运输设备制造业	11.5	10.7	7.5
电气机械和器材制造业	11.4	9.4	21.3
计算机、通信和其他电子设备制造业	16.4	11.1	47.7
仪器仪表制造业	1.7	1.7	
其他制造业	0.8	0.7	14.3
废弃资源综合利用业	29.1	28.8	1.0
金属制品、机械和设备修理业	0.7	0.8	-12.5
电力、热力生产和供应业	97.8	95.9	2.0
燃气生产和供应业	35.5	35.4	0.3
水的生产和供应业	9.6	7.6	26.3

经济指标(按国民经济行业分)(续三)

所有者权益合计			营业收入			营业成本		
全年(亿元)	上年同期(亿元)	增减(%)	全年(亿元)	上年同期(亿元)	增减(%)	全年(亿元)	上年同期(亿元)	增减(%)
47.3	45.4	4.2	90.2	94.9	-5.0	69.7	77.1	-9.6
68.5	52.7	30.0	123.0	116.3	5.8	91.2	90.4	0.9
11.7	11.8	-0.8	17.4	20.2	-13.9	15.4	17.9	-14.0
138.4	145.2	-4.7	272.3	326.9	-16.7	224.6	276.0	-18.6
2.9	2.4	20.8	5.4	5.2	3.8	4.7	4.4	6.8
7.4	7.3	1.4	12.5	18.4	-32.1	11.1	15.4	-27.9
30.4	30.7	-1.0	88.6	88.3	0.3	78.2	78.6	-0.5
7.9	7.7	2.6	15.3	18.6	-17.7	12.6	15.6	-19.2
12.5	11.0	13.6	15.7	17.4	-9.8	11.8	13.4	-11.9
16.6	16.5	0.6	39.4	38.2	3.1	33.9	32.5	4.3
4.0	4.3	-7.0	7.7	8.2	-6.1	6.7	7.1	-5.6
13.4	15.0	-10.7	27.5	26.1	5.4	23.2	22.3	4.0
10.0	9.7	3.1	43.2	54.5	-20.7	39.9	52.0	-23.3
0.9	1.0	-10.0	1.4	1.5	-6.7	1.1	1.2	-8.3
1.2	1.2		0.8	0.9	-11.1	0.6	0.7	-14.3
4.9	11.3	-56.6	89.2	87.3	2.2	94.2	88.4	6.6
0.6	0.7	-14.3	1.0	2.6	-61.5	0.9	2.4	-62.5
65.8	59.8	10.0	42.0	42.5	-1.2	27.9	28.9	-3.5
-6.2	-5.4	14.8	8.0	7.5	6.7	7.2	7.2	
5.3	4.0	32.5	5.3	5.6	-5.4	4.4	4.7	-6.4

2020年规模以上工业企业主要

指标名称	税金及附加 全年（亿元）	上年同期（亿元）	增减（％）
总　计	11.0	11.3	-2.7
煤炭开采和洗选业			
石油和天然气开采业			
黑色金属矿采选业			
有色金属矿采选业			
非金属矿采选业	1.4	1.1	27.3
开采专业及辅助性活动			
其他采矿业			
农副食品加工业	0.2	0.2	
食品制造业	0.2	0.2	
酒、饮料和精制茶制造业	0.2	0.3	-33.3
烟草制品业			
纺织业	0.1	0.2	-50.0
纺织服装、服饰业	0.2	0.2	
皮革、毛皮、羽毛及其制品和制鞋业			
木材加工和木、竹、藤、棕、草制品业	0.1	0.1	
家具制造业	0.1	0.2	-50.0
造纸和纸制品业	0.1	0.1	
印刷和记录媒介复制业		0.1	-100.0
文教、工美、体育和娱乐用品制造业	0.9	0.5	80.0
石油、煤炭及其他燃料加工业			

经济指标(按国民经济行业分)(四)

销售费用			管理费用			研发费用		
全年(亿元)	上年同期(亿元)	增减(%)	全年(亿元)	上年同期(亿元)	增减(%)	全年(亿元)	上年同期(亿元)	增减(%)
38.6	39.3	-1.8	44.8	48.4	-7.4	20.6	13.8	49.3
			0.1	0.1				
1.4	0.6	133.3	1.1	1.4	-21.4	0.4	0.2	100.0
2.5	2.9	-13.8	3.4	3.0	13.3	1.1	0.6	83.3
1.5	2.2	-31.8	1.6	1.9	-15.8	0.2	0.1	100.0
0.6	0.8	-25.0	0.8	0.9	-11.1	0.1	0.1	
0.8	1.1	-27.3	1.2	1.4	-14.3	0.3	0.2	50.0
0.6	0.6		0.9	1.1	-18.2	0.1	0.1	
0.1	0.2	-50.0	0.2	0.2		0.1		
0.7	0.6	16.7	0.6	0.8	-25.0	0.4	0.3	33.3
0.7	0.8	-12.5	1.2	1.3	-7.7	0.6	0.5	20.0
0.6	0.1	500.0	0.6	0.7	-14.3	0.6		
0.3	0.4	-25.0	0.5	0.6	-16.7	0.2	0.2	
1.3	1.1	18.2	1.8	1.7	5.9	0.4	0.1	300.0
			0.1					

2020年规模以上工业企业主要

指标名称	税金及附加 全年（亿元）	税金及附加 上年同期（亿元）	增减（%）
化学原料和化学制品制造业	0.7	0.7	
医药制造业	0.6	0.7	-14.3
化学纤维制造业			
橡胶和塑料制品业	0.1	0.1	
非金属矿物制品业	3.5	3.3	6.1
黑色金属冶炼和压延加工业			
有色金属冶炼和压延加工业	0.1	0.1	
金属制品业	0.4	0.6	-33.3
通用设备制造业	0.1	0.2	-50.0
专用设备制造业	0.1	0.1	
汽车制造业	0.2	0.2	
铁路、船舶、航空航天和其他运输设备制造业			
电气机械和器材制造业	0.1	0.2	-50.0
计算机、通信和其他电子设备制造业	0.1	0.2	-50.0
仪器仪表制造业			
其他制造业			
废弃资源综合利用业	1.1	1.2	-8.3
金属制品、机械和设备修理业			
电力、热力生产和供应业	0.3	0.3	
燃气生产和供应业			
水的生产和供应业			

经济指标(按国民经济行业分)(续四)

销售费用			管理费用			研发费用		
全年(亿元)	上年同期(亿元)	增减(%)	全年(亿元)	上年同期(亿元)	增减(%)	全年(亿元)	上年同期(亿元)	增减(%)
4.2	4.1	2.4	3.9	4.0	-2.5	3.3	2.7	22.2
6.4	6.7	-4.5	5.1	6.1	-16.4	4.3	2.5	72.0
0.6	0.5	20.0	0.7	0.9	-22.2	0.2	0.2	
8.4	8.9	-5.6	9.0	10.0	-10.0	1.5	1.1	36.4
0.1	0.1		0.1	0.2	-50.0	0.1		
0.3	0.5	-40.0	0.5	0.8	-37.5	0.4	0.3	33.3
2.2	1.5	46.7	2.3	2.5	-8.0	2.5	2.0	25.0
0.6	0.6		0.9	0.9		0.3	0.2	50.0
0.6	0.6		1.1	1.2	-8.3	0.7	0.4	75.0
1.1	1.2	-8.3	1.1	1.4	-21.4	0.5	0.4	25.0
0.2	0.2		0.4	0.3	33.3	0.2	0.1	100.0
0.9	0.7	28.6	1.5	1.2	25.0	0.4	0.5	-20.0
0.4	0.5	-20.0	0.8	1.1	-27.3	1.3	0.5	160.0
0.1	0.1		0.1	0.1		0.1	0.1	
						0.1		
0.5	0.5		0.6	0.6		0.2		
	0.1	-100.0		0.1	-100.0			
0.7	0.7		1.2	0.7	71.4	0.1	0.2	-50.0
0.1	0.2	-50.0	0.7	0.8	-12.5			
0.2	0.2		0.5	0.5				

2020年规模以上工业企业主要

指标名称	财务费用 全年（亿元）	上年同期（亿元）	增减（%）
总 计	16.8	15.5	8.4
煤炭开采和洗选业			
石油和天然气开采业			
黑色金属矿采选业			
有色金属矿采选业			
非金属矿采选业	0.6	0.1	500.0
开采专业及辅助性活动			
其他采矿业			
农副食品加工业	1.2	1.1	9.1
食品制造业	0.2	0.2	
酒、饮料和精制茶制造业	0.2	0.3	-33.3
烟草制品业			
纺织业	0.8	0.7	14.3
纺织服装、服饰业	0.2	0.2	
皮革、毛皮、羽毛及其制品和制鞋业			
木材加工和木、竹、藤、棕、草制品业	0.3	0.3	
家具制造业	0.1	0.1	
造纸和纸制品业	1.4	0.1	1300.0
印刷和记录媒介复制业	0.3	0.3	
文教、工美、体育和娱乐用品制造业	0.2	0.2	
石油、煤炭及其他燃料加工业			

经济指标(按国民经济行业分)(五)

资产减值损失			信用减值损失			其他收益		
全年 (亿元)	上年同期 (亿元)	增减 (%)	全年 (亿元)	上年同期 (亿元)	增减 (%)	全年 (亿元)	上年同期 (亿元)	增减 (%)
0.5	1.2	-58.3	0.1	0.4	-75.0	6.6	7.1	-7.0
0.1						0.5	0.3	66.7
						0.2	0.3	-33.3
						0.1		
						0.1		
						0.1	0.3	-66.7
	0.1	-100.0		0.3	-100.0	0.3		

2020年规模以上工业企业主要

指标名称	财务费用 全年（亿元）	上年同期（亿元）	增减（%）
化学原料和化学制品制造业	0.9	0.9	
医药制造业	1.2	1.3	-7.7
化学纤维制造业			
橡胶和塑料制品业	0.2	0.2	
非金属矿物制品业	1.4	1.9	-26.3
黑色金属冶炼和压延加工业	0.1	0.1	
有色金属冶炼和压延加工业	0.2	0.2	
金属制品业	1.1	1.3	-15.4
通用设备制造业	0.2	0.2	
专用设备制造业	0.1	0.2	-50.0
汽车制造业	0.2	0.2	
铁路、船舶、航空航天和其他运输设备制造业	0.1	0.1	
电气机械和器材制造业	0.2	0.2	
计算机、通信和其他电子设备制造业	0.2	0.2	
仪器仪表制造业			
其他制造业			
废弃资源综合利用业	1.2	1.1	9.1
金属制品、机械和设备修理业			
电力、热力生产和供应业	3.0	2.9	3.4
燃气生产和供应业	0.8	0.8	
水的生产和供应业	0.1	0.1	

经济指标(按国民经济行业分)(续五)

资产减值损失			信用减值损失			其他收益		
全年(亿元)	上年同期(亿元)	增减(%)	全年(亿元)	上年同期(亿元)	增减(%)	全年(亿元)	上年同期(亿元)	增减(%)
-0.1	0.9	-111.1				0.3	0.2	50.0
0.4	0.1	300.0				0.4	0.3	33.3
	0.1	-100.0				0.1	0.1	
0.2	0.1	100.0						
	0.1	-100.0				0.1	-100.0	
							0.1	-100.0
	-0.1	-100.0						
	-0.2	-100.0						
0.1						0.2	0.2	
-0.3						4.3	5.3	-18.9
							0.1	

2020年规模以上工业企业主要

指标名称	投资收益 全年(亿元)	上年同期(亿元)	增减(%)
总 计	2.6	0.3	766.7
煤炭开采和洗选业			
石油和天然气开采业			
黑色金属矿采选业			
有色金属矿采选业			
非金属矿采选业			
开采专业及辅助性活动			
其他采矿业			
农副食品加工业			
食品制造业			
酒、饮料和精制茶制造业			
烟草制品业			
纺织业			
纺织服装、服饰业			
皮革、毛皮、羽毛及其制品和制鞋业			
木材加工和木、竹、藤、棕、草制品业			
家具制造业			
造纸和纸制品业			
印刷和记录媒介复制业			
文教、工美、体育和娱乐用品制造业			
石油、煤炭及其他燃料加工业			

经济指标（按国民经济行业分）(六)

净敞口套期收益			公允价值变动收益			资产处置收益		
全年（亿元）	上年同期（亿元）	增减（%）	全年（亿元）	上年同期（亿元）	增减（%）	全年（亿元）	上年同期（亿元）	增减（%）
						0.2		
						0.1		
							−0.1	−100.0

2020年规模以上工业企业主要

指标名称	投资收益 全年（亿元）	上年同期（亿元）	增减（％）
化学原料和化学制品制造业			
医药制造业	1.8	－0.2	－1000.0
化学纤维制造业			
橡胶和塑料制品业			
非金属矿物制品业	0.5	0.2	150.0
黑色金属冶炼和压延加工业			
有色金属冶炼和压延加工业		0.1	－100.0
金属制品业			
通用设备制造业			
专用设备制造业			
汽车制造业			
铁路、船舶、航空航天和其他运输设备制造业			
电气机械和器材制造业			
计算机、通信和其他电子设备制造业			
仪器仪表制造业			
其他制造业			
废弃资源综合利用业			
金属制品、机械和设备修理业			
电力、热力生产和供应业			
燃气生产和供应业	0.1		
水的生产和供应业	0.1	0.1	

经济指标(按国民经济行业分)(续六)

净敞口套期收益			公允价值变动收益			资产处置收益		
全年 (亿元)	上年同期 (亿元)	增减 (%)	全年 (亿元)	上年同期 (亿元)	增减 (%)	全年 (亿元)	上年同期 (亿元)	增减 (%)
						0.2	0.1	100.0

2020年规模以上工业企业主要

指标名称	营业利润 全年（亿元）	上年同期（亿元）	增减（%）
总 计	81.7	82.9	-1.4
煤炭开采和洗选业			
石油和天然气开采业			
黑色金属矿采选业	0.1	0.1	
有色金属矿采选业			
非金属矿采选业	1.5	1.5	
开采专业及辅助性活动			
其他采矿业			
农副食品加工业	2.8	3.5	-20.0
食品制造业	3.8	4.9	-22.4
酒、饮料和精制茶制造业	2.3	2.9	-20.7
烟草制品业			
纺织业	0.5	1.8	-72.2
纺织服装、服饰业	0.8	1.2	-33.3
皮革、毛皮、羽毛及其制品和制鞋业	0.2	0.2	
木材加工和木、竹、藤、棕、草制品业	1.6	1.3	23.1
家具制造业	2.8	4.4	-36.4
造纸和纸制品业	0.2	-1.2	-116.7
印刷和记录媒介复制业	0.5	0.7	-28.6
文教、工美、体育和娱乐用品制造业	3.2	3.2	
石油、煤炭及其他燃料加工业			

经济指标(按国民经济行业分)(七)

营业外收入			营业外支出			利润总额		
全年 (亿元)	上年同期 (亿元)	增减 (%)	全年 (亿元)	上年同期 (亿元)	增减 (%)	全年 (亿元)	上年同期 (亿元)	增减 (%)
4.3	4.1	4.9	3.2	2.7	18.5	82.8	84.3	-1.8
						0.1		
			0.1	0.4	-75.0	1.4	1.1	27.3
0.5	0.5		0.4	0.1	300.0	2.9	3.9	-25.6
0.1	0.1		0.5	0.1	400.0	3.4	5.0	-32.0
0.1	0.3	-66.7		0.2	-100.0	2.3	3.0	-23.3
0.1	0.2	-50.0				0.6	2.0	-70.0
						0.8	1.2	-33.3
						0.2	0.2	
						1.6	1.3	23.1
	0.1	-100.0				2.8	4.6	-39.1
0.1			0.1			0.3	-1.2	-125.0
						0.5	0.7	-28.6
0.1	0.1					3.2	3.3	-3.0
						0.1		

2020年规模以上工业企业主要

指标名称	营业利润 全年（亿元）	上年同期（亿元）	增减（%）
化学原料和化学制品制造业	8.0	5.0	60.0
医药制造业	16.1	8.7	85.1
化学纤维制造业			
橡胶和塑料制品业	0.2	0.4	-50.0
非金属矿物制品业	24.6	25.9	-5.0
黑色金属冶炼和压延加工业	0.4	0.4	
有色金属冶炼和压延加工业	-0.1	1.3	-107.7
金属制品业	2.0	1.8	11.1
通用设备制造业	0.6	1.0	-40.0
专用设备制造业	1.4	1.5	-6.7
汽车制造业	2.5	2.3	8.7
铁路、船舶、航空航天和其他运输设备制造业	0.1	0.4	-75.0
电气机械和器材制造业	1.0	1.2	-16.7
计算机、通信和其他电子设备制造业	0.6	0.2	200.0
仪器仪表制造业			
其他制造业			
废弃资源综合利用业	-4.1	0.7	-685.7
金属制品、机械和设备修理业			
电力、热力生产和供应业	8.8	8.9	-1.1
燃气生产和供应业	-0.9	-1.4	-35.7
水的生产和供应业	0.1		

经济指标(按国民经济行业分)(续七)

营业外收入			营业外支出			利润总额		
全年 (亿元)	上年同期 (亿元)	增减 (%)	全年 (亿元)	上年同期 (亿元)	增减 (%)	全年 (亿元)	上年同期 (亿元)	增减 (%)
0.2	0.2		0.6	0.3	100.0	7.6	4.9	55.1
0.3	0.6	-50.0	0.4	0.5	-20.0	16.0	8.9	79.8
0.1	0.1					0.3	0.5	-40.0
0.5	0.5		0.3	0.4	-25.0	24.8	26.1	-5.0
						0.4	0.4	
1.0	0.1	900.0				0.8	1.3	-38.5
0.1	0.1		0.1	0.1		2.1	1.8	16.7
						0.6	1.0	-40.0
0.1	0.1					1.4	1.6	-12.5
0.1	0.1					2.6	2.3	13.0
						0.1	0.3	-66.7
0.2	0.1	100.0				1.2	1.3	-7.7
0.1	0.2	-50.0				0.7	0.4	75.0
0.3	0.3		0.4			-4.1	1.0	-510.0
	0.1	-100.0					0.1	-100.0
0.1			0.1	0.5	-80.0	8.8	8.4	4.8
	0.1	-100.0				-0.9	-1.3	-30.8
0.1	0.1					0.2	0.2	

2020年规模以上工业企业主要

指标名称	亏损企业亏损总额		
	全年（亿元）	上年同期（亿元）	增减（％）
总 计	11.4	7.1	60.6
煤炭开采和洗选业			
石油和天然气开采业			
黑色金属矿采选业			
有色金属矿采选业			
非金属矿采选业	1.0	0.1	900.0
开采专业及辅助性活动			
其他采矿业			
农副食品加工业	1.0	0.1	900.0
食品制造业			
酒、饮料和精制茶制造业	0.1		
烟草制品业			
纺织业	0.6	0.3	100.0
纺织服装、服饰业	0.1		
皮革、毛皮、羽毛及其制品和制鞋业		0.2	-100.0
木材加工和木、竹、藤、棕、草制品业	0.1		
家具制造业	0.1		
造纸和纸制品业		1.2	-100.0
印刷和记录媒介复制业	0.2	0.2	
文教、工美、体育和娱乐用品制造业			
石油、煤炭及其他燃料加工业			

经济指标(按国民经济行业分)(八)

应交增值税			税金总额			平均用工人数		
全年（亿元）	上年同期（亿元）	增减（%）	全年（亿元）	上年同期（亿元）	增减（%）	全年（万人）	上年同期（万人）	增减（%）
23.3	24.0	-2.9	34.3	35.3	-2.8	14.8	15.5	-4.5
0.1	0.1		0.1	0.1				
0.7	0.4	75.0	2.1	1.5	40.0	0.2	0.2	
1.5	0.8	87.5	1.7	1.0	70.0	0.7	0.9	-22.2
0.7	0.7		0.9	0.9		0.4	0.5	-20.0
0.4	0.7	-42.9	0.6	1.0	-40.0	0.3	0.4	-25.0
0.7	1.0	-30.0	0.8	1.2	-33.3	1.2	1.3	-7.7
0.4	0.3	33.3	0.6	0.5	20.0	0.7	0.7	
	0.1	-100.0		0.1	-100.0	0.2	0.2	
0.2	0.4	-50.0	0.3	0.5	-40.0	0.5	0.5	
0.6	0.3	100.0	0.7	0.5	40.0	0.4	0.4	
			0.1	0.1		0.1	0.1	
0.2	0.3	-33.3	0.2	0.4	-50.0	0.2	0.2	
0.9	1.3	-30.8	1.8	1.8		0.7	0.7	

2020年规模以上工业企业主要

指标名称	亏损企业亏损总额 全年（亿元）	上年同期（亿元）	增减（％）
化学原料和化学制品制造业	0.4	0.6	－33.3
医药制造业	0.4	0.5	－20.0
化学纤维制造业			
橡胶和塑料制品业	0.2	0.2	
非金属矿物制品业	0.3	0.4	－25.0
黑色金属冶炼和压延加工业			
有色金属冶炼和压延加工业	0.1		
金属制品业	0.3	0.3	
通用设备制造业	0.1		
专用设备制造业	0.1		
汽车制造业			
铁路、船舶、航空航天和其他运输设备制造业			
电气机械和器材制造业	0.2	0.2	
计算机、通信和其他电子设备制造业	0.1	0.1	
仪器仪表制造业			
其他制造业			
废弃资源综合利用业	4.4	0.1	4300.0
金属制品、机械和设备修理业			
电力、热力生产和供应业	0.1		
燃气生产和供应业	1.4	2.1	－33.3
水的生产和供应业	0.1		

经济指标(按国民经济行业分)(续八)

应交增值税			税金总额			平均用工人数		
全年 (亿元)	上年同期 (亿元)	增减 (%)	全年 (亿元)	上年同期 (亿元)	增减 (%)	全年 (万人)	上年同期 (万人)	增减 (%)
0.8	0.9	-11.1	1.5	1.6	-6.3	0.7	0.7	
3.0	3.1	-3.2	3.6	3.8	-5.3	1.8	1.8	
0.3	0.3		0.4	0.4		0.3	0.3	
5.2	5.9	-11.9	8.7	9.2	-5.4	2.8	2.8	
0.1	0.1		0.1	0.1				
0.2	0.2		0.3	0.3		0.2	0.2	
1.0	1.6	-37.5	1.4	2.2	-36.4	0.9	0.9	
0.3	0.3		0.4	0.5	-20.0	0.3	0.3	
0.3	0.5	-40.0	0.4	0.6	-33.3	0.3	0.3	
0.7	0.7		0.9	0.9		0.5	0.5	
0.1	0.1		0.1	0.1		0.1	0.1	
0.4	0.4		0.5	0.6	-16.7	0.5	0.4	25.0
0.4	0.4		0.5	0.6	-16.7	0.3	0.3	
3.0	1.6	87.5	4.1	2.8	46.4	0.1	0.1	
							0.1	-100.0
0.8	1.0	-20.0	1.1	1.3	-15.4	0.1	0.1	
	0.1	-100.0		0.1	-100.0			
0.1	0.1		0.1	0.1		0.2	0.2	

2020 年规模以上工业企业主要

指标名称	每百元营业收入中的成本 全年（元）	上年同期（元）	增减（元）
总 计	85.2	86.3	-1.1
煤炭开采和洗选业			
石油和天然气开采业			
黑色金属矿采选业	94.9	93.8	1.2
有色金属矿采选业			
非金属矿采选业	83.2	80.2	3.0
开采专业及辅助性活动			
其他采矿业			
农副食品加工业	92.6	92.6	0.0
食品制造业	85.2	84.4	0.8
酒、饮料和精制茶制造业	85.1	86.3	-1.2
烟草制品业			
纺织业	94.0	92.8	1.2
纺织服装、服饰业	86.9	88.0	-1.2
皮革、毛皮、羽毛及其制品和制鞋业	90.5	92.1	-1.7
木材加工和木、竹、藤、棕、草制品业	76.6	78.8	-2.2
家具制造业	79.3	75.8	3.5
造纸和纸制品业	82.7	94.9	-12.2
印刷和记录媒介复制业	82.9	83.3	-0.5
文教、工美、体育和娱乐用品制造业	85.9	89.8	-3.9
石油、煤炭及其他燃料加工业	85.7	85.7	

经济指标(按国民经济行业分)(九)

营业收入利润率			主营活动利润(新)			四项费用		
全年(%)	上年同期(%)	增减(百分点)	全年(亿元)	上年同期(亿元)	增减(%)	全年(亿元)	上年同期(亿元)	增减(%)
5.97	5.63	0.34	72.90	76.80	-5.10	120.8	117.0	3.2
1.69		1.69	0.20	0.20		0.1	0.1	
3.67	4.55	-0.88	1.50	1.40	7.10	3.5	2.3	52.2
2.01	2.64	-0.63	2.30	3.10	-25.80	8.2	7.6	7.9
7.01	8.40	-1.39	3.50	4.70	-25.50	3.5	4.4	-20.5
8.36	7.77	0.59	2.20	2.90	-24.10	1.7	2.1	-19.0
0.97	2.66	-1.69	0.50	1.80	-72.20	3.1	3.4	-8.8
3.88	4.35	-0.47	0.70	1.10	-36.40	1.8	2.0	-10.0
3.17	2.25	0.92	0.20	0.30	-33.30	0.4	0.4	
10.13	8.13	2.00	1.60	1.30	23.10	2.0	2.0	
10.73	15.92	-5.19	2.70	4.10	-34.10	2.6	2.7	-3.7
1.62	-30.77	32.39	-0.10	-0.80	-87.50	3.2	0.9	255.6
4.50	4.86	-0.36	0.60	0.80	-25.00	1.3	1.5	-13.3
5.80	4.97	0.83	3.20	3.20		3.7	3.1	19.4
7.14		7.14	0.10	0.10		0.1		

2020 年规模以上工业企业主要

指标名称	每百元营业收入中的成本 全年（元）	上年同期（元）	增减（元）
化学原料和化学制品制造业	77.3	81.2	-4.0
医药制造业	74.2	77.7	-3.6
化学纤维制造业			
橡胶和塑料制品业	88.5	88.6	-0.1
非金属矿物制品业	82.5	84.4	-2.0
黑色金属冶炼和压延加工业	87.0	84.6	2.4
有色金属冶炼和压延加工业	88.8	83.7	5.1
金属制品业	88.3	89.0	-0.8
通用设备制造业	82.4	83.9	-1.5
专用设备制造业	75.2	77.0	-1.9
汽车制造业	86.0	85.1	1.0
铁路、船舶、航空航天和其他运输设备制造业	87.0	86.6	0.4
电气机械和器材制造业	84.4	85.4	-1.1
计算机、通信和其他电子设备制造业	92.4	95.4	-3.1
仪器仪表制造业	78.6	80.0	-1.4
其他制造业	75.0	77.8	-2.8
废弃资源综合利用业	105.6	101.3	4.4
金属制品、机械和设备修理业	90.0	92.3	-2.3
电力、热力生产和供应业	66.4	68.0	-1.6
燃气生产和供应业	90.0	96.0	-6.0
水的生产和供应业	83.0	83.9	-0.9

经济指标(按国民经济行业分)(续九)

营业收入利润率			主营活动利润(新)			四项费用		
全年(%)	上年同期(%)	增减(百分点)	全年(亿元)	上年同期(亿元)	增减(%)	全年(亿元)	上年同期(亿元)	增减(%)
8.43	5.16	3.27	7.50	5.40	38.90	12.3	11.7	5.1
13.01	7.65	5.36	14.20	8.60	65.10	17.0	16.6	2.4
1.72	2.48	-0.76	0.20	0.40	-50.00	1.7	1.8	-5.6
9.11	7.98	1.13	23.90	25.70	-7.00	20.3	21.9	-7.3
7.41	7.69	-0.28	0.30	0.40	-25.00	0.4	0.4	
6.40	7.07	-0.67	-0.10	1.10	-109.10	1.4	1.8	-22.2
2.37	2.04	0.33	1.90	1.80	5.60	8.1	7.3	11.0
3.92	5.38	-1.46	0.60	0.90	-33.30	2.0	1.9	5.3
8.92	9.20	-0.28	1.30	1.50	-13.30	2.5	2.4	4.2
6.60	6.02	0.58	2.40	2.30	4.30	2.9	3.2	-9.4
1.30	3.66	-2.36	0.10	0.40	-75.00	0.9	0.7	28.6
4.36	4.98	-0.62	1.20	1.00	20.00	3.0	2.6	15.4
1.62	0.73	0.89	0.50			2.7	2.3	17.4
						0.3	0.3	
			0.10	0.20	-50.00	0.1		
-4.60	1.15	-5.75	-8.60	-4.50	91.10	2.5	2.2	13.6
	3.85	-3.85	0.10				0.2	-100.0
20.95	19.76	1.19	8.80	8.80		5.0	4.5	11.1
-11.25	-17.33	6.08	-0.80	-1.50	-46.70	1.6	1.8	-11.1
3.77	3.57	0.20	0.10	0.10		0.8	0.8	

2020年规模以上工业企业主要

指标名称	每百元营业收入中的费用		
	全年（元）	上年同期（元）	增减（元）
总 计	8.71	7.81	0.90
煤炭开采和洗选业			
石油和天然气开采业			
黑色金属矿采选业	1.69	2.08	-0.39
有色金属矿采选业			
非金属矿采选业	9.19	9.50	-0.31
开采专业及辅助性活动			
其他采矿业			
农副食品加工业	5.68	5.15	0.53
食品制造业	7.22	7.39	-0.17
酒、饮料和精制茶制造业	6.18	5.44	0.74
烟草制品业			
纺织业	5.00	4.53	0.47
纺织服装、服饰业	8.74	7.25	1.49
皮革、毛皮、羽毛及其制品和制鞋业	6.35	4.49	1.86
木材加工和木、竹、藤、棕、草制品业	12.66	12.50	0.16
家具制造业	9.96	9.34	0.62
造纸和纸制品业	17.30	23.08	-5.78
印刷和记录媒介复制业	11.71	10.42	1.29
文教、工美、体育和娱乐用品制造业	6.70	4.67	2.03
石油、煤炭及其他燃料加工业	7.14		7.14

经济指标(按国民经济行业分)(十)

单位成本费用			每百元资产实现的年营业收入			总资产周转天数		
全年(元)	上年同期(元)	增减(元)	全年(元)	上年同期(元)	增减(元)	年末(天)	上年同期(天)	增减(天)
94.0	94.1	-0.2	194.80	223.40	-28.60	184.80	161.20	23.60
96.6	95.8	0.8	472.00	505.30	-33.30	76.30	71.30	5.00
92.4	89.7	2.7	192.40	284.70	-92.30	187.10	126.40	60.70
98.3	97.8	0.5	327.60	363.10	-35.50	109.90	99.10	10.80
92.4	91.8	0.6	201.20	268.00	-66.80	178.90	134.30	44.60
91.3	91.7	-0.4	329.30	470.70	-141.40	109.30	76.50	32.80
99.0	97.3	1.7	262.20	285.00	-22.80	137.30	126.30	11.00
95.6	95.3	0.3	246.70	330.50	-83.80	145.90	108.90	37.00
96.8	96.6	0.2	196.90	258.00	-61.10	182.90	139.60	43.30
89.2	91.3	-2.0	122.00	146.10	-24.10	295.10	246.40	48.70
89.3	85.1	4.2	130.20	163.30	-33.10	276.60	220.50	56.10
100.0	118.0	-18.0	51.00	9.70	41.30	705.40	3715.40	-3010.00
94.6	93.8	0.8	153.10	201.40	-48.30	235.10	178.80	56.30
92.6	94.4	-1.9	222.10	280.80	-58.70	162.10	128.20	33.90
92.9	85.7	7.1	147.40	116.70	30.70	244.30	308.60	-64.30

2020 年规模以上工业企业主要

指标名称	每百元营业收入中的费用		
	全年 (元)	上年同期 (元)	增减 (元)
化学原料和化学制品制造业	13.64	12.33	1.31
医药制造业	13.82	14.27	-0.45
化学纤维制造业			
橡胶和塑料制品业	9.77	8.91	0.86
非金属矿物制品业	7.46	6.70	0.76
黑色金属冶炼和压延加工业	7.41	7.69	-0.28
有色金属冶炼和压延加工业	11.20	9.78	1.42
金属制品业	9.14	8.27	0.87
通用设备制造业	13.07	10.22	2.85
专用设备制造业	15.92	13.79	2.13
汽车制造业	7.36	8.38	-1.02
铁路、船舶、航空航天和其他运输设备制造业	11.69	8.54	3.15
电气机械和器材制造业	10.91	9.96	0.95
计算机、通信和其他电子设备制造业	6.25	4.22	2.03
仪器仪表制造业	21.43	20.00	1.43
其他制造业	12.50		12.50
废弃资源综合利用业	2.80	2.52	0.28
金属制品、机械和设备修理业		7.69	-7.69
电力、热力生产和供应业	11.90	10.59	1.31
燃气生产和供应业	20.00	24.00	-4.00
水的生产和供应业	15.09	14.29	0.80

经济指标(按国民经济行业分)(续十)

单位成本费用			每百元资产实现的年营业收入			总资产周转天数		
全年(元)	上年同期(元)	增减(元)	全年(元)	上年同期(元)	增减(元)	年末(天)	上年同期(天)	增减(天)
90.9	93.6	-2.7	169.50	196.10	-26.60	212.30	183.60	28.70
88.0	92.0	-4.0	219.40	235.20	-15.80	164.00	153.10	10.90
98.3	97.5	0.8	168.10	200.00	-31.90	214.10	180.00	34.10
89.9	91.1	-1.2	253.80	306.80	-53.00	141.90	117.30	24.60
94.5	92.3	2.1	229.80	236.40	-6.60	156.70	152.30	4.40
100.0	93.5	6.5	157.20	234.40	-77.20	229.00	153.60	75.40
97.4	97.3	0.1	182.90	201.10	-18.20	196.90	179.00	17.90
95.4	94.1	1.3	169.10	212.60	-43.50	212.90	169.40	43.50
91.1	90.8	0.3	147.40	194.40	-47.00	244.20	185.20	59.00
93.4	93.5	-0.1	275.50	284.00	-8.50	130.70	126.80	3.90
98.7	95.1	3.6	99.40	109.30	-9.90	362.30	329.30	33.00
95.3	95.4	-0.1	221.80	213.90	7.90	162.30	168.30	-6.00
98.6	99.6	-1.0	327.30	524.00	-196.70	110.00	68.70	41.30
100.0	100.0		107.70	111.10	-3.40	334.30	324.00	10.30
87.5	77.8	9.7	80.00	94.70	-14.70	450.00	380.00	70.00
108.4	103.8	4.6	524.70	435.40	89.30	68.60	82.70	-14.10
90.0	100.0	-10.0	153.80	346.70	-192.90	234.00	103.80	130.20
78.3	78.6	-0.3	51.30	54.60	-3.30	701.10	659.40	41.70
110.0	120.0	-10.0	54.60	50.00	4.60	659.30	720.00	-60.70
98.1	98.2	-0.1	71.10	96.60	-25.50	506.00	372.90	133.10

2020 年规模以上工业企业主要

指标名称	产成品存货周转天数 年末(天)	产成品存货周转天数 上年同期(天)	产成品存货周转天数 增减(天)	应收账款平均回收期 年末(天)	应收账款平均回收期 上年同期(天)	应收账款平均回收期 增减(天)
总 计	11.9	11.5	0.4	21.8	13.1	8.7
煤炭开采和洗选业						
石油和天然气开采业						
黑色金属矿采选业	6.4	4.0	2.4	18.3	7.5	10.8
有色金属矿采选业						
非金属矿采选业	4.5	13.0	-8.5	6.1	0.7	5.4
开采专业及辅助性活动						
其他采矿业						
农副食品加工业	9.4	9.1	0.3	7.1	4.1	3.0
食品制造业	4.8	3.6	1.2	62.4	38.7	23.7
酒、饮料和精制茶制造业	8.5	6.5	2.0	23.6	16.3	7.3
烟草制品业						
纺织业	14.2	12.9	1.3	13.9	7.0	6.9
纺织服装、服饰业	8.0	6.7	1.3	16.6	7.8	8.8
皮革、毛皮、羽毛及其制品和制鞋业	6.3	4.4	1.9	8.6	2.0	6.6
木材加工和木、竹、藤、棕、草制品业	28.3	22.9	5.4	13.7	5.6	8.1
家具制造业	11.3	12.3	-1.0	17.9	5.6	12.3
造纸和纸制品业	3.5	24.3	-20.8	10.7	13.8	-3.1
印刷和记录媒介复制业	17.6	10.5	7.1	48.6	42.5	6.1
文教、工美、体育和娱乐用品制造业	12.9	10.9	2.0	12.7	5.4	7.3
石油、煤炭及其他燃料加工业	15.0		15.0	90.0		90.0

经济指标(按国民经济行业分)(十一)

资产负债率			人均营业收入			资产利润率		
年末(%)	上年同期(%)	增减(百分点)	全年(万元)	上年同期(万元)	增减(万元)	全年(%)	上年同期(%)	增减(百分点)
53.4	52.2	1.2	93.7	96.6	-2.9	11.6	12.6	-0.9
108.0	121.1	-13.1				8.0		8.0
57.6	44.1	13.5	190.5	121.0	69.5	7.1	12.9	-5.9
58.7	54.6	4.1	206.1	164.0	42.1	6.6	9.6	-3.0
49.8	46.4	3.4	121.3	119.0	2.3	14.1	22.5	-8.4
28.7	30.5	-1.8	91.7	96.5	-4.8	27.5	36.6	-9.1
57.7	56.5	1.2	51.7	57.8	-6.1	2.5	7.6	-5.1
40.1	34.1	6.0	29.4	39.4	-10.0	9.6	14.4	-4.8
57.8	60.9	-3.1	31.5	44.5	-13.0	6.3	5.8	0.5
64.1	70.3	-6.2	31.6	32.0	-0.4	12.4	11.9	0.5
42.6	37.0	5.6	65.3	72.3	-7.0	14.0	26.0	-12.0
68.7	71.3	-2.6	185.0	39.0	146.0	0.8	-3.0	3.8
67.6	65.0	2.6	55.5	72.0	-16.5	6.9	9.8	-2.9
24.9	29.8	-4.9	78.9	94.9	-16.0	12.9	14.0	-1.1
47.4	66.7	-19.3				10.5		10.5

2020年规模以上工业企业主要

指标名称	产成品存货周转天数 年末（天）	产成品存货周转天数 上年同期（天）	产成品存货周转天数 增减（天）	应收账款平均回收期 年末（天）	应收账款平均回收期 上年同期（天）	应收账款平均回收期 增减（天）
化学原料和化学制品制造业	32.3	31.3	1.0	12.4	7.6	4.8
医药制造业	14.6	11.2	3.4	17.7	14.7	3.0
化学纤维制造业						
橡胶和塑料制品业	23.4	18.1	5.3	30.0	21.4	8.6
非金属矿物制品业	9.2	7.9	1.3	19.2	7.9	11.3
黑色金属冶炼和压延加工业	19.1	16.4	2.7	30.0	20.8	9.2
有色金属冶炼和压延加工业	9.7	7.0	2.7	76.3	36.2	40.1
金属制品业	25.8	23.4	2.4	35.1	19.8	15.3
通用设备制造业	18.6	13.8	4.8	40.0	25.2	14.8
专用设备制造业	15.3	9.4	5.9	31.0	13.4	17.6
汽车制造业	11.7	15.5	-3.8	26.0	21.2	4.8
铁路、船舶、航空航天和其他运输设备制造业	24.2	12.7	11.5	28.1	13.2	14.9
电气机械和器材制造业	9.3	9.7	-0.4	53.0	36.6	16.4
计算机、通信和其他电子设备制造业	2.7	2.4	0.3	28.3	12.9	15.4
仪器仪表制造业	16.4	15.0	1.4	25.7	24.0	1.7
其他制造业	30.0		30.0			
废弃资源综合利用业	1.7	12.6	-10.9	8.7	13.0	-4.3
金属制品、机械和设备修理业	20.0		20.0	54.0		54.0
电力、热力生产和供应业	0.6		0.6	53.1	29.6	23.5
燃气生产和供应业	2.5		2.5	4.5	2.4	2.1
水的生产和供应业	4.1	3.8	0.3	50.9	48.2	2.7

经济指标(按国民经济行业分)(十一续)

资产负债率 年末(%)	上年同期(%)	增减(百分点)	人均营业收入 全年(万元)	上年同期(万元)	增减(万元)	资产利润率 全年(%)	上年同期(%)	增减(百分点)
55.5	53.1	2.4	128.9	135.6	-6.7	14.3	10.1	4.2
38.9	46.7	-7.8	68.3	64.6	3.7	28.6	18.0	10.6
43.5	41.6	1.9	58.0	67.3	-9.3	2.9	5.0	-2.1
35.5	31.9	3.6	97.3	116.8	-19.5	23.1	24.5	-1.4
38.3	45.5	-7.2				17.0	18.2	-1.2
53.5	53.5		62.5	92.0	-29.5	10.1	16.6	-6.5
68.6	65.0	3.6	98.4	98.1	0.3	4.3	4.1	0.2
56.4	56.0	0.4	51.0	62.0	-11.0	6.6	11.4	-4.8
41.3	38.5	2.8	52.3	58.0	-5.7	13.2	17.9	-4.7
42.0	38.7	3.3	78.8	76.4	2.4	18.2	17.1	1.1
74.2	71.3	2.9	77.0	82.0	-5.0	1.3	4.0	-2.7
46.0	38.5	7.5	55.0	65.3	-10.3	9.7	10.7	-1.0
62.1	53.4	8.7	144.0	181.7	-37.7	5.3	3.9	1.5
65.4	63.0	2.4						
40.0	36.8	3.2						
85.6	71.8	13.8	892.0	873.0	19.0	-24.1	5.0	-29.1
53.8	53.3	0.5		26.0	-26.0		13.3	-13.3
59.8	61.6	-1.8	420.0	425.0	-5.0	10.8	10.8	0.0
121.2	118.0	3.2				-6.1	-8.7	2.5
64.4	65.5	-1.1	26.5	28.0	-1.5	2.7	3.5	-0.8

2020年规模以上工业企业

指标名称	企业单位数 年末（个）	亏损企业数 年末（个）	亏损企业数 上年同期（个）	亏损企业数 增减（％）
总计	1264	152	101	50.5
在总计中：1 国有企业	11	3	3	0.0
2 集体企业	0	0	0	0.0
3 股份合作制企业	0	0	0	0.0
4 股份制企业	1202	143	95	50.5
5 外商及港澳台商投资企业	35	6	2	200.0
6 其他企业	16	0	1	－100.0
在总计中：亏损企业	152	152	59	157.6
在总计中：国有控股企业	34	7	6	16.7
其中：亏损企业	7	7	4	75.0
其中：中央企业	0	0	0	0.0
在总计中：新建企业	23	5	3	66.7
在总计中：大中型工业	81	13	8	62.5
其中：国有控股企业	4	0	0	0.0
其中：亏损企业	0	0	0	0.0
在总计中：1 国有控股	34	7	6	16.7
2 集体控股	6	1	0	0.0
3 私人控股	1171	133	90	47.8
4 港澳台商控股	19	4	1	300.0
5 外商控股	9	3	0	0.0
6 其他	25	4	4	0.0

主要经济指标(按类型分)(一)

流动资产合计			其中:应收账款			存货		
年末(亿元)	上年同期(亿元)	增减(%)	年末(亿元)	上年同期(亿元)	增减(%)	年末(亿元)	上年同期(亿元)	增减(%)
645.0	596.9	8.1	168.1	109.1	54.1	168.4	159.1	5.8
4.2	3.6	16.7	1.6	1.2	33.3	0.3	0.2	50.0
0.0	0.0	0.0	0.0	0.0	0.0	0.0	0.0	0.0
0.0	0.0	0.0	0.0	0.0	0.0	0.0	0.0	0.0
590.8	547.0	8.0	151.8	97.0	56.5	159.5	149.8	6.5
48.1	44.5	8.1	14.5	10.8	34.3	7.8	8.3	-6.0
1.8	1.8	0.0	0.2	0.2	0.0	0.9	0.8	12.5
84.0	90.8	-7.5	18.4	14.5	26.9	23.0	24.5	-6.1
54.5	39.9	36.6	13.3	7.5	77.3	16.2	7.7	110.4
2.2	2.1	4.8	0.1	0.0	0.0	0.2	0.2	0.0
0.0	0.0	0.0	0.0	0.0	0.0	0.0	0.0	0.0
8.9	2.3	287.0	4.4	0.2	2100.0	2.2	0.6	266.7
244.5	226.0	8.2	56.6	38.7	46.3	66.3	66.7	-0.6
9.3	6.9	34.8	1.8	1.2	50.0	0.8	0.7	14.3
0.0	0.0	0.0	0.0	0.0	0.0	0.0	0.0	0.0
54.5	39.9	36.6	13.3	7.5	77.3	16.2	7.7	110.4
17.8	25.0	-28.8	4.3	6.7	-35.8	3.8	5.7	-33.3
488.4	450.7	8.4	130.4	82.5	58.1	134.1	132.9	0.9
26.8	26.6	0.8	9.7	6.5	49.2	5.1	6.2	-17.7
18.1	14.8	22.3	4.0	3.0	33.3	2.3	1.6	43.8
39.5	39.8	-0.8	6.4	2.9	120.7	6.9	4.9	40.8

2020年规模以上工业企业

指标名称	其中:产成品 年末（亿元）	上年同期（亿元）	增减（%）
总计	78.0	82.5	-5.5
在总计中:1 国有企业	0.1	0.1	0.0
2 集体企业	0.0	0.0	0.0
3 股份合作制企业	0.0	0.0	0.0
4 股份制企业	74.5	77.5	-3.9
5 外商及港澳台商投资企业	2.9	4.4	-34.1
6 其他企业	0.5	0.5	0.0
在总计中:亏损企业	7.9	14.0	-43.6
在总计中:国有控股企业	3.2	1.0	220.0
其中:亏损企业	0.0	0.0	0.0
其中:中央企业	0.0	0.0	0.0
在总计中:新建企业	1.0	0.3	233.3
在总计中:大中型工业	31.5	37.3	-15.5
其中:国有控股企业	0.0	0.0	0.0
其中:亏损企业	0.0	0.0	0.0
在总计中:1 国有控股	3.2	1.0	220.0
2 集体控股	0.1	5.5	-98.2
3 私人控股	70.1	70.4	-0.4
4 港澳台商控股	2.1	3.7	-43.2
5 外商控股	0.5	0.5	0.0
6 其他	1.9	1.5	26.7

主要经济指标(按类型分)(二)

固定资产原价			资产总计			负债合计		
年末(亿元)	上年同期(亿元)	增减(%)	年末(亿元)	上年同期(亿元)	增减(%)	年末(亿元)	上年同期(亿元)	增减(%)
745.3	606.8	22.8	1424.1	1341.3	6.2	760.8	700.2	8.7
15.1	13.9	8.6	19.0	14.9	27.5	11.1	9.1	22.0
0.0	0.0	0.0	0.0	0.0	0.0	0.0	0.0	0.0
0.0	0.0	0.0	0.0	0.0	0.0	0.0	0.0	0.0
594.1	492.9	20.5	1255.9	1186.0	5.9	672.6	616.3	9.1
133.8	97.9	36.7	144.8	135.8	6.6	75.5	73.1	3.3
2.4	2.1	14.3	4.5	4.5	0.0	1.6	1.7	-5.9
96.2	83.7	14.9	196.5	189.5	3.7	161.6	140.7	14.9
76.8	79.0	-2.8	135.7	115.5	17.5	91.3	80.9	12.9
25.1	26.1	-3.8	25.8	26.9	-4.1	32.3	32.4	-0.3
0.0	0.0	0.0	0.0	0.0	0.0	0.0	0.0	0.0
4.8	2.0	140.0	15.5	5.5	181.8	8.8	3.6	144.4
312.6	217.2	43.9	540.7	507.7	6.5	304.8	288.6	5.6
7.3	11.8	-38.1	23.3	20.5	13.7	7.6	11.0	-30.9
0.0	0.0	0.0	0.0	0.0	0.0	0.0	0.0	0.0
76.8	79.0	-2.8	135.7	115.5	17.5	91.3	80.9	12.9
1.2	1.0	20.0	20.5	28.2	-27.3	16.1	19.4	-17.0
452.8	405.8	11.6	1006.2	947.1	6.2	511.2	458.0	11.6
99.2	63.9	55.2	102.8	94.8	8.4	61.2	58.2	5.2
34.0	28.1	21.0	41.6	37.8	10.1	15.3	12.5	22.4
81.4	29.0	180.7	117.3	117.8	-0.4	65.7	71.2	-7.7

2020 年规模以上工业企业

指标名称	所有者权益合计 全年（亿元）	所有者权益合计 上年同期（亿元）	所有者权益合计 增减（%）
总计	663.3	641.1	3.5
在总计中:1 国有企业	7.9	5.8	36.2
2 集体企业	0.0	0.0	0.0
3 股份合作制企业	0.0	0.0	0.0
4 股份制企业	583.3	569.7	2.4
5 外商及港澳台商投资企业	69.3	62.7	10.5
6 其他企业	2.9	2.8	3.6
在总计中:亏损企业	34.9	48.8	-28.5
在总计中:国有控股企业	44.4	34.6	28.3
其中:亏损企业	-6.5	-5.5	18.2
其中:中央企业	0.0	0.0	0.0
在总计中:新建企业	6.7	1.9	252.6
在总计中:大中型工业	235.9	219.1	7.7
其中:国有控股企业	15.7	9.5	65.3
其中:亏损企业	0.0	0.0	0.0
在总计中:1 国有控股	44.4	34.6	28.3
2 集体控股	4.4	8.8	-50.0
3 私人控股	495.0	489.1	1.2
4 港澳台商控股	41.6	36.6	13.7
5 外商控股	26.3	25.3	4.0
6 其他	51.6	46.6	10.7

主要经济指标(按类型分)(三)

营业收入			营业成本			税金及附加		
全年(亿元)	上年同期(亿元)	增减(%)	全年(亿元)	上年同期(亿元)	增减(%)	全年(亿元)	上年同期(亿元)	增减(%)
1387.2	1497.9	-7.4	1182.5	1292.8	-8.5	11.0	11.3	-2.7
4.4	5.4	-18.5	3.0	3.8	-21.1	0.0	0.0	0.0
0.0	0.0	0.0	0.0	0.0	0.0	0.0	0.0	0.0
0.0	0.0	0.0	0.0	0.0	0.0	0.0	0.0	0.0
1258.5	1360.5	-7.5	1076.3	1180.0	-8.8	10.4	10.6	-1.9
115.9	121.7	-4.8	95.6	99.7	-4.1	0.4	0.4	0.0
8.3	10.2	-18.6	7.6	9.2	-17.4	0.1	0.2	-50.0
160.1	181.9	-12.0	158.4	173.1	-8.5	1.3	1.6	-18.8
78.7	89.1	-11.7	65.2	76.8	-15.1	0.5	0.6	-16.7
4.1	3.5	17.1	4.0	4.0	0.0	0.0	0.0	0.0
0.0	0.0	0.0	0.0	0.0	0.0	0.0	0.0	0.0
23.8	0.6	3866.7	21.5	0.4	5275.0	0.3	0.0	0.0
472.4	494.1	-4.4	394.4	420.9	-6.3	3.0	3.8	-21.1
4.9	5.9	-16.9	2.4	3.3	-27.3	0.1	0.1	0.0
0.0	0.0	0.0	0.0	0.0	0.0	0.0	0.0	0.0
78.7	89.1	-11.7	65.2	76.8	-15.1	0.5	0.6	-16.7
62.9	84.3	-25.4	66.0	84.5	-21.9	0.9	1.1	-18.2
1062.0	1163.1	-8.7	902.8	1000.6	-9.8	8.9	8.8	1.1
89.5	94.9	-5.7	77.0	81.3	-5.3	0.3	0.3	0.0
21.5	20.5	4.9	15.3	13.6	12.5	0.2	0.2	0.0
72.5	46.2	56.9	56.2	35.9	56.5	0.4	0.4	0.0

2020 年规模以上工业企业

指标名称	销售费用 全年（亿元）	上年同期（亿元）	增减（％）
总计	38.6	39.3	-1.8
在总计中:1 国有企业	0.1	0.2	-50.0
2 集体企业	0.0	0.0	0.0
3 股份合作制企业	0.0	0.0	0.0
4 股份制企业	32.9	33.3	-1.2
5 外商及港澳台商投资企业	5.4	5.7	-5.3
6 其他企业	0.1	0.2	-50.0
在总计中:亏损企业	3.3	3.7	-10.8
在总计中:国有控股企业	1.8	1.9	-5.3
其中:亏损企业	0.1	0.1	0.0
其中:中央企业	0.0	0.0	0.0
在总计中:新建企业	0.7	0.0	0.0
在总计中:大中型工业	14.4	14.3	0.7
其中:国有控股企业	0.1	0.1	0.0
其中:亏损企业	0.0	0.0	0.0
在总计中:1 国有控股	1.8	1.9	-5.3
2 集体控股	0.5	0.6	-16.7
3 私人控股	29.4	30.3	-3.0
4 港澳台商控股	4.4	4.6	-4.3
5 外商控股	1.0	0.9	11.1
6 其他	1.6	1.1	45.5

主要经济指标(按类型分)(四)

管理费用			研发费用			财务费用		
全年(亿元)	上年同期(亿元)	增减(%)	全年(亿元)	上年同期(亿元)	增减(%)	全年(亿元)	上年同期(亿元)	增减(%)
44.8	48.4	-7.4	20.6	13.8	49.3	16.8	15.5	8.4
0.5	0.6	-16.7	0.0	0.0	0.0	0.3	0.3	0.0
0.0	0.0	0.0	0.0	0.0	0.0	0.0	0.0	0.0
0.0	0.0	0.0	0.0	0.0	0.0	0.0	0.0	0.0
41.9	44.5	-5.8	20.0	13.2	51.5	15.4	14.1	9.2
2.2	2.9	-24.1	0.5	0.6	-16.7	1.2	1.1	9.1
0.2	0.2	0.0	0.0	0.0	0.0	0.0	0.1	-100.0
6.2	6.0	3.3	1.8	1.3	38.5	4.3	3.6	19.4
4.2	4.8	-12.5	1.9	1.0	90.0	2.1	2.1	0.0
0.8	0.8	0.0	0.0	0.0	0.0	0.8	0.7	14.3
0.0	0.0	0.0	0.0	0.0	0.0	0.0	0.0	0.0
0.8	0.1	700.0	0.4	0.0	0.0	0.1	0.1	0.0
12.9	15.4	-16.2	10.3	6.7	53.7	5.8	4.8	20.8
0.8	1.5	-46.7	0.4	0.4	0.0	0.2	0.4	-50.0
0.0	0.0	0.0	0.0	0.0	0.0	0.0	0.0	0.0
4.2	4.8	-12.5	1.9	1.0	90.0	2.1	2.1	0.0
0.6	0.7	-14.3	0.0	0.0	0.0	0.8	1.1	-27.3
35.8	38.1	-6.0	16.0	11.2	42.9	11.3	11.1	1.8
1.4	1.8	-22.2	0.3	0.4	-25.0	1.1	0.9	22.2
0.5	0.6	-16.7	0.1	0.1	0.0	0.0	0.1	-100.0
2.3	2.3	0.0	2.2	1.1	100.0	1.5	0.2	650.0

2020年规模以上工业企业

指标名称	资产减值损失 全年（亿元）	上年同期（亿元）	增减（%）
总计	0.5	1.2	-58.3
在总计中:1 国有企业	0.0	0.0	0.0
2 集体企业	0.0	0.0	0.0
3 股份合作制企业	0.0	0.0	0.0
4 股份制企业	0.4	1.3	-69.2
5 外商及港澳台商投资企业	0.1	-0.1	-200.0
6 其他企业	0.0	0.0	0.0
在总计中:亏损企业	-0.4	0.2	-300.0
在总计中:国有控股企业	0.3	0.2	50.0
其中:亏损企业	0.0	0.0	0.0
其中:中央企业	0.0	0.0	0.0
在总计中:新建企业	0.0	0.0	0.0
在总计中:大中型工业	0.4	1.1	-63.6
其中:国有控股企业	0.0	0.0	0.0
其中:亏损企业	0.0	0.0	0.0
在总计中:1 国有控股	0.3	0.2	50.0
2 集体控股	0.0	0.0	0.0
3 私人控股	-0.2	1.0	-120.0
4 港澳台商控股	0.1	0.0	0.0
5 外商控股	0.0	-0.1	-100.0
6 其他	0.4	0.1	300.0

主要经济指标(按类型分)(五)

信用减值损失 全年(亿元)	信用减值损失 上年同期(亿元)	信用减值损失 增减(%)	其他收益 全年(亿元)	其他收益 上年同期(亿元)	其他收益 增减(%)	投资收益 全年(亿元)	投资收益 上年同期(亿元)	投资收益 增减(%)
0.1	0.4	-75.0	6.6	7.1	-7.0	2.6	0.3	766.7
0.0	0.0	0.0	0.1	0.0	0.0	0.1	0.1	0.0
0.0	0.0	0.0	0.0	0.0	0.0	0.0	0.0	0.0
0.0	0.0	0.0	0.0	0.0	0.0	0.0	0.0	0.0
0.1	0.4	-75.0	6.4	7.0	-8.6	2.4	0.2	1100.0
0.0	0.0	0.0	0.1	0.0	0.0	0.1	0.0	0.0
0.0	0.0	0.0	0.0	0.0	0.0	0.0	0.0	0.0
0.0	0.0	0.0	3.3	5.3	-37.7	0.0	0.0	0.0
0.0	0.0	0.0	0.6	0.3	100.0	2.0	0.1	1900.0
0.0	0.0	0.0	0.0	0.0	0.0	0.0	0.0	0.0
0.0	0.0	0.0	0.0	0.0	0.0	0.0	0.0	0.0
0.0	0.0	0.0	0.0	0.0	0.0	0.0	0.0	0.0
0.1	0.4	-75.0	4.7	6.4	-26.6	2.2	0.2	1000.0
0.0	0.0	0.0	0.1	0.0	0.0	1.9	0.0	0.0
0.0	0.0	0.0	0.0	0.0	0.0	0.0	0.0	0.0
0.0	0.0	0.0	0.6	0.3	100.0	2.0	0.1	1900.0
0.0	0.0	0.0	3.3	5.3	-37.7	0.0	0.0	0.0
0.1	0.0	0.0	2.1	1.1	90.9	0.5	0.3	66.7
0.0	0.0	0.0	0.0	0.0	0.0	0.0	0.0	0.0
0.0	0.0	0.0	0.0	0.0	0.0	0.0	0.0	0.0
0.0	0.3	-100.0	0.5	0.3	66.7	0.0	0.0	0.0

2020年规模以上工业企业

指标名称	净敞口套期收益 全年（亿元）	上年同期（亿元）	增减（%）
总计	0.0	0.0	0.0
在总计中:1 国有企业	0.0	0.0	0.0
2 集体企业	0.0	0.0	0.0
3 股份合作制企业	0.0	0.0	0.0
4 股份制企业	0.0	0.0	0.0
5 外商及港澳台商投资企业	0.0	0.0	0.0
6 其他企业	0.0	0.0	0.0
在总计中:亏损企业	0.0	0.0	0.0
在总计中:国有控股企业	0.0	0.0	0.0
其中:亏损企业	0.0	0.0	0.0
其中:中央企业	0.0	0.0	0.0
在总计中:新建企业	0.0	0.0	0.0
在总计中:大中型工业	0.0	0.0	0.0
其中:国有控股企业	0.0	0.0	0.0
其中:亏损企业	0.0	0.0	0.0
在总计中:1 国有控股	0.0	0.0	0.0
2 集体控股	0.0	0.0	0.0
3 私人控股	0.0	0.0	0.0
4 港澳台商控股	0.0	0.0	0.0
5 外商控股	0.0	0.0	0.0
6 其他	0.0	0.0	0.0

主要经济指标(按类型分)(六)

公允价值变动收益			资产处置收益			营业利润		
全年(亿元)	上年同期(亿元)	增减(%)	全年(亿元)	上年同期(亿元)	增减(%)	全年(亿元)	上年同期(亿元)	增减(%)
0.0	0.0	0.0	0.2	0.0	0.0	81.7	82.9	-1.4
0.0	0.0	0.0	0.0	0.0	0.0	0.6	0.5	20.0
0.0	0.0	0.0	0.0	0.0	0.0	0.0	0.0	0.0
0.0	0.0	0.0	0.0	0.0	0.0	0.0	0.0	0.0
0.0	0.0	0.0	0.2	0.1	100.0	70.3	70.8	-0.7
0.0	0.0	0.0	0.0	-0.1	-100.0	10.6	11.3	-6.2
0.0	0.0	0.0	0.0	0.0	0.0	0.3	0.3	0.0
0.0	0.0	0.0	0.1	-0.1	-200.0	-11.4	-2.3	395.7
0.0	0.0	0.0	0.1	0.1	0.0	5.6	2.1	166.7
0.0	0.0	0.0	0.0	0.0	0.0	-1.5	-2.1	-28.6
0.0	0.0	0.0	0.0	0.0	0.0	0.0	0.0	0.0
0.0	0.0	0.0	0.0	0.0	0.0	0.0	-0.1	-100.0
0.0	0.0	0.0	0.0	-0.1	-100.0	37.8	33.1	14.2
0.0	0.0	0.0	0.0	0.0	0.0	3.0	0.2	1400.0
0.0	0.0	0.0	0.0	0.0	0.0	0.0	0.0	0.0
0.0	0.0	0.0	0.1	0.1	0.0	5.6	2.1	166.7
0.0	0.0	0.0	0.0	0.0	0.0	-2.6	1.4	-285.7
0.0	0.0	0.0	0.1	0.1	0.0	60.6	63.6	-4.7
0.0	0.0	0.0	0.0	-0.1	-100.0	5.2	5.4	-3.7
0.0	0.0	0.0	0.0	0.0	0.0	4.5	5.1	-11.8
0.0	0.0	0.0	0.0	0.0	0.0	8.4	5.1	64.7

2020年规模以上工业企业

指标名称	营业外收入 全年（亿元）	上年同期（亿元）	增减（%）
总计	4.3	4.1	4.9
在总计中:1 国有企业	0.1	0.0	0.0
2 集体企业	0.0	0.0	0.0
3 股份合作制企业	0.0	0.0	0.0
4 股份制企业	3.9	3.8	2.6
5 外商及港澳台商投资企业	0.4	0.3	33.3
6 其他企业	0.0	0.0	0.0
在总计中:亏损企业	0.8	1.1	-27.3
在总计中:国有控股企业	1.1	0.7	57.1
其中:亏损企业	0.0	0.0	0.0
其中:中央企业	0.0	0.0	0.0
在总计中:新建企业	0.2	0.0	0.0
在总计中:大中型工业	0.5	1.1	-54.5
其中:国有控股企业	0.0	0.4	-100.0
其中:亏损企业	0.0	0.0	0.0
在总计中:1 国有控股	1.1	0.7	57.1
2 集体控股	0.0	0.0	0.0
3 私人控股	2.7	3.0	-10.0
4 港澳台商控股	0.1	0.1	0.0
5 外商控股	0.2	0.3	-33.3
6 其他	0.1	0.1	0.0

主要经济指标(按类型分)(七)

营业外支出			利润总额			亏损企业亏损总额		
全年(亿元)	上年同期(亿元)	增减(%)	全年(亿元)	上年同期(亿元)	增减(%)	全年(亿元)	上年同期(亿元)	增减(%)
3.2	2.7	18.5	82.8	84.3	-1.8	11.4	7.1	60.6
0.0	0.0	0.0	0.6	0.5	20.0	0.0	0.0	0.0
0.0	0.0	0.0	0.0	0.0	0.0	0.0	0.0	0.0
0.0	0.0	0.0	0.0	0.0	0.0	0.0	0.0	0.0
3.0	2.1	42.9	71.1	72.4	-1.8	11.1	6.8	63.2
0.2	0.5	-60.0	10.8	11.1	-2.7	0.3	0.2	50.0
0.0	0.0	0.0	0.2	0.3	-33.3	0.0	0.0	0.0
0.8	0.3	166.7	-11.4	-1.6	612.5	11.4	4.7	142.6
0.2	0.1	100.0	6.5	2.7	140.7	1.5	2.4	-37.5
0.0	0.0	0.0	-1.5	-2.1	-28.6	1.5	2.2	-31.8
0.0	0.0	0.0	0.0	0.0	0.0	0.0	0.0	0.0
0.0	0.0	0.0	0.2	-0.1	-300.0	0.7	0.1	600.0
1.8	1.1	63.6	36.5	33.1	10.3	4.3	2.0	115.0
0.0	0.0	0.0	2.9	0.6	383.3	0.0	0.0	0.0
0.0	0.0	0.0	0.0	0.0	0.0	0.0	0.0	0.0
0.2	0.1	100.0	6.5	2.7	140.7	1.5	2.4	-37.5
0.4	0.0	0.0	-2.9	1.5	-293.3	3.3	0.0	0.0
2.4	2.1	14.3	60.9	64.5	-5.6	6.1	3.3	84.8
0.1	0.4	-75.0	5.2	5.1	2.0	0.2	0.2	0.0
0.1	0.0	0.0	4.7	5.4	-13.0	0.1	0.0	0.0
0.1	0.0	0.0	8.4	5.2	61.5	0.1	1.2	-91.7

2020年规模以上工业企业

指标名称	应交增值税 全年（亿元）	上年同期（亿元）	增减（元）
总计	23.3	24.0	-2.9
在总计中:1 国有企业	0.1	0.1	0.0
2 集体企业	0.0	0.0	0.0
3 股份合作制企业	0.0	0.0	0.0
4 股份制企业	20.6	21.2	-2.8
5 外商及港澳台商投资企业	2.4	2.5	-4.0
6 其他企业	0.2	0.3	-33.3
在总计中:亏损企业	2.3	2.3	0.0
在总计中:国有控股企业	0.7	0.7	0.0
其中:亏损企业	0.0	0.0	0.0
其中:中央企业	0.0	0.0	0.0
在总计中:新建企业	0.8	-0.1	-900.0
在总计中:大中型工业	7.8	8.7	-10.3
其中:国有控股企业	0.0	0.0	0.0
其中:亏损企业	0.0	0.0	0.0
在总计中:1 国有控股	0.7	0.7	0.0
2 集体控股	0.7	1.5	-53.3
3 私人控股	18.1	18.6	-2.7
4 港澳台商控股	1.7	1.8	-5.6
5 外商控股	0.5	0.4	25.0
6 其他	1.7	0.9	88.9

主要经济指标(按类型分)(八)

税金总额 全年(亿元)	上年同期(亿元)	增减(%)	平均用工人数 全年(万人)	上年同期(万人)	增减(%)
34.3	35.3	-2.8	14.8	15.5	-4.5
0.1	0.1	0.0	0.2	0.2	0.0
0.0	0.0	0.0	0.0	0.0	0.0
0.0	0.0	0.0	0.0	0.0	0.0
31.0	31.8	-2.5	13.2	13.7	-3.6
2.8	2.9	-3.4	1.3	1.4	-7.1
0.3	0.5	-40.0	0.1	0.1	0.0
3.6	3.9	-7.7	1.7	1.8	-5.6
1.2	1.3	-7.7	0.7	0.7	0.0
0.0	0.0	0.0	0.1	0.1	0.0
0.0	0.0	0.0	0.0	0.0	0.0
1.1	-0.1	-1200.0	0.2	0.0	0.0
10.8	12.5	-13.6	5.5	5.7	-3.5
0.1	0.1	0.0	0.1	0.2	-50.0
0.0	0.0	0.0	0.0	0.0	0.0
1.2	1.3	-7.7	0.7	0.7	0.0
1.6	2.6	-38.5	0.3	0.3	0.0
27.0	27.4	-1.5	11.9	12.4	-4.0
2.0	2.1	-4.8	1.1	1.2	-8.3
0.7	0.6	16.7	0.2	0.2	0.0
2.1	1.3	61.5	0.7	0.7	0.0

2020年规模以上工业企业

指标名称	每百元营业收入中的成本 全年（元）	上年同期（元）	增减（%）
总计	85.24	86.31	-1.07
在总计中:1 国有企业	68.18	70.37	-2.19
2 集体企业	0.00	0.00	0.00
3 股份合作制企业	0.00	0.00	0.00
4 股份制企业	85.52	86.73	-1.21
5 外商及港澳台商投资企业	82.48	81.92	0.56
6 其他企业	91.57	90.20	1.37
在总计中:亏损企业	98.94	95.16	3.78
在总计中:国有控股企业	82.85	86.20	-3.35
其中:亏损企业	97.56	114.29	-16.73
其中:中央企业	0.00	0.00	0.00
在总计中:新建企业	90.34	66.67	23.67
在总计中:大中型工业	83.49	85.19	-1.70
其中:国有控股企业	48.98	55.93	-6.95
其中:亏损企业	0.00	0.00	0.00
在总计中:1 国有控股	82.85	86.20	-3.35
2 集体控股	104.93	100.24	4.69
3 私人控股	85.01	86.03	-1.02
4 港澳台商控股	86.03	85.67	0.36
5 外商控股	71.16	66.34	4.82
6 其他	77.52	77.71	-0.19

主要经济指标(按类型分)(九)

营业收入利润率			主营活动利润(新)		
全年(%)	上年同期(%)	增减(百分点)	全年(亿元)	上年同期(亿元)	增减(%)
5.97	5.63	0.34	72.9	76.8	-5.1
13.64	9.26	4.38	0.5	0.5	0.0
0.00	0.00	0.00	0.0	0.0	0.0
0.00	0.00	0.00	0.0	0.0	0.0
5.65	5.32	0.33	61.6	64.8	-4.9
9.32	9.12	0.20	10.6	11.3	-6.2
2.41	2.94	-0.53	0.3	0.3	0.0
-7.12	-0.88	-6.24	-15.2	-7.4	105.4
8.26	3.03	5.23	3.0	1.9	57.9
-36.59	-60.00	23.41	-1.6	-2.1	-23.8
0.00	0.00	0.00	0.0	0.0	0.0
0.84	-16.67	17.51	0.0	0.0	0.0
7.73	6.70	1.03	31.6	28.2	12.1
59.18	10.17	49.01	0.9	0.1	800.0
0.00	0.00	0.00	0.0	0.0	0.0
8.26	3.03	5.23	3.0	1.9	57.9
-4.61	1.78	-6.39	-5.9	-3.7	59.5
5.73	5.55	0.18	57.8	63.0	-8.3
5.81	5.37	0.44	5.0	5.6	-10.7
21.86	26.34	-4.48	4.4	5.0	-12.0
11.59	11.26	0.33	8.3	5.2	59.6

2020年主要工业产品产量(一)

名称	计量单位	2020年	2019年	增长(%)
口罩◇*	万个(只)	197344.0	57405.0	243.8
◇其中:医用口罩*	万个(只)	183468.0	57405.0	219.6
化纤长丝机织物	万米	17304.9	18389.6	-5.9
锂离子电池	万只	15410.1	1676.7	819.1
瓷质砖	万平方米	14278.8	13356.0	6.9
天然花岗石建筑板材	万平方米	7898.1	12957.6	-39.0
金属密封件	万件	5571.0	5181.0	7.5
稀土磁性材料	吨	4218.0	4413.0	-4.4
石膏板	万平方米	3552.3	5353.0	-33.6
金属压力容器	吨	3413.5	2421.9	40.9
人造板表面装饰板	万平方米	2406.3	2097.4	14.7
服装◆	万件	2083.7	1759.1	18.5
◆梭织服装△	万件	1971.0	1581.8	24.6
毛机织物(呢绒)	万米	1684.0	2933.0	-42.6
天然大理石建筑板材	万平方米	1384.3	1452.0	-4.7
沥青和改性沥青防水卷材	万平方米	1345.3	60.0	2142.2
鞋◇	万双	1188.1	1729.9	-31.3
水泥◇	万吨	630.3	764.7	-17.6
碱性蓄电池	万只	599.5	449.9	33.3
机械化农业及园艺机具◇	台	587.0	490.0	19.8
◇种植施肥机械	台	587.0	490.0	19.8
商品混凝土	万立方米	519.9	540.7	-3.8
建筑用天然石料	万立方米	503.2	383.5	31.2
硅酸盐水泥熟料◇	万吨	499.6	520.0	-3.9
其中:◇窑外分解窑水泥熟料	万吨	499.6	520.0	-3.9
灯具及照明装置	万套(台个)	456.5	472.3	-3.3
玻璃纤维布	万米	406.3	1084.2	-62.5
家具◇	万件	294.6	265.7	10.9
医疗仪器设备及器械	台	240.0	0.0	0.0
水泥混凝土排水管	千米	232.2	207.4	12.0
金属切削工具	万件	230.8	323.3	-28.6
饲料◇	万吨	217.9	184.2	18.3

2020年主要工业产品产量(二)

名称	计量单位	2020年	2019年	增长(%)
其中:◇配合饲料	万吨	184.0	144.9	27.0
纸浆(原生浆及废纸浆)	万吨	173.2	30.4	469.7
其中:◇强度等级42.5水泥(含R型)	万吨	139.6	157.2	-11.2
其中:◇木质家具	万件	139.4	140.7	-0.9
△西服套装	万件	113.8	96.2	18.3
◆针织服装	万件	112.7	177.3	-36.4
其中:△羽绒服装	万件	111.1	148.9	-25.4
钢化玻璃	万平方米	102.3	116.7	-12.3
△运动服类服装	万件	99.5	120.9	-17.7
钢结构	万吨	99.0	89.1	11.1
产销率	(%)	96.6	96.4	0.2
◇软体家具	万件	69.8	28.5	144.9
复合木地板	万平方米	66.5	72.5	-8.3
大米	万吨	66.2	70.5	-6.1
变压器◇	万千伏安	52.5	102.1	-48.6
砖	亿块	51.9	64.6	-19.7
汽车仪器仪表	万台	50.0	55.2	-9.4
人造板◇	万立方米	42.2	38.6	9.3
乳制品◆	万吨	39.8	47.0	-15.3
包装专用设备	台	39.0	24.0	62.5
◇皮革鞋靴	万双	37.0	49.0	-24.5
△衬衫	万件	36.8	28.2	30.5
精制食用植物油	万吨	34.7	35.5	-2.3
◆液体乳	万吨	30.6	36.8	-16.8
◇纤维板	万立方米	22.0	17.4	26.4
涂料	万吨	20.7	17.6	17.6
纱◆	万吨	19.7	24.3	-18.9
减速机	万台	16.8	14.6	15.1
◆棉纱	万吨	16.5	19.8	-16.7
中成药	万吨	14.3	17.5	-18.3
◇胶鞋	万双	14.0	61.0	-77.0
食品添加剂	万吨	11.7	9.0	30.0

2020年主要工业产品产量(三)

名称	计量单位	2020年	2019年	增长(%)
塑料制品◇	万吨	11.3	13.5	-16.3
组合音响	万台	9.6	9.6	0.0
蚕丝被	万条	9.6	12.1	-20.7
泵◇	万台	9.3	9.7	-4.1
◆固体及半固体乳制品△	万吨	9.2	10.2	-9.8
其中:◇胶合板	万立方米	8.9	9.0	-1.1
◇刨花板	万立方米	8.7	10.1	-13.9
饮料◇	万吨	8.7	12.0	-27.5
甲醛	万吨	8.2	9.7	-15.5
硫酸(折100%)	万吨	8.0	9.7	-17.5
石灰石	万吨	7.5	23.0	-67.4
钢材◆	万吨	6.7	3.6	86.1
石灰	万吨	6.5	0.0	0.0
铁矿石原矿	万吨	6.3	9.9	-36.4
◆其他钢材	万吨	6.0	2.9	106.9
卫生陶瓷制品	万件	6.0	6.0	0.0
纸制品◇	万吨	5.5	5.1	7.8
中空玻璃	万平方米	4.9	16.1	-69.6
瓦	亿片	4.8	4.5	6.7
铝合金	万吨	4.5	4.0	12.5
饮料酒◇	万千升	4.2	4.4	-4.5
其中:◇塑料薄膜△	万吨	4.1	1.5	173.3
电力电缆	万千米	4.1	11.0	-62.7
互感器	万台	4.0	2.3	73.9
鲜、冷藏肉	万吨	4.0	5.2	-23.1
彩色电视机◇☆	万台	3.3	2.6	26.9
液压元件	万件	3.2	1.6	100.0
◇混合饲料	万吨	3.2	3.5	-8.6
化学药品原药	万吨	3.2	3.5	-8.6
其中:◇瓦楞纸箱	万吨	3.1	2.4	29.2
玻璃包装容器	万吨	2.9	2.3	26.1
民用钢质船舶◆	万载重吨	2.8	5.0	-44.0

2020 年主要工业产品产量(四)

名称	计量单位	2020 年	2019 年	增长(%)
◆钢质机动货船△	万载重吨	2.8	5.0	-44.0
水泥混凝土电杆	万根	2.6	3.0	-13.3
冷冻饮品	万吨	2.6	3.3	-21.2
自来水生产量	亿立方米	2.5	2.3	8.7
◆棉混纺纱	万吨	2.5	3.6	-30.6
铝材◇	万吨	2.4	2.6	-7.7
工业自动调节仪表与控制系统	万台(套)	2.1	0.0	0.0
◇ 黄酒	万千升	1.8	1.8	0.0
多色印刷品	万对开色令	1.5	3.4	-55.9
电动自行车	万辆	1.3	1.3	0.0
布◇★	亿米	1.3	2.0	-35.0
兽用药品	万吨	1.2	1.3	-7.7
其中:△散货船	万载重吨	1.2	1.8	-33.3
矿山专用设备	万吨	1.2	2.7	-55.6
精制茶	万吨	1.2	4.8	-75.0
冻肉	万吨	1.1	1.5	-26.7
机制纸及纸板(外购原纸加工除外)◇	万吨	1.1	1.7	-35.3
耐火材料制品	万吨	1.0	1.2	-16.7
◇包装饮用水	万吨	0.9	1.0	-10.0
◇啤酒	万千升	0.8	0.7	14.3
方便面	万吨	0.8	0.9	-11.1
◆化学纤维纱	万吨	0.8	0.9	-11.1
铸铁件	万吨	0.8	1.0	-20.0
金属紧固件	万吨	0.8	3.9	-79.5
◆热轧薄板	万吨	0.7	0.8	-12.5
★化学纤维短纤布	亿米	0.7	1.1	-36.4
营养、保健食品	万吨	0.7	1.4	-50.0
小麦粉	万吨	0.6	0.5	20.0
◇塑料人造革、合成革	万吨	0.6	0.5	20.0
◇泡沫塑料	万吨	0.6	0.7	-14.3
◇日用塑料制品	万吨	0.6	2.3	-73.9
化学试剂	万吨	0.5	0.5	0.0

2020年主要工业产品产量(五)

名称	计量单位	2020年	2019年	增长(%)
焙烤松脆食品	万吨	0.5	1.2	-58.3
单色印刷品	万令	0.5	2.0	-75.0
饲料添加剂	万吨	0.4	0.2	100.0
其中:◇白酒(折65度,商品量)	万千升	0.4	0.4	0.0
★棉混纺布	亿米	0.4	0.6	-33.3
铁合金◇	万吨	0.4	0.6	-33.3
其中:◇电炉硅铁(折合含硅75%)	万吨	0.4	0.6	-33.3
膨化食品	万吨	0.3	0.3	0.0
光电子器件◇	亿只	0.3	0.3	0.0
其中:★棉布	亿米	0.2	0.2	0.0
金属门窗及类似制品	万吨	0.2	0.2	0.0
金属切削机床◇	万台	0.2	0.2	0.0
非织造布(无纺布)	万吨	0.2	0.3	-33.3
罐头	万吨	0.2	0.4	-50.0
钢丝	万吨	0.1	0.1	0.0
滚动轴承	亿套	0.1	0.1	0.0
齿轮	万吨	0.1	0.2	-50.0
模具	万套	0.1	0.2	-50.0
印染布	亿米	0.1	0.3	-66.7
◇细木工板	万立方米	0.1	0.3	-66.7
铸钢件	万吨	0.1	0.4	-75.0
阀门	万吨	0.0	0.1	-100.0
高压开关设备(11万伏以上)	万台	0.0	0.1	-100.0
初级形态塑料◇	万吨	0.0	0.5	-100.0
铜材	万吨	0.0	0.9	-100.0
铁矿石成品矿◇	万吨	0.0	10.0	-100.0
其中:◇铁精矿	万吨	0.0	10.0	-100.0
竹地板	万平方米	0.0	26.4	-100.0
低压开关板	万面	0.0	883.7	-100.0

2020年分县(市、区)工业产销率

单位:%

工业产销率	2020年	2019年
黄冈市	96.6	96.3
黄州区	97.4	96.3
团风县	105.7	102.9
红安县	95.4	95.1
麻城市	96.9	96.4
罗田县	96.9	95.4
英山县	96.8	96.7
浠水县	94.1	96.4
蕲春县	95.5	91.9
武穴市	96.5	96.8
黄梅县	94.8	96.5
龙感湖	106.1	94.8

2020年分县(市、区)规模以上

指标名称	企业单位数 年末(个)	亏损企业数 年末(个)	亏损企业数 上年同期(个)	增减(%)
黄冈	1264	152	101	50.5
黄州	99	19	23	-17.4
团风	64	17	11	54.5
红安	122	32	15	113.3
罗田	82	9	4	125.0
英山	70	8	2	300.0
浠水	106	15	8	87.5
蕲春	114	4	4	0.0
黄梅	130	13	7	85.7
龙感湖	27	11	5	120.0
麻城	280	18	12	50.0
武穴	170	6	10	-40.0

工业企业主要经济指标（一）

流动资产合计			其中:应收账款			存货		
年末（亿元）	上年同期（亿元）	增减（%）	年末（亿元）	上年同期（亿元）	增减（%）	年末（亿元）	上年同期（亿元）	增减（%）
645.0	596.9	8.1	168.1	109.1	54.1	168.4	159.1	5.8
130.3	120.2	8.4	41.0	20.5	100.0	29.2	23.9	22.2
73.1	63.0	16.0	18.8	14.1	33.3	26.0	28.4	-8.5
58.8	49.5	18.8	17.7	13.5	31.1	13.3	8.4	58.3
33.2	31.3	6.1	6.7	3.2	109.4	8.4	8.0	5.0
17.8	21.2	-16.0	5.6	4.3	30.2	3.4	3.5	-2.9
31.9	27.7	15.2	9.6	4.7	104.3	9.4	9.2	2.2
45.2	40.6	11.3	12.4	9.6	29.2	10.4	9.7	7.2
42.8	39.3	8.9	8.3	6.4	29.7	16.0	13.2	21.2
6.9	11.2	-38.4	1.1	0.5	120.0	3.0	3.5	-14.3
110.2	110.0	0.2	33.0	22.8	44.7	24.3	25.6	-5.1
94.9	82.7	14.8	14.0	9.6	45.8	25.2	25.6	-1.6

2020年分县(市、区)规模以上

指标名称	其中:产成品 年末(亿元)	上年同期(亿元)	增减(%)
黄冈	78.0	82.5	-5.5
黄州	7.5	8.7	-13.8
团风	10.8	9.2	17.4
红安	5.4	4.6	17.4
罗田	5.2	4.8	8.3
英山	2.5	2.4	4.2
浠水	4.5	4.3	4.7
蕲春	6.1	6.3	-3.2
黄梅	7.0	5.0	40.0
龙感湖	1.4	1.7	-17.6
麻城	11.8	18.7	-36.9
武穴	15.9	16.9	-5.9

工业企业主要经济指标(二)

固定资产原价			资产总计			负债合计		
年末(亿元)	上年同期(亿元)	增减(%)	年末(亿元)	上年同期(亿元)	增减(%)	年末(亿元)	上年同期(亿元)	增减(%)
745.3	606.8	22.8	1424.1	1341.3	6.2	760.8	700.2	8.7
173.6	110.3	57.4	305.4	284.3	7.4	192.5	184.4	4.4
24.4	22.2	9.9	97.4	85.7	13.7	64.5	56.1	15.0
38.7	32.3	19.8	99.7	90.2	10.5	59.4	46.3	28.3
44.8	42.4	5.7	77.6	74.6	4.0	37.0	38.2	-3.1
10.1	6.9	46.4	35.5	41.0	-13.4	18.1	19.0	-4.7
35.9	29.8	20.5	69.2	59.4	16.5	32.2	27.9	15.4
35.8	31.0	15.5	94.4	83.5	13.1	47.8	36.9	29.5
45.5	41.6	9.4	92.5	86.9	6.4	44.5	40.6	9.6
7.0	5.2	34.6	12.5	17.4	-28.2	9.3	10.7	-13.1
204.9	166.5	23.1	308.6	316.3	-2.4	139.6	138.8	0.6
124.6	118.6	5.1	231.5	201.9	14.7	116.0	101.4	14.4

2020年分县(市、区)规模以上

指标名称	所有者权益合计 年末(亿元)	上年同期(亿元)	增减(％)
黄冈	663.3	641.1	3.5
黄州	112.9	99.9	13.0
团风	32.9	29.6	11.1
红安	40.3	43.9	-8.2
罗田	40.6	36.4	11.5
英山	17.4	22.0	-20.9
浠水	37.0	31.5	17.5
蕲春	46.6	46.6	0.0
黄梅	48.0	46.3	3.7
龙感湖	3.2	6.7	-52.2
麻城	169.0	177.5	-4.8
武穴	115.5	100.5	14.9

工业企业主要经济指标(三)

营业收入			营业成本			税金及附加		
全年 (亿元)	上年同期 (亿元)	增减 (%)	全年 (亿元)	上年同期 (亿元)	增减 (%)	全年 (亿元)	上年同期 (亿元)	增减 (%)
1387.2	1497.9	-7.4	1182.5	1292.8	-8.5	11.0	11.3	-2.7
228.3	208.3	9.6	193.9	180.8	7.2	0.8	0.9	-11.1
85.8	91.8	-6.5	75.8	82.1	-7.7	0.2	0.3	-33.3
76.7	74.9	2.4	65.4	62.3	5.0	0.4	0.6	-33.3
52.4	61.7	-15.1	40.1	47.8	-16.1	0.4	0.6	-33.3
29.0	58.1	-50.1	23.3	47.6	-51.1	0.3	0.5	-40.0
76.4	72.9	4.8	65.3	61.8	5.7	0.4	0.3	33.3
127.4	123.1	3.5	112.6	107.4	4.8	0.6	0.5	20.0
143.5	158.6	-9.5	131.4	144.8	-9.3	0.7	0.9	-22.2
11.7	18.9	-38.1	11.2	17.6	-36.4	0.0	0.0	0.0
377.5	449.2	-16.0	332.7	402.2	-17.3	4.6	4.0	15.0
178.4	180.4	-1.1	130.7	138.4	-5.6	2.6	2.6	0.0

2020年分县(市、区)规模以上

指标名称	销售费用 全年(亿元)	上年同期(亿元)	增减(%)
黄冈	38.6	39.3	-1.8
黄州	5.4	5.3	1.9
团风	1.5	1.4	7.1
红安	2.6	2.5	4.0
罗田	1.5	1.8	-16.7
英山	1.3	2.1	-38.1
浠水	1.7	1.7	0.0
蕲春	6.0	5.5	9.1
黄梅	2.6	3.1	-16.1
龙感湖	0.2	0.3	-33.3
麻城	9.0	8.9	1.1
武穴	6.8	6.6	3.0

工业企业主要经济指标(四)

管理费用 全年(亿元)	管理费用 上年同期(亿元)	增减(%)	研发费用 全年(亿元)	研发费用 上年同期(亿元)	增减(%)	财务费用 全年(亿元)	财务费用 上年同期(亿元)	增减(%)
44.8	48.4	-7.4	20.6	13.8	49.3	16.8	15.5	8.4
8.1	9.4	-13.8	5.0	2.1	138.1	3.4	2.0	70.0
2.4	2.5	-4.0	1.5	1.4	7.1	0.8	1.0	-20.0
3.4	3.1	9.7	1.8	1.6	12.5	1.3	1.1	18.2
2.7	2.7	0.0	0.8	1.0	-20.0	1.4	1.5	-6.7
1.8	2.9	-37.9	0.3	0.1	200.0	0.7	1.1	-36.4
2.4	2.7	-11.1	1.7	1.7	0.0	0.7	0.8	-12.5
3.1	4.2	-26.2	0.6	0.5	20.0	1.4	0.8	75.0
3.3	3.7	-10.8	0.7	0.4	75.0	1.3	1.3	0.0
0.4	0.3	33.3	0.0	0.0	0.0	0.1	0.1	0.0
9.9	9.4	5.3	0.8	0.6	33.3	3.7	4.0	-7.5
7.3	7.6	-3.9	7.3	4.4	65.9	2.0	1.8	11.1

2020年分县(市、区)规模以上

指标名称	资产减值损失 全年（亿元）	资产减值损失 上年同期（亿元）	资产减值损失 增减（%）
黄冈	0.5	1.2	-58.3
黄州	0.2	0.2	0.0
团风	0.0	0.1	-100.0
红安	0.0	-0.2	-100.0
罗田	-0.1	0.3	-133.3
英山	0.0	0.0	0.0
浠水	0.0	0.0	0.0
蕲春	0.3	0.1	200.0
黄梅	0.0	0.1	-100.0
龙感湖	0.0	0.0	0.0
麻城	0.0	-0.1	-100.0
武穴	0.0	0.7	-100.0

工业企业主要经济指标（五）

信用减值损失 全年（亿元）	上年同期（亿元）	增减（%）	其他收益 全年（亿元）	上年同期（亿元）	增减（%）	投资收益 全年（亿元）	上年同期（亿元）	增减（%）
0.1	0.4	-75.0	6.6	7.1	-7.0	2.6	0.3	766.7
0.0	0.3	-100.0	0.8	0.7	14.3	0.5	0.2	150.0
0.0	0.0	0.0	0.1	0.1	0.0	0.0	0.0	0.0
0.0	0.0	0.0	0.1	0.0	0.0	0.0	0.0	0.0
0.0	0.0	0.0	0.1	0.1	0.0	-0.1	-0.2	-50.0
0.0	0.0	0.0	0.0	0.0	0.0	0.0	0.0	0.0
0.0	0.0	0.0	0.1	0.0	0.0	0.0	0.0	0.0
0.0	0.0	0.0	1.0	0.0	0.0	0.0	0.0	0.0
0.0	0.0	0.0	0.6	0.5	20.0	0.0	0.0	0.0
0.0	0.0	0.0	0.0	0.0	0.0	0.0	0.0	0.0
0.0	0.0	0.0	3.3	5.3	-37.7	0.1	0.0	0.0
0.0	0.0	0.0	0.4	0.3	33.3	2.2	0.2	1000.0

2020年分县(市、区)规模以上

指标名称	净敞口套期收益		
	全年 (亿元)	上年同期 (亿元)	增减 (％)
黄冈	0.0	0.0	0.0
黄州	0.0	0.0	0.0
团风	0.0	0.0	0.0
红安	0.0	0.0	0.0
罗田	0.0	0.0	0.0
英山	0.0	0.0	0.0
浠水	0.0	0.0	0.0
蕲春	0.0	0.0	0.0
黄梅	0.0	0.0	0.0
龙感湖	0.0	0.0	0.0
麻城	0.0	0.0	0.0
武穴	0.0	0.0	0.0

工业企业主要经济指标(六)

公允价值变动收益			资产处置收益			营业利润		
全年（亿元）	上年同期（亿元）	增减（%）	全年（亿元）	上年同期（亿元）	增减（%）	全年（亿元）	上年同期（亿元）	增减（%）
0.0	0.0	0.0	0.2	0.0	0.0	81.7	82.9	-1.4
0.0	0.0	0.0	0.0	-0.1	-100.0	12.6	8.2	53.7
0.0	0.0	0.0	0.0	0.0	0.0	3.5	3.0	16.7
0.0	0.0	0.0	0.1	0.0	0.0	2.0	4.0	-50.0
0.0	0.0	0.0	0.0	0.0	0.0	5.7	6.0	-5.0
0.0	0.0	0.0	0.0	0.0	0.0	1.3	3.7	-64.9
0.0	0.0	0.0	0.0	0.0	0.0	4.4	4.0	10.0
0.0	0.0	0.0	0.0	0.0	0.0	3.9	4.2	-7.1
0.0	0.0	0.0	0.0	0.0	0.0	4.2	4.8	-12.5
0.0	0.0	0.0	0.0	0.0	0.0	-0.3	0.6	-150.0
0.0	0.0	0.0	0.0	0.0	0.0	20.2	25.5	-20.8
0.0	0.0	0.0	0.1	0.1	0.0	24.4	18.8	29.8

2020年分县(市、区)规模以上

指标名称	营业外收入 全年(亿元)	上年同期(亿元)	增减(%)
黄冈	4.3	4.1	4.9
黄州	0.8	0.5	60.0
团风	0.2	0.2	0.0
红安	0.5	0.5	0.0
罗田	0.2	0.2	0.0
英山	0.1	0.0	0.0
浠水	0.3	0.2	50.0
蕲春	1.1	0.3	266.7
黄梅	0.3	0.6	-50.0
龙感湖	0.1	0.1	0.0
麻城	0.3	0.3	0.0
武穴	0.6	1.3	-53.8

工业企业主要经济指标(七)

营业外支出			利润总额			亏损企业亏损总额		
全年(亿元)	上年同期(亿元)	增减(%)	全年(亿元)	上年同期(亿元)	增减(%)	全年(亿元)	上年同期(亿元)	增减(%)
3.2	2.7	18.5	82.8	84.3	-1.8	11.4	7.1	60.6
0.7	0.2	250.0	12.6	8.5	48.2	2.3	4.3	-46.5
0.1	0.0	0.0	3.6	3.2	12.5	0.3	0.4	-25.0
0.1	0.1	0.0	2.4	4.5	-46.7	1.7	0.3	466.7
0.3	0.4	-25.0	5.5	5.8	-5.2	0.7	0.7	0.0
0.0	0.5	-100.0	1.4	3.3	-57.6	0.2	0.0	0.0
0.0	0.0	0.0	4.6	4.2	9.5	0.2	0.1	100.0
0.1	0.1	0.0	4.9	4.3	14.0	1.0	0.1	900.0
0.1	0.0	0.0	4.4	5.4	-18.5	0.3	0.1	200.0
0.0	0.0	0.0	-0.3	0.6	-150.0	0.4	0.1	300.0
0.8	0.6	33.3	19.7	25.1	-21.5	4.0	0.5	700.0
1.0	0.6	66.7	23.9	19.5	22.6	0.3	0.5	-40.0

2020年分县(市、区)规模以上

指标名称	应交增值税 全年(亿元)	上年同期(亿元)	增减(%)
黄冈	23.3	24.0	-2.9
黄州	3.3	3.1	6.5
团风	1.1	0.7	57.1
红安	1.7	1.5	13.3
罗田	1.5	1.4	7.1
英山	0.8	1.6	-50.0
浠水	1.6	1.3	23.1
蕲春	3.6	2.6	38.5
黄梅	2.0	2.6	-23.1
龙感湖	0.1	0.2	-50.0
麻城	4.6	6.4	-28.1
武穴	2.8	2.7	3.7

工业企业主要经济指标(八)

税金总额 全年(亿元)	上年同期(亿元)	增减(%)	平均用工人数 全年(万人)	上年同期(万人)	增减(%)	每百元营业收入中的成本 全年(元)	上年同期(元)	增减(元)
34.3	35.3	-2.8	14.8	15.5	-4.5	85.24	86.31	-1.07
4.1	4.0	2.5	1.7	1.7	0.0	84.93	86.80	-1.87
1.3	1.0	30.0	0.9	0.9	0.0	88.34	89.43	-1.09
2.1	2.1	0.0	1.0	1.1	-9.1	85.27	83.18	2.09
1.9	2.0	-5.0	0.9	1.0	-10.0	76.53	77.47	-0.94
1.1	2.1	-47.6	0.9	1.0	-10.0	80.34	81.93	-1.59
2.0	1.6	25.0	1.0	1.1	-9.1	85.47	84.77	0.70
4.2	3.1	35.5	2.3	2.3	0.0	88.38	87.25	1.13
2.7	3.5	-22.9	1.3	1.4	-7.1	91.57	91.30	0.27
0.1	0.2	-50.0	0.3	0.3	0.0	95.73	93.12	2.61
9.2	10.4	-11.5	2.6	2.7	-3.7	88.13	89.54	-1.41
5.4	5.3	1.9	1.8	1.9	-5.3	73.26	76.72	-3.46

2020年分县(市、区)规模以上

指标名称	营业收入利润率 全年(%)	上年同期(%)	增减(百分点)
黄冈	5.97	5.63	0.34
黄州	5.52	4.08	1.44
团风	4.20	3.49	0.71
红安	3.13	6.01	-2.88
罗田	10.50	9.40	1.10
英山	4.83	5.68	-0.85
浠水	6.02	5.76	0.26
蕲春	3.85	3.49	0.36
黄梅	3.07	3.40	-0.33
龙感湖	-2.56	3.17	-5.73
麻城	5.22	5.59	-0.37
武穴	13.40	10.81	2.59

工业企业主要经济指标（九）

主营活动利润（新）			四项费用			每百元营业收入中的费用		
1-本月（亿元）	上年同期（亿元）	增减（%）	1-本月（%）	上年同期（%）	增减（百分点）	1-本月（元）	上年同期（元）	增减（元）
72.9	76.8	-5.1	120.8	117.0	3.2	8.71	7.81	0.90
11.7	7.8	50.0	21.9	18.8	16.5	9.59	9.03	0.56
3.6	3.1	16.1	6.2	6.3	-1.6	7.23	6.86	0.37
1.8	3.7	-51.4	9.1	8.3	9.6	11.86	11.08	0.78
5.5	6.3	-12.7	6.4	7.0	-8.6	12.21	11.35	0.86
1.3	3.8	-65.8	4.1	6.2	-33.9	14.14	10.67	3.47
4.2	3.9	7.7	6.5	6.9	-5.8	8.51	9.47	-0.96
3.1	4.2	-26.2	11.1	11.0	0.9	8.71	8.94	-0.23
3.5	4.4	-20.5	7.9	8.5	-7.1	5.51	5.36	0.15
-0.2	0.6	-133.3	0.7	0.7	0.0	5.98	3.70	2.28
16.8	20.1	-16.4	23.4	22.9	2.2	6.20	5.10	1.10
21.7	19.0	14.2	23.4	20.4	14.7	13.12	11.31	1.81

2020年分县(市、区)规模以上

指标名称	单位成本费用		
	1－本月（元）	上年同期（元）	增减（元）
黄冈	93.95	94.12	-0.17
黄州	94.52	95.83	-1.31
团风	95.57	96.29	-0.72
红安	97.13	94.26	2.87
罗田	88.74	88.82	-0.08
英山	94.48	92.60	1.88
浠水	93.98	94.24	-0.26
蕲春	97.09	96.19	0.90
黄梅	97.08	96.66	0.42
龙感湖	101.71	96.82	4.89
麻城	94.33	94.64	-0.31
武穴	86.38	88.03	-1.65

工业企业主要经济指标（十）

每百元资产实现的年营业收入			总资产周转天数			产成品存货周转天数		
1-本月（元）	上年同期（元）	增减（元）	本月末（天）	上年同期（天）	增减（天）	本月末（天）	上年同期（天）	增减（天）
194.8	223.4	-28.6	184.8	161.2	23.6	11.9	11.5	0.4
149.5	146.5	3.0	240.8	245.7	-4.9	7.0	8.7	-1.7
176.2	214.2	-38.0	204.3	168.0	36.3	25.6	20.2	5.4
153.9	166.1	-12.2	234.0	216.8	17.2	14.9	13.3	1.6
135.1	165.4	-30.3	266.6	217.6	49.0	23.3	18.1	5.2
163.4	283.4	-120.0	220.3	127.0	93.3	19.3	9.1	10.2
220.8	245.5	-24.7	163.0	146.7	16.3	12.4	12.5	-0.1
269.9	294.9	-25.0	133.4	122.1	11.3	9.8	10.6	-0.8
310.3	365.0	-54.7	116.0	98.6	17.4	9.6	6.2	3.4
187.2	217.2	-30.0	192.3	165.7	26.6	22.5	17.4	5.1
244.7	284.0	-39.3	147.1	126.7	20.4	6.4	8.4	-2.0
154.1	178.7	-24.6	233.6	201.5	32.1	21.9	22.0	-0.1

2020 年分县(市、区)规模以上

指标名称	应收账款平均回收期 本月末(天)	应收账款平均回收期 上年同期(天)	应收账款平均回收期 增减(天)	资产负债率 本月末(%)	资产负债率 上年同期(%)	资产负债率 增减(百分点)
黄冈	21.8	13.1	8.7	53.4	52.2	1.2
黄州	32.3	17.7	14.6	63.0	64.9	-1.9
团风	39.4	27.6	11.8	66.2	65.5	0.7
红安	41.5	32.4	9.1	59.6	51.3	8.3
罗田	23.0	9.3	13.7	47.7	51.2	-3.5
英山	34.8	13.3	21.5	51.0	46.3	4.7
浠水	22.6	11.6	11.0	46.5	47.0	-0.5
蕲春	17.5	14.0	3.5	50.6	44.2	6.4
黄梅	10.4	7.3	3.1	48.1	46.7	1.4
龙感湖	16.9	4.8	12.1	74.4	61.5	12.9
麻城	15.7	9.1	6.6	45.2	43.9	1.3
武穴	14.1	9.6	4.5	50.1	50.2	-0.1

工业企业主要经济指标（十一）

人均年营业收入			资产利润率			成本费用利润率		
1-本月（万元）	上年同期（万元）	增减（万元）	1-本月（％）	上年同期（％）	增减（百分点）	1-本月（％）	上年同期（％）	增减（百分点）
93.7	96.6	-2.9	11.63	12.57	-0.94	6.35	5.98	0.37
134.3	122.5	11.8	8.25	5.98	2.27	5.84	4.26	1.58
95.3	102.0	-6.7	7.39	7.47	-0.08	4.39	3.62	0.77
76.7	68.1	8.6	4.81	9.98	-5.17	3.22	6.37	-3.15
58.2	61.7	-3.5	14.18	15.55	-1.37	11.83	10.58	1.25
32.2	58.1	-25.9	7.89	16.10	-8.21	5.11	6.13	-1.02
76.4	66.3	10.1	13.29	14.14	-0.85	6.41	6.11	0.30
55.4	53.5	1.9	10.38	10.30	0.08	3.96	3.63	0.33
110.4	113.3	-2.9	9.51	12.43	-2.92	3.16	3.52	-0.36
39.0	63.0	-24.0	-4.80	6.90	-11.70	-2.52	3.28	-5.80
145.2	166.4	-21.2	12.77	15.87	-3.10	5.53	5.90	-0.37
99.1	94.9	4.2	20.65	19.32	1.33	15.51	12.28	3.23

2020年全省分市州规模以上工业情况

单位:个,%

地区	规模以上工业企业数 2020年	规模以上工业企业数 2019年	规模以上工业增加值增长速度 2020年	规模以上工业增加值增长速度 2019年	规模以上工业产销率 2020年	规模以上工业产销率 2019年
湖北省	15769	15589	-6.1	7.8	97.3	97.2
武汉市	2949	2801	-6.9	4.4	98.4	97.7
黄石市	732	756	-5.0	9.8	98.0	97.5
十堰市	962	950	-3.8	5.5	95.6	96.9
宜昌市	1284	1203	-5.0	10.4	95.7	95.9
襄阳市	1723	1634	-6.1	9.8	97.3	96.9
鄂州市	492	509	-12.5	8.0	96.8	96.6
荆门市	1008	1063	-6.2	7.8	96.1	96.6
孝感市	1188	1160	-5.3	9.7	97.0	97.6
荆州市	1194	1181	-7.8	7.5	96.3	96.4
黄冈市	1264	1365	-5.9	7.5	96.6	96.3
咸宁市	992	976	-5.5	9.6	97.3	97.8
随州市	700	694	-6.5	9.7	96.8	97.1
恩施州	293	296	9.7	0.5	97.2	96.8
仙桃市	418	408	-3.8	9.4	97.8	98.1
潜江市	255	294	-4.4	8.8	96.5	98.6
天门市	304	287	-6.4	8.5	98.0	98.1
神农架林区	11	12	-8.8	6.3	100.0	91.0

五、能源消费

资料整理人员:蒋 庆 丰晓波

2020年分县(市、区)规模以上工业能源消费量

单位:吨标准煤

县市区	综合能源消费量 2020年	增幅(±%)
黄冈市	2662934.83	-4.07
黄州区	279212.71	14.23
团风县	23448.89	-10.83
红安县	36751.58	-6.26
麻城市	1175872.18	-2.90
罗田县	114074.43	-11.07
英山县	11784.70	-21.60
浠水县	64216.04	-13.14
蕲春县	65547.43	-14.95
武穴市	774408.46	-6.73
黄梅县	97481.42	-11.89
龙感湖	20136.99	1.74

2020年规模以上工业企业原煤分行业消费量

单位:吨

指 标	2020年	2019年	增幅(±%)
总计	3675501	3908574	-5.96
采矿业	12377	34139	-63.75
黑色金属矿采选业	1609	1851	-13.07
非金属矿采选业	10768	32288	-66.65
制造业	936193	1036156	-9.65
农副食品加工业	13157	18336	-28.24
食品制造业	75	421	-82.19
酒、饮料和精制茶制造业	4522	5649	-19.95
纺织业	1280	8126	-84.25
纺织服装、服饰业	0	5	
木材加工和木、竹、藤、棕、草制品业	335	693	-51.66
家具制造业	88	280	-68.57
造纸及纸制品业	110	0	
印刷和记录媒介复制业	0	130	
文教、工美、体育和娱乐用品制造业	0	17	
化学原料及化学制品制造	71460	72212	-1.04
医药制造业	72253	79346	-8.94
非金属矿物制品业	743660	832893	-10.71
金属制品业	73	140	-47.86
通用设备制造业	2472	2136	15.73
计算机、通信和其他电子设备制造业	543	0	
交通运输设备制造业	0	60	
废弃资源综合利用业	26166	15712	66.54
电力、煤气及水的生产和供应业	2726931	2838279	-3.92
电力、热力的生产和供应业	2726931	2838279	-3.92

2020年规模以上工业分行业大类电力消费量

单位：万千瓦时

指　　标	2020年	2019年	增幅(±%)
总　计	561240	536874	4.54
采矿业	12294	6153	99.80
黑色金属矿采选业	949	1016	－6.59
非金属矿采选业	11345	5137	120.85
制造业	471024	454707	3.59
农副食品加工业	14746	13524	9.04
食品制造业	9549	11939	－20.02
酒、饮料和精制茶制造业	2209	2898	－23.78
纺织业	37835	45807	－17.40
纺织服装、服饰业	1878	2163	－13.18
皮革、毛皮、羽毛及其制品和制鞋业	904	2763	－67.28
木材加工和木、竹、藤、棕、草制品业	8234	8647	－4.78
家具制造业	4638	5535	－16.21
造纸及纸制品业	41541	18708	122.05
印刷业和记录媒介的复制	3259	3691	－11.70
文教、工美、体育和娱乐用品制造业	39519	34680	13.95
石油加工、炼焦和核燃料加工业	37	121	－69.42
化学原料及化学制品制造	60872	59315	2.62
医药制造业	31131	29681	4.89
橡胶和塑料制品业	8452	7706	9.68
非金属矿物制品业	157357	156378	0.63
黑色金属冶炼及压延	5603	7141	－21.54
有色金属冶炼及压延	3100	3915	－20.82
金属制品业	9489	10754	－11.76
通用设备制造业	2867	5072	－43.47
专用设备制造业	2567	3059	－16.08
交通运输设备制造业	10252	10279	－0.26
电气机械及器材制造业	3967	3092	28.30
计算机、通信和其他电子设备制造业	5572	5045	10.45
仪器仪表制造业	205	157	30.57
其他制造业	195	128	52.34
废弃资源综合利用业	4982	2381	109.24
金属制品、机械和设备修理业	62	130	－52.31
电力、煤气及水的生产和供应业	77923	76013	2.51
电力、热力的生产和供应业	51690	52799	－2.10
燃气生产和供应业	21646	18950	14.23
水的生产和供应业	4587	4265	7.55

2020 年全社会分行业用电量

单位:万千瓦时

指　标	2020 年	2019 年	增量	增幅(±%)
全社会用电总计	1415996.61	1397834.45	18162.16	1.30
A、全行业用电合计	1020974.82	1025603.11	-4628.29	-0.45
第一产业	26828.24	27031.09	-202.85	-0.75
第二产业	797356.83	794911.54	2445.29	0.31
第三产业	196789.75	203660.49	-6870.74	-3.37
B、城乡居民生活用电合计	395021.79	372231.34	22790.45	6.12
城镇居民	185604.17	186240.91	-636.75	-0.34
乡村居民	209417.62	185990.42	23427.20	12.60
全行业用电分类	1020974.82	1025603.11	-4628.29	-0.45
一、农、林、牧、渔业	39947.37	39257.23	690.15	1.76
1.农业	11027.07	11515.20	-488.13	-4.24
2.林业	209.71	143.57	66.14	46.07
3.畜牧业	13300.56	13256.57	43.99	0.33
4.渔业	2290.89	2115.75	175.14	8.28
5.农、林、牧、渔专业及辅助性活动	13119.14	12226.14	893.00	7.30
其中:排灌	4498.04	4160.13	337.91	8.12
二、工业	772174.99	765207.83	6967.16	0.91
(一)采矿业	29570.79	50129.84	-20559.06	-41.01
(二)制造业	512183.48	492295.81	19887.67	4.04
(三)电力、热力、燃气及水生产和供应业	230420.72	222782.17	7638.55	3.43
三、建筑业	26378.10	30647.63	-4269.53	-13.93
四、交通运输、仓储和邮政业	35674.88	43281.24	-7606.36	-17.57
五、信息传输、软件和信息技术服务业	12749.39	11854.45	894.94	7.55
六、批发和零售业	49072.74	52553.69	-3480.95	-6.62
七、住宿和餐饮业	15537.60	17429.65	-1892.05	-10.86
八、金融业	1865.85	1987.21	-121.36	-6.11
九、房地产业	8007.88	7722.66	285.22	3.69
十、租赁和商务服务业	2321.71	2333.61	-11.90	-0.51
十一、公共服务及管理组织	57244.31	53327.91	3916.39	7.34

2020年分县(市、区)用电量

单位:万千瓦时,%

	全社会用电量			工业用电量		
	2020年	2019年	增幅	2020年	2019年	增幅
黄冈市	1415997	1397834	1.30	772175	765208	0.91
黄州区	202081	194104	4.11	121970	108159	12.77
团风县	50268	48953	2.69	21645	21639	0.03
红安县	85224	81608	4.43	29822	28689	3.95
麻城市	296134	283504	4.45	188847	179013	5.49
罗田县	79873	85067	-6.11	38955	46612	-16.43
英山县	40935	39059	4.80	10058	8779	14.57
浠水县	118240	115671	2.22	49232	49501	-0.54
蕲春县	133262	126013	5.75	53714	50405	6.56
武穴市	233220	231216	0.87	162822	162610	0.13
黄梅县	132686	134681	-1.48	55166	56259	-1.94
龙感湖	23746	26561	-10.60	19583	22144	-11.57

2020年分县(市、区)单位生产总值能耗降低率

	2020年降低率(±%)	2019年降低率(±%)
黄冈市	3.84	-0.79
黄州区	2.63	8.67
团风县	5.47	-2.03
红安县	-1.04	-2.17
麻城市	11.86	-2.06
罗田县	6.03	-2.03
英山县	12.74	-2.35
浠水县	2.00	-2.09
蕲春县	2.00	-2.40
武穴市	1.14	-2.07
黄梅县	-2.10	-2.28

六、建筑业

资料整理人员：林　红　曹　威

2020 年建筑业

指标名称	企业个数		合同情况(万元)		
	建筑业企业个数(个)	有工作量的建筑业企业个数(个)	签订的合同额	1. 上年结转合同额	2. 本年新签合同额
总计	481	457	11739830	3369252	8370579
一、按建筑业行业分组					
房屋建筑业	338	323	10587880	2948760	7639119
土木工程建筑业	71	68	859745	369609	490136
建筑安装业	17	15	126085	6548	119536
建筑装饰、装修和其他建筑业	55	51	166122	44335	121787
二、按登记注册类型分组					
内资企业	480	456	11739797	3369236	8370561
国有企业	12	12	110090	62249	47841
集体企业	5	5	71279	6715	64565
联营企业					
有限责任公司	99	97	2063587	924400	1139187
股份有限公司	9	9	135589	48841	86748
私营企业	355	333	9359251	2327031	7032220
港、澳、台商投资企业	1	1	34	16	18
合资经营企业(港或澳、台资)	1	1	34	16	18
三、按控股情况分组					
国有控股	27	27	613207	289382	323825
集体控股	9	9	151127	24037	127090
私人控股	436	415	10821605	2955412	7866192
其他	9	6	153892	100421	53471
四、按企业资质等级分组					
总承包	416	398	11411585	3206393	8205192
特级	2	2	4588732	995661	3593071
一级	43	42	4860727	1479443	3381284
二级	143	139	1235908	421116	814792
三级及以下	228	215	726219	310173	416046
专业承包	65	59	328245	162859	165386
一级	5	5	151974	100638	51336
二级	31	28	48041	15001	33040
三级及以下	29	26	128230	47221	81010
五、按隶属关系分组					
中央					
地方	92	91	3113102	1001174	2111928
其他	389	366	8626728	2368078	6258650
六、按机构类型分组					
企业	481	457	11739830	3369252	8370579

企业生产情况(一)

承包工程完成情况(万元)			建筑业总产值(万元)		
1.直接从建设单位承揽工程完成的产值	(1)自行完成施工产值	(2)分包出去工程的产值	2.从建设单位以外承揽工程完成的产值	建筑业总产值	其中:装饰装修产值	其中:在外省完成的产值
8172615	8119736	52878	126877	8246614	239966	2634213
7600746	7563029	37717	103908	7666937	231822	2485760
431498	429854	1644	4007	433861	1378	70873
34886	34886		1055	35941		10750
105485	91968	13517	17907	109875	6767	66830
8172581	8119703	52878	126877	8246580	239966	2634213
22939	21815	1124	1872	23687		
49631	49096	535	1160	50256		
1056823	1053543	3279	15140	1068684	38530	99386
77866	77866			77866	1671	11359
6965324	6917384	47940	108704	7026088	199765	2523468
34	34			34		
34	34			34		
249578	248454	1124	2692	251146	3505	12540
71563	71028	535	1160	72189		
7756629	7705410	51219	123024	7828435	226586	2594322
94844	94844			94844	9875	27352
8007511	7954977	52535	119333	8074309	233615	2600948
3850044	3850044			3850044		1843024
3036550	3008330	28220	85367	3093697	190692	631288
753148	745135	8013	11620	756755	32649	53721
367769	351468	16301	22346	373814	10274	72916
165103	164760	344	7544	172304	6351	33265
52232	51958	274	100	52058		
35135	35085	50	687	35771	5530	50
77737	77718	20	6758	84475	821	33215
1782856	1777632	5224	17247	1794879	53340	122515
6389759	6342104	47654	109631	6451735	186626	2511698
8172615	8119736	52878	126877	8246614	239966	2634213

2020 年建筑业

指标名称	其中:装配式建筑工程产值	建筑工程产值	安装工程产值	其他产值
总计	2653335	7690304	427974	128336
一、按建筑业行业分组				
房屋建筑业	2493696	7253215	311758	101964
土木工程建筑业	107950	340827	84830	8204
建筑安装业	17468	17880	17243	818
建筑装饰、装修和其他建筑业	34221	78381	14143	17351
二、按登记注册类型分组				
内资企业	2653335	7690270	427974	128336
国有企业		23035	367	285
集体企业		49273	983	
联营企业				
有限责任公司	352953	936201	84904	47578
股份有限公司		67977	9889	
私营企业	2300382	6613784	331831	80473
港、澳、台商投资企业		34		
合资经营企业(港或澳、台资)		34		
三、按控股情况分组				
国有控股	95667	217054	22773	11319
集体控股		63872	7341	976
私人控股	2557668	7318262	394132	116041
其他		91116	3728	
四、按企业资质等级分组				
总承包	2578848	7571735	409439	93136
特级	1095773	3850044		
一级	1037327	2737549	325055	31093
二级	269495	671636	45788	39331
三级及以下	176253	312507	38596	22711
专业承包	74487	118568	18535	35200
一级		51770	288	
二级	26644	23126	10586	2060
三级及以下	47843	43673	7661	33141
五、按隶属关系分组				
中央				
地方	179074	1675261	83971	35646
其他	2474261	6015042	344003	92690
六、按机构类型分组				
企业	2653335	7690304	427974	128336

企业生产情况（二）

竣工产值(万元)	房屋建筑施工面积(万平方米) 房屋建筑施工面积	其中:本年新开工面积	从业人员情况(人) 从事建筑业活动的平均人数	其中:工程技术人员
4037139	6852	3625	210329	28892
3621769	6726	3601	187020	22882
318980	36	11	15553	3927
19315	47	1	1460	119
77074	43	12	6296	1964
4037100	6852	3625	210301	28892
10099	2	1	3016	615
25182	33	4	1599	216
876887	475	269	41883	6802
76785	104	37	4116	171
3048148	6238	3315	159687	21088
39	0	0	28	
39	0	0	28	
223703	122	37	9923	1844
36031	44	9	4025	787
3717690	6651	3579	193048	25651
59714	35	2	3333	610
3882350	6809	3608	202661	26910
952084	4341	2337	69586	7094
2088148	1839	943	77659	9684
588318	492	231	33705	6783
253800	138	96	21711	3349
154789	43	18	7668	1982
52481	2		855	639
31564	12	8	1551	316
70744	29	10	5262	1027
1143147	1083	534	42380	5862
2893992	5769	3091	167949	23030
4037139	6852	3625	210329	28892

2020 年建筑业

指标名称	一、年初存货	二、年末资产负债 流动资产合计	应收工程款	其中:存货
总计	1198924	3953450	1307512	1230957
一、按建筑业行业分组				
房屋建筑业	1092135	3274857	1052153	1116674
土木工程建筑业	99665	556468	213963	93204
建筑安装业	1448	26607	15453	8378
建筑装饰、装修和其他建筑业	5676	95517	25943	12702
二、按登记注册类型分组				
内资企业	1198924	3953450	1307512	1230957
国有企业	30488	75954	10188	20893
集体企业	1027	12001	5075	5137
联营企业				
有限责任公司	185093	746834	246593	224474
股份有限公司	268250	320619	30757	200678
私营企业	714066	2798042	1014900	779776
港、澳、台商投资企业				
合资经营企业(港或澳、台资)				
三、按控股情况分组				
国有控股	110839	475258	116464	110503
集体控股	19185	91469	32397	23360
私人控股	1068625	3352451	1147640	1093354
其他	275	34273	11011	3740
四、按企业资质等级分组				
总承包	1175187	3740916	1217400	1194093
特级	744030	1549124	421082	682116
一级	202206	949354	403243	229416
二级	184365	772785	254768	203719
三级及以下	44586	469654	138306	78843
专业承包	23738	212534	90112	36864
一级	6531	98066	54535	11056
二级	14749	54228	16748	19446
三级及以下	2457	60241	18829	6362
五、按隶属关系分组				
中央				
地方	410000	903543	243356	357261
其他	788924	3049907	1064157	873696
六、按机构类型分组				
企业	1198924	3953450	1307512	1230957

企业财务情况(一)

单位:万元

二、年末资产负债						
固定资产减值准备	固定资产原价	累计折旧	其中:本年折旧	在建工程	资产合计	流动负债合计
6560	561914	223556	33377	225302	4715700	1591673
6067	402813	156195	23897	214093	3869403	1110687
1	135110	59350	8542	6329	681267	405976
445	5026	1202	111	1737	36356	8964
47	18965	6809	828	3143	128674	66046
6560	561914	223556	33377	225302	4715700	1591673
	11473	4080	1139	931	97830	55643
320	3382	1323	281		15767	3456
6056	178122	78561	10372	10198	979173	449951
	36930	12876	1719	176973	360785	166611
185	332007	126715	19867	37201	3262145	916013
	69548	29031	6215	1795	539866	308457
5523	53556	26899	3148	5235	139748	81989
1037	426513	164374	23793	218272	3991673	1177624
	12296	3252	221		44414	23602
6554	518604	202018	32152	221569	4461675	1455598
	64703	12807	3443	176522	1638157	361359
5585	192739	100333	11099	18772	1138083	425205
510	191933	70105	13808	13198	1093897	407541
459	69230	18773	3802	13077	591538	261494
6	43310	21537	1226	3733	254025	136074
	14596	7470	393	1095	105983	64480
5	12451	7041	444	385	65809	36735
1	16262	7027	389	2253	82233	34859
554	164736	69693	9771	186222	1090364	542837
6006	397178	153863	23607	39080	3625336	1048836
6560	561914	223556	33377	225302	4715700	1591673

2020 年建筑业

指标名称	其中：应付账款	非流动负债合计	负债合计	所有者权益合计
总计	352627	224352	1952149	2763551
一、按建筑业行业分组				
房屋建筑业	196543	188747	1418162	2451241
土木工程建筑业	132985	34608	450880	230386
建筑安装业	3451		9238	27119
建筑装饰、装修和其他建筑业	19648	997	73868	54806
二、按登记注册类型分组				
内资企业	352627	224352	1952149	2763551
国有企业	9538	12067	71171	26659
集体企业	1088	227	4795	10972
联营企业				
有限责任公司	154408	49228	513874	465298
股份有限公司	13913	5523	172134	188651
私营企业	173680	157306	1190175	2071971
港、澳、台商投资企业				
合资经营企业（港或澳、台资）				
三、按控股情况分组				
国有控股	79052	53934	365852	174014
集体控股	40413	2633	85734	54014
私人控股	230127	167785	1476911	2514762
其他	3035		23652	20762
四、按企业资质等级分组				
总承包	323398	205300	1792653	2669021
特级	95814	125517	539976	1098181
一级	73446	23749	468583	669500
二级	131890	30351	468261	625635
三级及以下	22248	25683	315834	275704
专业承包	29229	19052	159495	94530
一级	17083	18647	83131	22852
二级	7828	162	37128	28681
三级及以下	4318	243	39236	42997
五、按隶属关系分组				
中央				
地方	142098	41287	592698	497666
其他	210529	183065	1359450	2265885
六、按机构类型分组				
企业	352627	224352	1952149	2763551

企业财务情况(二)

单位：万元

二、年末资产负债		三、损益及分配			
实收资本	其中:个人资本	营业收入	主营业务收入	营业成本	主营业务成本
1282021	378281	7563296	7510472	6997393	6924912
1074803	339754	6723064	6700598	6241845	6195854
144643	21278	673172	650386	604332	584984
22024	1434	52307	49891	48551	46156
40551	15815	114753	109597	102666	97918
1282021	378281	7563296	7510472	6997393	6924912
13480		115357	114962	105536	104677
5763	600	20710	20710	18815	18815
302029	44006	865025	853864	773585	765593
49516	32950	963862	944700	920783	891518
911233	300725	5598342	5576236	5178675	5144310
123317	52	370721	368866	334498	332528
29394	1462	164391	164391	141361	141361
1121776	376227	6988584	6945429	6486464	6422242
7535	540	39600	31787	35069	28781
1203081	366738	7346003	7303481	6798979	6735709
194422	32800	3682521	3671335	3521534	3499821
375782	175492	2150223	2149866	1937790	1920048
441279	101970	934416	926301	817040	808919
191598	56476	578842	555979	522616	506920
78940	11543	217293	206990	198414	189204
21406	665	63398	63245	59163	59162
23574	2771	52913	50117	48693	46326
33960	8107	100982	93629	90558	83716
204985	65959	1661713	1640847	1546142	1515887
1077036	312322	5901582	5869625	5451251	5409026
1282021	378281	7563296	7510472	6997393	6924912

2020 年建筑业

指标名称	税金及附加	主营业务税金及附加	其他业务利润	销售费用
总计	68792	66074	2883	35573
一、按建筑业行业分组				
房屋建筑业	58399	56345	1460	29603
土木工程建筑业	7406	7250	1367	5106
建筑安装业	1333	953	41	413
建筑装饰、装修和其他建筑业	1654	1527	16	451
二、按登记注册类型分组				
内资企业	68792	66074	2883	35573
国有企业	2344	2283	13	802
集体企业	248	248		128
联营企业				
有限责任公司	14985	14585	1344	8002
股份有限公司	4405	4299	1109	20
私营企业	46810	44659	417	26621
港、澳、台商投资企业				
合资经营企业(港或澳、台资)				
三、按控股情况分组				
国有控股	4953	4882	1397	4665
集体控股	2181	2181		641
私人控股	60594	57969	1486	30003
其他	1064	1042		264
四、按企业资质等级分组				
总承包	65417	62879	1545	34843
特级	12369	12315	1059	
一级	27703	26787	355	22547
二级	17708	16958	25	9968
三级及以下	7636	6819	107	2329
专业承包	3375	3195	1338	730
一级	170	27	9	2
二级	397	397	1329	174
三级及以下	2809	2771		554
五、按隶属关系分组				
中央				
地方	15553	15034	1164	6239
其他	53239	51040	1719	29334
六、按机构类型分组				
企业	68792	66074	2883	35573

企业财务情况(三)

单位:万元

三、损益及分配					
管理费用	财务费用	其中:利息收入	其中:利息支出	资产减值损失	公允价值变动收益
204565	47890	1245	32083	579	12
124228	44939	983	30832	525	12
73101	2298	244	986	52	
1273	224		0		
5963	429	18	264	2	
204565	47890	1245	32083	579	12
3728	384	36	50		
369	25				
43614	4467	232	2080	53	2
11478	4097	23	239		
145377	38917	954	29713	526	10
16926	2577	50	1432		
18595	-112	190	17	53	2
167763	45099	1004	30520	526	10
1281	326		114		
195942	46244	1209	31879	579	12
36966	32040	916	26335		
52276	5245	14	1079	322	
52943	6032	248	3406	183	2
53757	2927	31	1059	74	10
8623	1646	36	204		
2676	835	0	0		
3018	233	1	38		
2929	577	35	166		
47318	7068	256	970	53	2
157248	40822	989	31113	526	10
204565	47890	1245	32083	579	12

2020 年建筑业

指标名称	三、损益及分配 投资收益	其他收益	营业利润	营业外收入
总计	2439	288	303088	9355
一、按建筑业行业分组				
房屋建筑业	1707	237	277146	7143
土木工程建筑业	732	51	20122	2136
建筑安装业			2006	2
建筑装饰、装修和其他建筑业			3814	74
二、按登记注册类型分组				
内资企业	2439	288	303088	9355
国有企业			2821	43
集体企业			1146	
联营企业				
有限责任公司	588	51	31878	2513
股份有限公司	1960		25048	1608
私营企业	-109	237	242195	5192
港、澳、台商投资企业				
合资经营企业（港或澳、台资）				
三、按控股情况分组				
国有控股	-102		11627	75
集体控股	732	51	2583	549
私人控股	1809	237	287153	8731
其他			1724	
四、按企业资质等级分组				
总承包	2439	288	296910	9280
特级	1918		138379	2596
一级	56	235	87904	2077
二级	588	51	42080	1445
三级及以下	-123	2	28546	3162
专业承包			6178	75
一级			634	7
二级			1963	13
三级及以下			3581	56
五、按隶属关系分组				
中央				
地方	2692	51	45292	3485
其他	-253	237	257796	5870
六、按机构类型分组				
企业	2439	288	303088	9355

企业财务情况（四）

单位：万元

	三、损益及分配		四、人工成本及增值税		五、其他资料
营业外支出	利润总额	应交所得税	应付职工薪酬（本年贷方累计发生额）	应交增值税	建筑业企业在境外完成的营业收入
3596	306487	75271	1190752	234470	
2981	281309	71051	1107819	213997	
485	20906	3476	56141	16266	
3	498	153	7262	903	
127	3773	591	19530	3305	
3596	306487	75271	1190752	234470	
513	2351	758	16376	3732	
	1146	335	7352	1746	
1019	30997	7561	151606	23532	
90	26566	6347	71278	45222	
1974	245426	60269	944141	160239	
654	10181	3679	45041	7445	
64	3069	631	16266	5253	
2878	291513	70690	1109017	220892	
	1724	270	20428	881	
3538	300273	74030	1151870	229517	
58	140917	28319	600398	110246	
1639	86835	30675	346350	68306	
1074	41579	9514	131158	30748	
766	30942	5522	73965	20216	
58	6213	1241	38882	4954	
45	596	230	4977	1724	
12	1983	264	9215	634	
2	3635	747	24690	2596	
927	46343	10666	189731	66704	
2670	260143	64605	1001021	167766	
3596	306487	75271	1190752	234470	

2020年分县(市、区)建筑业单位数及总产值

地区	单位数(个) 2020年	单位数(个) 2019年	总产值(万元) 2020年	总产值(万元) 2019年	增幅(%)
黄冈市	481	450	8246194	10679411	-22.8
黄州区	58	60	680676	1199684	-43.2
团风县	56	48	3536020	5030375	-29.7
红安县	53	51	623561	270612	130.5
罗田县	44	41	282269	306875	-8.0
英山县	25	23	1074032	1233829	-13.0
浠水县	62	58	254789	582495	-56.3
蕲春县	57	51	742491	821203	-9.6
黄梅县	40	36	376526	461454	-18.4
麻城市	47	44	317716	347311	-8.5
武穴市	38	36	356482	418539	-14.8
龙感湖	1	2	1632	7034	-76.8

备注:2020年省局公布2019年建筑业同期数时采用一套表平台数,而非2019年末公布数,因此,本表采用2020年省局公布数。

七、固定资产投资、房地产

资料整理人员：林　红　查　钧　曹　威

2020年分行业500万以上项目固定资产投资项目个数(一)

单位:个

指　标	2020年施工项目个数	2019年施工项目个数	2020年投产个数	2019年投产个数
总计	1518	2118	562	1050
(一)农、林、牧、渔业	56	188	27	133
农业	37	114	19	80
林业	1	5	1	1
畜牧业	12	41	5	30
渔业	4	17	1	15
农、林、牧、渔服务业	2	11	1	7
(二)采矿业	13	21	6	7
煤炭开采和洗选业				
石油和天然气开采业				
黑色金属矿采选业				
有色金属矿采选业		1		
非金属矿采选业	12	21	6	7
开采辅助活动				
其他采矿业				
(三)制造业	632	703	248	310
农副食品加工业	50	44	21	17
食品制造业	17	19	8	7
酒、饮料和精制茶制造业	19	20	5	3
烟草制品业				
纺织业	31	42	14	13
纺织服装、服饰业	19	14	7	5
皮革、毛皮、羽毛及其制品和制鞋业	2	6		3
木材加工及木、竹、藤、棕、草制品业	4	6	1	2
家具制造业	37	44	17	14
造纸和纸制品业	8	4		1
印刷业和记录媒介复制业	2	1	1	1
文教、工美、体育和娱乐用品制造业	6	7	4	4
石油加工、炼焦及和核燃料加工业		3		2

2020年分行业500万以上项目固定资产投资项目个数(二)

单位:个

指　标	2020年施工项目个数	2019年施工项目个数	2020年投产个数	2019年投产个数
化学原料及化学制品制造业	40	35	18	16
医药制造业	54	55	22	21
化学纤维制造业		1		1
橡胶和塑料制品业	21	20	6	7
非金属矿物制品业	122	164	47	97
黑色金属冶炼及压延加工业	2	2	1	2
有色金属冶炼及压延加工业	9	10	4	4
金属制品业	48	50	15	22
通用设备制造业	19	25	4	12
专用设备制造业	37	35	15	12
汽车制造业	18	22	5	10
铁路、船舶、航空航天和其他运输设备制造业	2	3		2
电气机械和器材制造业	16	31	8	15
计算机、通信和其他电子设备制造业	21	28	17	13
仪器仪表制造业	2	1		1
其他制造业	2			
废弃资源综合利用业	23	10	7	3
金属制品、机械和设备修理业	1	1	1	
(四)电力、燃气及水的生产和供应业	41	86	14	40
电力、热力生产和供应业	21	30	7	11
燃气生产和供应业	3	6	1	1
水的生产和供应业	17	50	6	28
(五)建筑业				
房屋建筑业				
土木工程建筑业				
建筑安装业				
建筑装饰和其他建筑业				
(六)批发和零售业	17	47	5	35
批发业	9	21	2	15

2020年分行业500万以上项目固定资产投资项目个数(三)

单位:个

指 标	2020年施工项目个数	2019年施工项目个数	2020年投产个数	2019年投产个数
零售业	8	26	3	20
(七)交通运输、仓储和邮政业	203	219	75	76
铁路运输业	4	4		1
道路运输业	187	200	70	71
水上运输业	3	7	2	2
航空运输业				
管道运输业				
装卸搬运和运输代理业				
仓储业	9	7	3	1
邮政业		1		1
(八)住宿和餐饮业	15	53	7	31
住宿业	12	43	7	24
餐饮业	3	10		7
(九)信息传输、软件和信息技术服务业	5	4		3
电信、广播电视和卫星传输服务业	3	2		2
互联网和相关服务业	1	2		1
软件和信息技术服务业	1			
(十)金融业		3		2
货币金融业		2		2
资本市场业		1		
保险业				
其他金融业				
(十一)房地产业	52	62	18	28
房地产业	52	62	18	28
(十二)租赁和商务服务业	25	31	3	17
租赁业		1		1
商务服务业	25	30	3	16
(十三)科学研究和技术服务业	6	15	5	6
研究和试验发展				

2020年分行业500万以上项目固定资产投资项目个数(四)

单位:个

指 标	2020年施工项目个数	2019年施工项目个数	2020年投产个数	2019年投产个数
专业技术服务业	4	11	3	4
科技推广和应用服务业	2	4	2	2
(十四)水利、环境和公共设施管理业	177	335	54	162
水利管理业	41	70	11	44
生态保护和环境治理业	14	17	1	5
公共设施管理业	122	248	42	113
土地管理业				
(十五)居民服务和其他服务业	6	12	4	6
居民服务业	3	10	1	5
机动车、电子产品和日用产品修理业	2		2	
其他服务业	1	2	1	1
(十六)教育	38	52	13	43
教育	38	52	13	43
(十七)卫生和社会工作	54	37	15	16
卫生	39	23	9	8
社会工作	15	14	6	8
(十八)文化、体育和娱乐业	107	172	39	88
新闻和出版业				
广播、电视、电影和影视录音制作业	2	8		4
文化艺术业	10	19	2	12
体育	6	6	4	2
娱乐业	89	139	33	70
(十九)公共管理、社会保障和社会组织	17	36	5	24
中国共产党机关	1	1		
国家机构	11	16	4	10
人民政协、民主党派				
社会保障				
群众团体、社会团体和其他成员组织	2	4		1
基层群众自治组织	3	15	1	13

2020年分行业500万以上项目(含房地产)固定资产投资增幅情况(一)

指标	2020年增幅(%)	2019年增幅(%)
总计	-21.9	11.3
(一)农、林、牧、渔业	-35.2	49.8
农业	-60.9	64.0
林业	-40.2	87.2
畜牧业	32.0	58.2
渔业	-79.2	143.6
农、林、牧、渔服务业	-25.0	-59.7
(二)采矿业	-45.4	-2.6
煤炭开采和洗选业		
石油和天然气开采业		
黑色金属矿采选业		
有色金属矿采选业	* * *	
非金属矿采选业	-49.4	24.9
开采辅助活动		-100.0
其他采矿业		-100.0
(三)制造业	-21.7	8.6
农副食品加工业	2.1	20.1
食品制造业	45.9	18.1
酒、饮料和精制茶制造业	11.8	-40.8
烟草制品业		
纺织业	-69.1	14.5
纺织服装、服饰业	65.7	23.1
皮革、毛皮、羽毛及其制品和制鞋业	-2.9	89.5
木材加工及木、竹、藤、棕、草制品业	-13.7	-54.0
家具制造业	-55.9	61.1
造纸和纸制品业	83.1	-84.8
印刷业和记录媒介复制业	341.2	-95.6
文教、工美、体育和娱乐用品制造业	49.9	-65.8
石油加工、炼焦及和核燃料加工业	-100.0	-88.6

2020年分行业500万以上项目(含房地产)固定资产投资增幅情况(二)

指标	2020年增幅(%)	2019年增幅(%)
化学原料及化学制品制造业	-0.5	-20.2
医药制造业	-26.8	-13.9
化学纤维制造业	-100.0	-51.1
橡胶和塑料制品业	-32.1	84.4
非金属矿物制品业	-18.4	34.0
黑色金属冶炼及压延加工业	48.8	-61.0
有色金属冶炼及压延加工业	-36.0	-18.8
金属制品业	-17.9	71.0
通用设备制造业	-55.1	-12.1
专用设备制造业	-20.5	65.1
汽车制造业	-37.8	49.4
铁路、船舶、航空航天和其他运输设备制造业	137.6	238.2
电气机械和器材制造业	-47.7	-36.7
计算机、通信和其他电子设备制造业	-29.9	42.3
仪器仪表制造业	-53.0	181.7
其他制造业	***	-100.0
废弃资源综合利用业	209.4	-30.4
金属制品、机械和设备修理业	30.1	***
(四)电力、燃气及水的生产和供应业	-6.6	-12.5
电力、热力生产和供应业	22.9	-11.6
燃气生产和供应业	154.3	-38.7
水的生产和供应业	-71.6	-11.9
(五)建筑业		-100.0
房屋建筑业		-100.0
土木工程建筑业		-100.0
建筑安装业		
建筑装饰和其他建筑业		-100.0
(六)批发和零售业	-44.3	10.2
批发业	-21.8	2.6

2020年分行业500万以上项目(含房地产)固定资产投资增幅情况(三)

指标	2020年增幅(%)	2019年增幅(%)
零售业	-76.7	23.5
(七)交通运输、仓储和邮政业	12.7	6.6
铁路运输业	51.2	110.2
道路运输业	-6.1	-4.7
水上运输业	-45.2	-23.1
航空运输业		-100.0
管道运输业		
装卸搬运和运输代理业		-100.0
仓储业	442.4	-55.2
邮政业	-100.0	150.2
(八)住宿和餐饮业	-53.2	-3.2
住宿业	-52.0	-8.3
餐饮业	-56.1	12.2
(九)信息传输、软件和信息技术服务业	48.5	-57.1
电信、广播电视和卫星传输服务业	739.1	-90.4
互联网和相关服务业	-69.3	208.1
软件和信息技术服务业	***	-100.0
(十)金融业	-100.0	2123.2
货币金融业	-100.0	547.4
资本市场业	-100.0	***
保险业		
其他金融业		
(十一)房地产业	-17.6	15.6
房地产业	-17.6	15.6
(十二)租赁和商务服务业	88.9	62.8
租赁业	-100.0	-5.1
商务服务业	95.1	66.7
(十三)科学研究和技术服务业	-63.1	42.5
研究和试验发展		-100.0

2020年分行业500万以上项目(含房地产)固定资产投资增幅情况(四)

指标	2020年增幅(%)	2019年增幅(%)
专业技术服务业	-79.6	210.3
科技推广和应用服务业	-20.0	-32.2
(十四)水利、环境和公共设施管理业	-48.2	3.4
水利管理业	-16.5	32.6
生态保护和环境治理业	58.5	-38.7
公共设施管理业	-59.9	1.7
土地管理业	-100.0	-57.1
(十五)居民服务和其他服务业	-24.0	59.8
居民服务业	-90.4	126.4
机动车、电子产品和日用产品修理业	***	-100.0
其他服务业	68.9	-10.9
(十六)教育	-36.1	114.4
教育	-36.1	114.4
(十七)卫生和社会工作	91.3	-41.9
卫生	72.5	-70.5
社会工作	107.6	277.5
(十八)文化、体育和娱乐业	-53.3	50.8
新闻和出版业		
广播、电视、电影和影视录音制作业	-94.8	106.1
文化艺术业	-50.1	6.4
体育	-25.1	-40.9
娱乐业	-53.7	60.7
(十九)公共管理、社会保障和社会组织	-62.3	-20.8
中国共产党机关	-24.6	162.2
国家机构	-52.0	-54.2
人民政协、民主党派		
社会保障		-100.0
群众团体、社会团体和其他成员组织	-51.0	-47.2
基层群众自治组织	-88.9	166.2

2020年分县(市、区)固定资产(含房地产)投资增幅情况

地区	固定资产投资(含房地产) 2020年 增幅(%)	固定资产投资(含房地产) 2019年 增幅(%)	其中:5000万元以上投资项目 2020年 增幅(%)	其中:5000万元以上投资项目 2019年 增幅(%)
黄冈市	-21.9	11.3	-21.9	21.3
黄州区	-25.0	10.7	-30.9	67.6
团风县	-19.0	10.8	-0.5	20.5
红安县	-17.6	10.7	-41.0	23.7
麻城市	-24.9	12.0	-26.8	13.2
罗田县	-31.3	7.9	-2.8	29.9
英山县	-19.5	9.2	2.9	44.9
浠水县	-19.4	11.0	-26.6	8.1
蕲春县	-18.1	12.3	-21.0	14.5
武穴市	-20.8	12.1	-19.8	10.1
黄梅县	-19.2	12.1	-14.4	21.2
龙感湖	-44.9	11.1	-52.1	108.9

2020年分县(市、区)500万以上项目民间投资(含房地产)增幅情况

地区	2020年		2019年	
	增幅(%)	占投资总量的比重(%)	增幅(%)	占投资总量的比重(%)
黄冈市	-20.6	70.0	11.7	68.8
黄州区	-31.2	54.7	-0.1	51.4
团风县	-22.0	72.2	18.7	74.9
红安县	16.4	83.2	-17.2	58.9
麻城市	-18.4	78.5	23.6	72.3
罗田县	-37.6	73.5	26.5	80.9
英山县	-15.6	65.8	-10.3	62.8
浠水县	-21.1	76.9	10.6	75.5
蕲春县	-13.7	65.4	51.9	60.6
武穴市	-21.3	80.2	4.5	78.3
黄梅县	-25.7	68.9	13.7	73.4
龙感湖	-85.3	20.9	-9.8	78.1

2020 年分县(市、区)500 万以上项目工业投资增幅情况

地区	2020 年		2019 年	
	增幅(%)	占投资总量的比重(%)	增幅(%)	占投资总量的比重(%)
黄冈市	-20.4	32.5	5.2	31.9
黄州区	-52.3	21.6	5.6	29.2
团风县	44.2	58.0	64.2	32.6
红安县	-58.3	18.1	18.0	35.9
麻城市	-9.6	45.7	-2.4	37.9
罗田县	-2.3	24.7	10.2	17.4
英山县	-27.7	22.4	-2.0	23.3
浠水县	-29.2	21.6	-42.0	23.6
蕲春县	-4.3	28.0	16.3	23.4
武穴市	-9.4	52.0	9.7	44.1
黄梅县	-24.9	33.0	41.1	34.7
龙感湖	-45.6	70.8	18.0	71.6

2020年分县(市、区)500万以上项目工业技改投资增幅情况

地区	2020年		2019年	
	增幅(%)	占投资总量的比重(%)	增幅(%)	占投资总量的比重(%)
黄冈市	-22.6	10.3	3.3	10.40
黄州区	-12.1	6.3	-10.1	4.60
团风县	-53.9	4.2	-13.6	7.30
红安县	-68.6	1.5	5.8	4.00
麻城市	20.7	78.0	-32.8	11.20
罗田县	-9.0	7.4	167.1	5.60
英山县	-35.6	6.2	83.4	7.80
浠水县	-81.0	2.2	-0.7	9.10
蕲春县	-12.2	8.8	20.7	6.30
武穴市	-31.4	23.5	22.5	26.40
黄梅县	-16.5	11.3	10.0	10.70
龙感湖	-81.2	15.3		44.80

2020年分县(市、区)500万以上项目改建和技术改造投资完成情况

地区	2020年		2019年	
	增幅(%)	占投资总量的比重(%)	增幅(%)	占投资总量的比重(%)
黄冈市	-13.0	8.8	-20.4	7.9
黄州区	9.8	6.7	-10.3	3.9
团风县	-51.8	3.4	-47.6	5.8
红安县	-21.8	6.1	53.0	6.4
麻城市	30.3	12.0	-58.6	6.9
罗田县	-22.6	8.5	191.9	7.5
英山县	19.1	5.8	-51.1	3.9
浠水县	-39.4	6.1	-6.6	7.8
蕲春县	139.3	11.1	2.2	3.7
武穴市	-26.9	14.9	-23.1	15.7
黄梅县	-56.9	5.9	18.5	10.8
龙感湖	-62.3	23.1		33.7

2020 年房地产施工销售

指标名称	合计	去年同期	增幅(%)	住宅
房屋施工面积	19578906	24009313	-18.5	15697021
其中:新开工面积	5920525	6108854	-3.1	4663226
房屋竣工面积	2080879	2633774	-21	1751473
其中:不可销售面积	342677	55924	512.8	218069
竣工房屋价值	557706	597299	-6.6	467736
批准预售面积				
出租房屋面积	0	0	***	0
商品房销售面积	3474612	5500894	-36.8	3249411
其中:现房销售面积	771136	1477120	-47.8	667427
其中:期房销售面积	2703476	4023774	-32.8	2581984
商品房销售额	1743711	2651620	-34.2	1605779
其中:现房销售额	351166	632272	-44.5	290335
其中:期房销售额	1392545	2019348	-31	1315444
空置面积	2065897	1832631	12.7	1183611
其中:空置1-3年面积	583706	365617	59.6	332120
其中:空置3年以上面积	952522	1035357	-8	473493

及待售情况

单位:万元、平方米、套

去年同期	增幅(%)	90平方米及以下	去年同期	增幅(%)	144平米以上	去年同期	增幅(%)
19897086	-21.1	1000786	1887630	-47	1208013	2022949	-40.3
5385018	-13.4	175897	392855	-55.2	306114	587529	-47.9
2322714	-24.6	86468	198162	-56.4	90166	287859	-68.7
22261	879.6	35853	0	* * *	0	0	* * *
503576	-7.1	28129	37599	-25.2	24356	55431	-56.1
0	* * *	0	0	* * *	0	0	* * *
5293057	-38.6	63416	280140	-77.4	276079	488094	-43.4
1383705	-51.8	24702	162473	-84.8	100182	184490	-45.7
3909352	-34	38714	117667	-67.1	175897	303604	-42.1
2531059	-36.6	37830	138485	-72.7	150633	255240	-41
586400	-50.5	12963	74036	-82.5	45336	70528	-35.7
1944659	-32.4	24867	64449	-61.4	105297	184712	-43
888006	33.3	122918	149202	-17.6	89020	71324	24.8
150976	120	5136	17866	-71.3	31907	6203	414.4
446070	6.1	72124	78886	-8.6	31324	30945	1.2

2020年房地产施工销售

指标名称	别墅、高档公寓	去年同期	增幅(%)	办公楼
房屋施工面积	0	660221	-100	115002
其中:新开工面积	0	81716	-100	13858
房屋竣工面积	0	91940	-100	15601
其中:不可销售面积	0	0	***	0
竣工房屋价值	0	17824	-100	3500
批准预售面积				
出租房屋面积	0	0	***	0
商品房销售面积	0	70043	-100	1717
其中:现房销售面积	0	18753	-100	568
其中:期房销售面积	0	51290	-100	1149
商品房销售额	0	47883	-100	725
其中:现房销售额	0	7431	-100	227
其中:期房销售额	0	40452	-100	498
空置面积	0	60251	-100	23386
其中:空置1-3年面积	0	2709	-100	2100
其中:空置3年以上面积	0	24286	-100	1386

及待售情况(续)

单位:万元、平方米、套

去年同期	增幅(%)	商业营业用房	去年同期	增幅(%)	其他房屋	去年同期	增幅(%)
169160	-32	2046807	2753987	-25.7	1720076	1189080	44.7
29682	-53.3	524612	426694	22.9	718829	267460	168.8
9814	59	196517	204611	-4	117288	96635	21.4
0	***	47437	100	47337	77171	33563	129.9
3440	1.7	51174	63236	-19.1	35296	27047	30.5
0	***	0	0	***	0	0	***
16432	-89.6	143242	124900	14.7	80242	66505	20.7
7161	-92.1	91469	71813	27.4	11672	14441	-19.2
9271	-87.6	51773	53087	-2.5	68570	52064	31.7
8500	-91.5	104436	84843	23.1	32771	27218	20.4
3442	-93.4	57619	38383	50.1	2985	4047	-26.2
5058	-90.2	46817	46460	0.8	29786	23171	28.5
33474	-30.1	493657	505270	-2.3	365243	405881	-10
2100	0	137741	104384	32	111745	108157	3.3
2048	-32.3	250894	319672	-21.5	226749	267567	-15.3

2020 年房地产开发投资

指标名称	合计(按隶属关系分)	去年同期	增幅(%)
计划总投资	16657592	16010209	4
自开始建设累计完成投资	10980644	11132848	-1.4
本年完成投资	2429700	2681588	-9.4
国有经济控股	146504	206554	-29.1
1.按登记注册类型分			
内资企业	2421550	2681588	-9.7
国有企业	12308	36245	-66
集体企业		370	-100
股份合作企业			
有限责任公司	1091192	1248070	-12.6
国有独资公司	11873	45805	-74.1
其他有限责任公司	1079319	1202265	-10.2
股份有限公司	247565	99062	149.9
私营企业	1070485	1277153	-16.2
私营独资企业			
私营合伙企业			
私营有限责任公司	1069085	1239261	-13.7
私营股份有限公司	1400	37892	-96.3
2.按构成分			
建筑工程	1880078	2042418	-7.9
安装工程	167608	277701	-39.6

资金完成情况（一）

单位：万元、平方米、套

其中:地方	去年同期	增幅(%)	其中:地市县属	去年同期	增幅(%)
16657592	16010209	4	16657592	16010209	4
10980644	11132848	-1.4	10980644	11132848	-1.4
2429700	2681588	-9.4	2429700	2681588	-9.4
146504	206554	-29.1	146504	206554	-29.1
2421550	2681588	-9.7	2421550	2681588	-9.7
12308	36245	-66	12308	36245	-66
	370	-100		370	-100
1091192	1248070	-12.6	1091192	1248070	-12.6
11873	45805	-74.1	11873	45805	-74.1
1079319	1202265	-10.2	1079319	1202265	-10.2
247565	99062	149.9	247565	99062	149.9
1070485	1277153	-16.2	1070485	1277153	-16.2
1069085	1239261	-13.7	1069085	1239261	-13.7
1400	37892	-96.3	1400	37892	-96.3
1880078	2042418	-7.9	1880078	2042418	-7.9
167608	277701	-39.6	167608	277701	-39.6

2020年房地产开发投资

指标名称	合计(按隶属关系分)	去年同期	增幅(%)
设备工器具购置	72944	105744	-31
其他费用	309070	255725	20.9
其中:旧建筑物购置费	320	1999	-84
土地购置费	265033	183189	44.7
3.按工程用途分			
住宅	2013076	2240460	-10.1
其中:90平方米以下	156361	168103	-7
其中:144平方米以上	203327	216117	-5.9
别墅、高档公寓	0	47741	-100
办公楼	30459	33675	-9.6
商业营业用房	205639	277251	-25.8
其他	180526	130202	38.7
本年新增固定资产	677688	677646	0
一、本年资金来源合计	3866792	3994503	-3.2
1.上年末结余资金	1014806	772412	31.4
2.本年资金来源小计	2851986	3222091	-11.5
(1)国内贷款	221902	175045	26.8
银行贷款	199330	144949	37.5
非银行金融机构贷款	22572	30096	-25
(2)利用外资	4513	6977	-35.3
(3)自筹资金	1437376	1402192	2.5

资金完成情况(二)

单位:万元、平方米、套

其中:地方	去年同期	增幅(%)	其中:地市县属	去年同期	增幅(%)
72944	105744	-31	72944	105744	-31
309070	255725	20.9	309070	255725	20.9
320	1999	-84	320	1999	-84
265033	183189	44.7	265033	183189	44.7
2013076	2240460	-10.1	2013076	2240460	-10.1
156361	168103	-7	156361	168103	-7
203327	216117	-5.9	203327	216117	-5.9
0	47741	-100	0	47741	-100
30459	33675	-9.6	30459	33675	-9.6
205639	277251	-25.8	205639	277251	-25.8
180526	130202	38.7	180526	130202	38.7
677688	677646	0	677688	677646	0
3866792	3994503	-3.2	3866792	3994503	-3.2
1014806	772412	31.4	1014806	772412	31.4
2851986	3222091	-11.5	2851986	3222091	-11.5
221902	175045	26.8	221902	175045	26.8
199330	144949	37.5	199330	144949	37.5
22572	30096	-25	22572	30096	-25
4513	6977	-35.3	4513	6977	-35.3
1437376	1402192	2.5	1437376	1402192	2.5

2020年房地产开发投资

指标名称	合计(按隶属关系分)	去年同期	增幅(%)
(4)其他资金来源	1188195	1637877	-27.5
其中:定金及预收款	567340	932321	-39.1
其中:个人按揭贷款	521083	616241	-15.4
二、本年各项应付款合计	829517	867450	-4.4
其中:工程款	414522	539080	-23.1
项目规划情况			
项目规划占地面积	25351006	38841410	-34.7
项目规划建筑面积	53330648	54286839	-1.8
其中:住宅	40662111	41952931	-3.1
商业营业用房	7046120	7621875	-7.6
办公楼	691937	568259	21.8
其他	4930480	4143774	19
规划住宅套数	365429	360571	1.3
其中:90平方米以下	84723	85870	-1.3
144平方米以上	40741	38637	5.4
其中:别墅、高档公寓	0	5228	-100
待开发土地面积	2694573	2328128	15.7
本年土地购置面积	400949	364389	10
本年土地成交价款	98512	79127	24.5
其中:拆迁补偿费	580		***

资金完成情况（三）

单位：万元、平方米、套

其中：地方	去年同期	增幅(%)	其中：地市县属	去年同期	增幅(%)
1188195	1637877	-27.5	1188195	1637877	-27.5
567340	932321	-39.1	567340	932321	-39.1
521083	616241	-15.4	521083	616241	-15.4
829517	867450	-4.4	829517	867450	-4.4
414522	539080	-23.1	414522	539080	-23.1
25351006	38841410	-34.7	25351006	38841410	-34.7
53330648	54286839	-1.8	53330648	54286839	-1.8
40662111	41952931	-3.1	40662111	41952931	-3.1
7046120	7621875	-7.6	7046120	7621875	-7.6
691937	568259	21.8	691937	568259	21.8
4930480	4143774	19	4930480	4143774	19
365429	360571	1.3	365429	360571	1.3
84723	85870	-1.3	84723	85870	-1.3
40741	38637	5.4	40741	38637	5.4
0	5228	-100	0	5228	-100
2694573	2328128	15.7	2694573	2328128	15.7
400949	364389	10	400949	364389	10
98512	79127	24.5	98512	79127	24.5
580		***	580		***

2020 年分县(市、区)

地区	房屋施工面积合计	去年同期	增幅(%)	其中：新开工面积
黄冈市	19578906	24009313	-18.5	5920525
黄州区	2767426	2801426	-1.2	951969
团风县	1038685	1151270	-9.8	152442
红安县	2216556	2370859	-6.5	723005
麻城市	2490141	4097762	-39.2	739084
罗田县	1003186	1465644	-31.6	456237
英山县	996029	1008258	-1.2	397590
浠水县	2381274	2200430	8.2	1085855
蕲春县	2344851	2401529	-2.4	629753
武穴市	2028418	3579246	-43.3	350012
黄梅县	2312340	2932889	-21.2	434578

房地产建设情况(一)

单位:万元、平方米

去年同期	增幅(%)	房屋竣工面积合计	去年同期	增幅(%)	竣工房屋价值
6108854	-3.1	2080879	2633774	-21	557706
446233	113.3	353047	193777	82.2	131613
506609	-69.9	0	42631	-100	0
412402	75.3	15739	334577	-95.3	3776
1216816	-39.3	406555	575253	-29.3	87787
393733	15.9	23383	243238	-90.4	3576
319149	24.6	221829	57178	288	56666
421685	157.5	65324	105501	-38.1	14177
707848	-11	251683	337029	-25.3	65998
456728	-23.4	444691	234612	89.5	111849
1227651	-64.6	298628	509978	-41.4	82264

2020年分县(市、区)

地区	去年同期	增幅(%)	商品房销售面积	去年同期
黄冈市	597299	-6.6	3474612	5500894
黄州区	82235	60	528613	547492
团风县	9284	-100	173824	280137
红安县	86057	-95.6	161442	389240
麻城市	95792	-8.4	693066	1140642
罗田县	43600	-91.8	222594	429280
英山县	14680	286	147217	201029
浠水县	29304	-51.6	370027	579148
蕲春县	79267	-16.7	334628	599812
武穴市	70880	57.8	383798	604717
黄梅县	86200	-4.6	459403	729397

房地产建设情况(二)

单位:万元、平方米

增幅(%)	商品房销售额	去年同期	增幅(%)	待售面积合计	去年同期	增幅(%)
-36.8	1743711	2651620	-34.2	2065897	1832631	12.7
-3.4	318409	368885	-13.7	24122	38748	-37.7
-38	74204	122914	-39.6	59762	22588	164.6
-58.5	78865	176378	-55.3	422815	479330	-11.8
-39.2	349912	546686	-36	307749	272065	13.1
-48.1	102689	198212	-48.2	124692	175675	-29
-26.8	76824	91795	-16.3	180693	107994	67.3
-36.1	180995	260126	-30.4	149647	161491	-7.3
-44.2	184329	294512	-37.4	172837	127190	35.9
-36.5	167875	263547	-36.3	404850	259385	56.1
-37	209609	328565	-36.2	218730	188165	16.2

2020年分县(市、区)房地产开发投资完成情况

单位:万元

地区	房地产开发投资	去年同期	增幅(%)	其中:住宅投资	去年同期	增幅(%)
黄冈市	2429700	2681588	-9.4	2013076	2240460	-10.1
黄州区	430112	519036	-17.1	327643	440422	-25.6
团风县	39608	138369	-71.4	35897	131271	-72.7
红安县	439870	175927	150	366473	107222	241.8
麻城市	367003	438000	-16.2	324879	395368	-17.8
罗田县	106531	163288	-34.8	86140	132537	-35
英山县	108400	109598	-1.1	93463	95446	-2.1
浠水县	228448	223442	2.2	194428	197213	-1.4
蕲春县	257987	263812	-2.2	218754	199942	9.4
武穴市	262654	362755	-27.6	217530	297208	-26.8
黄梅县	189087	287361	-34.2	147869	243831	-39.4

八、商贸

资料整理人员：刘　煜　徐秉东　张　颖

2020年限额以上批发零售业基本情况(按登记注册类型分)

登记注册类型	法人企业数（个）	从业人员期末人数（人）	年末零售营业面积（平方米）
总　计	501	22489	924368
一、批发业	110	9604	177550
按登记注册类型分组			
内资企业	110	9604	177550
国有企业	1	835	
有限责任公司	25	2871	54596
国有独资公司	1	22	2000
其他有限责任公司	24	2849	52596
股份有限公司	3	4345	41849
私营企业	81	1553	81105
私营独资企业	2	13	350
私营有限责任公司	74	1443	78278
私营股份有限公司	5	97	2477
二、零售业	391	12885	746818
按登记注册类型分组			
内资企业	387	12459	718031
国有企业	10	355	6230
集体企业	8	486	15666
有限责任公司	45	2132	136711
其他有限责任公司	45	2132	136711
股份有限公司	7	1460	27030
私营企业	315	7986	532262
私营独资企业	22	292	15883
私营合伙企业	1	50	420
私营有限责任公司	283	7232	489460
私营股份有限公司	9	412	26499
其他企业	2	40	132
港、澳、台商投资企业	4	426	28787
与港澳台商合资经营企业	3	251	1787
港澳台商独资企业	1	175	27000

2020年限额以上批发零售业基本情况(按国民经济行业分)(一)

项　　目	法人企业数（个）	从业人员期末人数（人）	年末零售营业面积（平方米）
总计	501	22489	924368
一、批发业	110	9604	177550
农、林、牧、渔产品批发	2	8	150
谷物、豆及薯类批发	1	8	150
牲畜批发	1		
食品、饮料及烟草制品批发	41	2274	33843
米、面制品及食用油批发	13	197	4124
肉、禽、蛋、奶及水产品批发	11	379	5800
酒、饮料及茶叶批发	8	144	12480
烟草制品批发	1	835	
其他食品批发	8	719	11439
纺织、服装及家庭用品批发	1	15	600
化妆品及卫生用品批发	1	15	600
医药及医疗器材批发	23	5582	87480
西药批发	12	921	37324
中药批发	9	4643	49871
医疗用品及器材批发	2	18	285
矿产品、建材及化工产品批发	34	1509	31231
煤炭及制品批发	3	13	50
石油及制品批发	2	974	6500
建材批发	22	381	23819
化肥批发	1	8	562
农药批发	1	18	100
其他化工产品批发	5	115	200
机械设备、五金产品及电子产品批发	4	58	7780
农业机械批发	1	16	500
五金产品批发	2	32	7000
其他机械设备及电子产品批发	1	10	280

2020年限额以上批发零售业基本情况(按国民经济行业分)(二)

项　　目	法人企业数（个）	从业人员期末人数（人）	年末零售营业面积（平方米）
贸易经纪与代理	1	10	
贸易代理	1	10	
其他批发业	4	148	16466
再生物资回收与批发	1	40	16466
互联网批发	1	1	
其他未列明批发业	2	107	
二、零售业	391	12885	746818
综合零售	81	6180	259163
百货零售	48	4199	168440
超级市场零售	19	1273	56076
便利店零售	1	12	500
其他综合零售	13	696	34147
食品、饮料及烟草制品专门零售	62	1422	81465
粮油零售	8	137	6558
糕点、面包零售	1	19	130
果品、蔬菜零售	3	70	3047
肉、禽、蛋、奶及水产品零售	23	668	46836
酒、饮料及茶叶零售	15	270	4928
其他食品零售	12	258	19966
纺织、服装及日用品专门零售	6	80	1696
服装零售	1	12	280
鞋帽零售	3	43	200
化妆品及卫生用品零售	1	25	390
厨具卫具及日用杂品零售	1		826
文化、体育用品及器材专门零售	4	97	1388
文具用品零售	1	40	500
体育用品及器材零售	1		
珠宝首饰零售	2	57	888

2020年限额以上批发零售业基本情况(按国民经济行业分)(三)

项　　目	法人企业数 (个)	从业人员期末人数 (人)	年末零售营业面积 (平方米)
医药及医疗器材专门零售	12	399	12161
西药零售	8	265	7415
中药零售	3	122	3866
医疗用品及器材零售	1	12	880
汽车、摩托车、零配件和燃料及其他动力销售	114	2237	212441
汽车新车零售	86	1930	162692
汽车旧车零售	2	9	950
汽车零配件零售	10	114	31763
摩托车及零配件零售	3	55	3044
机动车燃油零售	11	102	13900
机动车燃气零售	2	27	92
家用电器及电子产品专门零售	50	1138	95023
家用视听设备零售	26	701	81506
日用家电零售	15	299	8989
计算机、软件及辅助设备零售	3	27	662
通信设备零售	4	83	3570
其他电子产品零售	2	28	296
五金、家具及室内装饰材料专门零售	32	495	48925
五金零售	12	126	6018
家具零售	6	116	6010
涂料零售	1	33	
卫生洁具零售	3	46	31059
陶瓷、石材装饰材料零售	4	35	2550
其他室内装饰材料零售	6	139	3288
货摊、无店铺及其他零售业	30	837	34556
互联网零售	14	259	3486
生活用燃料零售	11	431	25891
其他未列明零售业	5	147	5179

2020年限额以上住宿和餐饮业基本情况(按登记注册类型分)

	法人企业数（个）	从业人员期末人数（人）	年末餐饮营业面积（平方米）
总计	152	5893	466664
一、住宿业	67	2920	317989
按登记注册类型分组			
内资企业	65	2684	309193
集体企业	1	281	18650
有限责任公司	6	428	75928
其他有限责任公司	6	428	75928
股份有限公司	1	16	
私营企业	57	1959	214615
私营独资企业	2	20	1200
私营有限责任公司	55	1939	213415
港、澳、台商投资企业	1	185	6796
港澳台商独资企业	1	185	6796
外商投资企业	1	51	2000
外资企业	1	51	2000
二、餐饮业	85	2973	148675
按登记注册类型分组			
内资企业	85	2973	148675
有限责任公司	9	378	9532
其他有限责任公司	9	378	9532
私营企业	76	2595	139143
私营独资企业	10	196	6880
私营合伙企业	1	75	578
私营有限责任公司	64	2324	131685
私营股份有限公司	1		

2020年限额以上住宿和餐饮业基本情况(按国民经济行业分)

	法人企业数（个）	从业人员期末人数（人）	年末餐饮营业面积（平方米）
总计	152	5893	466664
一、住宿业	67	2920	317989
按国民经济行业分组			
旅游饭店	19	1485	166483
旅游饭店	19	1485	166483
一般旅馆	41	1257	111886
经济型连锁酒店	13	437	30574
其他一般旅馆	28	820	81312
其他住宿业	7	178	39620
其他住宿业	7	178	39620
二、餐饮业	85	2973	148675
按国民经济行业分组			
正餐服务	85	2973	148675
正餐服务	85	2973	148675

2020年限额以上住宿和餐饮业经营情况(按国民经济行业分)

行　　业	营业额（万元）	客房收入	餐费收入	商品销售收入	其他收入	床位数（个）	餐位数（位）
总计	84681.1	31176.8	49318.4	1855.2	2330.7	16213	51082
一、住宿业	41442.7	22590.5	17372.2	396.8	1083.2	10222	18984
按国民经济行业分组							
旅游饭店	22915.3	10777.2	10897.1	234.9	1006.1	4590	9718
旅游饭店	22915.3	10777.2	10897.1	234.9	1006.1	4590	9718
一般旅馆	15870.3	9956.2	5690.1	146.9	77.1	4496	7580
经济型连锁酒店	5468.7	3663.2	1802.4	2.1	1.0	1304	1864
其他一般旅馆	10401.6	6293.0	3887.7	144.8	76.1	3192	5716
其他住宿业	2657.1	1857.1	785.0	15.0		1136	1686
其他住宿业	2657.1	1857.1	785.0	15.0		1136	1686
二、餐饮业	43238.4	8586.3	31946.2	1458.4	1247.5	5991	32098
按国民经济行业分组							
正餐服务	43238.4	8586.3	31946.2	1458.4	1247.5	5991	32098
正餐服务	43238.4	8586.3	31946.2	1458.4	1247.5	5991	32098

2020年限额以上住宿和餐饮业经营情况(按登记注册类型分)

行　　业	营业额（万元）	客房收入	餐费收入	商品销售收入	其他收入	床位数（个）	餐位数（位）
总计	84681.1	31176.8	49318.4	1855.2	2330.7	16213	51082
一、住宿业	41442.7	22590.5	17372.2	396.8	1083.2	10222	18984
按登记注册类型分组							
内资企业	38628.4	21134.1	16046.9	384.4	1063.0	9827	17884
集体企业	5792.7	2393.4	3399.3			525	1584
有限责任公司	6656.3	3610.9	2616.5	45.2	383.7	1657	3319
其他有限责任公司	6656.3	3610.9	2616.5	45.2	383.7	1657	3319
股份有限公司	342.8	342.8				108	
私营企业	25836.6	14787.0	10031.1	339.2	679.3	7537	12981
私营独资企业	955.8	393.0	493.5	69.3		79	110
私营有限责任公司	24880.8	14394.0	9537.6	269.9	679.3	7458	12871
港、澳、台商投资企业	2384.5	1208.3	1176.2			150	500
港澳台商独资企业	2384.5	1208.3	1176.2			150	500
外商投资企业	429.8	248.1	149.1	12.4	20.2	245	600
外资企业	429.8	248.1	149.1	12.4	20.2	245	600
二、餐饮业	43238.4	8586.3	31946.2	1458.4	1247.5	5991	32098
按登记注册类型分组							
内资企业	43238.4	8586.3	31946.2	1458.4	1247.5	5991	32098
有限责任公司	6137.5	488.0	5501.4	123.9	24.2	604	1940
其他有限责任公司	6137.5	488.0	5501.4	123.9	24.2	604	1940
私营企业	37100.9	8098.3	26444.8	1334.5	1223.3	5387	30158
私营独资企业	2380.5	404.4	1911.7	46.7	17.7	195	1525
私营合伙企业	444.1		444.1				210
私营有限责任公司	34276.3	7693.9	24089.0	1287.8	1205.6	5192	28423

2020年限额以上批发和零售业商品购、销、存总额(按登记注册类型分)

单位:万元

行　业	商品购进额	商品销售额	批发额	零售额	期末商品库存额
总　计	2296813.1	2993445.8	1399123.0	1590312.3	147410.6
一、批发业	1297087.2	1589456.5	1326646.6	258807.4	47295.9
按登记注册类型分组					
内资企业	1297087.2	1589456.5	1326646.6	258807.4	47295.9
国有企业	425639.0	613477.8	613477.8		7788
有限责任公司	561972.8	612532.1	404556.6	207975.5	18812.4
国有独资公司	148.7	338.9	338.9		62.2
其他有限责任公司	561824.1	612193.2	404217.7	207975.5	18750.2
股份有限公司	63918.7	72856.3	65289.3	7567.0	5244.4
私营企业	245556.7	290590.3	243322.9	43264.9	15451.1
私营独资企业	3812.2	5019.5	4808.8	210.7	34.4
私营有限责任公司	228790.9	271704.3	227052.9	40648.9	12895.8
私营股份有限公司	12953.6	13866.5	11461.2	2405.3	2520.9
二、零售业	999725.9	1403989.3	72476.4	1331504.9	100114.7
按登记注册类型分组					
内资企业	976917.3	1374241.0	72476.4	1301756.6	98441.9
国有企业	19105.5	20205.2		20205.2	1480.9
集体企业	48053.3	55818.7		55818.7	757.9
有限责任公司	325684.1	361224.8	3046.8	358178.0	23015.6
其他有限责任公司	325684.1	361224.8	3046.8	358178.0	23015.6
股份有限公司	21678.7	305796.9	14790.3	291006.6	2608.8
私营企业	559172.0	623445.6	54639.3	568806.3	70553.5
私营独资企业	22724.8	27539.7	216.1	27323.6	1719.4
私营合伙企业	11947.0	10547.3		10547.3	2392.2
私营有限责任公司	499529.3	557237.7	54423.2	502814.5	64395.3
私营股份有限公司	24970.9	28120.9		28120.9	2046.6
其他企业	3223.7	7749.8		7741.8	25.2
港、澳、台商投资企业	22808.6	29748.3		29748.3	1672.8
与港澳台商合资经营企业	17003.9	21916.0		21916.0	1.2
港澳台商独资企业	5804.7	7832.3		7832.3	1671.6

2020年限额以上批发和零售业商品购、销、存总额(按国民经济行业分)(一)

单位:万元

行　业	商品购进额	商品销售额	批　发	零　售	年末库存总额
总计	2296813.1	2993445.8	1399123.0	1590312.3	147410.6
一、批发业	1297087.2	1589456.5	1326646.6	258807.4	47295.9
农、林、牧、渔产品批发	2010.2	2068.7	2053.6	15.1	615.2
谷物、豆及薯类批发	2010.2	2068.7	2053.6	15.1	615.2
食品、饮料及烟草制品批发	595163.5	787727.0	731668.8	56058.2	25055.6
米、面制品及食用油批发	42518.6	42042.0	36338.7	5703.3	2759.9
肉、禽、蛋、奶及水产品批发	62460.5	57343.6	52526.2	4817.4	9373.5
酒、饮料及茶叶批发	13070.0	14976.5	8995.0	5981.5	3072.5
烟草制品批发	425639.0	613477.8	613477.8		7788.0
其他食品批发	51475.4	59887.1	20331.1	39556.0	2061.7
纺织、服装及家庭用品批发	2680.0	2665.4	1709.2	956.2	300.0
化妆品及卫生用品批发	2680.0	2665.4	1709.2	956.2	300.0
医药及医疗器材批发	287280.3	348192.3	315023.9	32065.9	16720.9
西药批发	174959.8	216670.0	198428.1	18241.9	8257.2
中药批发	110230.1	129015.2	115333.4	13681.8	8378.4
医疗用品及器材批发	2090.4	2507.1	1262.4	142.2	85.3
矿产品、建材及化工产品批发	370502.5	401330.4	233696.3	167634.1	1923.5
煤炭及制品批发	7110.2	8161.1	8161.1		21.7
石油及制品批发	264508.7	272636.1	112591.2	160044.9	38.8
建材批发	46554.4	65961.5	60953.4	5008.1	1340.4
化肥批发	3378.0	3890.3	3890.3		192.5
农药批发	2144.1	1966.3	1409.0	557.3	184.5
其他化工产品批发	46807.1	48715.1	46691.3	2023.8	145.6
机械设备、五金产品及电子产品批发	7117.5	7427.6	5047.6	1205.9	754.0
农业机械批发	1585.0	1701.6	1626.1	75.5	40.7
五金产品批发	2913.5	3135.4	830.9	1130.4	667.9
其他机械设备及电子产品批发	2619.0	2590.6	2590.6		45.4
贸易经纪与代理	15437.2	16292.7	16292.7		

2020年限额以上批发和零售业商品购、销、存总额(按国民经济行业分)(二)

单位:万元

行　业	商品购进额	商品销售额	批　发	零　售	年末库存总额
贸易代理	15437.2	16292.7	16292.7		
其他批发业	16896.0	23752.4	21154.5	872.0	1926.7
再生物资回收与批发	8217.1	10731.9	9859.9	872.0	1665.4
互联网批发		1725.9			
其他未列明批发业	8678.9	11294.6	11294.6		261.3
二、零售业	999725.9	1403989.3	72476.4	1331504.9	100114.7
综合零售	247814.2	563457.8	21904.6	541553.2	21641.1
百货零售	140096.1	443979.9	21273.0	422706.9	14095.5
超级市场零售	57657.1	63634.4		63634.4	5634.9
便利店零售	463.3	541.3		541.3	26.1
其他综合零售	49597.7	55302.2	631.6	54670.6	1884.6
食品、饮料及烟草制品专门零售	62423.8	77649.6	25771.3	51870.3	5591.2
粮油零售	9169.1	9729.0	5468.7	4260.3	1790.0
糕点、面包零售		530.7		530.7	1.5
果品、蔬菜零售	1537.7	1858.7		1858.7	150.4
肉、禽、蛋、奶及水产品零售	26660.9	30948.7	14076.6	16872.1	1315.6
酒、饮料及茶叶零售	13111.3	22260.0	1796.6	20455.4	1394.4
其他食品零售	11944.8	12322.5	4429.4	7893.1	939.3
纺织、服装及日用品专门零售	4453.0	5456.1	225.0	5231.1	1041.8
服装零售	885.5	935.3		935.3	86.9
鞋帽零售	1323.4	2029.9		2029.9	29.1
化妆品及卫生用品零售	685.0	526.0	225.0	301.0	520.0
厨具卫具及日用杂品零售	1559.1	1964.9		1964.9	405.8
文化、体育用品及器材专门零售	2687.0	3072.8	749.3	2323.5	423.7
文具用品零售	751.7	749.3	749.3		22.9
体育用品及器材零售	601.8	566.7		566.7	
珠宝首饰零售	1333.5	1756.8		1756.8	400.8
医药及医疗器材专门零售	16100.3	20250.9	1066.0	19184.9	1303.9

2020年限额以上批发和零售业商品购、销、存总额(按国民经济行业分)(三)

单位:万元

行　　业	商品购进额	商品销售额	批　发	零　售	年末库存总额
西药零售	11838.1	14745.9		14745.9	1124.9
中药零售	2166.4	2683.7	1066.0	1617.7	160.2
医疗用品及器材零售	2095.8	2821.3		2821.3	18.8
汽车、摩托车、零配件和燃料及其他动力销售	476755.1	513567.2	4683.2	508884.0	46910.1
汽车新车零售	435814.3	469719.8	2627.2	467092.6	42466.8
汽车旧车零售	848.2	966.2		966.2	78.2
汽车零配件零售	23050.5	24489.9	1673.0	22816.9	2739.8
摩托车及零配件零售	5388.3	5713.5		5713.5	1122.7
机动车燃油零售	9938.4	10528.7		10528.7	476.3
机动车燃气零售	1715.4	2149.1	383.0	1766.1	26.3
家用电器及电子产品专门零售	106195.3	116381.4	11718.7	104662.7	14895.3
家用视听设备零售	74977.1	79517.2	5002.8	74514.4	7824.4
日用家电零售	24221.2	29583.6	5948.0	23635.6	4585.4
计算机、软件及辅助设备零售	1540.3	2067.1	767.9	1299.2	124.7
通信设备零售	4688.2	4207.8		4207.8	2359.6
其他电子产品零售	768.5	1005.7		1005.7	1.2
五金、家具及室内装饰材料专门零售	32726.7	37475.9	5174.9	32301.0	4490.4
五金零售	14229.9	16316.6	1738.9	14577.7	1389.8
家具零售	7157.0	7316.4		7316.4	1538.6
涂料零售	2006.6	1948.0		1948.0	
卫生洁具零售	2293.1	2958.6	742.9	2215.7	832.1
陶瓷、石材装饰材料零售	3064.8	4032.1	897.0	3135.1	184.6
其他室内装饰材料零售	3975.3	4904.2	1796.1	3108.1	545.3
货摊、无店铺及其他零售业	50570.5	66677.6	1183.4	65494.2	3817.2
互联网零售	7217.7	12190.8	363.2	11827.6	1545.9
生活用燃料零售	29807.9	39813.2		39813.2	289.4
其他未列明零售业	13544.9	14673.6	820.2	13853.4	1981.9

2020年限额以上批发和零售业企业资产及负债(一)

单位:万元

项　　目	流动资产合计	固定资产合计	资产总计	负债合计	所有者权益合计
总计	913548.2	364458.8	1334644.8	879807.4	449036.6
一、批发业	465253.4	178500.6	648678.4	431901.7	216625.3
1.按登记注册类型分					
内资企业	465253.4	178500.6	648678.4	431901.7	216625.3
国有企业	125893.2	35663.3	151463.3	21121.0	130342.3
有限责任公司	195822.8	101729.8	311290.6	280898.8	30391.8
国有独资公司	2146.4	120.5	2244.6	718.9	1525.7
其他有限责任公司	193676.4	101609.3	309046.0	280179.9	28866.1
股份有限公司	52046.1	842.7	55802.9	61852.6	-6049.7
私营企业	91491.3	40264.8	130121.6	68029.3	61940.9
私营独资企业	1044.0	1383.0	1926.1	713.5	1212.6
私营有限责任公司	85760.1	36635.7	121493.9	64415.1	56927.4
私营股份有限公司	4687.2	2246.1	6701.6	2900.7	3800.9
2.按国民经济行业分组					
农、林、牧、渔产品批发	3476.1	895.6	4371.7	284.5	4087.2
谷物、豆及薯类批发	3476.1	895.6	4371.7	284.5	4087.2
食品、饮料及烟草制品批发	182835.8	64773.0	231104.2	76935.4	154168.8
米、面制品及食用油批发	12384.6	11275.2	16923.2	11345.4	5577.8
肉、禽、蛋、奶及水产品批发	23903.1	15129.5	39490.6	26444.9	13045.7
酒、饮料及茶叶批发	6247.8	1633.1	8084.0	4983.9	3100.1
烟草制品批发	125893.2	35663.3	151463.3	21121.0	130342.3
其他食品批发	14407.1	1071.9	15143.1	13040.2	2102.9
纺织、服装及家庭用品批发	424.6	239.8	623.6	614.6	9.0
化妆品及卫生用品批发	424.6	239.8	623.6	614.6	9.0
医药及医疗器材批发	220507.3	7280.7	237715.7	215727.2	21837.1
西药批发	129626.5	4821.4	138925.5	117334.6	21590.9
中药批发	89523.0	2455.1	97287.2	97259.7	27.5
医疗用品及器材批发	1357.8	4.2	1503.0	1132.9	218.7
矿产品、建材及化工产品批发	44468.0	96869.8	153493.6	127180.8	26312.8
煤炭及制品批发	2801.7	1.0	2801.7	1160.4	1641.3
石油及制品批发	8758.7	78403.4	93368.9	102291.5	-8922.6
建材批发	26935.4	16014.0	48409.6	19387.7	29021.9
化肥批发	705.2	16.6	1212.3	559.6	652.7
农药批发	809.3	636.7	1446.0	809.3	636.7
其他化工产品批发	4457.7	1798.1	6255.1	2972.3	3282.8
机械设备、五金产品及电子产品批发	6171.2	84.8	6310.6	4513.1	1797.5
农业机械批发	3679.5	22.3	3679.5	3244.6	434.9
五金产品批发	2015.3	17.1	2152.4	836.3	1316.1

2020年限额以上批发和零售业企业资产及负债(二)

单位:万元

项　　目	流动资产合计	固定资产合计	资产总计	负债合计	所有者权益合计
其他机械设备及电子产品批发	476.4	45.4	478.7	432.2	46.5
贸易经纪与代理	667.8		697.8	561.4	136.4
贸易代理	667.8		697.8	561.4	136.4
其他批发业	6702.6	8356.9	14361.2	6084.7	8276.5
再生物资回收与批发	4124.6	378.7	4515.4	1911.4	2604.0
互联网批发	187.5	0.5	187.5	10.0	177.5
其他未列明批发业	2390.5	7977.7	9658.3	4163.3	5495.0
二、零售业	448294.8	185958.2	685966.4	447905.7	232411.3
1.按登记注册类型分					
内资企业	424169.9	165786.2	643642.1	428748.8	209243.9
国有企业	4314.9	4742.8	8615.6	4309.3	4306.3
集体企业	5248.0	724.1	6469.9	3312.1	3157.8
有限责任公司	78613.1	37989.8	121496.1	78271.9	41396.6
其他有限责任公司	78613.1	37989.8	121496.1	78271.9	41396.6
股份有限公司	84278.2	21527.5	127670.0	97822.1	29840.1
私营企业	249398.5	100663.4	376713.0	245017.7	127944.2
私营独资企业	5708.3	3719.1	10300.6	2939.8	7071.1
私营合伙企业	2749.4	957.9	3655.3	3326.4	328.9
私营有限责任公司	221029.2	82332.3	318758.9	202402.6	112894.9
私营股份有限公司	19911.6	13654.1	43998.2	36348.9	7649.3
其他企业	2317.2	138.6	2677.5	15.7	2598.9
港、澳、台商投资企业	24124.9	20172.0	42324.3	19156.9	23167.4
合资经营企业(港或澳、台资)	22958.3	18438.0	39402.4	16018.4	23384.0
港、澳、台商独资经营企业	1166.6	1734.0	2921.9	3138.5	-216.6
2.按国民经济行业分组					
综合零售	142598.8	57489.5	219920.0	158861.0	61134.3
百货零售	111747.2	40479.1	172322.1	135212.1	36570.3
超级市场零售	19016.1	10240.4	28550.7	17865.8	11299.9
便利店零售	96.3	27.3	120.0	146.7	-26.7
其他综合零售	11739.2	6742.7	18927.2	5636.4	13290.8
食品、饮料及烟草制品专门零售	28004.8	17714.1	51305.8	28077.6	23165.3
粮油零售	6996.3	4295.4	10733.5	5580.4	5153.1
糕点、面包零售		50.0	30.0		30.0
果品、蔬菜零售	750.3	341.3	1165.8	546.7	619.1
肉、禽、蛋、奶及水产品零售	9012.6	8174.6	21649.0	13731.5	7917.5
酒、饮料及茶叶零售	7225.2	4058.6	11375.4	4437.7	6874.8
其他食品零售	4020.4	794.2	6352.1	3781.3	2570.8
纺织、服装及日用品专门零售	1575.1	1227.3	2694.9	789.7	1905.2

2020年限额以上批发和零售业企业资产及负债（三）

单位：万元

项　　目	流动资产合计	固定资产合计	资产总计	负债合计	所有者权益合计
服装零售	788.0	20.0	803.0	139.0	664.0
鞋帽零售	80.0	171.0	180.0	5.0	175.0
化妆品及卫生用品零售	605.0	186.0	860.0	320.0	540.0
厨具卫具及日用杂品零售	102.1	850.3	851.9	325.7	526.2
文化、体育用品及器材专门零售	1798.2	92.5	3860.7	835.5	1305.7
文具用品零售	813.6	12.6	1086.6	102.4	984.2
体育用品及器材零售	275.0	55.0	1769.5	50.0	
珠宝首饰零售	709.6	24.9	1004.6	683.1	321.5
医药及医疗器材专门零售	5264.1	2394.2	8269.0	5440.2	2828.8
西药零售	3399.7	1394.1	5098.6	4225.3	873.3
中药零售	1124.9	816.4	2268.2	468.8	1799.4
医疗用品及器材零售	739.5	183.7	902.2	746.1	156.1
汽车、摩托车、零配件和燃料及其他动力销售	157858.5	47738.9	213059.9	150695.3	60233.0
汽车新车零售	142430.9	37286.4	181654.0	135643.2	44332.6
汽车旧车零售	257.4	278.0	552.8	339.2	213.6
汽车零配件零售	9547.5	4691.8	14233.2	9215.8	4564.0
摩托车及零配件零售	1658.8	513.0	4834.0	1345.0	3489.0
机动车燃油零售	2758.1	2398.9	7536.2	3252.0	4284.2
机动车燃气零售	1205.8	2570.8	4249.7	900.1	3349.6
家用电器及电子产品专门零售	43409.8	15362.5	65467.6	39530.0	25663.5
家用视听设备零售	23205.3	11385.6	41890.1	24908.5	16707.5
日用家电零售	14913.6	3024.5	16976.3	11455.8	5520.5
计算机、软件及辅助设备零售	995.0	158.3	1812.0	86.2	1725.8
通信设备零售	3171.7	86.7	3468.8	2793.3	675.5
其他电子产品零售	1124.2	707.4	1320.4	286.2	1034.2
五金、家具及室内装饰材料专门零售	14971.1	6888.7	24034.1	9472.8	13024.7
五金零售	4164.8	1169.2	6550.1	2924.4	3336.0
家具零售	1376.0	1871.4	3009.6	1395.3	1614.3
涂料零售	115.8	627.1	1261.9	15.0	
卫生洁具零售	1454.3	786.1	1818.1	1602.6	215.5
陶瓷、石材装饰材料零售	1054.2	175.6	1517.2	874.7	642.5
其他室内装饰材料零售	6806.0	2259.3	9877.2	2660.8	7216.4
货摊、无店铺及其他零售业	52814.4	37050.5	97354.4	54203.6	43150.8
互联网零售	5013.6	3262.9	11748.6	2933.7	8814.9
生活用燃料零售	39851.2	32573.0	76567.0	46394.3	30172.7
其他未列明零售业	7949.6	1214.6	9038.8	4875.6	4163.2

2020年限额以上批发和零售业

项　　目	营业收入	主营业务收入
总计	2749392.0	2697263.6
一、批发业	1427201.3	1413709.3
1.按登记注册类型分		
内资企业	1427201.3	1413709.3
国有企业	542397.7	541865.0
有限责任公司	557153.2	546130.2
国有独资公司	329.1	329.1
其他有限责任公司	556824.1	545801.1
股份有限公司	63004.8	63001.9
私营企业	264645.6	262712.2
私营独资企业	4672.8	4672.8
私营有限责任公司	246504.1	244570.7
私营股份有限公司	13468.7	13468.7
2.按国民经济行业分组		
农、林、牧、渔产品批发	2068.7	2068.7
谷物、豆及薯类批发	2068.7	2068.7
牲畜批发		
食品、饮料及烟草制品批发	704003.7	703433.4
米、面制品及食用油批发	37670.1	37670.1
肉、禽、蛋、奶及水产品批发	56248.6	56211.0
酒、饮料及茶叶批发	14434.1	14434.1
烟草制品批发	542397.7	541865.0
其他食品批发	53253.2	53253.2
纺织、服装及家庭用品批发	2665.4	2665.4
化妆品及卫生用品批发	2665.4	2665.4
医药及医疗器材批发	310096.1	308318.9
西药批发	196031.6	195019.7
中药批发	112085.9	112056.2

企业主要财务指标（一）

单位：万元

营业成本	税金及附加	其他业务利润	营业利润	利润总额
2304412.5	84592.0	3759.9	116159.5	119312.7
1158300.4	77896.8	1205.5	79372.8	81331.3
1158300.4	77896.8	1205.5	79372.8	81331.3
379610.0	73662.4	532.7	63850.5	62355.0
491589.0	1027.4	551.3	6390.0	9397.8
394.2	4.9		1929.4	1730.9
491194.8	1022.5	551.3	4460.6	7666.9
56433.7	162.4		529.4	532.8
230667.7	3044.6	121.5	8602.9	9045.7
3694.3	53.9		529.6	529.6
214779.8	2955.0	121.5	7862.5	8305.0
12193.6	35.7		210.8	211.1
1895.0			75.8	161.1
1895.0			75.8	161.1
519638.0	74886.4	590.7	66037.1	67497.0
32061.2	203.4		2275.9	2278.9
49352.3	149.6		-606.9	2238.5
12483.5	619.0	58.0	-131.0	-58.7
379610.0	73662.4	532.7	63850.5	62355.0
46131.0	252.0		648.6	683.3
2452.2	30.5			5.3
2452.2	30.5			5.3
262382.2	1775.4	12.1	7561.2	7992.7
157332.7	572.4	5.6	5994.8	6385.1
103469.7	1193.0	6.5	1548.9	1583.2

2020年限额以上批发和零售业

项　　目	营业收入	主营业务收入
医疗用品及器材批发	1978.6	1243.0
矿产品、建材及化工产品批发	361831.5	350710.6
煤炭及制品批发	7490.7	7490.7
石油及制品批发	248164.8	238241.7
建材批发	57124.1	55941.4
化肥批发	3679.7	3679.7
农药批发	1936.0	1936.0
其他化工产品批发	43436.2	43421.1
机械设备、五金产品及电子产品批发	7172.2	7172.2
农业机械批发	1600.0	1600.0
五金产品批发	2903.9	2903.9
其他机械设备及电子产品批发	2668.3	2668.3
贸易经纪与代理	16292.7	16292.7
贸易代理	16292.7	16292.7
其他批发业	23071.0	23047.4
再生物资回收与批发	10625.3	10625.3
互联网批发	1705.0	1705.0
其他未列明批发业	10740.7	10717.1
二、零售业	1322190.7	1283554.3
1. 按登记注册类型分		
内资企业	1289301.1	1252833.2
国有企业	18861.0	17583.1
集体企业	53990.4	53990.4
有限责任公司	333836.4	317635.7
其他有限责任公司	333836.4	317635.7
股份有限公司	288938.0	286850.6
私营企业	588266.5	572045.0
私营独资企业	26074.0	25292.5

企业主要财务指标(二)

单位:万元

营业成本	税金及附加	其他业务利润	营业利润	利润总额
1579.8	10.0		17.5	24.4
331021.4	1079.9	472.6	5396.0	5163.7
6848.8	20.4		227.3	229.2
230564.3	422.1	457.6	64.3	10.4
47377.5	562.2		4077.8	3887.8
3599.3	13.6		29.2	29.2
1548.8	4.2		183.6	184.8
41082.7	57.4	15.0	813.8	822.3
6345.5	8.5		19.2	28.6
1305.0	0.7		-51.4	-51.4
2501.0	5.8		45.2	54.6
2539.5	2.0		25.4	25.4
15480.5			-157.7	41.7
15480.5			-157.7	41.7
19085.6	116.1	130.1	441.2	441.2
8938.7	24.6	106.5	286.4	292.3
1565.0	0.3		36.5	36.5
8581.9	91.2	23.6	118.3	112.4
1146112.1	6695.2	2554.4	36786.7	37981.4
1123046.2	6547.5	2444.1	32074.4	33232.0
15844.8	129.2	-13.1	1161.9	1479.3
52455.3	876.3		108.1	108.1
304098.1	1408.2	1210.7	5071.7	5378.8
304098.1	1408.2	1210.7	5071.7	5378.8
236855.5	407.8	280.6	2587.3	2932.6
511911.6	3473.3	965.9	19892.0	20053.0
21610.4	445.3	16.6	3124.7	3038.4

2020年限额以上批发和零售业

项　　目	营业收入	主营业务收入
私营合伙企业	9312.4	9259.0
私营有限责任公司	521309.2	506833.9
私营股份有限公司	31570.9	30659.6
其他企业	5408.8	4728.4
港、澳、台商投资企业	32889.6	30721.1
合资经营企业（港或澳、台资）	25057.8	22889.3
港、澳、台商独资经营企业	7831.8	7831.8
2.按国民经济行业分组		
综合零售	535982.0	516424.8
百货零售	422873.1	409935.2
超级市场零售	58289.3	51670.0
便利店零售	541.3	541.3
其他综合零售	54278.3	54278.3
食品、饮料及烟草制品专门零售	72079.1	71351.8
粮油零售	8156.0	8156.0
糕点、面包零售	529.3	529.3
果品、蔬菜零售	1770.2	1770.2
肉、禽、蛋、奶及水产品零售	32010.4	32010.4
酒、饮料及茶叶零售	18824.3	18113.9
其他食品零售	10788.9	10772.0
纺织、服装及日用品专门零售	5215.4	5101.4
服装零售	935.3	935.3
鞋帽零售	2029.2	2029.2
化妆品及卫生用品零售	512.0	398.0
厨具卫具及日用杂品零售	1738.9	1738.9
文化、体育用品及器材专门零售	2677.3	2302.4
文具用品零售	738.3	738.3
体育用品及器材零售	374.9	

企业主要财务指标(三)

单位:万元

营业成本	税金及附加	其他业务利润	营业利润	利润总额
8591.4	11.3		-39.0	-72.8
455924.9	2695.0	741.5	14501.8	14547.2
25784.9	321.7	207.8	2304.5	2540.2
1880.9	252.7		3253.4	3280.2
23065.9	147.7	110.3	4712.3	4749.4
17506.3	126.4	110.3	4795.1	4833.2
5559.6	21.3		-82.8	-83.8
451030.0	2893.4	263.5	6103.4	5895.5
350052.4	1984.2	104.0	3744.7	3575.6
49285.2	191.0	159.5	1985.7	1997.2
472.0	1.8		10.3	12.4
51220.4	716.4		362.7	310.3
58718.0	781.6		6411.8	6622.5
7398.8	59.8		16.1	175.4
270.3	1.2		66.7	56.4
1537.2	0.1		113.4	113.4
28102.0	121.3		1496.3	1518.5
12310.1	586.3		4186.2	4215.4
9099.6	12.9		533.1	543.4
3937.2	52.1	25.0	910.8	808.0
798.6	0.3		29.4	33.1
1801.4	5.8		207.5	207.5
307.0	15.0	25.0	150.0	156.0
1030.2	31.0		523.9	411.4
1974.3	31.9		310.2	310.2
429.4	7.2		121.7	121.7
255.3	3.0		83.3	83.3

2020年限额以上批发和零售业

项　　目	营业收入	主营业务收入
珠宝首饰零售	1564.1	1564.1
医药及医疗器材专门零售	18887.1	17658.8
西药零售	13818.7	12590.4
中药零售	2629.6	2629.6
医疗用品及器材零售	2438.8	2438.8
汽车、摩托车、零配件和燃料及其他动力销售	469955.2	461747.0
汽车新车零售	430660.5	423583.9
汽车旧车零售	958.5	958.5
汽车零配件零售	21428.6	20297.0
摩托车及零配件零售	5121.4	5121.4
机动车燃油零售	9837.5	9837.5
机动车燃气零售	1948.7	1948.7
家用电器及电子产品专门零售	109716.8	106384.9
家用视听设备零售	75638.8	72306.9
日用家电零售	27415.9	27415.9
计算机、软件及辅助设备零售	1901.0	1901.0
通信设备零售	3868.4	3868.4
其他电子产品零售	892.7	892.7
五金、家具及室内装饰材料专门零售	34857.8	32376.9
五金零售	15415.2	14871.8
家具零售	7040.2	6994.3
涂料零售	1891.6	
卫生洁具零售	2470.4	2470.4
陶瓷、石材装饰材料零售	3746.9	3746.9
其他室内装饰材料零售	4293.5	4293.5
货摊、无店铺及其他零售业	72820.0	70206.3
互联网零售	13068.6	12968.1
生活用燃料零售	45617.7	43104.5
其他未列明零售业	14133.7	14133.7

企业主要财务指标（四）

单位：万元

营业成本	税金及附加	其他业务利润	营业利润	利润总额
1289.6	21.7		105.2	105.2
15791.2	81.2	-12.1	414.2	571.3
11884.4	57.0	-12.1	135.8	291.6
2337.8	15.5		128.5	128.5
1569.0	8.7		149.9	151.2
435764.9	1719.3	1870.7	9914.4	10811.8
401679.2	1331.6	1870.7	6851.9	7737.5
882.0	2.5		-3.0	-5.0
18606.3	61.2		1727.2	1723.9
4938.4	5.2		232.1	240.1
7987.4	313.0		1068.1	1067.1
1671.6	5.8		38.1	48.2
94503.4	319.3	168.4	1182.5	1287.3
64632.6	240.0		624.4	736.6
24055.3	63.4	168.4	384.2	380.5
1772.1	4.0		38.1	35.3
3287.7	7.8		88.9	88.0
755.7	4.1		46.9	46.9
30204.2	279.5		1952.8	1958.8
14267.7	27.5		436.8	451.4
5661.1	139.9		731.3	745.6
1815.0	35.8		27.1	27.1
1447.8	31.9		383.7	382.8
3234.7	24.8		358.8	336.8
3777.9	19.6		15.1	15.1
54188.9	536.9	238.9	9586.6	9716.0
10756.3	275.2	72.2	353.7	442.8
31799.2	215.5	166.7	8606.4	8651.0
11633.4	46.2		626.5	622.2

2020年限额以上住宿和餐饮业

项 目	营业收入	主营业务收入
总计	82420.6	80546.8
一、住宿业	39791.6	38518.0
1.按登记注册类型分		
内资企业	37273.2	36029.9
集体企业	5792.7	5792.7
有限责任公司	6368.9	6304.2
其他有限责任公司	6368.9	6304.2
股份有限公司	320.1	320.1
私营企业	24791.5	23612.9
私营独资企业	955.8	186.0
私营有限责任公司	23835.7	23426.9
港、澳、台商投资企业	2250.2	2250.2
港澳台商独资企业	2250.2	2250.2
外商投资企业	268.2	237.9
外资企业	268.2	237.9
2.按国民经济行业分组		
旅游饭店	22474.1	21574.3
旅游饭店	22474.1	21574.3
一般旅馆	14552.2	14194.4
经济型连锁酒店	5250.4	5111.2
其他一般旅馆	9301.8	9083.2
其他住宿业	2765.3	2749.3
其他住宿业	2765.3	2749.3
二、餐饮业	42629.0	42028.8
1.按登记注册类型分		
内资企业	42629.0	42028.8
有限责任公司	6119.8	6119.8
其他有限责任公司	6119.8	6119.8
私营企业	36509.2	35909.0
私营独资企业	2498.5	2194.8
私营合伙企业	444.1	444.1
私营有限责任公司	33566.6	33270.1
2.按国民经济行业分组		
正餐服务	42629.0	42028.8
正餐服务	42629.0	42028.8

企业主要财务指标

单位:万元

营业成本	税金及附加	其他业务利润	营业利润	利润总额
44634.2	657.8	220.6	-193.0	636.9
17771.6	358.3	53.8	-1379.1	-705.0
17195.8	356.8	53.8	-1070.6	-443.4
1545.3	156.6		-597.6	-531.8
1853.3	8.2	45.5	-796.3	-622.3
1853.3	8.2	45.5	-796.3	-622.3
44.5	2.8		5.5	5.9
13752.7	189.2	8.3	317.8	704.8
862.5	2.1	0.5	83.4	83.5
12890.2	187.1	7.8	234.4	621.3
575.7	1.5		-300.3	-260.1
575.7	1.5		-300.3	-260.1
0.1			-8.2	-1.5
0.1			-8.2	-1.5
8322.1	231.6	45.5	-2106.2	-1577.5
8322.1	231.6	45.5	-2106.2	-1577.5
7999.3	106.2	4.5	213.1	334.9
1917.1	30.9		-56.6	
6082.2	75.3	4.5	269.7	334.9
1450.2	20.5	3.8	514	537.6
1450.2	20.5	3.8	514	537.6
26862.6	299.5	166.8	1186.1	1341.9
26862.6	299.5	166.8	1186.1	1341.9
3691.8	20.9		-256.1	-112.4
3691.8	20.9		-256.1	-112.4
23170.8	278.6	166.8	1442.2	1454.3
1813.8	14.9		41.8	42.2
111.0			235.6	235.6
21246.0	263.7	166.8	1164.8	1176.5
26862.6	299.5	166.8	1186.1	1341.9
26862.6	299.5	166.8	1186.1	1341.9

2020年限额以上住宿和餐饮业企业资产及负债

单位：万元

项目	流动资产合计	固定资产原价	资产总计	负债合计	所有者权益
总计	59588.6	175434.8	246611.0	149589.0	96710.5
一、住宿业	25939.5	100892.2	138021.6	80208.2	57528.2
1.按登记注册类型分					
内资企业	25007.5	100012.8	136408.0	78160.8	57962.0
集体企业	4488.4	16324.1	21000.0	19709.4	1290.6
有限责任公司	7050.2	29872.0	28582.9	17176.2	11406.7
其他有限责任公司	7050.2	29872.0	28582.9	17176.2	11406.7
股份有限公司	122.0		126.6	89.3	37.3
私营企业	13346.9	53816.7	86698.5	41185.9	45227.4
私营独资企业	66.5	307.0	371.8	200.1	40.2
私营有限责任公司	13280.4	53509.7	86326.7	40985.8	45187.2
港、澳、台商投资企业	693.7	42.5	974.8	1888.4	-913.6
港澳台商独资企业	693.7	42.5	974.8	1888.4	-913.6
外商投资企业	238.3	836.9	638.8	159.0	479.8
外资企业	238.3	836.9	638.8	159.0	479.8
2.按国民经济行业分组					
旅游饭店	16821.8	52271.1	74587.7	57936.1	16381.2
旅游饭店	16821.8	52271.1	74587.7	57936.1	16381.2
一般旅馆	6706.2	37207.5	48629.5	19045.4	29569.3
经济型连锁酒店	2398.2	3963.5	8277.8	4975.6	3302.2
其他一般旅馆	4308.0	33244.0	40351.7	14069.8	26267.1
其他住宿业	2411.5	11413.6	14804.4	3226.7	11577.7
其他住宿业	2411.5	11413.6	14804.4	3226.7	11577.7
二、餐饮业	33649.1	74542.6	108589.4	69380.8	39182.3
1.按登记注册类型分					
内资企业	33649.1	74542.6	108589.4	69380.8	39182.3
有限责任公司	5101.4	3261.6	9447.5	8118.8	1328.7
其他有限责任公司	5101.4	3261.6	9447.5	8118.8	1328.7
私营企业	28547.7	71281.0	99141.9	61262.0	37853.6
私营独资企业	1280.2	4862.9	6350.0	2115.4	4220.3
私营合伙企业	123.9	315.9	529.0	225.2	303.8
私营有限责任公司	27143.6	66102.2	92262.9	58921.4	33329.5
2.按国民经济行业分组					
正餐服务	33649.1	74542.6	108589.4	69380.8	39182.3
正餐服务	33649.1	74542.6	108589.4	69380.8	39182.3

九、物 价

资料整理人员：蓝耀春　郭晨威　孙庆繁

2020 年居民消费价格

项目名称	1月	2月	3月	4月
居民消费价格总指数	106.2	106.5	104.8	104.0
非食品烟酒价格指数	100.8	100.5	100.3	99.9
食品(原口径)指数	120.7	122.8	116.8	114.7
非食品(原口径)指数	100.9	100.5	100.3	100.0
服务价格指数	101.9	101.7	102.2	102.1
工业品价格指数	100.2	99.7	99.1	98.6
鲜活食品价格指数	141.4	147.2	134.2	127.2
消费品价格指数	107.7	108.3	105.7	104.7
能源价格指数	101.3	99.5	97.2	96.1
非食品价格指数	101.8	101.1	100.9	100.8
扣除食品和能源价格指数	101.8	101.3	101.4	101.3
扣除鲜菜鲜果价格指数	106.2	106.6	105.5	104.6
扣除自有住房价格指数	106.2	106.6	104.8	104.0
居住(扣自有住房)价格指数	100.5	100.2	100.2	100.1
一、食品烟酒	118.2	120.1	114.8	113.0
1．食品	123.8	128.1	120.0	116.6
(1)粮食	100.8	100.4	99.9	104.6
大米	100.9	100.5	100.0	106.1
面粉	100.0	100.0	100.0	100.0
其他粮食	99.6	99.6	100.4	101.3
粮食制品	100.9	100.4	99.4	100.4
(2)薯类	99.6	102.5	80.1	114.2
薯类	99.6	102.5	80.1	114.2
(3)豆类	100.2	100.3	100.3	100.3
干豆	105.6	103.5	103.5	103.5
豆制品	100.1	100.2	100.2	100.2
(4)食用油	106.5	107.4	106.9	106.2
食用植物油	101.0	101.8	101.4	101.4
食用动物油	221.6	227.8	221.6	206.2
(5)菜	105.6	106.8	87.5	90.4
鲜菜	105.9	107.2	86.4	89.6
干菜及菜制品	102.8	100.8	100.7	100.6

各月同比指数

上年同月价格=100

5月	6月	7月	8月	9月	10月	11月	12月
102.2	102.6	104.0	102.7	101.1	99.1	98.4	100.2
98.8	98.5	98.7	98.7	99.0	98.9	98.9	99.6
111.1	113.2	118.1	112.7	106.1	99.4	97.0	101.5
98.9	98.7	98.8	98.8	99.0	99.0	99.0	99.6
100.4	100.1	100.0	99.8	99.7	99.8	99.6	100.6
97.8	97.4	98.0	98.1	98.5	98.3	98.4	98.9
119.8	125.0	136.3	122.4	109.9	96.2	91.7	101.5
102.8	103.5	105.5	103.7	101.6	98.8	98.0	100.0
95.7	96.3	97.0	97.4	97.2	96.8	96.7	97.2
99.8	99.6	99.7	99.7	99.6	99.5	99.4	100.0
100.3	100.0	100.0	100.0	99.9	99.8	99.7	100.3
103.0	103.1	103.9	102.5	100.8	98.7	98.3	100.0
102.2	102.6	104.0	102.7	101.1	99.1	98.4	100.2
99.5	99.6	99.6	99.4	99.5	99.4	99.4	100.8
109.9	111.9	115.9	111.1	105.5	99.5	97.4	101.4
111.7	114.6	121.2	113.7	106.2	97.8	95.0	100.9
100.9	100.0	99.9	100.0	100.1	100.2	102.2	98.4
101.0	100.0	100.0	100.0	100.0	100.0	103.1	97.5
100.0	100.0	100.0	100.0	100.0	100.0	100.0	100.0
102.7	99.6	99.6	99.6	99.6	98.0	100.4	101.3
100.8	100.3	99.6	100.3	100.8	101.5	99.3	101.6
111.2	112.1	107.7	97.7	92.1	93.1	97.8	101.0
111.2	112.1	107.7	97.7	92.1	93.1	97.8	101.0
98.6	99.4	101.1	101.9	101.1	101.1	101.9	101.8
103.5	103.5	103.5	103.5	103.5	103.5	102.4	100.6
98.5	99.3	101.0	101.9	101.0	101.0	101.9	101.9
105.4	105.2	106.7	105.5	103.6	101.6	100.2	101.3
101.4	101.2	102.8	102.3	102.3	102.3	102.3	102.5
191.9	197.9	199.8	168.5	121.8	93.3	80.6	89.7
85.6	96.8	115.2	113.4	112.8	112.8	103.0	106.0
84.3	96.5	116.6	114.6	114.0	114.0	103.2	106.5
100.6	100.6	100.5	100.6	100.6	100.6	100.6	100.4

2020年居民消费价格

项目名称	1月	2月	3月	4月
（6）畜肉类	189.7	208.8	187.6	172.2
猪肉	207.3	231.0	203.5	185.6
牛肉	109.8	110.7	111.6	112.9
羊肉	102.5	105.0	105.6	106.3
畜肉副产品	159.5	159.0	157.4	137.0
其他畜肉及制品	119.6	121.7	121.7	112.7
（7）禽肉类	108.0	108.8	109.9	108.4
鸡	106.3	108.1	110.6	109.5
鸭	114.2	112.5	111.7	106.4
其他禽肉及制品	107.8	108.2	108.2	107.8
（8）水产品	101.3	103.7	107.1	103.0
淡水鱼	103.4	109.1	114.1	109.7
海水鱼	114.6	113.4	111.2	108.3
虾蟹类	92.7	89.3	93.1	87.6
其他水产品及制品	95.3	95.5	95.9	95.7
（9）蛋类	103.2	104.8	106.0	102.8
鸡蛋	105.1	106.8	107.5	103.6
其他蛋及制品	86.5	86.5	92.7	95.4
（10）奶类	99.1	102.6	101.3	99.5
鲜奶	98.9	98.9	101.4	101.5
酸奶	100.0	100.0	101.0	97.9
奶粉	98.7	104.8	101.9	99.2
其他奶制品	100.0	100.0	100.0	100.0
（11）干鲜瓜果类	105.1	100.3	99.5	96.4
鲜瓜果	106.0	99.9	98.8	95.0
坚果	103.4	103.9	103.9	103.9
瓜果制品	99.7	99.7	99.7	99.7
（12）糖果糕点类	98.7	103.8	99.3	96.2
食糖	103.1	103.1	103.1	103.1
糖果	95.1	98.7	98.7	93.6
糕点	100.0	105.1	100.0	96.3
其他糖果糕点	94.5	105.6	94.5	94.5

各月同比指数(续)

上年同月价格=100

5月	6月	7月	8月	9月	10月	11月	12月
159.5	163.9	176.5	140.9	115.0	90.5	86.2	100.5
170.2	175.4	190.4	146.0	115.8	88.4	84.0	99.8
113.2	110.6	110.3	106.6	108.1	109.5	105.6	105.6
106.7	106.7	106.7	106.7	106.9	99.1	99.2	109.1
128.0	134.1	152.9	148.5	135.6	109.0	92.2	97.1
112.9	113.5	113.1	112.7	106.3	109.3	106.9	107.2
106.5	104.8	104.7	101.9	100.2	98.7	96.7	99.6
107.9	106.9	106.7	102.3	99.1	97.7	97.9	103.4
104.0	101.5	102.2	99.7	99.0	100.0	98.1	98.5
105.7	103.4	103.1	102.2	102.3	99.6	94.4	95.0
103.7	105.7	106.7	103.9	101.3	100.2	100.1	101.3
111.7	113.5	113.4	109.2	107.4	105.5	104.1	105.0
107.2	107.0	106.5	105.3	95.7	94.9	95.9	95.0
86.5	90.0	93.6	91.7	89.7	88.6	91.7	93.7
93.8	93.3	95.0	96.1	94.7	97.5	97.5	101.1
93.7	88.4	89.7	92.5	88.6	90.6	91.3	97.2
93.4	87.6	88.8	91.9	88.2	89.8	90.6	96.9
96.2	96.2	100.0	100.0	92.7	100.0	100.0	100.0
97.3	99.6	100.0	97.5	97.8	98.3	100.3	99.9
98.8	102.6	103.2	101.7	101.4	100.8	101.4	100.5
97.9	100.0	95.9	100.0	103.3	99.9	100.0	99.0
95.9	98.9	100.2	95.4	95.4	97.0	100.3	98.1
100.0	100.0	100.0	100.0	100.0	100.0	100.0	104.5
94.5	85.6	85.5	89.9	92.2	94.7	97.8	98.2
92.7	82.0	81.8	86.8	90.1	93.2	97.1	97.4
102.9	102.9	103.3	103.6	101.5	101.4	100.7	100.2
99.7	99.7	99.7	99.7	99.7	99.6	100.5	102.4
96.6	95.5	97.9	98.5	100.0	98.3	99.1	100.1
103.1	103.1	104.3	103.1	103.1	103.1	103.1	103.1
92.0	92.0	92.0	92.0	92.0	92.0	96.9	99.3
96.3	95.7	99.4	99.4	102.0	99.0	99.0	99.9
100.0	94.3	94.3	99.8	99.8	99.8	99.8	99.8

2020年居民消费价格

项目名称	1月	2月	3月	4月
（13）调味品	108.3	106.0	108.1	107.0
食用盐	115.4	115.4	115.4	115.4
酱油	108.0	100.8	100.8	100.8
食醋	103.2	103.2	103.2	98.3
调味酱	104.0	104.0	115.7	110.8
味精	100.0	100.0	100.0	100.0
其他调味品	104.3	98.8	99.4	99.4
（14）其他食品类	100.4	102.3	100.5	99.9
方便食品	100.4	103.6	100.4	100.4
淀粉及制品	100.0	100.0	100.0	94.8
膨化食品	100.4	100.8	100.8	100.8
2.茶及饮料	98.1	98.9	98.7	99.3
茶叶	100.0	100.8	100.0	100.0
固体咖啡	99.5	99.0	99.0	99.0
其他固体饮料	100.0	100.0	100.1	100.0
饮用水	97.0	100.2	100.2	101.2
果汁饮料	97.1	97.1	97.1	97.1
其他液体饮料	97.1	98.0	98.0	99.0
3.烟酒	101.3	100.7	100.9	101.1
（1）烟草	98.5	98.5	98.5	100.0
烟草	98.5	98.5	98.5	100.0
（2）酒类	107.1	105.2	105.7	103.2
白酒	109.5	111.6	109.5	107.0
葡萄酒	100.7	100.7	100.7	100.7
啤酒	105.6	90.9	98.7	94.4
其他酒类	100.0	100.0	100.0	100.0
4.在外餐饮	113.0	108.4	108.4	110.1
正餐	114.3	107.1	107.1	109.7
快餐	125.0	125.0	125.0	125.0
地方小吃	104.9	104.9	104.9	104.9
其他在外餐饮	100.0	100.0	100.0	100.0
二、衣着	100.7	100.6	98.5	99.7

各月同比指数（续）

上年同月价格 = 100

5月	6月	7月	8月	9月	10月	11月	12月
110.3	109.2	108.9	108.3	103.7	103.5	103.4	103.4
115.4	115.4	115.4	115.4	100.0	100.0	100.0	100.0
105.9	105.9	105.9	100.3	100.3	100.0	100.0	100.0
103.2	103.2	108.3	103.2	103.2	108.3	103.2	103.2
118.0	118.0	118.0	118.0	118.0	118.0	118.0	118.0
100.0	95.5	95.5	95.5	95.5	95.5	100.2	100.2
102.5	97.9	94.6	99.1	102.5	99.7	100.0	99.7
99.1	99.8	100.1	100.3	99.8	101.3	99.5	99.0
100.2	102.1	102.1	102.1	101.3	104.0	100.5	99.3
94.8	94.8	94.8	94.8	94.8	94.8	96.1	97.4
98.7	97.8	98.5	99.1	99.1	99.1	99.1	99.1
100.9	100.3	99.8	102.2	101.2	100.3	100.9	100.6
99.0	101.1	99.0	101.1	98.8	100.0	100.0	100.0
99.7	99.0	98.2	98.2	99.2	97.9	102.8	100.7
100.0	100.0	100.0	100.0	100.0	100.0	100.0	100.0
107.3	104.1	104.1	105.9	107.8	109.8	110.7	103.7
97.1	95.1	100.3	99.5	99.5	98.5	98.5	98.5
102.0	100.3	99.9	103.4	102.3	100.1	100.9	100.9
101.1	102.4	100.2	99.6	100.5	100.3	100.5	100.5
100.0	100.0	100.0	100.0	100.0	100.0	100.0	100.0
100.0	100.0	100.0	100.0	100.0	100.0	100.0	100.0
103.2	107.2	100.5	98.7	101.5	101.0	101.4	101.3
105.6	103.2	100.2	100.6	103.3	103.7	103.7	103.7
100.7	100.7	100.7	100.7	100.7	89.4	89.4	88.8
98.0	130.3	101.3	90.9	96.6	101.7	104.2	104.2
100.0	100.0	100.0	100.0	92.2	100.0	100.0	100.0
110.1	110.1	110.1	110.1	106.1	104.9	103.6	103.6
109.7	109.7	109.7	109.7	105.3	105.3	105.3	105.3
125.0	125.0	125.0	125.0	115.6	107.2	100.0	100.0
104.9	104.9	104.9	104.9	104.9	103.6	102.3	102.3
100.0	100.0	100.0	100.0	100.0	100.0	100.0	100.0
98.9	96.5	97.9	98.9	100.1	100.3	98.7	99.4

2020年居民消费价格

项目名称	1月	2月	3月	4月
1.服装	99.3	99.3	97.3	98.9
（1）男式服装	98.9	98.6	97.9	99.2
男式西服	99.0	99.0	92.4	95.7
男式冬衣	102.6	104.0	104.0	104.0
男式夹克衫	84.2	84.2	89.3	103.5
男式毛线衣	98.7	97.6	97.6	97.6
男式运动装	93.7	93.7	93.2	96.0
男式衬衫T恤	106.4	106.4	106.4	106.4
男式裤子	100.5	99.3	99.3	99.3
男式内衣	91.4	91.8	91.8	91.8
（2）女式服装	97.5	97.9	96.1	98.8
女式外套	90.0	90.0	89.6	94.7
女式冬衣	103.5	104.1	104.1	104.1
女式毛线衣	100.0	102.2	102.2	102.2
女式运动装	98.3	98.3	86.7	99.5
女式衬衫T恤	88.7	88.7	89.4	93.2
女式裤子	104.3	104.3	104.3	104.3
女式裙子	87.0	87.0	87.0	87.0
女式内衣	96.7	96.7	96.7	96.7
（3）儿童服装	105.8	104.9	99.8	99.0
婴幼服装	100.8	100.8	100.8	100.8
儿童上衣	117.4	117.4	102.8	101.1
儿童裤子	99.8	98.0	98.0	98.0
儿童裙子	91.9	91.9	91.9	91.9
2.服装材料	101.6	101.6	101.6	101.6
服装材料	101.6	101.6	101.6	101.6
3.其他衣着及配件	100.8	100.8	100.8	100.8
袜子	100.0	100.0	100.0	100.0
帽子	108.2	108.2	108.2	108.2
其他衣着配件	100.0	100.0	100.0	100.0
4.衣着加工服务费	105.0	105.0	105.0	105.0
衣着洗涤保养	102.9	102.9	102.9	102.9

各月同比指数(续)

上年同月价格 =100

5月	6月	7月	8月	9月	10月	11月	12月
99.6	97.5	99.0	100.2	100.5	101.1	99.8	100.4
97.7	95.4	97.2	97.6	99.8	100.0	100.3	98.5
91.7	91.7	91.7	91.7	91.7	91.7	91.7	91.7
104.0	104.0	104.0	104.0	104.0	104.0	104.0	106.7
103.5	103.5	103.5	103.5	109.0	109.2	109.7	105.3
97.6	97.6	97.6	97.6	97.6	97.6	97.6	102.6
96.0	96.0	96.0	96.0	98.6	96.6	102.0	101.1
98.0	91.7	94.4	97.7	98.7	96.1	95.8	98.7
98.8	95.0	98.8	98.8	102.4	103.1	103.3	96.3
91.8	91.8	91.8	91.8	95.2	98.1	97.0	98.6
100.7	98.4	100.3	101.8	102.0	102.2	101.0	102.2
95.2	95.2	95.2	95.2	96.7	96.7	94.7	92.5
104.1	104.1	104.1	104.1	104.1	104.1	104.1	104.5
102.2	102.2	102.2	102.2	102.2	102.2	102.2	113.2
99.5	99.5	99.5	99.5	99.5	99.5	99.5	99.5
97.5	94.0	101.5	101.6	101.6	101.6	101.6	101.6
104.3	104.3	104.3	104.3	104.6	106.6	96.6	95.3
97.8	86.0	91.1	101.6	101.6	101.6	101.6	101.6
96.7	96.7	96.7	96.7	97.9	98.4	95.4	96.1
99.7	98.6	98.3	100.0	97.8	100.0	95.5	98.5
98.2	98.2	98.2	100.8	97.4	103.0	97.1	97.1
101.1	101.1	101.1	101.1	95.3	95.3	89.9	89.9
98.0	98.0	98.0	98.7	99.2	103.1	99.2	105.0
104.1	88.8	84.3	104.1	104.1	104.1	104.1	104.1
101.6	101.6	101.6	101.6	101.6	101.6	101.6	101.6
101.6	101.6	101.6	101.6	101.6	101.6	101.6	101.6
100.8	100.8	100.8	100.8	100.8	100.8	101.5	100.3
100.0	100.0	100.0	100.0	100.0	100.0	100.0	100.0
108.2	108.2	108.2	108.2	108.2	108.2	116.2	102.6
100.0	100.0	100.0	100.0	100.0	100.0	100.0	100.0
101.9	101.9	101.9	101.9	101.9	101.9	101.9	100.0
102.9	102.9	102.9	102.9	102.9	102.9	102.9	100.0

2020年居民消费价格

项目名称	1月	2月	3月	4月
衣着加工	109.5	109.5	109.5	109.5
5.鞋类	103.7	103.2	100.5	100.9
（1）鞋	103.8	103.3	100.5	100.9
男鞋	107.5	107.5	104.8	104.1
女鞋	101.9	101.9	97.9	99.4
童鞋	101.6	98.7	98.7	98.7
（2）鞋类加工服务	100.0	100.0	100.0	100.0
鞋类加工服务	100.0	100.0	100.0	100.0
三、居住	100.5	100.2	100.2	100.1
1.租赁房房租	101.6	101.6	101.6	100.6
公房房租	100.0	100.0	100.0	100.0
私房房租	101.6	101.6	101.6	100.7
2.住房保养维修及管理	100.8	100.2	100.0	100.1
（1）住房装潢材料	101.5	100.3	100.1	100.1
木地板	101.3	100.0	100.0	100.0
瓷砖	106.0	101.6	101.6	100.0
水泥	102.0	102.0	102.0	102.0
涂料	100.0	100.0	97.4	100.0
板材	100.0	100.0	100.0	99.1
管材	100.0	100.0	100.0	100.0
厨卫设备	101.5	100.0	100.0	100.0
门窗	100.0	100.0	100.0	100.0
其他住房装潢材料	100.0	100.0	98.9	102.0
（2）物业管理费	100.0	100.0	100.0	100.0
物业管理费	100.0	100.0	100.0	100.0
（3）住房装潢维修	100.0	100.0	100.0	100.0
装潢维修费	100.0	100.0	100.0	100.0
其他住房费用	100.0	100.0	100.0	100.0
3.水电燃料	100.0	100.0	100.0	100.0
（1）水	100.0	100.0	100.0	100.0
水	100.0	100.0	100.0	100.0
（2）电	100.0	100.0	100.0	100.0

各月同比指数(续)

上年同月价格=100

5月	6月	7月	8月	9月	10月	11月	12月
100.0	100.0	100.0	100.0	100.0	100.0	100.0	100.0
96.8	93.3	94.8	95.5	98.9	98.5	95.6	97.1
96.7	93.1	94.7	95.4	98.9	98.5	95.5	97.0
99.7	99.7	99.7	99.7	102.7	101.7	97.5	95.4
95.6	89.7	92.4	92.4	97.7	97.6	94.4	96.4
94.3	88.9	90.9	94.4	94.4	94.4	94.4	101.4
100.0	100.0	100.0	100.0	100.0	100.0	100.0	100.0
100.0	100.0	100.0	100.0	100.0	100.0	100.0	100.0
99.6	99.6	99.6	99.4	99.6	99.4	99.4	100.8
100.6	100.6	100.6	99.1	99.1	99.1	99.1	99.1
100.0	100.0	100.0	100.0	100.0	100.0	100.0	100.0
100.7	100.7	100.7	99.1	99.1	99.1	99.1	99.1
98.9	99.0	99.0	99.0	99.2	98.9	98.9	101.9
97.9	98.1	98.2	98.0	98.5	97.9	97.9	98.5
97.4	97.4	97.4	96.7	96.7	96.7	96.7	97.1
100.0	100.0	100.0	100.0	100.0	100.0	100.0	100.0
102.0	102.0	104.1	104.1	106.2	102.0	100.0	100.0
98.0	98.0	99.3	99.3	99.3	99.3	99.3	99.3
98.1	98.1	98.1	98.1	99.9	98.1	98.1	99.3
100.0	100.0	100.0	100.0	100.0	100.0	100.0	100.0
95.1	95.1	95.1	95.1	95.1	95.1	95.1	95.1
100.0	100.0	100.0	100.0	100.0	100.0	100.0	102.0
97.5	98.9	98.9	98.9	98.9	98.9	98.9	100.4
100.0	100.0	100.0	100.0	100.0	100.0	100.0	100.0
100.0	100.0	100.0	100.0	100.0	100.0	100.0	100.0
100.0	100.0	100.0	100.0	100.0	100.0	100.0	107.0
100.0	100.0	100.0	100.0	100.0	100.0	100.0	107.3
100.0	100.0	100.0	100.0	100.0	100.0	100.0	100.0
100.0	100.0	100.0	100.0	100.0	100.0	100.0	100.0
100.0	100.0	100.0	100.0	100.0	100.0	100.0	100.0
100.0	100.0	100.0	100.0	100.0	100.0	100.0	100.0
100.0	100.0	100.0	100.0	100.0	100.0	100.0	100.0

2020年居民消费价格

项目名称	1月	2月	3月	4月
电	100.0	100.0	100.0	100.0
(3)燃气	100.0	100.0	100.0	100.0
管道燃气	100.0	100.0	100.0	100.0
液化石油气	100.0	100.0	100.0	100.0
(4)取暖费	100.0	100.0	100.0	100.0
取暖费	100.0	100.0	100.0	100.0
(5)其他燃料	100.0	100.0	100.0	100.0
其他燃料	100.0	100.0	100.0	100.0
4.自有住房	100.0	100.0	100.0	100.0
自有住房	100.0	100.0	100.0	100.0
四、生活用品及服务	99.3	99.4	99.1	98.6
1.家具及室内装饰品	95.4	95.4	95.4	96.1
(1)家具	95.1	95.1	95.1	96.0
柜	95.7	95.7	95.7	98.6
床	92.4	92.4	92.4	94.5
桌	99.2	99.2	99.2	99.3
椅	100.0	100.0	100.0	100.0
沙发	95.1	95.1	95.1	94.2
其他家具	106.5	106.5	106.5	104.8
(2)室内装饰品	100.0	100.0	100.0	98.4
灯具	100.0	100.0	100.0	97.4
其他室内装饰品	100.0	100.0	100.0	100.0
2.家用器具	102.2	102.5	101.8	99.6
(1)大型家用器具	102.6	102.9	102.2	100.1
洗衣机	104.4	104.4	102.3	98.2
电冰箱(柜)	101.9	101.9	99.3	97.4
抽油烟机	102.4	102.4	101.2	99.1
空调器	106.0	107.5	108.3	103.5
热水器	102.6	102.6	103.0	102.0
炉具灶具	97.8	98.1	98.4	98.4
微波炉	100.0	100.0	100.0	100.0
其他大型家用器具	100.0	100.0	100.0	100.0

各月同比指数（续）

上年同月价格=100

5月	6月	7月	8月	9月	10月	11月	12月
100.0	100.0	100.0	100.0	100.0	100.0	100.0	100.0
100.0	100.0	100.0	100.0	100.0	100.0	100.0	100.0
100.0	100.0	100.0	100.0	100.0	100.0	100.0	100.0
100.0	100.0	100.0	100.0	100.0	100.0	100.0	100.0
100.0	100.0	100.0	100.0	100.0	100.0	100.0	100.0
100.0	100.0	100.0	100.0	100.0	100.0	100.0	100.0
100.0	100.0	100.0	100.0	100.0	100.0	100.0	100.0
100.0	100.0	100.0	100.0	100.0	100.0	100.0	100.0
100.0	100.0	100.0	100.0	100.0	100.0	100.0	100.0
100.0	100.0	100.0	100.0	100.0	100.0	100.0	100.0
98.3	98.6	98.8	98.4	98.5	97.9	97.2	97.8
96.2	95.8	95.8	97.6	97.1	97.5	97.1	96.9
95.9	95.5	95.5	97.7	96.7	97.3	96.8	96.6
98.6	98.6	98.6	98.6	95.5	97.6	97.6	92.6
94.5	93.8	93.8	97.0	95.8	95.8	95.8	96.9
99.3	99.3	99.3	101.2	101.2	101.2	101.2	99.0
100.0	100.0	100.0	100.0	100.0	100.0	100.0	100.0
94.2	93.6	93.6	96.7	96.7	97.2	96.0	97.6
100.5	97.3	97.3	97.3	95.4	95.4	93.3	93.4
100.0	100.0	100.0	96.6	101.7	100.0	100.0	100.0
100.0	100.0	100.0	94.6	102.7	100.0	100.0	100.0
100.0	100.0	100.0	100.0	100.0	100.0	100.0	100.0
99.2	98.5	97.7	96.3	95.6	94.6	93.5	93.4
99.6	98.6	98.0	96.2	95.2	94.1	93.0	92.9
98.2	98.2	98.2	98.2	98.3	97.0	93.2	92.4
97.7	97.4	97.2	97.4	95.9	93.2	91.8	91.4
99.1	99.1	98.1	97.4	96.6	95.1	93.0	93.0
101.2	97.6	95.0	90.9	90.1	88.8	88.8	89.4
102.0	100.0	100.0	92.8	90.6	91.8	90.7	90.7
98.4	99.2	100.0	100.0	99.5	99.0	97.1	97.1
100.0	100.0	100.0	100.0	100.0	100.0	100.0	100.0
100.0	100.0	100.0	100.0	99.1	98.2	98.2	98.2

2020年居民消费价格

项目名称	1月	2月	3月	4月
（2）小家电	100.1	100.1	99.6	96.6
厨房小家电	100.0	100.0	100.0	100.0
生活小家电	100.3	100.3	99.2	93.1
3.家用纺织品	100.0	100.0	100.0	99.6
（1）床上用品	100.0	100.0	100.0	100.0
被子	100.0	100.0	100.0	100.0
床单被套	100.0	100.0	100.0	100.0
其他床上用品	100.0	100.0	100.0	100.0
（2）窗帘门帘	100.0	100.0	100.0	100.0
窗帘门帘	100.0	100.0	100.0	100.0
（3）其他家用纺织品	101.8	101.8	101.8	85.1
其他家用纺织品	101.8	101.8	101.8	85.1
4.家庭日用杂品	98.8	98.8	99.0	99.1
（1）洗涤卫生用品	97.4	97.4	98.2	97.0
清洗用品	100.9	100.9	100.0	100.0
清洁用具	100.0	100.0	105.9	100.0
清洁用纸	91.7	91.7	91.7	91.7
（2）厨具餐具茶具	100.6	100.6	98.9	100.0
厨具	100.0	100.0	100.0	100.0
餐具	101.4	101.4	97.4	100.0
茶具	100.0	100.0	100.0	100.0
（3）家用手工工具	100.0	100.0	100.0	100.0
家用手工工具	100.0	100.0	100.0	100.0
（4）其他家庭日用杂品	99.8	99.8	99.8	101.2
配电附件	99.2	99.2	99.2	99.2
雨具	100.0	100.0	100.0	100.0
其他日用杂品	100.0	100.0	100.0	107.8
5.个人护理用品	100.3	100.3	102.1	100.5
（1）化妆品	100.3	100.3	103.0	100.6
清洁化妆品	100.0	100.0	109.5	100.0
护肤化妆品	100.7	100.7	100.7	101.5
彩妆化妆品	100.0	100.0	103.6	100.0

各月同比指数(续)

上年同月价格＝100

5月	6月	7月	8月	9月	10月	11月	12月
96.6	98.0	95.4	96.6	97.8	97.5	96.9	96.9
100.0	100.0	100.0	100.0	99.8	99.5	99.0	99.0
93.1	95.9	90.7	93.1	95.6	95.3	94.7	94.7
100.0	100.1	100.0	100.0	100.0	100.0	100.5	100.5
100.0	100.0	100.0	100.0	100.0	100.0	100.0	100.0
100.0	100.0	100.0	100.0	100.0	100.0	100.0	100.0
100.0	100.0	100.0	100.0	100.0	100.0	100.0	100.0
100.0	100.0	100.0	100.0	100.0	100.0	100.0	100.0
100.0	100.0	100.0	100.0	100.0	100.0	100.0	100.0
100.0	100.0	100.0	100.0	100.0	100.0	100.0	100.0
101.8	104.5	100.0	100.0	100.0	100.0	119.5	119.5
101.8	104.5	100.0	100.0	100.0	100.0	119.5	119.5
98.6	99.6	100.7	99.9	101.0	99.8	98.1	100.0
97.0	100.0	101.8	100.0	100.0	100.0	95.7	100.0
100.0	100.0	100.0	100.0	100.0	100.0	94.1	100.0
100.0	100.0	108.9	100.0	100.0	100.0	92.4	100.0
91.7	100.0	100.0	100.0	100.0	100.0	100.0	100.0
100.0	97.3	100.0	100.0	101.8	98.6	100.0	100.0
100.0	95.6	100.0	100.0	96.0	96.0	100.0	100.0
100.0	100.0	100.0	100.0	104.6	100.0	100.0	100.0
100.0	94.6	100.0	100.0	105.7	100.0	100.0	100.0
100.0	100.0	100.0	100.0	100.0	100.0	100.0	100.0
100.0	100.0	100.0	100.0	100.0	100.0	100.0	100.0
99.8	99.8	99.8	99.8	101.9	100.0	100.0	100.0
99.2	99.2	99.2	99.2	99.2	100.0	100.0	100.0
100.0	100.0	100.0	100.0	100.0	100.0	100.0	100.0
100.0	100.0	100.0	100.0	112.4	100.0	100.0	100.0
99.5	100.7	100.7	99.9	99.0	99.0	101.3	100.2
98.9	100.7	100.7	100.1	97.9	98.5	102.0	100.3
94.4	100.0	100.0	100.0	92.4	94.4	106.8	100.0
101.5	101.9	101.9	100.3	100.3	100.3	100.3	100.8
100.0	100.0	100.0	100.0	100.0	100.0	100.0	100.0

2020 年居民消费价格

项目名称	1月	2月	3月	4月
化妆器具	100.0	100.0	100.0	100.0
（2）其他护理用品类	100.4	100.4	100.7	100.4
清洁类护理用品	101.7	101.7	101.7	101.7
护发美发用品	100.3	100.3	100.3	100.3
护理器具	100.0	100.0	100.0	100.0
其他护理用品	96.6	96.6	99.2	96.6
6.家庭服务	100.0	100.0	94.8	94.8
家政服务	100.0	100.0	85.7	85.7
家庭维修服务	100.0	100.0	100.0	100.0
五、交通和通信	99.2	98.0	96.8	95.6
1.交通	98.4	96.5	94.9	92.9
（1）交通工具	94.5	94.5	94.5	93.1
小型汽车	92.1	92.1	92.1	91.3
电动自行车	95.6	95.6	95.6	94.1
自行车	95.9	95.9	95.9	92.6
其他交通工具	104.0	104.0	104.0	100.7
（2）交通工具用燃料	107.3	97.5	85.3	79.3
汽油	107.3	97.4	85.2	79.1
柴油	108.3	97.5	84.0	77.2
其他车用能源	100.0	100.0	100.0	100.0
（3）交通工具使用和维修	98.7	98.7	98.7	98.7
停车费	100.0	100.0	100.0	100.0
车辆使用费	100.0	100.0	100.0	100.0
交通工具零配件	97.6	97.6	97.6	97.6
车辆修理与保养	100.0	100.0	100.0	100.0
（4）交通费	102.2	101.4	106.8	106.4
市内公共交通	100.0	100.0	100.0	100.0
出租汽车	100.0	90.9	100.0	100.0
飞机票	108.3	106.5	138.2	134.4
火车票	100.0	100.0	100.0	100.0
长途汽车	100.0	100.0	101.8	101.8
其他交通费	106.1	106.1	108.3	106.1

各月同比指数(续)

上年同月价格 = 100

5月	6月	7月	8月	9月	10月	11月	12月
100.0	100.0	100.0	100.0	100.0	100.0	100.0	100.0
100.4	100.7	100.7	99.5	101.1	100.0	100.0	100.0
101.7	101.7	101.7	98.6	101.6	100.0	100.0	100.0
100.3	100.3	100.3	100.3	100.0	100.0	100.0	100.0
100.0	100.0	100.0	100.0	100.0	100.0	100.0	100.0
96.6	100.0	100.0	100.0	106.1	100.0	100.0	100.0
94.8	94.8	94.8	94.8	94.8	94.8	94.8	94.8
85.7	85.7	85.7	85.7	85.7	85.7	85.7	85.7
100.0	100.0	100.0	100.0	100.0	100.0	100.0	100.0
93.4	93.4	94.0	94.4	95.3	95.0	95.9	96.5
89.5	89.8	90.5	91.0	92.9	92.4	93.8	95.1
90.0	89.8	90.0	90.0	93.4	92.8	95.6	96.8
91.5	91.1	91.6	91.6	91.6	91.2	96.5	98.7
83.2	83.2	83.2	83.2	94.1	94.1	94.1	94.1
97.6	97.6	97.6	97.6	97.6	97.6	96.5	96.5
98.6	98.6	98.6	98.6	98.6	94.8	94.8	94.8
77.6	80.4	84.0	85.7	84.9	82.5	82.1	85.2
77.4	80.2	83.9	85.6	84.7	82.4	82.0	85.0
75.4	78.5	82.3	84.1	83.3	80.7	80.3	83.8
100.0	100.0	100.0	100.0	100.0	100.0	100.0	100.0
98.7	98.7	98.7	98.7	98.7	98.7	98.7	98.7
100.0	100.0	100.0	100.0	100.0	100.0	100.0	100.0
100.0	100.0	100.0	100.0	100.0	100.0	100.0	100.0
97.6	97.6	97.6	97.6	97.6	97.6	97.6	97.6
100.0	100.0	100.0	100.0	100.0	100.0	100.0	100.0
97.2	96.1	94.7	96.1	97.3	98.7	98.5	99.4
100.0	100.0	100.0	100.0	100.0	100.0	100.0	100.0
100.0	100.0	100.0	100.0	100.0	100.0	100.0	100.0
66.4	56.8	51.1	59.8	65.0	78.5	74.6	82.5
100.0	100.0	100.0	100.0	100.0	100.0	100.0	100.0
101.8	101.8	101.8	101.8	101.8	101.8	101.8	101.8
106.1	106.1	106.1	106.1	106.1	106.1	106.1	106.1

2020年居民消费价格

项目名称	1月	2月	3月	4月
2.通信	100.7	101.1	100.8	101.2
（1）通信工具	103.5	105.5	103.8	106.1
固定电话机	100.0	100.0	100.0	100.0
移动电话机	103.6	105.8	104.0	106.4
通信工具零配件	100.0	100.0	100.0	100.0
（2）通信服务	100.0	100.0	100.0	100.0
固定电话费	100.0	100.0	100.0	100.0
移动通信费	100.0	100.0	100.0	100.0
上网费	100.0	100.0	100.0	100.0
其他通信服务	100.0	100.0	100.0	100.0
（3）邮递服务	101.0	101.0	101.0	101.0
邮政邮寄	102.5	102.5	102.5	102.5
快递服务	100.0	100.0	100.0	100.0
六、教育文化和娱乐	100.3	100.0	101.8	100.5
1.教育	99.7	99.7	101.1	99.7
（1）教育用品	98.1	98.1	101.2	98.1
工具书	100.0	100.0	100.0	100.0
教材	100.0	100.0	100.0	100.0
参考资料	100.0	100.0	100.0	100.0
其他教育用品	96.6	96.6	102.3	96.6
（2）教育服务	100.9	100.9	100.9	100.9
学前教育	109.8	109.8	109.8	109.8
小学初中教育	100.0	100.0	100.0	100.0
高中中职教育	100.0	100.0	100.0	100.0
高等教育	100.0	100.0	100.0	100.0
课外教育	100.0	100.0	100.0	100.0
专业技能培训	100.0	100.0	100.0	100.0
2.文化娱乐	102.4	101.2	104.4	103.5
（1）文娱耐用消费品	99.7	99.7	100.2	100.0
电视机	94.5	94.5	96.1	95.6
照相机	100.0	100.0	100.0	100.0
台式计算机	101.6	101.6	102.5	101.6

各月同比指数(续)

上年同月价格=100

5月	6月	7月	8月	9月	10月	11月	12月
101.9	101.1	101.6	101.5	100.3	100.7	100.3	99.4
110.4	105.6	108.8	108.5	101.4	103.7	101.7	97.1
100.0	100.0	100.0	100.0	100.0	100.0	100.0	100.0
110.9	105.9	109.2	108.9	101.5	103.9	101.8	97.0
100.0	100.0	100.0	100.0	100.0	100.0	100.0	100.0
100.0	100.0	100.0	100.0	100.0	100.0	100.0	100.0
100.0	100.0	100.0	100.0	100.0	100.0	100.0	100.0
100.0	100.0	100.0	100.0	100.0	100.0	100.0	100.0
100.0	100.0	100.0	100.0	100.0	100.0	100.0	100.0
100.0	100.0	100.0	100.0	100.0	100.0	100.0	100.0
100.0	100.0	100.0	100.0	100.0	100.0	100.0	100.0
100.0	100.0	100.0	100.0	100.0	100.0	100.0	100.0
100.0	100.0	100.0	100.0	100.0	100.0	100.0	100.0
101.3	100.7	100.5	100.1	99.6	99.8	100.2	100.2
100.5	100.5	100.5	100.5	99.7	100.0	101.0	101.0
100.0	100.0	100.0	100.0	99.3	100.0	102.3	102.3
100.0	100.0	100.0	100.0	100.0	100.0	100.0	100.0
100.0	100.0	100.0	100.0	100.0	100.0	100.0	100.0
100.0	100.0	100.0	100.0	90.0	100.0	100.0	100.0
100.0	100.0	100.0	100.0	100.0	100.0	104.2	104.2
100.9	100.9	100.9	100.9	100.0	100.0	100.0	100.0
109.8	109.8	109.8	109.8	100.0	100.0	100.0	100.0
100.0	100.0	100.0	100.0	100.0	100.0	100.0	100.0
100.0	100.0	100.0	100.0	100.0	100.0	100.0	100.0
100.0	100.0	100.0	100.0	100.0	100.0	100.0	100.0
100.0	100.0	100.0	100.0	100.0	100.0	100.0	100.0
100.0	100.0	100.0	100.0	100.0	100.0	100.0	100.0
104.3	101.3	100.3	98.3	99.1	99.1	97.4	97.5
99.6	99.2	99.5	98.0	98.4	97.8	97.8	98.2
93.7	91.8	93.4	91.8	92.0	89.4	89.6	91.9
100.0	100.0	100.0	100.0	100.0	100.0	100.0	100.0
100.7	100.7	100.9	95.5	96.4	96.8	97.2	97.2

2020 年居民消费价格

项目名称	1月	2月	3月	4月
笔记本平板	102.1	102.1	102.6	102.6
乐器	100.0	100.0	100.0	100.0
音响	100.1	100.1	100.1	100.1
其他文娱耐用消费品	100.0	100.0	100.0	100.0
(2) 其他文娱用品	99.9	101.5	100.5	100.1
书报杂志	100.0	100.0	100.0	100.0
纸张文具	101.1	101.1	101.1	101.1
体育户外用品	97.1	97.1	99.8	99.8
游戏用品和玩具	100.4	113.0	100.4	100.4
园艺花卉及用品	97.9	97.9	104.0	97.4
宠物及用品	100.0	100.0	100.0	100.0
其他文化娱乐用品	100.0	100.0	100.0	100.0
(3) 文化娱乐服务	100.0	100.0	100.0	100.0
电影票	100.0	100.0	100.0	100.0
景点门票	100.0	100.0	100.0	100.0
有线电视	100.0	100.0	100.0	100.0
健身活动	100.0	100.0	100.0	100.0
其他文娱服务	100.0	100.0	100.0	100.0
(4) 旅游	109.6	103.8	117.5	113.9
旅行社收费	114.2	105.5	126.9	121.0
其他旅游	100.0	100.0	100.0	100.0
七、医疗保健	104.7	104.7	104.6	104.8
1. 药品及医疗器具	102.9	102.8	102.3	103.2
(1) 中药	100.1	101.3	100.1	105.2
中药材	100.9	100.9	100.9	106.6
中成药	100.0	101.4	100.0	105.0
(2) 西药	101.6	100.8	100.5	99.3
抗微生物药	100.0	100.0	100.0	100.0
消化系统用药	100.0	100.0	100.0	100.0
呼吸系统用药	100.0	100.0	100.0	100.0
解热镇痛药	94.2	94.2	87.7	87.7
抗肿瘤药	99.5	99.5	100.0	100.0

各月同比指数(续)

上年同月价格 = 100

5月	6月	7月	8月	9月	10月	11月	12月
102.6	102.6	102.2	99.9	100.7	99.8	99.8	99.8
100.0	100.0	100.0	100.0	100.0	100.0	100.0	100.0
100.1	100.1	100.1	100.1	100.1	100.1	96.6	96.6
100.0	100.0	100.0	100.0	100.0	100.0	100.0	100.0
100.2	100.0	98.5	100.0	99.6	100.0	99.4	99.5
100.0	100.0	100.0	100.0	100.0	100.0	100.0	100.0
101.1	101.1	101.1	101.1	90.2	101.1	98.3	98.3
99.8	99.8	99.8	99.8	118.6	100.0	100.0	102.2
100.4	100.4	89.8	100.4	104.5	100.4	100.4	100.4
98.6	95.2	95.2	95.2	95.2	95.2	94.9	93.6
100.0	100.0	100.0	100.0	100.0	100.0	100.0	100.0
100.0	100.0	100.0	100.0	100.0	100.0	100.0	100.0
100.0	100.2	100.0	94.6	94.6	94.6	94.6	94.6
100.0	100.0	100.0	100.0	100.0	100.0	100.0	100.0
100.0	100.0	100.0	22.6	22.6	22.6	22.6	22.6
100.0	100.0	100.0	100.0	100.0	100.0	100.0	100.0
100.0	113.6	100.0	100.0	100.0	100.0	100.0	100.0
100.0	100.0	100.0	100.0	100.0	100.0	100.0	100.0
118.2	106.2	103.1	101.6	105.1	105.4	98.5	98.4
128.3	109.7	104.7	102.4	108.0	108.4	97.7	97.5
100.0	100.0	100.0	100.0	100.0	100.0	100.0	100.0
100.4	100.3	100.3	100.3	100.3	100.3	100.3	100.4
101.6	101.5	101.5	101.4	101.4	101.4	101.5	101.7
105.1	105.1	105.1	105.1	105.1	105.1	105.1	105.1
105.7	105.7	105.7	105.7	105.7	105.7	105.7	105.7
105.0	105.0	105.0	105.0	105.0	105.0	105.0	105.0
99.9	99.9	100.0	99.9	99.9	99.9	100.0	100.4
100.0	100.0	100.0	100.0	100.0	100.0	100.0	100.0
100.0	100.0	100.0	100.0	100.0	100.0	100.0	100.0
100.0	100.0	100.0	100.0	100.0	100.0	100.0	100.0
100.0	100.0	100.0	100.0	100.0	100.0	100.0	100.0
100.0	100.0	100.0	100.0	100.0	100.0	100.0	100.0

2020年居民消费价格

项目名称	1月	2月	3月	4月
激素及影响内分泌药	100.0	100.0	100.0	100.0
心血管系统用药	98.4	98.4	100.0	100.0
血液系统用药	121.6	112.2	111.0	100.0
治疗精神障碍药	97.3	97.3	97.3	97.3
神经系统用药	103.3	103.3	100.0	100.0
消毒防腐及创伤外科用药	100.0	100.0	100.0	100.0
泌尿系统用药	100.0	100.0	100.0	100.0
维生素、矿物质类药	86.2	86.2	86.2	86.2
调节水、电解质及酸碱平衡药	98.7	98.7	98.7	98.7
（3）滋补保健品	110.9	110.9	110.9	110.9
滋补保健品	110.9	110.9	110.9	110.9
（4）医疗卫生器具	100.0	100.0	100.0	100.0
医疗卫生器具	100.0	100.0	100.0	100.0
（5）保健器具	100.0	100.0	100.0	100.0
保健器具	100.0	100.0	100.0	100.0
2. 医疗服务	105.3	105.3	105.3	105.3
（1）综合医疗类	100.0	100.0	100.0	100.0
一般医疗服务	100.0	100.0	100.0	100.0
一般治疗操作	100.0	100.0	100.0	100.0
护理	100.0	100.0	100.0	100.0
其他综合医疗服务	100.0	100.0	100.0	100.0
（2）诊断类	100.0	100.0	100.0	100.0
病理学诊断	100.0	100.0	100.0	100.0
实验室诊断	100.0	100.0	100.0	100.0
影像学诊断	100.0	100.0	100.0	100.0
临床诊断	100.0	100.0	100.0	100.0
（3）治疗类	112.0	112.0	112.0	112.0
临床手术治疗	100.0	100.0	100.0	100.0
临床非手术治疗	132.1	132.1	132.1	132.1
（4）康复类	105.4	105.4	105.4	105.4
康复医疗	105.4	105.4	105.4	105.4
（5）中医医疗服务类	100.0	100.0	100.0	100.0

各月同比指数(续)

上年同月价格=100

5月	6月	7月	8月	9月	10月	11月	12月
100.0	100.0	101.0	101.0	101.0	101.0	101.0	101.0
100.0	100.0	100.0	100.0	100.0	100.0	100.0	100.0
100.0	100.0	100.0	100.0	100.0	100.0	100.0	100.0
100.9	100.9	100.9	96.4	96.4	96.4	96.4	99.1
100.0	100.0	100.0	106.1	106.1	106.1	106.1	106.1
100.0	100.0	100.0	100.0	100.0	100.0	100.0	100.0
109.5	109.5	109.5	109.5	109.5	109.5	109.5	109.5
86.2	86.2	86.2	86.2	86.2	86.2	86.2	100.0
98.7	98.7	98.7	98.7	98.7	98.7	100.0	100.0
100.0	100.0	100.0	100.0	100.0	100.0	100.0	100.0
100.0	100.0	100.0	100.0	100.0	100.0	100.0	100.0
100.0	100.0	100.0	100.0	100.0	100.0	100.0	100.0
100.0	100.0	100.0	100.0	100.0	100.0	100.0	100.0
112.9	100.0	100.0	100.0	100.0	100.0	100.0	101.9
112.9	100.0	100.0	100.0	100.0	100.0	100.0	101.9
100.0	100.0	100.0	100.0	100.0	100.0	100.0	100.0
100.0	100.0	100.0	100.0	100.0	100.0	100.0	100.0
100.0	100.0	100.0	100.0	100.0	100.0	100.0	100.0
100.0	100.0	100.0	100.0	100.0	100.0	100.0	100.0
100.0	100.0	100.0	100.0	100.0	100.0	100.0	100.0
100.0	100.0	100.0	100.0	100.0	100.0	100.0	100.0
100.0	100.0	100.0	100.0	100.0	100.0	100.0	100.0
100.0	100.0	100.0	100.0	100.0	100.0	100.0	100.0
100.0	100.0	100.0	100.0	100.0	100.0	100.0	100.0
100.0	100.0	100.0	100.0	100.0	100.0	100.0	100.0
100.0	100.0	100.0	100.0	100.0	100.0	100.0	100.0
100.0	100.0	100.0	100.0	100.0	100.0	100.0	100.0
100.0	100.0	100.0	100.0	100.0	100.0	100.0	100.0
100.0	100.0	100.0	100.0	100.0	100.0	100.0	100.0
100.0	100.0	100.0	100.0	100.0	100.0	100.0	100.0
100.0	100.0	100.0	100.0	100.0	100.0	100.0	100.0
100.0	100.0	100.0	100.0	100.0	100.0	100.0	100.0

2020年居民消费价格

项目名称	1月	2月	3月	4月
中医治疗	100.0	100.0	100.0	100.0
（6）其他医疗服务	100.0	100.0	100.0	100.0
其他医疗服务	100.0	100.0	100.0	100.0
八、其他用品和服务	104.9	104.6	105.3	104.1
1.其他用品类	106.7	106.7	107.2	105.5
（1）首饰手表	119.6	119.6	122.6	116.9
金饰品	133.6	133.6	135.6	131.2
银饰品	100.0	100.0	100.0	100.0
铂金饰品	115.8	115.8	115.8	108.5
手表	100.0	100.0	109.9	100.0
（2）其他杂项用品	100.5	100.5	100.0	100.0
箱包	100.0	100.0	100.0	100.0
母婴用品	100.0	100.0	100.0	100.0
眼镜	103.7	103.7	100.0	100.0
2.其他服务类	99.9	98.7	100.0	100.0
（1）旅馆住宿	99.4	100.0	100.0	100.0
宾馆住宿	100.0	100.0	100.0	100.0
其他住宿	98.2	100.0	100.0	100.0
（2）美容美发洗浴	99.8	95.7	100.0	100.0
美容	100.0	100.0	100.0	100.0
美发	99.5	90.7	100.0	100.0
洗浴	100.0	100.0	100.0	100.0
（3）养老服务	100.0	100.0	100.0	100.0
养老服务	100.0	100.0	100.0	100.0
（4）金融保险	100.0	100.0	100.0	100.0
金融服务	100.0	100.0	100.0	100.0
车辆保险	100.0	100.0	100.0	100.0
旅行保险	100.0	100.0	100.0	100.0
其他保险	100.0	100.0	100.0	100.0
（5）其他服务类	100.0	100.0	100.0	100.0
中介服务	100.0	100.0	100.0	100.0
其他服务	100.0	100.0	100.0	100.0

各月同比指数(续)

上年同月价格 = 100

5月	6月	7月	8月	9月	10月	11月	12月
100.0	100.0	100.0	100.0	100.0	100.0	100.0	100.0
100.0	100.0	100.0	100.0	100.0	100.0	100.0	100.0
100.0	100.0	100.0	100.0	100.0	100.0	100.0	100.0
103.3	103.4	103.3	103.0	101.6	101.0	101.9	102.7
104.4	104.5	104.4	104.0	102.2	101.5	102.6	103.7
116.2	116.6	115.9	114.0	108.6	106.4	109.8	108.6
130.9	130.9	128.9	127.1	118.0	113.9	118.2	115.5
100.0	100.0	100.0	100.0	100.0	100.0	100.0	100.0
107.0	107.0	107.2	100.3	95.8	94.8	100.4	97.1
98.0	100.0	100.0	100.0	100.0	100.0	100.0	104.8
98.7	98.7	98.7	98.7	98.7	98.7	98.7	101.0
94.1	94.1	94.1	94.1	94.1	94.1	94.1	104.4
100.0	100.0	100.0	100.0	100.0	100.0	100.0	100.0
100.0	100.0	100.0	100.0	100.0	100.0	100.0	100.0
100.0	100.0	100.0	100.0	100.0	99.7	99.7	99.7
100.0	100.0	100.0	100.0	100.0	100.0	100.0	100.0
100.0	100.0	100.0	100.0	100.0	100.0	100.0	100.0
100.0	100.0	100.0	100.0	100.0	100.0	100.0	100.0
100.0	100.0	100.0	100.0	100.0	100.0	100.0	100.0
100.0	100.0	100.0	100.0	100.0	100.0	100.0	100.0
100.0	100.0	100.0	100.0	100.0	100.0	100.0	100.0
100.0	100.0	100.0	100.0	100.0	100.0	100.0	100.0
100.0	100.0	100.0	100.0	100.0	100.0	100.0	100.0
100.0	100.0	100.0	100.0.	100.0	100.0	100.0	100.0
100.0	100.0	100.0	100.0	100.0	98.4	98.4	98.4
100.0	100.0	100.0	100.0	100.0	100.0	100.0	100.0
100.0	100.0	100.0	100.0	100.0	83.7	83.7	83.7
100.0	100.0	100.0	100.0	100.0	100.0	100.0	100.0
100.0	100.0	100.0	100.0	100.0	100.0	100.0	100.0
100.0	100.0	100.0	100.0	100.0	100.0	100.0	100.0
100.0	100.0	100.0	100.0	100.0	100.0	100.0	100.0
100.0	100.0	100.0	100.0	100.0	100.0	100.0	100.0

2020年商品零售

项目名称	1月	2月	3月	4月
商品零售价格指数	106.4	107.0	104.4	103.5
一、食品	120.3	123.1	115.9	113.5
二、饮料、烟酒	100.8	100.5	100.6	100.7
三、服装、鞋帽	99.5	99.4	98.0	99.3
四、纺织品	100.3	100.3	100.3	100.3
五、家用电器及音像器材	100.7	100.9	100.7	99.5
六、文化办公用品	101.4	101.4	101.9	101.5
七、日用品	98.8	98.8	98.3	98.3
八、体育娱乐用品	98.7	100.4	100.4	99.7
九、交通、通信用品	98.2	98.9	98.3	98.9
十、家具	95.1	95.1	95.1	96.0
十一、化妆品	100.6	100.6	102.5	101.0
十二、金银饰品	126.0	126.0	127.1	121.8
十三、中西药品及医疗保健用品	102.0	101.9	101.4	102.4
十四、书报杂志及电子出版物	99.2	99.2	100.5	99.2
十五、燃料	103.3	98.8	93.1	90.2
十六、建筑材料及五金电料	101.1	100.2	100.0	100.0

价格各月同比指数

上年同月价格 =100

5月	6月	7月	8月	9月	10月	11月	12月
102.2	102.7	104.6	103.1	101.3	98.9	98.2	99.8
109.4	112.0	118.2	112.3	106.0	99.0	96.5	101.4
101.2	102.1	100.1	100.3	100.8	100.4	100.7	100.6
99.4	97.8	99.0	99.8	100.4	100.7	99.8	100.1
100.3	100.3	100.3	100.3	100.3	100.3	100.3	100.3
99.1	98.4	98.2	97.3	96.9	95.9	94.9	95.1
101.2	101.2	101.2	98.6	98.8	99.0	99.1	99.1
96.8	96.9	97.6	97.2	100.2	98.6	98.5	99.4
99.8	99.5	97.9	99.5	106.8	99.6	99.6	100.3
100.3	98.7	99.8	99.6	97.4	98.0	99.1	98.1
95.9	95.5	95.5	97.7	96.7	97.3	96.8	96.6
100.0	101.2	101.2	100.1	99.0	99.2	101.3	100.4
121.2	121.2	120.2	116.7	109.7	107.0	111.7	108.8
102.1	101.5	101.5	101.5	101.5	101.5	101.5	101.8
99.2	99.2	99.2	99.2	98.9	99.2	100.2	100.2
89.3	90.8	92.6	93.4	93.0	91.9	91.7	93.1
98.3	98.4	98.5	98.4	98.7	98.4	98.3	98.8

十、财政、税收、金融

资料整理人员：顾援越　彭　盼

2020 分县(市、区)财政收入

单位:亿元

县市区	一般公共预算收入	地方税收	非税收入
合计	104.00	76.47	27.53
市直	17.54	12.31	5.23
黄州区	6.56	4.92	1.64
团风县	4.57	3.45	1.11
红安县	10.56	7.96	2.61
麻城市	15.64	11.27	4.37
罗田县	5.17	3.63	1.54
英山县	4.29	3.13	1.16
浠水县	7.30	5.44	1.86
蕲春县	10.25	7.80	2.45
武穴市	14.04	10.54	3.51
黄梅县	8.07	6.02	2.05

2020 分县(市、区)财政支出

单位:亿元

县市区	财政支出总计	一般公共预算支出	社保基金支出	政府性基金支出
合计	937.53	594.84	112.49	197.52
市直	140.19	57.37	11.13	66.02
黄州区	33.55	27.12		
团风县	46.38	31.57		
红安县	82.71	54.43		
麻城市	134.05	80.00		
罗田县	66.41	47.12		
英山县	58.25	39.25		
浠水县	88.80	60.30		
蕲春县	107.55	74.30		
武穴市	86.64	58.30		
黄梅县	93.00	65.13		

2020年分县(市、区)税收收入完成情况表

县市区	本期	同期	比同期增减%	比同期增减额
黄冈市	1527052	1871853	-18.4	-344801
黄州区	68598	70271	-2.4	-1673
团风	65738	80980	-18.8	-15242
红安	214842	241061	-10.9	-26219
罗田	68158	89847	-24.1	-21689
英山	57994	70401	-17.6	-12407
浠水	97969	120465	-18.7	-22496
蕲春	149605	184037	-18.7	-34432
黄梅	106802	138278	-22.8	-31476
麻城	200529	246056	-18.5	-45527
武穴	193336	249942	-22.6	-56606
一分局	137091	186214	-26.4	-49123
二分局	28786	28512	1.0	274
高新区	131742	158071	-16.7	-26329
龙感湖	5862	7718	-24.0	-1856

2020 年分县(市、区)

单位	全年税收收入合计	国内增值税	国内消费税	企业所得税	个人所得税	资源税	城镇土地使用税	城市维护建设税
黄冈市	1527052	687808	139316	291251	81792	34510	15422	49237
黄州区	68598	51744	19	9308	2665	0	481	2399
团风	65738	41771	7	13306	2107	75	901	1898
红安	214842	72255	75663	16148	17327	156	1163	8259
罗田	68158	32481	30	16310	3777	1208	903	1612
英山	57994	29822	96	124142	2361	270	1348	1353
浠水	97969	54905	46	17925	4960	1657	1250	2656
蕲春	149605	86764	79	32195	5720	969	1129	4234
黄梅	106802	55348	43	17776	4298	284	1742	2854
麻城	200529	101139	108	35389	16168	13223	1163	6816
武穴	193336	91728	174	49616	7994	16668	2140	5927
一分局	137091	16177	62592	26704	7053	0	1189	7199
二分局	28786	326	0	19	1372	0	12	87
高新区	131742	49296	0	44208	5590	0	1860	3727
龙感湖	5862	4042	459	205	400	0	141	216

分税种收入完成情况表

单位：万元

印花税	土地增值税	房产税	车船税	车辆购置税	耕地占用税	契税	环境保护税	其他税收
9222	32193	16233	17557	48155	24743	75812	3071	730
620	84	694	188	0	0	356	40	0
474	1140	875	462	361	438	1890	33	0
714	1684	1329	957	930	11289	6915	45	8
420	3081	834	1189	2008	421	3803	71	0
222	2876	401	712	2085	1481	2773	52	0
676	2531	1141	1132	114	3585	5195	182	14
718	2616	1113	2089	3212	4128	4394	245	0
761	4430	1440	1384	4626	2725	8958	133	0
1114	4148	1548	2157	3818	447	12039	830	422
1040	2520	1682	2510	4174	164	5667	1296	36
1437	669	2302	4735	0	0	7020	14	0
13	0	87	0	26827	0	43	0	0
920	6411	2628	1	0	0	16728	123	250
93	3	159	41	0	65	31	7	0

2020 分县(市、区)金融机构人民币存贷款增长情况

单位:亿元,%

县市区	各项存款 余额	各项存款 比年初增加	各项存款 增长	各项贷款 余额	各项贷款 比年初增加	各项贷款 增长
黄冈市	3995.03	389.14	10.8	2168.25	308.75	16.6
黄州区	615.90	78.19	14.5	448.91	46.46	11.6
团风县	182.36	13.23	7.8	133.25	20.4	18.1
红安县	267.78	21.64	8.8	173.08	25.54	17.3
麻城市	541.05	61.28	12.8	306.57	28.7	10.3
罗田县	302.79	31.43	11.6	132.89	22.84	20.8
英山县	251.67	25.24	11.2	107.67	15.9	17.3
浠水县	436.41	31.53	7.8	185.42	30.12	19.4
蕲春县	518.39	42.45	8.9	246.15	48.66	24.6
武穴市	416.42	35.03	9.3	227.55	42.04	22.7
黄梅县	462.27	49.12	11.9	206.76	28.09	15.7

十一、外 贸

资料整理人员:顾援越

2020年外贸进出口总值

单位:万美元

指标	2020年	2019年	增长(%)
进出口合计	94666	102908	-8.0
出口合计	86305	95540	-9.7
外贸公司	17572	23592	-25.5
生产企业	68733	71943	-4.5
进口合计	8361	7368	13.5

2020年外贸出口分县(市、区)情况

单位:万美元

县市区	2020年	2019年	增长(%)
合计	86306	95540	-9.7
黄州区	8102	10533	-23.1
团风县	2038	2247	-9.3
红安县	1536	2085	-26.3
麻城市	7016	5725	22.6
罗田县	5320	6001	-11.3
英山县	1988	2924	-32
浠水县	5692	6662	-14.6
蕲春县	7675	14924	-48.6
武穴市	33445	31644	5.7
黄梅县	12744	11651	9.4
龙感湖	750	1144	-34.4

2020年外贸出口结构情况

单位：万美元

结构	总量	增长(%)	比重(%)
一、按产品分			
初级产品	1621	－2.35	1.9
工业制成品	84684	－9.8	98.1
机电产品	11881	－7.9	13.8
高技术产品			
纺织品服装	30156	－20.75	34.9
医药化工品	42647	－0.66	49.4
二、按贸易形式分			
一般贸易	80161	－8.82	92.9
加工贸易	6144	－19.38	7.1

2020全市外贸出口市场情况

单位：万美元

市场	累计	同比±%	比重%
亚洲	36620	－1.8	42
非洲	5636	4.5	7
欧洲	15766	－13.6	18
北美洲	10321	－16.8	12
大洋洲	1210	14.5	1
美国	9728	－14.4	11
日本	3787	－26.9	4
巴西	10011	7.3	12
印度	4249	－28.3	5
德国	3681	－5.3	4.3
荷兰	2477	－16.5	2.9

2020年分县(市、区)外资情况

单位:万美元,%

县市区	新批企业个数 2020年	新批企业个数 2019年	新批企业个数 同比增长	合同外资金额 2020年	合同外资金额 2019年	合同外资金额 同比增长	实际使用外资金额 2018年	实际使用外资金额 2019年	实际使用外资金额 同比增长
合计	6	6		4588	5766	-20.4	5967	5843	2.1
黄州区	2			2731	97	2715.5	2703	1287	110.0
团风县	1	1		142	1783	-92.0	611	470	30.0
红安县		1	-100.0		73	-100.0			
麻城市				592			2653	1318	101.3
罗田县									
英山县									
浠水县									
蕲春县	1			815					
武穴市	2	1	100.0	308	2618	-88.2		1971	-100.0
黄梅县		3	-100.0		1195	-100.0		797	-100.0
龙感湖									

十二、劳动工资、高新技术

资料整理人员：杨　芳　罗小波　童　靓

2020年分县(市、区)城镇在岗职工平均工资

单位:元、%

县市	2020年	2019年	增幅
黄冈市	55462	49970	10.99%
黄州区	56667	50731	11.70%
团风县	53989	49645	8.75%
红安县	59105	55063	7.34%
罗田县	53556	48865	9.60%
英山县	53488	48758	9.70%
浠水县	54934	49985	9.90%
蕲春县	54189	49875	8.65%
黄梅县	52377	48141	8.80%
麻城市	56723	51802	9.50%
武穴市	56618	50597	11.90%
龙感湖	50628	45900	10.30%

2020年四上单位各行业

指标名称	代码	单位数（个）	从业人员期末人数	其中：女性
总计	001	2851	421940	112046
1.企业	002	2851	421940	112046
（二）采矿业	013	30	2100	286
3.黑色金属矿采选业	016	3	128	21
5.非金属矿采选业	018	27	1972	265
（三）制造业	021	1151	145756	62802
1.农副食品加工业	022	102	7652	3280
2.食品制造业	023	26	4855	2651
3.酒、饮料和精制茶制造业	024	34	3631	1659
5.纺织业	026	84	12027	9211
6.纺织服装、服饰业	027	39	6842	5501
7.皮革、毛皮、羽毛及其制品和制鞋业	028	9	1828	1346
8.木材加工和木、竹、藤、棕、草制品业	029	18	3178	1078
9.家具制造业	030	15	4538	1185
10.造纸和纸制品业	031	7	957	280
11.印刷和记录媒介复制业	032	22	2302	1164
12.文教、工美、体育和娱乐用品制造业	033	62	7341	2697
13.石油、煤炭及其他燃料加工业	034	4	102	23
14.化学原料和化学制品制造业	035	58	7610	2079
15.医药制造业	036	62	18473	11710
17.橡胶和塑料制品业	038	30	2621	1165
18.非金属矿物制品业	039	290	27903	6365
19.黑色金属冶炼和压延加工业	040	6	391	77
20.有色金属冶炼和压延加工业	041	17	1757	526
21.金属制品业	042	64	9324	2218
22.通用设备制造业	043	39	3015	819
23.专用设备制造业	044	35	3208	905
24.汽车制造业	045	40	5632	2063
25.铁路、船舶、航空航天和其他运输设备制造业	046	13	897	204

分指标从业人员和工资情况（一）

按人员类型分				从业人员平均工资	按人员类型分			
在岗职工	劳务派遣人员	在岗劳务合计	其他从业人员		在岗职工	劳务派遣人员	在岗劳务合计	其他从业人员
288598	102283	390881	31059	54947	52857	64536	55880	43448
288598	102283	390881	31059	54947	52857	64536	55880	43448
2054	15	2069	31	56035	56424	47579	56342	35677
128		128		54109	54109		54109	
1926	15	1941	31	56161	56579	47579	56490	35677
135203	2674	137877	7879	50980	51894	50229	51860	36307
7007	328	7335	317	47384	47901	37394	47445	45945
4594	231	4825	30	57963	59274	36326	58128	32333
3383	78	3461	170	41837	42827	28013	42488	30744
11996	2	11998	29	41530	41428	89056	41500	48720
6473	276	6749	93	42418	41988	50315	42268	50991
1813		1813	15	37873	37883		37883	37045
2980	150	3130	48	49725	51298	25317	50142	26140
4528	5	4533	5	61123	61178	29333	61131	54600
955		955	2	59649	59668		59668	50000
2238		2238	64	44996	45742	42500	45739	21377
7098	83	7181	160	50113	49797	55605	49870	61944
93	7	100	2	59912	58774	77571	60090	51000
7086	452	7538	72	61980	62718	48129	61817	83158
12742	28	12770	5703	48073	57226	50207	57192	28899
2583		2583	38	47156	45969		45969	116651
26918	306	27224	679	52645	52421	51435	52408	61422
391		391		51219	51219		51219	
1743		1743	14	52788	52787		52787	52857
8998	131	9129	195	62379	62203	51984	62058	76572
2979	18	2997	18	41975	41551	57620	41983	40722
3005	108	3113	95	54682	55047	51781	54929	45782
5482	133	5615	17	57265	57154	62317	57283	52682
826	13	839	58	45909	45131	43538	45106	57431

2020年四上单位各行业

指标名称	代码	单位数（个）	从业人员期末人数	其中：女性
26.电气机械和器材制造业	047	35	4230	2193
27.计算机、通信和其他电子设备制造业	048	22	3606	1853
28.仪器仪表制造业	049	5	362	133
29.其他制造业	050	3	238	135
30.废弃资源综合利用业	051	9	1206	279
31.金属制品、机械和设备修理业	052	1	30	3
(四)电力、热力、燃气及水生产和供应业	053	41	3850	1637
1.电力、热力生产和供应业	054	21	1330	377
2.燃气生产和供应业	055	6	494	188
3.水的生产和供应业	056	14	2026	1072
(五)建筑业	057	481	211244	18359
1.房屋建筑业	058	338	194011	15820
2.土木工程建筑业	059	71	11646	1967
3.建筑安装业	060	17	1414	128
4.建筑装饰、装修和其他建筑业	061	55	4173	444
(六)批发和零售业	062	487	22489	12784
1.批发业	063	108	9604	4522
2.零售业	064	379	12885	8262
(七)交通运输、仓储和邮政业	065	30	5775	2099
2.道路运输业	067	24	3699	1238
3.水上运输业	068	1	28	3
7.装卸搬运和仓储业	072	4	141	40
8.邮政业	073	1	1907	818
(八)住宿和餐饮业	074	151	6083	4145
1.住宿业	075	67	2920	1997
2.餐饮业	076	84	3163	2148
(九)信息传输、软件和信息技术服务业	077	5	2926	1154
1.电信、广播电视和卫星传输服务	078	5	2926	1154
(十一)房地产业	086	362	10786	4394

分指标从业人员和工资情况(二)

按人员类型分				从业人员平均工资	按人员类型分			
在岗职工	劳务派遣人员	在岗劳务合计	其他从业人员		在岗职工	劳务派遣人员	在岗劳务合计	其他从业人员
4165	23	4188	42	48382	48218	41000	48179	68024
3343	252	3595	11	49608	46858	87136	49722	32783
362		362		50656	50656		50656	
238		238		37610	37610		37610	
1154	50	1204	2	70407	71061	54146	70455	52000
30		30		49167	49167		49167	
2988	673	3661	189	61279	63771	51098	61431	58428
1261	59	1320	10	67238	68170	48983	67293	60000
319	175	494		72552	60946	92928	72552	
1408	439	1847	179	54609	60479	34002	54235	58342
99967	90652	190619	20625	58594	53470	66804	59921	46679
89328	87335	176663	17348	59635	54133	67695	60984	46446
6699	2888	9587	2059	46963	47693	43362	46439	49730
1096	174	1270	144	51604	52176	50032	51898	48940
2844	255	3099	1074	46917	48550	36250	47619	44967
17417	4028	21445	1044	48534	49909	43635	48699	45294
5000	3838	8838	766	61524	77120	44108	62707	48035
12417	190	12607	278	38695	38759	35920	38705	38275
4493	965	5458	317	64306	61340	89142	65913	35597
3092	290	3382	317	40677	39084	61420	41132	35597
28		28		45643	45643		45643	
133	8	141		109224	111223	74500	109224	
1240	667	1907		107794	109327	104338	107794	
5935	84	6019	64	34778	34832	33437	34802	32612
2832	70	2902	18	34763	35036	27720	34783	31789
3103	14	3117	46	34791	34640	55423	34821	32938
2795	103	2898	28	98908	105318	58704	99363	41304
2795	103	2898	28	98908	105318	58704	99363	41304
9668	698	10366	420	55455	56984	42821	55929	45349

2020 年四上单位各行业

指标名称	代码	单位数（个）	从业人员期末人数	其中：女性
其中：(1)房地产开发经营	087	360	9544	3547
(2)物业管理	088	2	1242	847
(十二)租赁和商务服务业	091	33	5848	1922
1.租赁业	092	1	51	3
2.商务服务业	093	32	5797	1919
(十三)科学研究和技术服务业	094	7	460	111
2.专业技术服务业	096	6	440	109
3.科技推广和应用服务业	097	1	20	2
(十四)水利、环境和公共设施管理业	098	13	801	395
2.生态保护和环境治理业	100	2	78	14
3.公共设施管理业	101	8	649	358
4.土地管理业	102	3	74	23
(十五)居民服务、修理和其他服务业	103	7	203	41
1.居民服务业	104	2	69	21
2.机动车、电子产品和日用产品修理业	105	3	72	5
3.其他服务业	106	2	62	15
(十六)教育	107	12	1393	695
(3)中等教育	110	6	990	589
(6)技能培训、教育辅助及其他教育	113	6	403	106
(十七)卫生和社会工作	114	8	752	515
1.卫生	115	5	593	421
2.社会工作	116	3	159	94
(十八)文化、体育和娱乐业	117	33	1474	707
2.广播、电视、电影和录音制作业	119	9	185	110
3.文化艺术业	120	1	139	81
4.体育	121	7	307	97
5.娱乐业	122	16	843	419

分指标从业人员和工资情况(三)

按人员类型分				从业人员平均工资	按人员类型分			
在岗职工	劳务派遣人员	在岗劳务合计	其他从业人员		在岗职工	劳务派遣人员	在岗劳务合计	其他从业人员
8778	377	9155	389	59772	60753	54915	60454	46350
890	321	1211	31	25066	25096	24744	25014	27708
3234	2205	5439	409	43594	47245	41382	44920	26759
51		51		51516	51516		51516	
3183	2205	5388	409	43551	47203	41382	44881	26759
437	18	455	5	90930	93372	47778	91552	34800
422	18	440		93670	95646	47778	93670	
15		15	5	31200	30000		30000	34800
723	71	794	7	59331	62839	39981	59533	38143
74		74	4	89175	92066		92066	34250
595	54	649		53123	56155	36191	53123	
54	17	71	3	76230	83222	59824	77620	43333
201		201	2	46901	47050		47050	32000
69		69		57623	57623		57623	
70		70	2	51417	51971		51971	32000
62		62		29726	29726		29726	
1390		1390	3	45436	45444		45444	42000
987		987	3	46104	46117		46117	42000
403		403		43906	43906		43906	
735	15	750	2	52155	52524	40667	52280	34000
593		593		56544	56630		56630	40000
142	15	157	2	35490	35074	40667	35629	25000
1358	82	1440	34	40633	40776	31317	40243	62462
185		185		38097	38097		38097	
68	71	139		44986	57294	33197	44986	
270	11	281	26	41682	40904	19182	40022	66667
835		835	8	40151	40029		40029	53000

2020年（I31040-1）分行业大类分指标

指标名称	代码	从业人员期末人数（人）	在岗职工期末人数（人）	劳务派遣期末人数（人）
总计		421940	288598	102283
1.企业	1	421911	288575	102277
2.其他	2	29	23	6
（二）采矿业	B	2100	2054	15
3.黑色金属矿采选业	08	128	128	
5.非金属矿采选业	10	1972	1926	15
（三）制造业	C	145756	135203	2674
1.农副食品加工业	13	7652	7007	328
2.食品制造业	14	4855	4594	231
3.酒、饮料和精制茶制造业	15	3631	3383	78
5.纺织业	17	12027	11996	2
6.纺织服装、服饰业	18	6842	6473	276
7.皮革、毛皮、羽毛及其制品和制鞋业	19	1828	1813	
8.木材加工和木、竹、藤、棕、草制品业	20	3178	2980	150
9.家具制造业	21	4538	4528	5
10.造纸和纸制品业	22	957	955	
11.印刷和记录媒介复制业	23	2302	2238	
12.文教、工美、体育和娱乐用品制造业	24	7341	7098	83
13.石油、煤炭及其他燃料加工业	25	102	93	7
14.化学原料和化学制品制造业	26	7383	6859	452
15.医药制造业	27	18473	12742	28
17.橡胶和塑料制品业	29	2621	2583	
18.非金属矿物制品业	30	27903	26918	306
19.黑色金属冶炼和压延加工业	31	391	391	
20.有色金属冶炼和压延加工业	32	1757	1743	
21.金属制品业	33	9324	8998	131
22.通用设备制造业	34	3015	2979	18
23.专用设备制造业	35	3208	3005	108
24.汽车制造业	36	5632	5482	133

从业人员和工资情况(全部四上单位同比)(一)

在岗职工(含劳务)期末人数(人)	其他从业人员期末人数(人)	从业人员平均人数(人)	在岗职工平均人数(人)	劳务派遣平均人数(人)	在岗职工(含劳务)平均人数(人)
390881	31059	396011	271478	94815	366293
390852	31059	395982	271455	94809	366264
29		29	23	6	29
2069	31	2086	2036	19	2055
128		128	128		128
1941	31	1958	1908	19	1927
137877	7879	141905	131164	2712	133876
7335	317	7501	6882	312	7194
4825	30	4696	4433	233	4666
3461	170	3661	3379	79	3458
11998	29	11945	11877	18	11895
6749	93	6452	6128	213	6341
1813	15	1822	1800		1800
3130	48	2881	2705	126	2831
4533	5	4035	4024	6	4030
955	2	1014	1012		1012
2238	64	2262	2191	2	2193
7181	160	7040	6812	86	6898
100	2	102	93	7	100
7311	72	7242	6727	458	7185
12770	5703	17831	12026	58	12084
2583	38	2562	2519		2519
27224	679	27436	26377	338	26715
391		393	393		393
1743	14	1795	1781		1781
9129	195	9069	8742	126	8868
2997	18	2957	2860	79	2939
3113	95	3224	3023	114	3137
5615	17	5571	5410	139	5549

2020年（I31040-1）分行业大类分指标

指标名称	代码	从业人员期末人数（人）	在岗职工期末人数（人）	劳务派遣期末人数（人）
25.铁路、船舶、航空航天和其他运输设备制造业	37	897	826	13
26.电气机械和器材制造业	38	4457	4392	23
27.计算机、通信和其他电子设备制造业	39	3606	3343	252
28.仪器仪表制造业	40	362	362	
29.其他制造业	41	238	238	
30.废弃资源综合利用业	42	1206	1154	50
31.金属制品、机械和设备修理业	43	30	30	
（四）电力、热力、燃气及水生产和供应业	D	3850	2988	673
1.电力、热力生产和供应业	44	1330	1261	59
2.燃气生产和供应业	45	494	319	175
3.水的生产和供应业	46	2026	1408	439
（五）建筑业	E	211029	99760	90652
1.房屋建筑业	47	193844	89169	87335
2.土木工程建筑业	48	11646	6699	2888
3.建筑安装业	49	1414	1096	174
4.建筑装饰、装修和其他建筑业	50	4125	2796	255
（六）批发和零售业	F	21728	16692	3992
1.批发业	51	8986	4418	3802
2.零售业	52	12742	12274	190
（七）交通运输、仓储和邮政业	G	5775	4493	965
2.道路运输业	54	3699	3092	290
3.水上运输业	55	28	28	
7.装卸搬运和仓储业	59	141	133	8
8.邮政业	60	1907	1240	667
（八）住宿和餐饮业	H	5989	5871	74
1.住宿业	61	2890	2802	70
2.餐饮业	62	3099	3069	4
（九）信息传输、软件和信息技术服务业	I	2926	2795	103
1.电信、广播电视和卫星传输服务	63	2926	2795	103

从业人员和工资情况(全部四上单位同比)(一)续

在岗职工(含劳务)期末人数(人)	其他从业人员期末人数(人)	从业人员平均人数(人)	在岗职工平均人数(人)	劳务派遣平均人数(人)	在岗职工(含劳务)平均人数(人)人)
839	58	890	819	13	832
4415	42	4320	4256	22	4278
3595	11	3427	3162	242	3404
362		358	358		358
238		241	241		241
1204	2	1148	1104	41	1145
30		30	30		30
3661	189	3839	2972	673	3645
1320	10	1323	1253	60	1313
494		496	316	180	496
1847	179	2020	1403	433	1836
190412	20617	190138	88226	82853	171079
176504	17340	174074	78075	79842	157917
9587	2059	10822	6463	2635	9098
1270	144	1337	1048	156	1204
3051	1074	3905	2640	220	2860
20684	1044	21704	16524	4094	20618
8220	766	9058	4421	3856	8277
12464	278	12646	12103	238	12341
5458	317	5849	4628	911	5539
3382	317	3767	3140	317	3457
28		28	28		28
141		147	139	8	147
1907		1907	1321	586	1907
5945	44	5852	5686	116	5802
2872	18	2881	2762	100	2862
3073	26	2971	2924	16	2940
2898	28	2935	2540	372	2912
2898	28	2935	2540	372	2912

2020年(I31040-1)分行业大类分指标

指标名称	代码	从业人员期末人数（人）	在岗职工期末人数（人）	劳务派遣期末人数（人）
（十一）房地产业	K	10753	9647	698
其中：（1）房地产开发经营	701	9511	8757	377
（2）物业管理	702	1242	890	321
（十二）租赁和商务服务业	L	5879	3260	2205
1. 租赁业	71	51	51	
2. 商务服务业	72	5828	3209	2205
（十三）科学研究和技术服务业	M	460	437	18
2. 专业技术服务业	74	440	422	18
3. 科技推广和应用服务业	75	20	15	
（十四）水利、环境和公共设施管理业	N	801	723	71
2. 生态保护和环境治理业	77	78	74	
3. 公共设施管理业	78	649	595	54
4. 土地管理业	79	74	54	17
（十五）居民服务、修理和其他服务业	O	203	201	
1. 居民服务业	80	69	69	
2. 机动车、电子产品和日用产品修理业	81	72	70	
3. 其他服务业	82	62	62	
（十六）教育	P	1393	1390	
其中：（1）学前教育	831			
（3）中等教育	833	990	987	
（6）技能培训、教育辅助及其他教育	839	403	403	
（十七）卫生和社会工作	Q	752	735	15
1. 卫生	84	593	593	
2. 社会工作	85	159	142	15
（十八）文化、体育和娱乐业	R	1493	1362	82
2. 广播、电视、电影和录音制作业	87	185	185	
3. 文化艺术业	88	139	68	71
4. 体育	89	307	270	11
5. 娱乐业	90	862	839	

从业人员和工资情况(全部四上单位同比)(一)续

在岗职工(含劳务)期末人数(人)	其他从业人员期末人数(人)	从业人员平均人数(人)	在岗职工平均人数(人)	劳务派遣平均人数(人)	在岗职工(含劳务)平均人数(人)
10345	408	9960	8804	711	9515
9134	377	8718	7871	426	8297
1211	31	1242	933	285	1218
5465	414	5718	3207	2091	5298
51		31	31		31
5414	414	5687	3176	2091	5267
455	5	456	433	18	451
440		436	418	18	436
15	5	20	15		15
794	7	740	627	106	733
74	4	80	76		76
649		586	497	89	586
71	3	74	54	17	71
201	2	203	201		201
69		69	69		69
70	2	72	70		70
62		62	62		62
1390	3	1366	1363		1363
987	3	951	948		948
403		415	415		415
750	2	734	714	15	729
593		581	578		578
157	2	153	136	15	151
1444	49	1494	1374	82	1456
185		195	195		195
139		139	68	71	139
281	26	289	260	11	271
839	23	871	851		851

2020年（I31040－1）分行业大类分指标

指标名称	代码	其他从业人员平均人数(人)	从业人员工资总额(千元)	在岗职工工资总额(千元)
总计		29718	21759576	14349397
1. 企业	1	29718	21757894	14347960
2. 其他	2		1682	1437
（二）采矿业	B	31	116889	114879
3. 黑色金属矿采选业	08		6926	6926
5. 非金属矿采选业	10	31	109963	107953
（三）制造业	C	8029	7234372	6806642
1. 农副食品加工业	13	307	355426	329654
2. 食品制造业	14	30	272196	262762
3. 酒、饮料和精制茶制造业	15	203	153166	144712
5. 纺织业	17	50	496078	492039
6. 纺织服装、服饰业	18	111	273681	257304
7. 皮革、毛皮、羽毛及其制品和制鞋业	19	22	69005	68190
8. 木材加工和木、竹、藤、棕、草制品业	20	50	143258	138761
9. 家具制造业	21	5	246630	246181
10. 造纸和纸制品业	22	2	60484	60384
11. 印刷和记录媒介复制业	23	69	101780	100220
12. 文教、工美、体育和娱乐用品制造业	24	142	352798	339220
13. 石油、煤炭及其他燃料加工业	25	2	6111	5466
14. 化学原料和化学制品制造业	26	57	449719	422936
15. 医药制造业	27	5747	857195	688200
17. 橡胶和塑料制品业	29	43	120813	115797
18. 非金属矿物制品业	30	721	1444375	1382705
19. 黑色金属冶炼和压延加工业	31		20129	20129
20. 有色金属冶炼和压延加工业	32	14	94754	94014
21. 金属制品业	33	201	565718	543777
22. 通用设备制造业	34	18	124120	118835
23. 专用设备制造业	35	87	176294	166408
24. 汽车制造业	36	22	319025	309204

从业人员和工资情况(全部四上单位同比)(二)

劳务派遣人员工资总额(千元)	在岗职工(含劳务)工资总额(千元)	其他从业人员工资总额(千元)	从业人员平均工资(元)	在岗职工平均工资(元)	劳务派遣人员平均工资(元)	在岗职工(含劳务)平均工资(元)	其他从业人员平均工资(元)
6118993	20468390	1291186	54947	52857	64536	55880	43448
6118748	20466708	1291186	54947	52856	64538	55880	43448
245	1682		58000	62478	40833	58000	
904	115783	1106	56035	56424	47579	56342	35677
	6926		54109	54109		54109	
904	108857	1106	56161	56579	47579	56490	35677
136222	6942864	291508	50980	51894	50229	51860	36307
11667	341321	14105	47384	47901	37394	47445	45945
8464	271226	970	57963	59274	36326	58128	32333
2213	146925	6241	41837	42827	28013	42488	30744
1603	493642	2436	41530	41428	89056	41500	48720
10717	268021	5660	42418	41988	50315	42268	50991
	68190	815	37873	37883		37883	37045
3190	141951	1307	49725	51298	25317	50142	26140
176	246357	273	61123	61178	29333	61131	54600
	60384	100	59649	59668		59668	50000
85	100305	1475	44996	45742	42500	45739	21377
4782	344002	8796	50113	49797	55605	49870	61944
543	6009	102	59912	58774	77571	60090	51000
22043	444979	4740	62099	62871	48129	61932	83158
2912	691112	166083	48073	57226	50207	57192	28899
	115797	5016	47156	45969		45969	116651
17385	1400090	44285	52645	52421	51435	52408	61422
	20129		51219	51219		51219	
	94014	740	52788	52787		52787	52857
6550	550327	15391	62379	62203	51984	62058	76572
4552	123387	733	41975	41551	57620	41983	40722
5903	172311	3983	54682	55047	51781	54929	45782
8662	317866	1159	57265	57154	62317	57283	52682

2020年(I31040-1)分行业大类分指标

指标名称	代码	其他从业人员平均人数(人)	从业人员工资总额(千元)	在岗职工工资总额(千元)
25.铁路、船舶、航空航天和其他运输设备制造业	37	58	40859	36962
26.电气机械和器材制造业	38	42	211250	207491
27.计算机、通信和其他电子设备制造业	39	23	170007	148166
28.仪器仪表制造业	40		18135	18135
29.其他制造业	41		9064	9064
30.废弃资源综合利用业	42	3	80827	78451
31.金属制品、机械和设备修理业	43		1475	1475
(四)电力、热力、燃气及水生产和供应业	D	194	235252	189528
1.电力、热力生产和供应业	44	10	88956	85417
2.燃气生产和供应业	45		35986	19259
3.水的生产和供应业	46	184	110310	84852
(五)建筑业	E	19059	11141930	4717380
1.房屋建筑业	47	16157	10380905	4225628
2.土木工程建筑业	48	1724	508237	308243
3.建筑安装业	49	133	68994	54680
4.建筑装饰、装修和其他建筑业	50	1045	183794	128829
(六)批发和零售业	F	1086	1057889	830290
1.批发业	51	781	568199	360823
2.零售业	52	305	489690	469467
(七)交通运输、仓储和邮政业	G	310	376126	283883
2.道路运输业	54	310	153229	122724
3.水上运输业	55		1278	1278
7.装卸搬运和仓储业	59		16056	15460
8.邮政业	60		205563	144421
(八)住宿和餐饮业	H	50	203728	198586
1.住宿业	61	19	100364	96988
2.餐饮业	62	31	103364	101598
(九)信息传输、软件和信息技术服务业	I	23	290295	267507
1.电信、广播电视和卫星传输服务	63	23	290295	267507

从业人员和工资情况(全部四上单位同比)(二)续

劳务派遣人员工资总额(千元)	在岗职工(含劳务)工资总额(千元)	其他从业人员工资总额(千元)	从业人员平均工资(元)	在岗职工平均工资(元)	劳务派遣人员平均工资(元)	在岗职工(含劳务)平均工资(元)	其他从业人员平均工资(元)
566	37528	3331	45909	45131	43538	45106	57431
902	208393	2857	48900	48753	41000	48713	68024
21087	169253	754	49608	46858	87136	49722	32783
	18135		50656	50656		50656	
	9064		37610	37610		37610	
2220	80671	156	70407	71061	54146	70455	52000
	1475		49167	49167		49167	
34389	223917	11335	61279	63771	51098	61431	58428
2939	88356	600	67238	68170	48983	67293	60000
16727	35986		72552	60946	92928	72552	
14723	99575	10735	54609	60479	34002	54235	58342
5534927	10252307	889623	58599	53469	66804	59927	46677
5404887	9630515	750390	59635	54123	67695	60985	46444
114260	422503	85734	46963	47693	43362	46439	49730
7805	62485	6509	51604	52176	50032	51898	48940
7975	136804	46990	47066	48799	36250	47834	44967
178410	1008700	49189	48742	50248	43578	48923	45294
169861	530684	37515	62729	81616	44051	64116	48035
8549	478016	11674	38723	38789	35920	38734	38275
81208	365091	11035	64306	61340	89142	65913	35597
19470	142194	11035	40677	39084	61420	41132	35597
	1278		45643	45643		45643	
596	16056		109224	111223	74500	109224	
61142	205563		107794	109327	104338	107794	
3443	202029	1699	34813	34925	29681	34821	33980
2772	99760	604	34837	35115	27720	34857	31789
671	102269	1095	34791	34746	41938	34785	35323
21838	289345	950	98908	105318	58704	99363	41304
21838	289345	950	98908	105318	58704	99363	41304

2020年(I31040-1)分行业大类分指标

指标名称	代码	其他从业人员平均人数(人)	从业人员工资总额(千元)	在岗职工工资总额(千元)
(十一)房地产业	K	445	551665	501248
其中:(1)房地产开发经营	701	421	520533	477833
(2)物业管理	702	24	31132	23415
(十二)租赁和商务服务业	L	420	249359	151584
1.租赁业	71		1597	1597
2.商务服务业	72	420	247762	149987
(十三)科学研究和技术服务业	M	5	41464	40430
2.专业技术服务业	74		40840	39980
3.科技推广和应用服务业	75	5	624	450
(十四)水利、环境和公共设施管理业	N	7	43905	39400
2.生态保护和环境治理业	77	4	7134	6997
3.公共设施管理业	78		31130	27909
4.土地管理业	79	3	5641	4494
(十五)居民服务、修理和其他服务业	O	2	9521	9457
1.居民服务业	80		3976	3976
2.机动车、电子产品和日用产品修理业	81	2	3702	3638
3.其他服务业	82		1843	1843
(十六)教育	P	3	62066	61940
其中:(1)学前教育	831			
(3)中等教育	833	3	43845	43719
(6)技能培训、教育辅助及其他教育	839		18221	18221
(十七)卫生和社会工作	Q	5	38282	37502
1.卫生	84	3	32852	32732
2.社会工作	85	2	5430	4770
(十八)文化、体育和娱乐业	R	38	59913	55375
2.广播、电视、电影和录音制作业	87		7429	7429
3.文化艺术业	88		6253	3896
4.体育	89	18	12046	10635
5.娱乐业	90	20	34185	33415

从业人员和工资情况(全部四上单位同比)(二)续

劳务派遣人员工资总额(千元)	在岗职工(含劳务)工资总额(千元)	其他从业人员工资总额(千元)	从业人员平均工资(元)	在岗职工平均工资(元)	劳务派遣人员平均工资(元)	在岗职工(含劳务)平均工资(元)	其他从业人员平均工资(元)
30446	531694	19971	55388	56934	42821	55880	44879
23394	501227	19306	59708	60708	54915	60411	45857
7052	30467	665	25066	25096	24744	25014	27708
86530	238114	11245	43609	47267	41382	44944	26774
	1597		51516	51516		51516	
86530	236517	11245	43566	47225	41382	44905	26774
860	41290	174	90930	93372	47778	91552	34800
860	40840		93670	95646	47778	93670	
	450	174	31200	30000		30000	34800
4238	43638	267	59331	62839	39981	59533	38143
	6997	137	89175	92066		92066	34250
3221	31130		53123	56155	36191	53123	
1017	5511	130	76230	83222	59824	77620	43333
	9457	64	46901	47050		47050	32000
	3976		57623	57623		57623	
	3638	64	51417	51971		51971	32000
	1843		29726	29726		29726	
	61940	126	45436	45444		45444	42000
	43719	126	46104	46117		46117	42000
	18221		43906	43906		43906	
610	38112	170	52155	52524	40667	52280	34000
	32732	120	56544	56630		56630	40000
610	5380	50	35490	35074	40667	35629	25000
2568	57943	1970	40102	40302	31317	39796	51842
	7429		38097	38097		38097	
2357	6253		44986	57294	33197	44986	
211	10846	1200	41682	40904	19182	40022	66667
	33415	770	39248	39266		39266	38500

2020年分行业大类分登记注册类型从业

指标名称	代码	从业人员期末人数(人) 合计	国有	集体
总计	001	421940	9229	2355
1.企业	002	421940	9229	2355
(二)采矿业	010	2100	35	20
3.黑色金属矿采选业	013	128		
5.非金属矿采选业	015	1972	35	20
(三)制造业	018	145756	361	
1.农副食品加工业	019	7652	122	
2.食品制造业	020	4855		
3.酒、饮料和精制茶制造业	021	3631	88	
5.纺织业	023	12027		
6.纺织服装、服饰业	024	6842		
7.皮革、毛皮、羽毛及其制品和制鞋业	025	1828		
8.木材加工和木、竹、藤、棕、草制品业	026	3178		
9.家具制造业	027	4538		
10.造纸和纸制品业	028	957		
11.印刷和记录媒介复制业	029	2302		
12.文教、工美、体育和娱乐用品制造业	030	7341		
13.石油、煤炭及其他燃料加工业	031	102		
14.化学原料和化学制品制造业	032	7610		
15.医药制造业	033	18473		
17.橡胶和塑料制品业	035	2621		
18.非金属矿物制品业	036	27903	151	
19.黑色金属冶炼和压延加工业	037	391		
20.有色金属冶炼和压延加工业	038	1757		
21.金属制品业	039	9324		
22.通用设备制造业	040	3015		
23.专用设备制造业	041	3208		
24.汽车制造业	042	5632		
25.铁路、船舶、航空航天和其他运输设备制造业	043	897		

人员期末人数（全部四上单位同比）（一）

从业人员期末人数（人）

股份合作	联营	有限责任	股份有限	私营	其他	港澳台商投资	外商投资
	154	77852	27081	287916	957	12723	3673
	154	77852	27081	287916	957	12723	3673
		463	28	1554			
				128			
		463	28	1426			
	140	28402	7637	95813		10878	2525
		1559	267	4494		1210	
		193	107	4073		482	
		190	64	3160			129
		2251	209	8822		545	200
		1043		5753		46	
		109		1154		565	
		1895		1283			
		3192		1346			
		587		370			
		230	438	1269			365
		245		6621		420	55
		28		74			
		1954	335	5281			40
		4097	2715	4003		7418	240
		88	956	1577			
	140	2537	416	24371			288
				391			
		233		1524			
		4164	485	4675			
		395	384	2236			
		609	746	1853			
		692	279	3261		192	1208
		256		641			

2020年分行业大类分登记注册类型从业

指标名称	代码	从业人员期末人数(人)		
		合计	国有	集体
26.电气机械和器材制造业	044	4230		
27.计算机、通信和其他电子设备制造业	045	3606		
28.仪器仪表制造业	046	362		
29.其他制造业	047	238		
30.废弃资源综合利用业	048	1206		
31.金属制品、机械和设备修理业	049	30		
(四)电力、热力、燃气及水生产和供应业	050	3850	905	
1.电力、热力生产和供应业	051	1330	41	
2.燃气生产和供应业	052	494		
3.水的生产和供应业	053	2026	864	
(五)建筑业	054	211244	3848	1563
1.房屋建筑业	055	194011	1041	1563
2.土木工程建筑业	056	11646	2807	
3.建筑安装业	057	1414		
4.建筑装饰、装修和其他建筑业	058	4173		
(六)批发和零售业	059	22489	1190	486
1.批发业	060	9604	835	
2.零售业	061	12885	355	486
(七)交通运输、仓储和邮政业	062	5775	2195	
2.道路运输业	064	3699	270	
3.水上运输业	065	28		
7.装卸搬运和仓储业	069	141	18	
8.邮政业	070	1907	1907	
(八)住宿和餐饮业	071	6083		281
1.住宿业	072	2920		281
2.餐饮业	073	3163		
(九)信息传输、软件和信息技术服务业	074	2926		
1.电信、广播电视和卫星传输服务	075	2926		
(十一)房地产业	083	10786	428	5

人员期末人数(全部四上单位同比)(一)续

从业人员期末人数(人)

股份合作	联营	有限责任	股份有限	私营	其他	港澳台商投资	外商投资
		477	236	3517			
		802		2804			
		63		299			
				238			
		513		693			
				30			
	14	1456	178	711		538	48
	14	387	178	311		369	30
		196		111		169	18
		873		289			
		34579	11565	159689			
		29444	11364	150599			
		3481	201	5157			
		654		760			
		1000		3173			
		5003	5805	9539	40	426	
		2871	4345	1553			
		2132	1460	7986	40	426	
		1287	182	1788		323	
		1164	182	1760		323	
				28			
		123					
		806	16	4744		185	51
		428	16	1959		185	51
		378		2785			
		220	1331			352	1023
		220	1331			352	1023
		4085	200	6021		21	26

2020年分行业大类分登记注册类型从业

指标名称	代码	从业人员期末人数(人) 合计	国有	集体
其中:(1)房地产开发经营	084	9544	428	5
(2)物业管理	085	1242		
(十二)租赁和商务服务业	088	5848	69	
1.租赁业	089	51		
2.商务服务业	090	5797	69	
(十三)科学研究和技术服务业	091	460	116	
2.专业技术服务业	093	440	116	
3.科技推广和应用服务业	094	20		
(十四)水利、环境和公共设施管理业	095	801		
2.生态保护和环境治理业	097	78		
3.公共设施管理业	098	649		
4.土地管理业	099	74		
(十五)居民服务、修理和其他服务业	100	203		
1.居民服务业	101	69		
2.机动车、电子产品和日用产品修理业	102	72		
3.其他服务业	103	62		
(十六)教育	104	1393	82	
其中:(1)学前教育	105			
(3)中等教育	107	990		
(6)技能培训、教育辅助及其他教育	110	403	82	
(十七)卫生和社会工作	111	752		
1.卫生	112	593		
2.社会工作	113	159		
(十八)文化、体育和娱乐业	114	1474		
2.广播、电视、电影和录音制作业	116	185		
3.文化艺术业	117	139		
4.体育	118	307		
5.娱乐业	119	843		

人员期末人数(全部四上单位同比)(一)续

从业人员期末人数(人)

股份合作	联营	有限责任	股份有限	私营	其他	港澳台商投资	外商投资
		3996	200	4868		21	26
		89		1153			
		385		5394			
				51			
		385		5343			
		278		46	20		
		278		46			
					20		
		620		181			
		78					
		468		181			
		74					
				203			
				69			
				72			
				62			
				474	837		
				153	837		
				321			
		98		594	60		
		98		495			
				99	60		
		170	139	1165			
		132		53			
			139				
		8		299			
		30		813			

2020年分行业大类分登记注册类型从业

指标名称	代码	比去年同期增减(人)		
		合计	国有	集体
总计	001	-11490	-2070	-1679
1.企业	002	-11490	-2070	-1679
(二)采矿业	010	67	35	-84
3.黑色金属矿采选业	013	-15		
5.非金属矿采选业	015	82	35	-84
(三)制造业	018	-6305	-379	-41
1.农副食品加工业	019	-799	-308	
2.食品制造业	020	-368		
3.酒、饮料和精制茶制造业	021	-513	-71	
5.纺织业	023	-1039		
6.纺织服装、服饰业	024	-1188		
7.皮革、毛皮、羽毛及其制品和制鞋业	025	-393		
8.木材加工和木、竹、藤、棕、草制品业	026	-1829		
9.家具制造业	027	155		
10.造纸和纸制品业	028	-21		
11.印刷和记录媒介复制业	029	-96		
12.文教、工美、体育和娱乐用品制造业	030	-307		
13.石油、煤炭及其他燃料加工业	031	10		
14.化学原料和化学制品制造业	032	936		
15.医药制造业	033	1091		
17.橡胶和塑料制品业	035	-526		
18.非金属矿物制品业	036	-906	0	-41
19.黑色金属冶炼和压延加工业	037	-16		
20.有色金属冶炼和压延加工业	038	-290		
21.金属制品业	039	-81		
22.通用设备制造业	040	-309		
23.专用设备制造业	041	-155		
24.汽车制造业	042	336		
25.铁路、船舶、航空航天和其他运输设备制造业	043	-109		

人员期末人数(全部四上单位同比)(二)

比去年同期增减(人)

股份合作	联营	有限责任	股份有限	私营	其他	港澳台商投资	外商投资
-51	-63	-29139	-7948	30050	-389	33	-234
-51	-63	-29139	-7948	30050	-389	33	-234
		243	-19	-108			
		-45		30			
		288	-19	-138			
-51	3	-4100	-5495	3880		120	-242
-51		-176	-663	-251		650	
		-472	-515	569		50	
		-273	-524	371			-16
		-1054	-1038	1262		-149	-60
		-820	-913	545		0	
		-208		188		-373	
		-304		-1525			
		135	-75	220			-125
		-214		193			
		-27	-4	-430			365
		-799	-62	644		-96	6
		-3		13			
		260	-18	694			0
		672	674	-291		36	0
		-186	-59	24			-305
	3	-517	-735	381			3
			-75	59			
		-208		-82			
		3124	-25	-3120			-60
		-580	-150	421			
		-565	674	-264			
		-83	-174	641		2	-50
		-243	-74	208			

2020年分行业大类分登记注册类型从业

指标名称	代码	比去年同期增减(人)		
		合计	国有	集体
26. 电气机械和器材制造业	044	219		
27. 计算机、通信和其他电子设备制造业	045	397		
28. 仪器仪表制造业	046	13		
29. 其他制造业	047	−90		
30. 废弃资源综合利用业	048	86		
31. 金属制品、机械和设备修理业	049	−513		
(四)电力、热力、燃气及水生产和供应业	050	418	64	
1. 电力、热力生产和供应业	051	244	41	
2. 燃气生产和供应业	052	70		
3. 水的生产和供应业	053	104	23	
(五)建筑业	054	−10222	−1637	−1474
1. 房屋建筑业	055	−4471	118	−1474
2. 土木工程建筑业	056	−3717	−1755	
3. 建筑安装业	057	−1371		
4. 建筑装饰、装修和其他建筑业	058	−663		
(六)批发和零售业	059	3531	26	−46
1. 批发业	060	4729	−12	
2. 零售业	061	−1198	38	−46
(七)交通运输、仓储和邮政业	062	−594	−147	
2. 道路运输业	064	−614	−123	
3. 水上运输业	065	28		
7. 装卸搬运和仓储业	069	16	0	
8. 邮政业	070	−24	−24	
(八)住宿和餐饮业	071	−626		−39
1. 住宿业	072	−288		−39
2. 餐饮业	073	−338		
(九)信息传输、软件和信息技术服务业	074	−236		
1. 电信、广播电视和卫星传输服务	075	−236		
(十一)房地产业	083	1111	−175	5

人员期末人数(全部四上单位同比)(二)续

比去年同期增减(人)

股份合作	联营	有限责任	股份有限	私营	其他	港澳台商投资	外商投资
		-554	-943	1716			
		-525	-281	1203			
		-53		66			
				-90			
		-427		513			
			-515	2			
	14	221	-19	114		4	20
	14	91	-19	111		4	2
		0		52		0	18
		130		-49			
-80		-22105	-5922	21206	-180	-30	
-80		-16639	-5127	18761		-30	
		-2836	-767	1641			
		-1694		323			
		-936	-28	481	-180		
		-2358	3771	2243	-53	-21	-31
		376	4175	190			
		-2734	-404	2053	-53	-21	-31
		-1207	-9	809		-40	
		-1223	-9	781		-40	
				28			
		16					
		-623	-60	96		0	0
		-120	-60	-69		0	0
		-503		165			
		-8	-219			-2	-7
		-8	-219			-2	-7
		711	33	509		2	26

2020年分行业大类分登记注册类型从业

指标名称	代码	比去年同期增减(人)		
		合计	国有	集体
其中:(1)房地产开发经营	084	987	-175	5
(2)物业管理	085	124		
(十二)租赁和商务服务业	088	1474	69	
1.租赁业	089	-6		
2.商务服务业	090	1480	69	
(十三)科学研究和技术服务业	091	87	72	
2.专业技术服务业	093	145	72	
3.科技推广和应用服务业	094	-58		
(十四)水利、环境和公共设施管理业	095	-104		
2.生态保护和环境治理业	097	46		
3.公共设施管理业	098	-122		
4.土地管理业	099	-28		
(十五)居民服务、修理和其他服务业	100	34		
1.居民服务业	101	33		
2.机动车、电子产品和日用产品修理业	102	-6		
3.其他服务业	103	7		
(十六)教育	104	-24	2	
其中:(1)学前教育	105	-68		
(3)中等教育	107	67		
(6)技能培训、教育辅助及其他教育	110	-23	2	
(十七)卫生和社会工作	111	-65		
1.卫生	112	-22		
2.社会工作	113	-43		
(十八)文化、体育和娱乐业	114	-36		
2.广播、电视、电影和录音制作业	116	-62		
3.文化艺术业	117	-9		
4.体育	118	25		
5.娱乐业	119	10		

人员期末人数(全部四上单位同比)(二)续

比去年同期增减(人)

股份合作	联营	有限责任	股份有限	私营	其他	港澳台商投资	外商投资
		698	33	398		2	26
		13		111			
		-1		1406			
				-6			
		-1		1412			
		105		-32	-58		
		105		-32			
					-58		
		26		-130			
		46					
		8		-130			
		-28					
				34			
				33			
				-6			
				7			
				-18	-8		
					-68		
				7	60		
				-25			
		-7		32	-90		
		-7		-15			
				47	-90		
		-36	-9	9			
		-53		-9			
				-9			
		6		19			
		11		-1			

2020年分行业大类分登记注册类型从业

指标名称	代码	增长率(%) 合计	国有	集体
总计	001	-2.7	-18.3	-41.6
1.企业	002	-2.7	-18.3	-41.6
(二)采矿业	010	3.3		-80.8
3.黑色金属矿采选业	013	-10.5		
5.非金属矿采选业	015	4.3		-80.8
(三)制造业	018	-4.1	-51.2	-100.0
1.农副食品加工业	019	-9.5	-71.6	
2.食品制造业	020	-7.0		
3.酒、饮料和精制茶制造业	021	-12.4	-44.7	
5.纺织业	023	-8.0		
6.纺织服装、服饰业	024	-14.8		
7.皮革、毛皮、羽毛及其制品和制鞋业	025	-17.7		
8.木材加工和木、竹、藤、棕、草制品业	026	-36.5		
9.家具制造业	027	3.5		
10.造纸和纸制品业	028	-2.1		
11.印刷和记录媒介复制业	029	-4.0		
12.文教、工美、体育和娱乐用品制造业	030	-4.0		
13.石油、煤炭及其他燃料加工业	031	10.9		
14.化学原料和化学制品制造业	032	14.0		
15.医药制造业	033	6.3		
17.橡胶和塑料制品业	035	-16.7		
18.非金属矿物制品业	036	-3.1		-100.0
19.黑色金属冶炼和压延加工业	037	-3.9		
20.有色金属冶炼和压延加工业	038	-14.2		
21.金属制品业	039	-0.9		
22.通用设备制造业	040	-9.3		
23.专用设备制造业	041	-4.6		
24.汽车制造业	042	6.3		
25.铁路、船舶、航空航天和其他运输设备制造业	043	-10.8		

人员期末人数(全部四上单位同比)(三)

增长率(%)

股份合作	联营	有限责任	股份有限	私营	其他	港澳台商投资	外商投资
-100.0	-29.0	-27.2	-22.7	11.7	-28.9	0.3	-6.0
-100.0	-29.0	-27.2	-22.7	11.7	-28.9	0.3	-6.0
		110.5	-40.4	-6.5			
		-100.0		30.6			
		164.6	-40.4	-8.8			
-100.0	2.2	-12.6	-41.8	4.2		1.1	-8.7
-100.0		-10.1	-71.3	-5.3		116.1	
		-71.0	-82.8	16.2		11.6	
		-59.0	-89.1	13.3			-11.0
		-31.9	-83.2	16.7		-21.5	-23.1
		-44.0	-100.0	10.5			
		-65.6		19.5		-39.8	
		-13.8		-54.3			
		4.4	-100.0	19.5			-100.0
		-26.7		109.0			
		-10.5	-0.9	-25.3			
		-76.5	-100.0	10.8		-18.6	12.2
		-9.7		21.3			
		15.3	-5.1	15.1			
		19.6	33.0	-6.8		0.5	
		-67.9	-5.8	1.5			-100.0
	2.2	-16.9	-63.9	1.6			1.1
		-100.0		17.8			
		-47.2		-5.1			
		300.4	-4.9	-40.0			-100.0
		-59.5	-28.1	23.2			
		-48.1	936.1	-12.5			
		-10.7	-38.4	24.5		1.1	-4.0
		-48.7	-100.0	48.0			

2020年分行业大类分登记注册类型从业

指标名称	代码	增长率(%) 合计	国有	集体
26.电气机械和器材制造业	044	5.5		
27.计算机、通信和其他电子设备制造业	045	12.4		
28.仪器仪表制造业	046	3.7		
29.其他制造业	047	-27.4		
30.废弃资源综合利用业	048	7.7		
31.金属制品、机械和设备修理业	049	-94.5		
(四)电力、热力、燃气及水生产和供应业	050	12.2	7.6	
1.电力、热力生产和供应业	051	22.5		
2.燃气生产和供应业	052	16.5		
3.水的生产和供应业	053	5.4	2.7	
(五)建筑业	054	-4.6	-29.8	-48.5
1.房屋建筑业	055	-2.3	12.8	-48.5
2.土木工程建筑业	056	-24.2	-38.5	
3.建筑安装业	057	-49.2		
4.建筑装饰、装修和其他建筑业	058	-13.7		
(六)批发和零售业	059	18.6	2.2	-8.6
1.批发业	060	97.0	-1.4	
2.零售业	061	-8.5	12.0	-8.6
(七)交通运输、仓储和邮政业	062	-9.3	-6.3	
2.道路运输业	064	-14.2	-31.3	
3.水上运输业	065			
7.装卸搬运和仓储业	069	12.8		
8.邮政业	070	-1.2	-1.2	
(八)住宿和餐饮业	071	-9.3		-12.2
1.住宿业	072	-9.0		-12.2
2.餐饮业	073	-9.7		
(九)信息传输、软件和信息技术服务业	074	-7.5		
1.电信、广播电视和卫星传输服务	075	-7.5		
(十一)房地产业	083	11.5	-29.0	

人员期末人数(全部四上单位同比)(三)续

增长率(%)

股份合作	联营	有限责任	股份有限	私营	其他	港澳台商投资	外商投资
		-53.7	-80.0	95.3			
		-39.6	-100.0	75.1			
		-45.7		28.3			
				-27.4			
		-45.4		285.0			
			-100.0	7.1			
		17.9	-9.6	19.1		0.7	71.4
		30.7	-9.6	55.5		1.1	7.1
				88.1			
		17.5		-14.5			
-100.0		-39.0	-33.9	15.3	-100.0	-100.0	
-100.0		-36.1	-31.1	14.2		-100.0	
		-44.9	-79.2	46.7			
		-72.1		73.9			
		-48.3	-100.0	17.9	-100.0		
		-32.0	185.4	30.7	-57.0	-4.7	-100.0
		15.1	2455.9	13.9			
		-56.2	-21.7	34.6	-57.0	-4.7	-100.0
		-48.4	-4.7	82.6		-11.0	
		-51.2	-4.7	79.8		-11.0	
		15.0					
		-43.6	-78.9	2.1			
		-21.9	-78.9	-3.4			
		-57.1		6.3			
		-3.5	-14.1			-0.6	-0.7
		-3.5	-14.1			-0.6	-0.7
		21.1	19.8	9.2		10.5	

2020年分行业大类分登记注册类型从业

指标名称	代码	增长率(%) 合计	国有	集体
其中:(1)房地产开发经营	084	11.5	-29.0	
(2)物业管理	085	11.1		
(十二)租赁和商务服务业	088	33.7		
1.租赁业	089	-10.5		
2.商务服务业	090	34.3		
(十三)科学研究和技术服务业	091	23.3	163.6	
2.专业技术服务业	093	49.2	163.6	
3.科技推广和应用服务业	094	-74.4		
(十四)水利、环境和公共设施管理业	095	-11.5		
2.生态保护和环境治理业	097	143.8		
3.公共设施管理业	098	-15.8		
4.土地管理业	099	-27.5		
(十五)居民服务、修理和其他服务业	100	20.1		
1.居民服务业	101	91.7		
2.机动车、电子产品和日用产品修理业	102	-7.7		
3.其他服务业	103	12.7		
(十六)教育	104	-1.7	2.5	
其中:(1)学前教育	105	-100.0		
(3)中等教育	107	7.3		
(6)技能培训、教育辅助及其他教育	110	-5.4	2.5	
(十七)卫生和社会工作	111	-8.0		
1.卫生	112	-3.6		
2.社会工作	113	-21.3		
(十八)文化、体育和娱乐业	114	-2.4		
2.广播、电视、电影和录音制作业	116	-25.1		
3.文化艺术业	117	-6.1		
4.体育	118	8.9		
5.娱乐业	119	1.2		

人员期末人数(全部四上单位同比)(三)续

增长率(%)

股份合作	联营	有限责任	股份有限	私营	其他	港澳台商投资	外商投资
		21.2	19.8	8.9		10.5	
		17.1		10.7			
		-0.3		35.3			
				-10.5			
		-0.3		35.9			
		60.7		-41.0	-74.4		
		60.7		-41.0			
					-74.4		
		4.4		-41.8			
		143.8					
		1.7		-41.8			
		-27.5					
				20.1			
				91.7			
				-7.7			
				12.7			
				-3.7	-0.9		
					-100.0		
				4.8	7.7		
				-7.2			
		-6.7		5.7	-60.0		
		-6.7		-2.9			
				90.4	-60.0		
		-17.5	-6.1	0.8			
		-28.6		-14.5			
			-6.1				
		300.0		6.8			
		57.9		-0.1			

2020年分行业大类分登记注册类型从业

指标名称	代码	从业人员平均工资(元) 合计	国有	集体
总计	001	54947	74909	41635
1.企业	002	54947	74909	41635
(二)采矿业	010	56035	39600	48800
3.黑色金属矿采选业	013	54109		
5.非金属矿采选业	015	56161	39600	48800
(三)制造业	018	50980	36319	
1.农副食品加工业	019	47384	27818	
2.食品制造业	020	57963		
3.酒、饮料和精制茶制造业	021	41837	46065	
5.纺织业	023	41530		
6.纺织服装、服饰业	024	42418		
7.皮革、毛皮、羽毛及其制品和制鞋业	025	37873		
8.木材加工和木、竹、藤、棕、草制品业	026	49725		
9.家具制造业	027	61123		
10.造纸和纸制品业	028	59649		
11.印刷和记录媒介复制业	029	44996		
12.文教、工美、体育和娱乐用品制造业	030	50113		
13.石油、煤炭及其他燃料加工业	031	59912		
14.化学原料和化学制品制造业	032	61980		
15.医药制造业	033	48073		
17.橡胶和塑料制品业	035	47156		
18.非金属矿物制品业	036	52645	34510	
19.黑色金属冶炼和压延加工业	037	51219		
20.有色金属冶炼和压延加工业	038	52788		
21.金属制品业	039	62379		
22.通用设备制造业	040	41975		
23.专用设备制造业	041	54682		
24.汽车制造业	042	57265		
25.铁路、船舶、航空航天和其他运输设备制造业	043	45909		

人数人员平均工资(全部四上单位同比)(一)

从业人员平均工资(元)

股份合作	联营	有限责任	股份有限	私营	其他	港澳台商投资	外商投资
		47688	57611	51619	54324	47308	40198	86745
	47688	57611	51619	54324	47308	40198	86745
		69921	57571	52368			
				54109			
		69921	57571	52211			
	46914	62320	54602	48645		35493	73649
		58682	39786	46064		40905	
		32517	39743	59380		61798	
		48908	40185	40220			70032
		37923	66063	42222		40245	30653
		46274		41844		30950	
		28889		42738		29580	
		57824		39379			
		66000		50294			
		69179		38694			
		47973	52206	41626			45825
		37404		51245		35155	83073
		59407		60093			
		64480	29881	62851			101600
		68150	56453	51879		33089	57479
		39716	48620	46657			
	46914	61937	56305	50948			121093
				51219			
		49593		53271			
		74625	51800	52107			
		49482	31609	42438			
		48359	87455	44937			
		90138	51498	43618		40825	79351
		64816		38274			

2020年分行业大类分登记注册类型从业

指标名称	代码	从业人员平均工资(元) 合计	国有	集体
26.电气机械和器材制造业	044	48382		
27.计算机、通信和其他电子设备制造业	045	49608		
28.仪器仪表制造业	046	50656		
29.其他制造业	047	37610		
30.废弃资源综合利用业	048	70407		
31.金属制品、机械和设备修理业	049	49167		
(四)电力、热力、燃气及水生产和供应业	050	61279	68113	
1.电力、热力生产和供应业	051	67238	110049	
2.燃气生产和供应业	052	72552		
3.水的生产和供应业	053	54609	66112	
(五)建筑业	054	58594	45227	44893
1.房屋建筑业	055	59635	62335	44893
2.土木工程建筑业	056	46963	38202	
3.建筑安装业	057	51604		
4.建筑装饰、装修和其他建筑业	058	46917		
(六)批发和零售业	059	48534	146675	39580
1.批发业	060	61524	194235	
2.零售业	061	38695	34541	39580
(七)交通运输、仓储和邮政业	062	64306	97669	
2.道路运输业	064	40677	30605	
3.水上运输业	065	45643		
7.装卸搬运和仓储业	069	109224	34722	
8.邮政业	070	107794	107794	
(八)住宿和餐饮业	071	34778		27673
1.住宿业	072	34763		27673
2.餐饮业	073	34791		
(九)信息传输、软件和信息技术服务业	074	98908		
1.电信、广播电视和卫星传输服务	075	98908		
(十一)房地产业	083	55455	54597	30000

人数人员平均工资(全部四上单位同比)(一)续

从业人员平均工资(元)

股份合作	联营	有限责任	股份有限	私营	其他	港澳台商投资	外商投资
		52547	61279	46973			
		74459		42491			
		39286		53085			
				37610			
		88764		55576			
				49167			
	55429	61444	53787	55894		53472	125617
	55429	82380	53787	55521		56223	157467
		97262		66037		47497	69412
		43975		52505			
		52059	53491	60563			
		51779	53516	61450			
		55821	52305	45891			
		52513		50798			
		46569		47024			
		56767	38344	38902	30526	44544	
		62865	41247	44981			
		48276	29576	37721	30526	44544	
		42953	30000	37884		89446	
		34614	30000	37762		89446	
				45643			
	119620						
		35246	17500	34838		47866	18922
		34931	17500	35053		47866	18922
		35588		34679			
		59864	85321			104187	122881
		59864	85321			104187	122881
		66098	39627	50133		55381	42308

2020年分行业大类分登记注册类型从业

指标名称	代码	从业人员平均工资(元)		
		合计	国有	集体
其中:(1)房地产开发经营	084	59772	54597	30000
(2)物业管理	085	25066		
(十二)租赁和商务服务业	088	43594	106449	
1.租赁业	089	51516		
2.商务服务业	090	43551	106449	
(十三)科学研究和技术服务业	091	90930	67034	
2.专业技术服务业	093	93670	67034	
3.科技推广和应用服务业	094	31200		
(十四)水利、环境和公共设施管理业	095	59331		
2.生态保护和环境治理业	097	89175		
3.公共设施管理业	098	53123		
4.土地管理业	099	76230		
(十五)居民服务、修理和其他服务业	100	46901		
1.居民服务业	101	57623		
2.机动车、电子产品和日用产品修理业	102	51417		
3.其他服务业	103	29726		
(十六)教育	104	45436	52595	
其中:(1)学前教育	105			
(3)中等教育	107	46104		
(6)技能培训、教育辅助及其他教育	110	43906	52595	
(十七)卫生和社会工作	111	52155		
1.卫生	112	56544		
2.社会工作	113	35490		
(十八)文化、体育和娱乐业	114	40633		
2.广播、电视、电影和录音制作业	116	38097		
3.文化艺术业	117	44986		
4.体育	118	41682		
5.娱乐业	119	40151		

人数人员平均工资（全部四上单位同比）（一）续

从业人员平均工资（元）

股份合作	联营	有限责任	股份有限	私营	其他	港澳台商投资	外商投资
		66765	39627	56430		55381	42308
		41798		23775			
		71232		40761			
				51516			
		71232		40697			
		108993		69565	31200		
		108993		69565			
					31200		
		68522		30945			
		89175					
		63035		30945			
		76230					
				46901			
				57623			
				51417			
				29726			
				38488	48972		
				31026	48972		
				41863			
		68000		50608	41133		
		68000		54219			
				31849	41133		
		46104	44986	39252			
		42083		26843			
			44986				
		15750		42420			
		73500		38941			

2020年分行业大类分登记注册类型从业

指标名称	代码	比去年同期增减(元)		
		合计	国有	集体
总计	001	3103	-2566	1329
1.企业	002	3103	-2566	1329
(二)采矿业	010	654	39600	4338
3.黑色金属矿采选业	013	5230		
5.非金属矿采选业	015	289	39600	4338
(三)制造业	018	1645	1093	-21341
1.农副食品加工业	019	-213	5089	
2.食品制造业	020	4433		
3.酒、饮料和精制茶制造业	021	-2894	-97935	
5.纺织业	023	-2095		
6.纺织服装、服饰业	024	-554		
7.皮革、毛皮、羽毛及其制品和制鞋业	025	1440		
8.木材加工和木、竹、藤、棕、草制品业和制鞋业	026	10222		
9.家具制造业	027	3908		
10.造纸和纸制品业	028	-10681		
11.印刷和记录媒介复制业	029	-71		
12.文教、工美、体育和娱乐用品制造业	030	3949		
13.石油、煤炭及其他燃料加工业	031	7068		
14.化学原料和化学制品制造业	032	-29		
15.医药制造业	033	-6319		
17.橡胶和塑料制品业	035	2017		
18.非金属矿物制品业	036	4388	1371	-21341
19.黑色金属冶炼和压延加工业	037	3054		
20.有色金属冶炼和压延加工业	038	1361		
21.金属制品业	039	-1238		
22.通用设备制造业	040	-127		
23.专用设备制造业	041	6865		
24.汽车制造业	042	4007		
25.铁路、船舶、航空航天和其他运输设备制造业	043	2202		

人数人员平均工资(全部四上单位同比)(二)

比去年同期增减(元)

股份合作	联营	有限责任	股份有限	私营	其他	港澳台商投资	外商投资
-37118	-7114	3756	2078	4723	-631	-12282	4579
-37118	-7114	3756	2078	4723	-631	-12282	4579
		9286	5443	-3123			
		-53674		7356			
		7504	5443	-3832			
-37118	-5969	10322	5647	667		-11087	-995
-37118		2944	-13354	3434		-41588	
		-1480	6825	20		-1869	
		13600	-10071	-612			-7412
		-6091	26259	-2492		-490	-1007
		1471	-47660	241		-6717	
		-14703		4265		-2376	
		21600		-2984			
		2577	-29573	8532			-55339
		-10013		9067			
		-17313	-5480	2523			45825
		1436	-47048	2580		2410	-10070
		9342		5376			
		12995	-15470	-4621			22850
		6599	6679	-134		-15642	-73771
		-16981	3025	4524			-48074
	-5969	8359	-25386	5750			3438
			-58219	5219			
		-17248		4239			
		22202	9615	-14554			-33083
		967	-202	754			
		-5046	40089	348			
		47151	-11932	845		-2512	-308
		11399	-16311	-267			

2020年分行业大类分登记注册类型从业

指标名称	代码	比去年同期增减(元)		
		合计	国有	集体
26.电气机械和器材制造业	044	3282		
27.计算机、通信和其他电子设备制造业	045	6960		
28.仪器仪表制造业	046	-3951		
29.其他制造业	047	-5127		
30.废弃资源综合利用业	048	-939		
31.金属制品、机械和设备修理业	049	9974		
(四)电力、热力、燃气及水生产和供应业	050	2794	-593	
1.电力、热力生产和供应业	051	2828	110049	
2.燃气生产和供应业	052	13272		
3.水的生产和供应业	053	-201	-2594	
(五)建筑业	054	3291	-1905	3437
1.房屋建筑业	055	3772	-1108	3437
2.土木工程建筑业	056	-639	-4119	
3.建筑安装业	057	-15462		
4.建筑装饰、装修和其他建筑业	058	-3271		
(六)批发和零售业	059	-494	588	521
1.批发业	060	-18191	5877	
2.零售业	061	-1038	-3824	521
(七)交通运输、仓储和邮政业	062	4129	5147	
2.道路运输业	064	-163	-3850	
3.水上运输业	065	45643		
7.装卸搬运和仓储业	069	17052	-1278	
8.邮政业	070	-592	-592	
(八)住宿和餐饮业	071	-1271		-7145
1.住宿业	072	-2243		-7145
2.餐饮业	073	-379		
(九)信息传输、软件和信息技术服务业	074	6725		
1.电信、广播电视和卫星传输服务	075	6725		
(十一)房地产业	083	1897	-4592	30000

人数人员平均工资(全部四上单位同比)(二)续

比去年同期增减(元)

股份合作	联营	有限责任	股份有限	私营	其他	港澳台商投资	外商投资
		3182	16908	3616			
		27409	-46000	4175			
		-14861		-1749			
				-5127			
		14843		-2831			
			-38400	-1833			
55429	-347	19990		4654		55	15403
55429	-16678	19990		-14276		3083	47253
		-29102		16664		-6509	69412
		-797		10660			
-60060	-3737	1306		4425	-43286	-29000	
-60060	-3645	1828		4267		-29000	
		1894	-4007	8059			
		-17332		-52			
		-5929	-30714	-2633	-43286		
		4294	9891	1651	-26530	-2459	-47742
		-669	-1941	3253			
		66	2444	1533	-26530	-2459	-47742
		4732	-15700	-6267		-70152	
		-650	-15700	-6389		-70152	
				45643			
		17130					
		-1680	-11553	-774		861	-8764
		-2246	-11553	-1843		861	-8764
		-1184		64			
		5618	1661			-9682	17782
		5618	1661			-9682	17782
		7632	-18040	154		1170	42308

2020年分行业大类分登记注册类型从业

指标名称	代码	比去年同期增减(元)		
		合计	国有	集体
其中:(1)房地产开发经营	084	3659	-4592	30000
(2)物业管理	085	-3611		
(十二)租赁和商务服务业	088	7341	106449	
1.租赁业	089	-5091		
2.商务服务业	090	7573	106449	
(十三)科学研究和技术服务业	091	-9578	-5193	
2.专业技术服务业	093	-20920	-5193	
3.科技推广和应用服务业	094	-12403		
(十四)水利、环境和公共设施管理业	095	6345		
2.生态保护和环境治理业	097	45465		
3.公共设施管理业	098	282		
4.土地管理业	099	18606		
(十五)居民服务、修理和其他服务业	100	4621		
1.居民服务业	101	-748		
2.机动车、电子产品和日用产品修理业	102	7763		
3.其他服务业	103	589		
(十六)教育	104	-2257	-5393	
其中:(1)学前教育	105	-52250		
(3)中等教育	107	-811		
(6)技能培训、教育辅助及其他教育	110	-4563	-5393	
(十七)卫生和社会工作	111	4910		
1.卫生	112	4763		
2.社会工作	113	2125		
(十八)文化、体育和娱乐业	114	-1936		
2.广播、电视、电影和录音制作业	116	-2783		
3.文化艺术业	117	-2014		
4.体育	118	-7977		
5.娱乐业	119	-46		

人数人员平均工资(全部四上单位同比)(二)续

比去年同期增减(元)

股份合作	联营	有限责任	股份有限	私营	其他	港澳台商投资	外商投资
		8317	−18040	2271		1170	42308
		−17360		−1671			
		15157		9320			
				−5091			
		15157		9680			
		−43510		15168	−12403		
		−43510		15168			
					−12403		
		6788		−5915			
		45465					
		−777		−5915			
		18606					
				4621			
				−748			
				7763			
				589			
				−3464	−1278		
					−52250		
				−768	−1078		
				−4289			
		−5000		4472	7800		
		−5000		6832			
				−1611	7800		
		−3831	−2014	−1437			
		−873		−8012			
			−2014				
		15750		−7239			
		−42553		502			

2020年分行业大类分登记注册类型从业

指标名称	代码	增长率(%) 合计	国有	集体
总计	001	6.0	-3.3	3.3
1.企业	002	6.0	-3.3	3.3
(二)采矿业	010	1.2		9.8
3.黑色金属矿采选业	013	10.7		
5.非金属矿采选业	015	0.5		9.8
(三)制造业	018	3.3	3.1	-100.0
1.农副食品加工业	019	-0.4	22.4	
2.食品制造业	020	8.3		
3.酒、饮料和精制茶制造业	021	-6.5	-68.0	
5.纺织业	023	-4.8		
6.纺织服装、服饰业	024	-1.3		
7.皮革、毛皮、羽毛及其制品和制鞋业	025	4.0		
8.木材加工和木、竹、藤、棕、草制品业和制鞋业	026	25.9		
9.家具制造业	027	6.8		
10.造纸和纸制品业	028	-15.2		
11.印刷和记录媒介复制业	029	-0.2		
12.文教、工美、体育和娱乐用品制造业	030	8.6		
13.石油、煤炭及其他燃料加工业	031	13.4		
14.化学原料和化学制品制造业	032			
15.医药制造业	033	-11.6		
17.橡胶和塑料制品业	035	4.5		
18.非金属矿物制品业	036	9.1	4.1	-100.0
19.黑色金属冶炼和压延加工业	037	6.3		
20.有色金属冶炼和压延加工业	038	2.6		
21.金属制品业	039	-1.9		
22.通用设备制造业	040	-0.3		
23.专用设备制造业	041	14.4		
24.汽车制造业	042	7.5		
25.铁路、船舶、航空航天和其他运输设备制造业	043	5.0		

人数人员平均工资(全部四上单位同比)(三)

增长率(%)

股份合作	联营	有限责任	股份有限	私营	其他	港澳台商投资	外商投资
-100.0	-13.0	7.0	4.2	9.5	-1.3	-23.4	5.6
-100.0	-13.0	7.0	4.2	9.5	-1.3	-23.4	5.6
		15.3	10.4	-5.6			
			-100.0	15.7			
		12.0	10.4	-6.8			
-100.0	-11.3	19.9	11.5	1.4		-23.8	-1.3
-100.0		5.3	-25.1	8.1		-50.4	
		-4.4	20.7			-2.9	
		38.5	-20.0	-1.5			-9.6
		-13.8	66.0	-5.6		-1.2	-3.2
		3.3	-100.0	0.6		-17.8	
		-33.7		11.1		-7.4	
		59.6		-7.0			
		4.1	-100.0	20.4			-100.0
		-12.6		30.6			
		-26.5	-9.5	6.5			
		4.0	-100.0	5.3		7.4	-10.8
		18.7		9.8			
		25.2	-34.1	-6.8			29.0
		10.7	13.4	-0.3		-32.1	-56.2
		-30.0	6.6	10.7			-100.0
	-11.3	15.6	-31.1	12.7			2.9
			-100.0	11.3			
		-25.8		8.6			
		42.4	22.8	-21.8			-100.0
		2.0	-0.6	1.8			
		-9.4	84.6	0.8			
		109.7	-18.8	2.0		-5.8	-0.4
		21.3	-100.0	-0.7			

2020年分行业大类分登记注册类型从业

指标名称	代码	增长率(%) 合计	国有	集体
26.电气机械和器材制造业	044	7.3		
27.计算机、通信和其他电子设备制造业	045	16.3		
28.仪器仪表制造业	046	-7.2		
29.其他制造业	047	-12.0		
30.废弃资源综合利用业	048	-1.3		
31.金属制品、机械和设备修理业	049	25.4		
(四)电力、热力、燃气及水生产和供应业	050	4.8	-0.9	
1.电力、热力生产和供应业	051	4.4		
2.燃气生产和供应业	052	22.4		
3.水的生产和供应业	053	-0.4	-3.8	
(五)建筑业	054	6.0	-4.0	8.3
1.房屋建筑业	055	6.8	-1.7	8.3
2.土木工程建筑业	056	-1.3	-9.7	
3.建筑安装业	057	-23.1		
4.建筑装饰、装修和其他建筑业	058	-6.5		
(六)批发和零售业	059	-1.0	0.4	1.3
1.批发业	060	-22.8	3.1	
2.零售业	061	-2.6	-10.0	1.3
(七)交通运输、仓储和邮政业	062	6.9	5.6	
2.道路运输业	064	-0.4	-11.2	
3.水上运输业	065			
7.装卸搬运和仓储业	069	18.5	-3.6	
8.邮政业	070	-0.5	-0.5	
(八)住宿和餐饮业	071	-3.5		-20.5
1.住宿业	072	-6.1		-20.5
2.餐饮业	073	-1.1		
(九)信息传输、软件和信息技术服务业	074	7.3		
1.电信、广播电视和卫星传输服务	075	7.3		
(十一)房地产业	083	3.5	-7.8	

人数人员平均工资(全部四上单位同比)(三)续

增长率(%)

股份合作	联营	有限责任	股份有限	私营	其他	港澳台商投资	外商投资
		6.4	38.1	8.3			
		58.3	-100.0	10.9			
		-27.4		-3.2			
				-12.0			
		20.1		-4.8			
			-100.0	-3.6			
		-0.6	59.1	9.1		0.1	14.0
		-16.8	59.1	-20.5		5.8	42.9
		-23.0		33.8		-12.1	
		-1.8		25.5			
-100.0		-6.7	2.5	7.9	-100.0	-100.0	
-100.0		-6.6	3.5	7.5		-100.0	
		3.5	-7.1	21.3			
		-24.8		-0.1			
		-11.3	-100.0	-5.3	-100.0		
		8.2	34.8	4.4	-46.5	-5.2	-100.0
		-1.1	-4.5	7.8			
		0.1	9.0	4.2	-46.5	-5.2	-100.0
		12.4	-34.4	-14.2		-44.0	
		-1.8	-34.4	-14.5		-44.0	
		16.7					
		-4.5	-39.8	-2.2		1.8	-31.7
		-6.0	-39.8	-5.0		1.8	-31.7
		-3.2		0.2			
		10.4	2.0			-8.5	16.9
		10.4	2.0			-8.5	16.9
		13.1	-31.3	0.3		2.2	

2020年分行业大类分登记注册类型从业

指标名称	代码	增长率(%) 合计	国有	集体
其中:(1)房地产开发经营	084	6.5	-7.8	
(2)物业管理	085	-12.6		
(十二)租赁和商务服务业	088	20.2		
1.租赁业	089	-9.0		
2.商务服务业	090	21.0		
(十三)科学研究和技术服务业	091	-9.5	-7.2	
2.专业技术服务业	093	-18.3	-7.2	
3.科技推广和应用服务业	094	-28.4		
(十四)水利、环境和公共设施管理业	095	12.0		
2.生态保护和环境治理业	097	104.0		
3.公共设施管理业	098	0.5		
4.土地管理业	099	32.3		
(十五)居民服务、修理和其他服务业	100	10.9		
1.居民服务业	101	-1.3		
2.机动车、电子产品和日用产品修理业	102	17.8		
3.其他服务业	103	2.0		
(十六)教育	104	-4.7	-9.3	
其中:(1)学前教育	105	-100.0		
(3)中等教育	107	-1.7		
(6)技能培训、教育辅助及其他教育	110	-9.4	-9.3	
(十七)卫生和社会工作	111	10.4		
1.卫生	112	9.2		
2.社会工作	113	6.4		
(十八)文化、体育和娱乐业	114	-4.5		
2.广播、电视、电影和录音制作业	116	-6.8		
3.文化艺术业	117	-4.3		
4.体育	118	-16.1		
5.娱乐业	119	-0.1		

人数人员平均工资(全部四上单位同比)(三)续

增长率(%)

股份合作	联营	有限责任	股份有限	私营	其他	港澳台商投资	外商投资
		14.2	−31.3	4.2		2.2	
		−29.3		−6.6			
		27.0		29.6			
				−9.0			
		27.0		31.2			
		−28.5		27.9	−28.4		
		−28.5		27.9			
					−28.4		
		11.0		−16.0			
		104.0					
		−1.2		−16.0			
		32.3					
				10.9			
				−1.3			
				17.8			
				2.0			
				−8.3	−2.5		
					−100.0		
				−2.4	−2.2		
				−9.3			
		−6.8		9.7	23.4		
		−6.8		14.4			
				−4.8	23.4		
		−7.7	−4.3	−3.5			
		−2.0		−23.0			
			−4.3				
				−14.6			
		−36.7		1.3			

2020年分行业大类分登记注册类型从业

指标名称	代码	从业人员工资总额(千元) 合计	国有	集体
总计	001	21759576	667666	94804
1.企业	002	21759576	667666	94804
(二)采矿业	010	116889	1386	976
3.黑色金属矿采选业	013	6926		
5.非金属矿采选业	015	109963	1386	976
(三)制造业	018	7234372	13983	
1.农副食品加工业	019	355426	3060	
2.食品制造业	020	272196		
3.酒、饮料和精制茶制造业	021	153166	5712	
5.纺织业	023	496078		
6.纺织服装、服饰业	024	273681		
7.皮革、毛皮、羽毛及其制品和制鞋业	025	69005		
8.木材加工和木、竹、藤、棕、草制品业和制鞋业	026	143258		
9.家具制造业	027	246630		
10.造纸和纸制品业	028	60484		
11.印刷和记录媒介复制业	029	101780		
12.文教、工美、体育和娱乐用品制造业	030	352798		
13.石油、煤炭及其他燃料加工业	031	6111		
14.化学原料和化学制品制造业	032	462988		
15.医药制造业	033	857195		
17.橡胶和塑料制品业	035	120813		
18.非金属矿物制品业	036	1444375	5211	
19.黑色金属冶炼和压延加工业	037	20129		
20.有色金属冶炼和压延加工业	038	94754		
21.金属制品业	039	565718		
22.通用设备制造业	040	124120		
23.专用设备制造业	041	176294		
24.汽车制造业	042	319025		
25.铁路、船舶、航空航天和其他运输设备制造业	043	40859		

人数人员平均工资(全部四上单位同比)(四)

从业人员工资总额(千元)

股份合作	联营	有限责任	股份有限	私营	其他	港澳台商投资	外商投资
	7344	3917663	1290414	14899969	43381	509831	328504
	7344	3917663	1290414	14899969	43381	509831	328504
		31954	1612	80961			
				6926			
		31954	1612	74035			
	6568	1678460	407438	4550510		383568	193845
		90135	9668	205399		47164	
		6861	4173	233600		27562	
		8461	2612	127697			8684
		86502	13675	367666		22135	6100
		43220		229223		1238	
		3120		49320		16565	
		93444		49814			
		183611		63019			
		48218		12266			
		10842	23075	51366			16497
		9164		325249		13816	4569
		1604		4507			
		120771	10070	328083			4064
		247113	151463	197452		247372	13795
		3495	46772	70546			
	6568	152860	23423	1221317			34996
				20129			
		11704		83050			
		309172	22585	233961			
		19595	12138	92387			
		29402	60344	86548			
		52370	14265	139534		7716	105140
		16593		24266			

2020年分行业大类分登记注册类型从业

指标名称	代码	从业人员工资总额(千元) 合计	国有	集体
26.电气机械和器材制造业	044	197981		
27.计算机、通信和其他电子设备制造业	045	170007		
28.仪器仪表制造业	046	18135		
29.其他制造业	047	9064		
30.废弃资源综合利用业	048	80827		
31.金属制品、机械和设备修理业	049	1475		
(四)电力、热力、燃气及水生产和供应业	050	235252	61302	
1.电力、热力生产和供应业	051	88956	4512	
2.燃气生产和供应业	052	35986		
3.水的生产和供应业	053	110310	56790	
(五)建筑业	054	11152306	158159	66666
1.房屋建筑业	055	10389705	63457	66666
2.土木工程建筑业	056	508237	94702	
3.建筑安装业	057	68994		
4.建筑装饰、装修和其他建筑业	058	185370		
(六)批发和零售业	059	1090708	174837	19236
1.批发业	060	595919	162575	
2.零售业	061	494789	12262	19236
(七)交通运输、仓储和邮政业	062	376126	214482	
2.道路运输业	064	153229	8294	
3.水上运输业	065	1278		
7.装卸搬运和仓储业	069	16056	625	
8.邮政业	070	205563	205563	
(八)住宿和餐饮业	071	206614		7776
1.住宿业	072	101196		7776
2.餐饮业	073	105418		
(九)信息传输、软件和信息技术服务业	074	290295		
1.电信、广播电视和卫星传输服务	075	290295		
(十一)房地产业	083	553718	24241	150

538

人数人员平均工资(全部四上单位同比)(四)续

从业人员工资总额(千元)

股份合作	联营	有限责任	股份有限	私营	其他	港澳台商投资	外商投资
		25380	13175	159426			
		56812		113195			
		2475		15660			
				9064			
		45536		35291			
				1475			
	776	89462	9574	39573		28661	5904
	776	31469	9574	17267		20634	4724
		19647		7132		8027	1180
		38346		15174			
		1407581	514476	9005424			
		1166166	504015	8589401			
		165174	10461	237900			
		32978		36016			
		43263		142107			
		282358	225081	369105	1160	18931	
		181993	181900	69451			
		100365	43181	299654	1160	18931	
		56483	5550	68305		31306	
		41052	5550	67027		31306	
				1278			
		15431					
		27598	280	161092		8903	965
		14217	280	69055		8903	965
		13381		92037			
		13170	113136			37299	126690
		13170	113136			37299	126690
		220306	7014	299744		1163	1100

2020年分行业大类分登记注册类型从业

指标名称	代码	从业人员工资总额(千元) 合计	国有	集体
其中:(1)房地产开发经营	084	522586	24241	150
(2)物业管理	085	31132		
(十二)租赁和商务服务业	088	247921	7345	
1.租赁业	089	1597		
2.商务服务业	090	246324	7345	
(十三)科学研究和技术服务业	091	41464	7776	
2.专业技术服务业	093	40840	7776	
3.科技推广和应用服务业	094	624		
(十四)水利、环境和公共设施管理业	095	43905		
2.生态保护和环境治理业	097	7134		
3.公共设施管理业	098	31130		
4.土地管理业	099	5641		
(十五)居民服务、修理和其他服务业	100	9521		
1.居民服务业	101	3976		
2.机动车、电子产品和日用产品修理业	102	3702		
3.其他服务业	103	1843		
(十六)教育	104	62066	4155	
其中:(1)学前教育	105			
(3)中等教育	107	43845		
(6)技能培训、教育辅助及其他教育	110	18221	4155	
(十七)卫生和社会工作	111	38282		
1.卫生	112	32852		
2.社会工作	113	5430		
(十八)文化、体育和娱乐业	114	60137		
2.广播、电视、电影和录音制作业	116	7429		
3.文化艺术业	117	6253		
4.体育	118	12046		
5.娱乐业	119	34409		

人数人员平均工资(全部四上单位同比)(四)续

从业人员工资总额(千元)

股份合作	联营	有限责任	股份有限	私营	其他	港澳台商投资	外商投资
		216586	7014	272332		1163	1100
		3720		27412			
		27068		213508			
				1597			
		27068		211911			
		29864		3200	624		
		29864		3200			
					624		
		38304		5601			
		7134					
		25529		5601			
		5641					
				9521			
				3976			
				3702			
				1843			
				18782	39129		
				4716	39129		
				14066			
		6664		29150	2468		
		6664		26188			
				2962	2468		
		8391	6253	45493			
		6060		1369			
			6253				
		126		11920			
		2205		32204			

2020年分行业大类分登记注册类型从业

指标名称	代码	从业人员平均人数(人) 合计	国有	集体
总计	001	396011	8913	2277
1.企业	002	396011	8913	2277
(二)采矿业	010	2086	35	20
3.黑色金属矿采选业	013	128		
5.非金属矿采选业	015	1958	35	20
(三)制造业	018	141905	385	
1.农副食品加工业	019	7501	110	
2.食品制造业	020	4696		
3.酒、饮料和精制茶制造业	021	3661	124	
5.纺织业	023	11945		
6.纺织服装、服饰业	024	6452		
7.皮革、毛皮、羽毛及其制品和制鞋业	025	1822		
8.木材加工和木、竹、藤、棕、草制品业和制鞋业	026	2881		
9.家具制造业	027	4035		
10.造纸和纸制品业	028	1014		
11.印刷和记录媒介复制业	029	2262		
12.文教、工美、体育和娱乐用品制造业	030	7040		
13.石油、煤炭及其他燃料加工业	031	102		
14.化学原料和化学制品制造业	032	7470		
15.医药制造业	033	17831		
17.橡胶和塑料制品业	035	2562		
18.非金属矿物制品业	036	27436	151	
19.黑色金属冶炼和压延加工业	037	393		
20.有色金属冶炼和压延加工业	038	1795		
21.金属制品业	039	9069		
22.通用设备制造业	040	2957		
23.专用设备制造业	041	3224		
24.汽车制造业	042	5571		
25.铁路、船舶、航空航天和其他运输设备制造业	043	890		

人数人员平均工资(全部四上单位同比)(五)

从业人员平均人数(人)

股份合作	联营	有限责任	股份有限	私营	其他	港澳台商投资	外商投资
		154	68002	24999	274279	917	12683	3787
		154	68002	24999	274279	917	12683	3787
			457	28	1546			
					128			
			457	28	1418			
	140	26933	7462	93546		10807	2632
		1536	243	4459		1153	
		211	105	3934		446	
		173	65	3175			124
		2281	207	8708		550	199
		934		5478		40	
		108		1154		560	
		1616		1265			
		2782		1253			
		697		317			
		226	442	1234			360
		245		6347		393	55
		27		75			
		1873	337	5220			40
		3626	2683	3806		7476	240
		88	962	1512			
	140	2468	416	23972			289
				393			
		236		1559			
		4143	436	4490			
		396	384	2177			
		608	690	1926			
		581	277	3199		189	1325
		256		634			

2020年分行业大类分登记注册类型从业

指标名称	代码	从业人员平均人数（人）		
		合计	国有	集体
26.电气机械和器材制造业	044	4092		
27.计算机、通信和其他电子设备制造业	045	3427		
28.仪器仪表制造业	046	358		
29.其他制造业	047	241		
30.废弃资源综合利用业	048	1148		
31.金属制品、机械和设备修理业	049	30		
（四）电力、热力、燃气及水生产和供应业	050	3839	900	
1.电力、热力生产和供应业	051	1323	41	
2.燃气生产和供应业	052	496		
3.水的生产和供应业	053	2020	859	
（五）建筑业	054	190332	3497	1485
1.房屋建筑业	055	174222	1018	1485
2.土木工程建筑业	056	10822	2479	
3.建筑安装业	057	1337		
4.建筑装饰、装修和其他建筑业	058	3951		
（六）批发和零售业	059	22473	1192	486
1.批发业	060	9686	837	
2.零售业	061	12787	355	486
（七）交通运输、仓储和邮政业	062	5849	2196	
2.道路运输业	064	3767	271	
3.水上运输业	065	28		
7.装卸搬运和仓储业	069	147	18	
8.邮政业	070	1907	1907	
（八）住宿和餐饮业	071	5941		281
1.住宿业	072	2911		281
2.餐饮业	073	3030		
（九）信息传输、软件和信息技术服务业	074	2935		
1.电信、广播电视和卫星传输服务	075	2935		
（十一）房地产业	083	9985	444	5

人数人员平均工资(全部四上单位同比)(五)续

从业人员平均人数(人)

股份合作	联营	有限责任	股份有限	私营	其他	港澳台商投资	外商投资
		483	215	3394			
		763		2664			
		63		295			
				241			
		513		635			
				30			
	14	1456	178	708		536	47
	14	382	178	311		367	30
		202		108		169	17
		872		289			
		27038	9618	148694			
		22522	9418	139779			
		2959	200	5184			
		628		709			
		929		3022			
		4974	5870	9488	38	425	
		2895	4410	1544			
		2079	1460	7944	38	425	
		1315	185	1803		350	
		1186	185	1775		350	
				28			
		129					
		783	16	4624		186	51
		407	16	1970		186	51
		376		2654			
		220	1326			358	1031
		220	1326			358	1031
		3333	177	5979		21	26

2020年分行业大类分登记注册类型从业

指标名称	代码	从业人员平均人数(人) 合计	国有	集体
其中:(1)房地产开发经营	084	8743	444	5
(2)物业管理	085	1242		
(十二)租赁和商务服务业	088	5687	69	
1.租赁业	089	31		
2.商务服务业	090	5656	69	
(十三)科学研究和技术服务业	091	456	116	
2.专业技术服务业	093	436	116	
3.科技推广和应用服务业	094	20		
(十四)水利、环境和公共设施管理业	095	740		
2.生态保护和环境治理业	097	80		
3.公共设施管理业	098	586		
4.土地管理业	099	74		
(十五)居民服务、修理和其他服务业	100	203		
1.居民服务业	101	69		
2.机动车、电子产品和日用产品修理业	102	72		
3.其他服务业	103	62		
(十六)教育	104	1366	79	
其中:(1)学前教育	105			
(3)中等教育	107	951		
(6)技能培训、教育辅助及其他教育	110	415	79	
(十七)卫生和社会工作	111	734		
1.卫生	112	581		
2.社会工作	113	153		
(十八)文化、体育和娱乐业	114	1480		
2.广播、电视、电影和录音制作业	116	195		
3.文化艺术业	117	139		
4.体育	118	289		
5.娱乐业	119	857		

人数人员平均工资(全部四上单位同比)(五)续

从业人员平均人数(人)

股份合作	联营	有限责任	股份有限	私营	其他	港澳台商投资	外商投资
		3244	177	4826		21	26
		89		1153			
		380		5238			
				31			
		380		5207			
		274		46	20		
		274		46			
					20		
		559		181			
		80					
		405		181			
		74					
				203			
				69			
				72			
				62			
				488	799		
				152	799		
				336			
		98		576	60		
		98		483			
				93	60		
		182	139	1159			
		144		51			
			139				
		8		281			
		30		827			

2020年分行业大类分登记注册类型从业

指标名称	代码	工资总额去年同期(千元)		
		合计	国有	集体
总计	001	15186451	505524	136354
1.企业	002	15186451	505524	136354
(二)采矿业	010	110485		4624
3.黑色金属矿采选业	013	6843		
5.非金属矿采选业	015	103642		4624
(三)制造业	018	6900658	21523	875
1.农副食品加工业	019	371974	9319	
2.食品制造业	020	264868		
3.酒、饮料和精制茶制造业	021	166174	7200	
5.纺织业	023	569042		
6.纺织服装、服饰业	024	332217		
7.皮革、毛皮、羽毛及其制品和制鞋业	025	77602		
8.木材加工和木、竹、藤、棕、草制品业和制鞋业	026	186847		
9.家具制造业	027	249688		
10.造纸和纸制品业	028	69627		
11.印刷和记录媒介复制业	029	102258		
12.文教、工美、体育和娱乐用品制造业	030	344380		
13.石油、煤炭及其他燃料加工业	031	4069		
14.化学原料和化学制品制造业	032	379064		
15.医药制造业	033	590311		
17.橡胶和塑料制品业	035	135868		
18.非金属矿物制品业	036	1340872	5004	875
19.黑色金属冶炼和压延加工业	037	19844		
20.有色金属冶炼和压延加工业	038	93700		
21.金属制品业	039	558240		
22.通用设备制造业	040	137253		
23.专用设备制造业	041	153875		
24.汽车制造业	042	277049		
25.铁路、船舶、航空航天和其他运输设备制造业	043	40079		

人数人员平均工资(全部四上单位同比)(六)

工资总额去年同期(千元)

股份合作	联营	有限责任	股份有限	私营	其他	港澳台商投资	外商投资
1893	10248	4764969	1031998	8069852	51151	324168	290294
1893	10248	4764969	1031998	8069852	51151	324168	290294
		12794	2450	90617			
		2308		4535			
		10486	2450	86082			
1893	7245	1636596	618893	4215080		213661	184892
1893		94922	42246	189277		34317	
		22098	17578	199152		26040	
		12711	29098	104774			12391
		145289	46412	340586		28555	8200
		77913	40892	211717		1695	
		13775		34587		29240	
		79837		107010			
		195089	2218	45353			7028
		64383		5244			
		16648	21286	64324			
		37371	2917	284007		15521	4564
		1552		2517			
		81346	17596	276972			3150
		207241	105273	202228		70319	5250
		16839	44273	63747			11009
	7245	162877	91086	1040371			33414
			4250	15594			
		16376		77324			
		47495	20333	488427			1985
		47060	16955	73238			
		61736	3363	88776			
		32885	27465	110824		7974	97901
		22916	1207	15956			

2020 年分行业大类分登记注册类型从业

指标名称	代码	工资总额去年同期(千元) 合计	国有	集体
26. 电气机械和器材制造业	044	175981		
27. 计算机、通信和其他电子设备制造业	045	135621		
28. 仪器仪表制造业	046	19167		
29. 其他制造业	047	13633		
30. 废弃资源综合利用业	048	73914		
31. 金属制品、机械和设备修理业	049	17441		
(四)电力、热力、燃气及水生产和供应业	050	172120	51255	
1. 电力、热力生产和供应业	051	65054		
2. 燃气生产和供应业	052	14820		
3. 水的生产和供应业	053	92246	51255	
(五)建筑业	054	5574306	94359	99121
1. 房屋建筑业	055	4955346	28930	99121
2. 土木工程建筑业	056	341734	65429	
3. 建筑安装业	057	122395		
4. 建筑装饰、装修和其他建筑业	058	154831		
(六)批发和零售业	059	860685	160696	20662
1. 批发业	060	325316	148803	
2. 零售业	061	535369	11893	20662
(七)交通运输、仓储和邮政业	062	290534	152476	
2. 道路运输业	064	139591	11577	
3. 水上运输业	065			
7. 装卸搬运和仓储业	069	10692	648	
8. 邮政业	070	140251	140251	
(八)住宿和餐饮业	071	236232		11072
1. 住宿业	072	116162		11072
2. 餐饮业	073	120070		
(九)信息传输、软件和信息技术服务业	074	256270		
1. 电信、广播电视和卫星传输服务	075	256270		
(十一)房地产业	083	455993	17224	

人数人员平均工资(全部四上单位同比)(六)续

工资总额去年同期(千元)

股份合作	联营	有限责任	股份有限	私营	其他	港澳台商投资	外商投资
		45465	55552	74964			
		62623	12880	60118			
		6281		12886			
				13633			
		63868		10046			
			16013	1428			
		53820	7165	28643		28151	3086
		23774	7165	12005		19024	3086
		2780		2913		9127	
		27266		13725			
	3003	2290821	215157	2870730	303	812	
	3003	1964657	182199	2676624		812	
		176450	32098	67757			
		108818		13577			
		40896	860	112772	303		
		336878	57048	260089	5078	18754	1480
		113471	7126	55916			
		223407	49922	204173	5078	18754	1480
		85157	7312	30906		14683	
		75113	7312	30906		14683	
		10044					
		52250	2208	160359		8931	1412
		19964	2208	72575		8931	1412
		32286		87784			
		12368	106332			38146	99424
		12368	106332			38146	99424
		183114	8477	246148		1030	

2020年分行业大类分登记注册类型从业

指标名称	代码	工资总额去年同期(千元)		
		合计	国有	集体
其中:(1)房地产开发经营	084	433252	17224	
(2)物业管理	085	22741		
(十二)租赁和商务服务业	088	76276		
1.租赁业	089	1585		
2.商务服务业	090	74691		
(十三)科学研究和技术服务业	091	36987	3178	
2.专业技术服务业	093	33804	3178	
3.科技推广和应用服务业	094	3183		
(十四)水利、环境和公共设施管理业	095	45197		
2.生态保护和环境治理业	097	1355		
3.公共设施管理业	098	38944		
4.土地管理业	099	4898		
(十五)居民服务、修理和其他服务业	100	6934		
1.居民服务业	101	2043		
2.机动车、电子产品和日用产品修理业	102	3405		
3.其他服务业	103	1486		
(十六)教育	104	62621	4813	
其中:(1)学前教育	105	3553		
(3)中等教育	107	38517		
(6)技能培训、教育辅助及其他教育	110	20551	4813	
(十七)卫生和社会工作	111	38363		
1.卫生	112	31690		
2.社会工作	113	6673		
(十八)文化、体育和娱乐业	114	62790		
2.广播、电视、电影和录音制作业	116	9893		
3.文化艺术业	117	6956		
4.体育	118	12216		
5.娱乐业	119	33725		

人数人员平均工资(全部四上单位同比)(六)续

工资总额去年同期(千元)

股份合作	联营	有限责任	股份有限	私营	其他	港澳台商投资	外商投资
		178618	8477	227903		1030	
		4496		18245			
		23047		53229			
				1585			
		23047		51644			
		26383		4243	3183		
		26383		4243			
					3183		
		34139		11058			
		1355					
		27886		11058			
		4898					
				6934			
				2043			
				3405			
				1486			
				20221	37587		
					3553		
				4483	34034		
				15738			
		7665		25698	5000		
		7665		24025			
				1673	5000		
		9937	6956	45897			
		7732		2161			
			6956				
				12216			
		2205		31520			

2020 年分行业大类分登记注册类型从业

指标名称	代码	从业人员年平均人数(人) 合计	国有	集体
总计	001	292926	6525	3383
1.企业	002	292926	6525	3383
（二）采矿业	010	1995		104
3.黑色金属矿采选业	013	140		
5.非金属矿采选业	015	1855		104
（三）制造业	018	139874	611	41
1.农副食品加工业	019	7815	410	
2.食品制造业	020	4948		
3.酒、饮料和精制茶制造业	021	3715	50	
5.纺织业	023	13044		
6.纺织服装、服饰业	024	7731		
7.皮革、毛皮、羽毛及其制品和制鞋业	025	2130		
8.木材加工和木、竹、藤、棕、草制品业和制鞋业	026	4730		
9.家具制造业	027	4364		
10.造纸和纸制品业	028	990		
11.印刷和记录媒介复制业	029	2269		
12.文教、工美、体育和娱乐用品制造业	030	7460		
13.石油、煤炭及其他燃料加工业	031	77		
14.化学原料和化学制品制造业	032	6113		
15.医药制造业	033	10853		
17.橡胶和塑料制品业	035	3010		
18.非金属矿物制品业	036	27786	151	41
19.黑色金属冶炼和压延加工业	037	412		
20.有色金属冶炼和压延加工业	038	1822		
21.金属制品业	039	8775		
22.通用设备制造业	040	3260		
23.专用设备制造业	041	3218		
24.汽车制造业	042	5202		
25.铁路、船舶、航空航天和其他运输设备制造业	043	917		

人数人员平均工资（全部四上单位同比）（七）

从业人员年平均人数（人）

股份合作	联营	有限责任	股份有限	私营	其他	港澳台商投资	外商投资
51	187	88477	20831	162695	1067	6177	3533
51	187	88477	20831	162695	1067	6177	3533
		211	47	1633			
		43		97			
		168	47	1536			
51	137	31474	12642	87854		4587	2477
51		1703	795	4440		416	
		650	534	3355		409	
		360	579	2566			160
		3301	1166	7617		701	259
		1739	858	5089		45	
		316		899		915	
		2204		2526			
		3076	75	1086			127
		813		177			
		255	369	1645			
		1039	62	5836		474	49
		31		46			
		1580	388	4105			40
		3367	2115	3888		1443	40
		297	971	1513			229
	137	3040	1115	23018			284
			73	339			
		245		1577			
		906	482	7327			60
		970	533	1757			
		1156	71	1991			
		765	433	2591		184	1229
		429	74	414			

555

2020年分行业大类分登记注册类型从业

指标名称	代码	从业人员年平均人数(人)		
		合计	国有	集体
26.电气机械和器材制造业	044	3902		
27.计算机、通信和其他电子设备制造业	045	3180		
28.仪器仪表制造业	046	351		
29.其他制造业	047	319		
30.废弃资源综合利用业	048	1036		
31.金属制品、机械和设备修理业	049	445		
(四)电力、热力、燃气及水生产和供应业	050	2943	746	
1.电力、热力生产和供应业	051	1010		
2.燃气生产和供应业	052	250		
3.水的生产和供应业	053	1683	746	
(五)建筑业	054	100795	2002	2391
1.房屋建筑业	055	88706	456	2391
2.土木工程建筑业	056	7179	1546	
3.建筑安装业	057	1825		
4.建筑装饰、装修和其他建筑业	058	3085		
(六)批发和零售业	059	17555	1100	529
1.批发业	060	4081	790	
2.零售业	061	13474	310	529
(七)交通运输、仓储和邮政业	062	4828	1648	
2.道路运输业	064	3418	336	
3.水上运输业	065			
7.装卸搬运和仓储业	069	116	18	
8.邮政业	070	1294	1294	
(八)住宿和餐饮业	071	6553		318
1.住宿业	072	3139		318
2.餐饮业	073	3414		
(九)信息传输、软件和信息技术服务业	074	2780		
1.电信、广播电视和卫星传输服务	075	2780		
(十一)房地产业	083	8514	291	

人数人员平均工资(全部四上单位同比)(七)续

从业人员年平均人数(人)

股份合作	联营	有限责任	股份有限	私营	其他	港澳台商投资	外商投资
		921	1252	1729			
		1331	280	1569			
		116		235			
				319			
		864		172			
			417	28			
		871	212	559		527	28
		240	212	172		358	28
		22		59		169	
		609		328			
	50	41057	4123	51137	7	28	
	50	35448	3525	46808		28	
		3272	570	1791			
		1558		267			
		779	28	2271	7		
		6420	2005	6982	89	399	31
		1786	165	1340			
		4634	1840	5642	89	399	31
		2228	160	700		92	
		2130	160	700		92	
		98					
		1415	76	4503		190	51
		537	76	1967		190	51
		878		2536			
		228	1271			335	946
		228	1271			335	946
		3132	147	4925		19	

557

2020年分行业大类分登记注册类型从业

指标名称	代码	从业人员年平均人数(人)		
		合计	国有	集体
其中:(1)房地产开发经营	084	7721	291	
（2）物业管理	085	793		
(十二)租赁和商务服务业	088	2104		
1.租赁业	089	28		
2.商务服务业	090	2076		
(十三)科学研究和技术服务业	091	368	44	
2.专业技术服务业	093	295	44	
3.科技推广和应用服务业	094	73		
(十四)水利、环境和公共设施管理业	095	853		
2.生态保护和环境治理业	097	31		
3.公共设施管理业	098	737		
4.土地管理业	099	85		
(十五)居民服务、修理和其他服务业	100	164		
1.居民服务业	101	35		
2.机动车、电子产品和日用产品修理业	102	78		
3.其他服务业	103	51		
(十六)教育	104	1313	83	
其中:(1)学前教育	105	68		
（3）中等教育	107	821		
（6）技能培训、教育辅助及其他教育	110	424	83	
(十七)卫生和社会工作	111	812		
1.卫生	112	612		
2.社会工作	113	200		
(十八)文化、体育和娱乐业	114	1475		
2.广播、电视、电影和录音制作业	116	242		
3.文化艺术业	117	148		
4.体育	118	246		
5.娱乐业	119	839		

人数人员平均工资(全部四上单位同比)(七)续

从业人员年平均人数(人)

股份合作	联营	有限责任	股份有限	私营	其他	港澳台商投资	外商投资
		3056	147	4208		19	
		76		717			
		411		1693			
				28			
		411		1665			
		173		78	73		
		173		78			
					73		
		553		300			
		31					
		437		300			
		85					
				164			
				35			
				78			
				51			
				482	748		
					68		
				141	680		
				341			
		105		557	150		
		105		507			
				50	150		
		199	148	1128			
		180		62			
			148				
				246			
		19		820			

2020年分行业大类分登记注册类型从业

指标名称	代码	合计	国有	集体
从业人员期末人数		83640	2444	1676
（二）采矿业		612		20
3.黑色金属矿采选业		42		
5.非金属矿采选业		570		20
（三）制造业		33829	273	
1.农副食品加工业		1519	122	
2.食品制造业		474		
3.酒、饮料和精制茶制造业		412		
5.纺织业		2034		
6.纺织服装、服饰业		2523		
7.皮革、毛皮、羽毛及其制品和制鞋业		326		
8.木材加工和木、竹、藤、棕、草制品业		685		
9.家具制造业		877		
10.造纸和纸制品业		38		
11.印刷和记录媒介复制业		232		
12.文教、工美、体育和娱乐用品制造业		293		
13.石油、煤炭及其他燃料加工业		19		
14.化学原料和化学制品制造业		886		
15.医药制造业		10397		
17.橡胶和塑料制品业		1223		
18.非金属矿物制品业		7322	151	
19.黑色金属冶炼和压延加工业		131		
20.有色金属冶炼和压延加工业		386		
21.金属制品业		330		
22.通用设备制造业		492		
23.专用设备制造业		899		
24.汽车制造业		724		
26.电气机械和器材制造业		518		
27.计算机、通信和其他电子设备制造业		905		
28.仪器仪表制造业		63		

人员和工资情况(四上相同单位)(一)

股份合作	联营	有限责任	股份有限	私营	其他	港澳台商投资	外商投资
	140	16712	4404	50206	172	7686	200
		131	28	433			
				42			
		131	28	391			
	140	5760	3433	16738		7285	200
		308	179	910			
		135	107	232			
		120	64	228			
		220	209	1405			200
		403		2120			
				326			
		130		555			
		717		160			
				38			
		60		172			
		155		138			
				19			
		446	72	368			
		688	1446	978		7285	
			830	393			
	140	980	161	5890			
				131			
		233		153			
		145		185			
		240	72	180			
		296	37	566			
			256	468			
		93		425			
		291		614			
		63					

2020年分行业大类分登记注册类型从业

指标名称	代码	合计	国有	集体
29.其他制造业		43		
30.废弃资源综合利用业		78		
(四)电力、热力、燃气及水生产和供应业		1008	399	
1.电力、热力生产和供应业		400		
2.燃气生产和供应业		144		
3.水的生产和供应业		464	399	
(五)建筑业		38428	907	1170
1.房屋建筑业		34268		1170
2.土木工程建筑业		3228	907	
3.建筑安装业		153		
4.建筑装饰、装修和其他建筑业		779		
(六)批发和零售业		3120	188	486
1.批发业		417		
2.零售业		2703	188	486
(七)交通运输、仓储和邮政业		1693	270	
2.道路运输业		1693	270	
(八)住宿和餐饮业		1203		
1.住宿业		739		
2.餐饮业		464		
(十一)房地产业		1911	407	
其中:(1)房地产开发经营		1911	407	
(十二)租赁和商务服务业		543		
2.商务服务业		543		
(十三)科学研究和技术服务业		46		
2.专业技术服务业		46		
(十四)水利、环境和公共设施管理业		513		
3.公共设施管理业		484		
4.土地管理业		29		
(十五)居民服务、修理和其他服务业		14		
2.机动车、电子产品和日用产品修理业		14		

人员和工资情况(四上相同单位)(二)

股份合作	联营	有限责任	股份有限	私营	其他	港澳台商投资	外商投资
				43			
		37		41			
		222	178	131		78	
		222	178				
				66		78	
				65			
		8195	388	27768			
		6340	238	26520			
		1362	150	809			
				153			
		493		286			
		826	47	1573			
		217	47	153			
		609		1420			
		232	182	686		323	
		232	182	686		323	
		90		1113			
		90		649			
				464			
		785	9	710			
		785	9	710			
				543			
				543			
				46			
				46			
		388		125			
		359		125			
		29					
				14			
				14			

2020年分行业大类分登记注册类型从业

指标名称	代码	合计	国有	集体
（十六）教育		279		
（3）中等教育		172		
（6）技能培训、教育辅助及其他教育		107		
（十七）卫生和社会工作		107		
1. 卫生		57		
2. 社会工作		50		
（十八）文化、体育和娱乐业		334		
2. 广播、电视、电影和录音制作业		105		
3. 文化艺术业		139		
4. 体育		45		
5. 娱乐业		45		
其他从业人员平均工资	34	44381	41590	32191
（二）采矿业		11000		
5. 非金属矿采选业		11000		
（三）制造业		29837	34753	
1. 农副食品加工业		46333		
3. 酒、饮料和精制茶制造业		23172		
5. 纺织业		64333		
6. 纺织服装、服饰业		79909		
7. 皮革、毛皮、羽毛及其制品和制鞋业		47667		
8. 木材加工和木、竹、藤、棕、草制品业		22674		
11. 印刷和记录媒介复制业		41500		
12. 文教、工美、体育和娱乐用品制造业		58750		
14. 化学原料和化学制品制造业		66500		
15. 医药制造业		28825		
17. 橡胶和塑料制品业		122900		
18. 非金属矿物制品业		37008	34753	
22. 通用设备制造业		40000		
23. 专用设备制造业		21286		
24. 汽车制造业		32000		

人员和工资情况(四上相同单位)(三)

股份合作	联营	有限责任	股份有限	私营	其他	港澳台商投资	外商投资
				107	172		
					172		
				107			
				107			
				57			
				50			
		83	139	112			
		83		22			
			139				
				45			
				45			
		52437	67482	61929	42000	28823	
		11000					
		11000					
		46567	104653	36841		28824	
		46333					
			26833	20588			
				64333			
				79909			
				47667			
				22674			
				41500			
				58750			
		66500					
		30000				28824	
			134457	42000			
		72000	50000	38529			
		40000					
		41500		17917			
				32000			

2020年分行业大类分登记注册类型从业

指标名称	代码	合计	国有	集体
27.计算机、通信和其他电子设备制造业		54300		
(四)电力、热力、燃气及水生产和供应业		17647	17647	
3.水的生产和供应业		17647	17647	
(五)建筑业		66396		30508
1.房屋建筑业		68398		30508
2.土木工程建筑业		53597		
3.建筑安装业		42000		
4.建筑装饰、装修和其他建筑业		58543		
(六)批发和零售业		29357		68667
1.批发业		27000		
2.零售业		29444		68667
(七)交通运输、仓储和邮政业		34967		
2.道路运输业		34967		
(八)住宿和餐饮业		38000		
1.住宿业		34308		
2.餐饮业		41429		
(十一)房地产业		44651	46232	
其中:(1)房地产开发经营		44651	46232	
(十二)租赁和商务服务业		25217		
2.商务服务业		25217		
(十四)水利、环境和公共设施管理业		43333		
4.土地管理业		43333		
(十六)教育		42000		
(3)中等教育		42000		
(十七)卫生和社会工作		34000		
1.卫生		40000		
2.社会工作		25000		
(十八)文化、体育和娱乐业		66667		
4.体育		66667		

人员和工资情况(四上相同单位)(四)

股份合作	联营	有限责任	股份有限	私营	其他	港澳台商投资	外商投资
				54300			
		55021	49476	69148			
		49434	63400	70355			
		61267	48571	51372			
				42000			
		57585		67423			
		23000		24783			
				27000			
		23000		24682			
		47000	33000	34227		27667	
		47000	33000	34227		27667	
				38000			
				34308			
				41429			
		42152		41179			
		42152		41179			
				25217			
				25217			
		43333					
		43333					
						42000	
						42000	
				34000			
				40000			
				25000			
				66667			
				66667			

2020年分(县、市)规上高新技术产业现价增加值

单位:亿元、%

县市区	2020年	增长
黄冈市	241.05	-1.24
黄州区	61.69	12.22
团风县	13.83	3.42
红安县	10.30	-11.62
罗田县	7.83	-18.83
英山县	2.97	-38.40
浠水县	17.52	-1.33
蕲春县	29.84	8.49
黄梅县	14.11	1.77
龙感湖	0.84	-52.63
麻城市	37.62	-13.21
武穴市	44.49	-1.63

十三、交通运输与邮电

资料整理人员：杨　芳　罗小波

2020年交通、运输主要指标

指　　标	单位	2019年	2020年	增幅(%)
运输线路长度	－－			－－
铁路营运里程	公里	429.5	429.5	
公路营运里程	公里	32125.0	32925.0	2.49
#等级公路里程	公里	31682.0	32491.0	2.55
#高速公路	公里	700.0	754.0	7.71
一级公路	公里	605.7	687.9	13.59
二级公路	公里	2584.4	2663.4	3.06
内河航道里程	公里	698.0	698.0	
公路、水运货运量				
#公路	万吨	11364.0	10814.0	－4.84
水运	万吨	5308.0	5540.0	4.37
铁路货运量	万吨	347.10	597.90	72.26
公路、水运货物周转量				
#公路	亿吨公里	221.25	105.20	－52.45
水运	亿吨公里	277.01	253.14	－8.62
铁路货物周转量	亿吨公里			
公路、水运客运量	万人	7883	2241	－71.57
#公路	万人	7883	2241	－71.57
水运	万人			
铁路客运量	万人	1532.60	896.60	－41.50
公路、水运旅客周转量	亿人公里	40.10	11.59	－71.10
#公路	亿人公里	40.10	11.59	－71.10
水运	亿人公里			
铁路旅客周转量	亿人公里			

2020年全市民用车保有量

单位:辆

指标名称	总计				预约出租客运	总计中:			报废
		营运	非营运	校车		进口	个人	新注册	
合计	1195192	72120	1120823	2172	77	8875	1143148	154731	5174
一、汽车	531678	48601	480828	2172	77	8658	483284	41886	2548
1. 载客汽车	453320	10743	440328	2172	77	8619	429173	35801	1853
其中:大型	3666	2770	285	611	0	12	16	218	196
中型	3230	1293	376	1561	0	10	326	40	48
小型	445413	6680	438656	0	77	8562	427831	35532	1593
微型	1011	0	1011	0	0	35	1000	11	16
其中:轿车	262345	5745	256594	0	6	2673	251793	19019	884
2. 载货汽车	66752	33053	33699	0	0	36	44613	5667	613
其中:重型	13320	12834	486	0	0	2	3165	1002	198
中型	7790	7447	343	0	0	0	3764	228	80
轻型	45636	12772	32864	0	0	34	37678	4437	333
微型	6	0	6	0	0	0	6	0	2
其中:普通载货	0	0	0	0	0	0	0	0	0
3. 其他汽车	11606	4805	6801	0	0	3	9498	418	82
其中:三轮汽车	1352	254	1098	0	0	0	1331	166	5
低速货车	7821	4332	3489	0	0	0	7016	0	39
二、电车	0	0	0	0	0	0	0	0	0
1. 无轨	0	0	0	0	0	0	0	0	0
2. 有轨	0	0	0	0	0	0	0	0	0
三、摩托车	660745	20771	639974	0	0	217	659515	112612	2569
1. 普通	625710	20768	604942	0	0	217	624530	81807	2566
2. 轻便	35035	3	35032	0	0	0	34985	30805	3
四、拖拉机	0	0	0	0	0	0	0	0	0
五、挂车	2769	2748	21	0	0	0	349	233	57

2020年邮电通信基本情况

指标	单位	2020年	2019年	增幅(%)
邮电业务收入	亿元	50.78	47.70	6.5
邮政业务收入	亿元	19.29	17.06	13.1
电信业务收入	亿元	31.49	30.64	2.8
函件	万件	11.2	14.7	-23.8
报刊发行	万份	6529.62	6537.23	-0.001
快递(出口量)	万件	6585.32	4203.23	56.7
互联网宽带用户	万户	149.7	133.29	12.3
固定电话用户数	万户	36.74	42.02	-12.6
移动电话	万户	456.75	453.34	0.008

注:邮政业务不含邮政储蓄。

十四、文化、教育、卫生、妇女儿童、民政福利

资料整理人员：杨　芳　罗小波

2020 年分县(市、区)

	机构数(个)	从业人员(人)	专业技术人才	正高级职称	副高级职称	中级职称
黄冈市	12	212	152		5	91
黄州区	1	18	12			12
团风县	1	8	5			4
红安县	1	16	11			8
罗田县	1	22	18			8
英山县	1	11	9			2
浠水县	1	14	11		1	7
蕲春县	2	32	17			13
黄梅县	1	15	15			11
麻城市	1	39	20		1	10
武穴市	1	14	14			10
黄冈市本级	1	23	20		3	6

2020 年分县(市、区)

	总藏量(万册)		电子图书(万册)	本馆自建	本馆外购	免费共享
	在藏量中					
	开架书刊	少儿文献				
黄冈市	1994681	462896	124,179	99,706	79,319	11,660
黄州区	128504	41327	3,600	3,200	1,582	400
团风县	118363	66809	9,574	9,574	5,100	500
红安县	120000	43000	15,670	5,000	5,387	2,200
罗田县	182300	43200	3,005	3,005	5,700	400
英山县	60000	26000	3,545	1,756	2,892	120
浠水县	134520	24260	2,167	944	3,020	600
蕲春县	266926	43500	8,366	6,735	9,568	1,400
黄梅县	150000	40000	3,996	2,786	7,763	1,080
麻城市	198365	37536	3,290	1,826	7,500	1,000
武穴市	179494		53,721	52,624	12,080	1,824
黄冈市本级	456209	97264	17,245	12,256	18,727	2,136

公共图书馆基本情况(一)

总藏量(万册)	图书	盲文图书	古籍	善本	报刊	视听文献	缩微制品	其他
4196072	3471420	3454	34810	1209	390496	24299	510	274537
128504	110662		18		17766	32		26
172870	146833	0	0	0	6632	42	0	19363
209790	152550		10		48080	1550		7600
239800	220600		2000		16200	1000		
231820	141489		1396	224	37304	1344	510	49777
674828	566211	200	63		101666	1300		5588
341968	304056	150	3198	62	31761	1970	0	983
1090200	900000	104			200			190000
225000	190476		6543	382	19000	8981		
245174	178217				65377	380		1200
636118	560326	3000	21582	541	46510	7700		

公共图书馆基本情况(二)

书架单层总长度(米)	本年新购藏量(万册)	本年新增电子图书(万册)	当年购买的报刊种类(种)	有效借书证数(个)	总流通人次(万人次)	书刊文献外借人次	书刊文献外借册次(万册次)
27,619	13,096	3,746	58,119	6,312	1763	112	30
400	344	56	2,001	320	160	5	1
1,500	800	150	5,100	520	210		1
3,187	290	100	5,387	670	300	10	4
600	300	300	5,700	230	100		3
150	80	70		120	80	2	1
1,140	660	80	3,020	332	90	16	1
3,292	2,932	360	9,568	500	180	15	4
4,060	2,000	500	7,763	600	100	18	1
1,120	1,000	120	7,500	400	60		1
8,330	4,450	1,500	12,080	600	100	30	10
3,840	240	510		2,020	383	16	3

2020 年分县(市、区)

	为读者举办各种活动					
	组织各类讲座次数（次）	参加人次（万人次）	举办展览（个）	参加人次（万人次）	举办培训班（个）	参加人次（万人次）
黄冈市	1548	11	234409	379818	132	
黄州区	80	1	19500	26319	9	
团风县	25	1	35936	36987	13	
红安县	60	1	3030	4100		
罗田县	25	1	2800	3100	20	
英山县	11	1	12070	15110	11	
浠水县	500	1	1023	2122	15	
蕲春县	8	1	6000	5800	7	
黄梅县	40	1	1200	1500	15	
麻城市	8	1	3650	7830	20	
武穴市	250	1	8000	8000	12	
黄冈市本级	541	1	141200	268950	10	

2020 年分县(市、区)

	本年收入合计(千元)						
	财政补贴收入		上级补助收入	事业收入	经营收入	附属单位上缴收入	其他收入
	基建拨款	购书专项经费					
黄冈市	2000	2911	896				725
黄州区		27	6				29
团风县		216					
红安县			100				
罗田县		500	230				
英山县		130	200				457
浠水县		150					
蕲春县		180	230				132
黄梅县		600	100				
麻城市		208					
武穴市			30				107
黄冈市本级	2000	900					

公共图书馆基本情况(三)

开展基层培训辅导人次(万人次)	本单位受训人次(万人次)	计算机(台)	供读者使用电子阅览室终端数	图书馆网站访问量(页次)	本年收入合计(千元)	财政补贴收入	免费开放资金	中央资金
		664	452	6267361	33350	31729	1876	836
		57	50	4919539	2371	2336	100	100
		63	25	183732	1668	1668	220	120
		30	20	220	2000	1900		
		55	42	8600	2725	2495	180	100
		70	60	16086	2124	1467	130	
		65	40	36284	2823	2823	10	
		84	45	361900	2750	2388	290	
		40	20	240000	2379	2279		
		45	30	11000	2012	2012	180	100
		66	50	60000	2208	2071	200	100
		89	70	430000	10290	10290	566	316

公共图书馆基本情况(四)

本年支出合计(千元)	基本支出	项目支出	经营支出	在支出合计中：工资福利支出	商品和服务支出	差旅费	劳务费	福利费
29001	19322	8467		16139	5178	210	183	256
2371	1960	369		1862	92	2	48	40
1668	498			960	309	9	11	9
2000	1600	400		1380	90	10	50	30
2290	874	1416		845	546			
2124	2124			1163	594			
2823	1677	1146		1340	333	28	3	17
2750	2750			2290	180	80	6	90
2379	1699	680		1560	133			
2012	1624	388		1542	82			
1987	1243	744		974	611	43	55	54
6597	3273	3324		2223	2208	38	10	16

2020 年分县(市、区)

	本年支出合计(千元)						
	在支出合计中：						
	商品和服务支出 各种税金支出	对个人和家庭补助支出	抚恤金和生活补助	其他资本性支出	各种设备购置费	新增藏量购置费	新增数字资源购置费
黄冈市		408	13	4205	4062	2522	544
黄州区		6		84	84	57	
团风县		48		216	216	216	
红安县		21		509	509	40	
罗田县				698	620	300	
英山县		104		250	185	135	50
浠水县		4	4	150	150	150	
蕲春县		100		180	180	180	
黄梅县		6		680	680	630	50
麻城市				388	388	208	
武穴市				402	402	200	202
黄冈市本级		119	9	648	648	406	242

2020 年分县(市、区)

	阅览室坐席数（个）	少儿阅览室坐席数	盲人阅览室坐席数	志愿者服务队伍数(个)
黄冈市	6312	1763	112	30
黄州区	320	160	5	1
团风县	520	210		1
红安县	670	300	10	4
罗田县	230	100		3
英山县	120	80	2	1
浠水县	332	90	16	1
蕲春县	500	180	15	4
黄梅县	600	100	18	1
麻城市	400	60		1
武穴市	600	100	30	10
黄冈市本级	2020	383	16	3

公共图书馆基本情况（五）

资产总计（千元）	固定资产原值	实际使用公用房屋建筑面积（万平方米）	书库面积	阅览室面积	书刊阅览室面积	电子阅览室面积	实际拥有产权面积（万平方米）
124179	99706	79319	11660	27619	13096	3746	58119
3600	3200	1582	400	400	344	56	2001
9574	9574	5100	500	1500	800	150	5100
15670	5000	5387	2200	3187	290	100	5387
3005	3005	5700	400	600	300	300	5700
3545	1756	2892	120	150	80	70	
2167	944	3020	600	1140	660	80	3020
8366	6735	9568	1400	3292	2932	360	9568
3996	2786	7763	1080	4060	2000	500	7763
3290	1826	7500	1000	1120	1000	120	7500
53721	52624	12080	1824	8330	4450	1500	12080
17245	12256	18727	2136	3840	240	510	

公共图书馆基本情况（六）

志愿者服务队伍人数	图书馆延伸服务情况			
	流动图书车数（辆）	流动服务书刊借阅人次（万人次）	流动图书馆车书刊借阅册次（万册次）	分馆数量（个）
1548	11	234409	379818	132
80	1	19500	26319	9
25	1	35936	36987	13
60	1	3030	4100	
25	1	2800	3100	20
11	1	12070	15110	11
500	1	1023	2122	15
8	1	6000	5800	7
40	1	1200	1500	15
8	1	3650	7830	20
250	1	8000	8000	12
541	1	141200	268950	10

2020 年分县(市、区)

	机构数(个)	从业人员(人)	专业技术人才			
				正高级职称	副高级职称	中级职称
黄冈市	21	563	242	4	26	141
黄州区	2	28	13	0	1	11
团风县	2	22	3			1
红安县	3	217	70	1	7	42
罗田县	1	11	5			5
英山县	1	12	4			1
浠水县	3	29	22	0	4	15
蕲春县	2	44	26	0	2	15
黄梅县	1	16	11		1	9
麻城市	2	38	27		1	16
武穴市	1	13	9		1	5
黄冈市本级	3	133	52	3	9	21

2020 年分县(市、区)

	在藏品数中(件/套)			本年修复藏品数(件/套)	一级品	二级品	三级品
	本年新增藏品数(件/套)	本年从有关部门接收文物数(件/套)	本年藏品征集数(件/套)				
黄冈市	1,256	230	1,026	182	0	0	0
黄州区	230	230					
团风县	0		0	0			
红安县	47	0	47	0	0	0	0
罗田县							
英山县							
浠水县	0	0	0	0	0	0	0
蕲春县							
黄梅县	979		979	182			
麻城市							
武穴市							
黄冈市本级	0	0	0	0	0	0	0

文物业基本情况（一）

从业人员(人) 安全保卫人员	登记注册志愿者（人）	文物藏品（件/套）	一级品	二级品	三级品
129	1,367	144,935	133	466	3,484
7	23	3,565	13	22	589
5	14	7,684			
40	64	18,035	13	68	184
4	1	8,883	1	17	161
5	20	4,643	6	9	102
4	63	23,014	26	116	414
14	36	327	39	96	469
4	12	9,277	4	29	92
6	14	12,681	9	67	215
2	200	14,750	3	15	122
38	920	42,076	19	27	1,136

文物业基本情况（二）

基本陈列（个）	临时展览（个）	参观人次（万人次）	未成年人参观人次（万人次）	门票销售总额（千元）	本年收入合计（千元）	财政补助收入	基建拨款
73	43	283.446	81.178	0	109,181	76,471	35,200
6	7	17.830	3.535		6,458	4,811	100
5	4	31.100	8.716	0	1,465	600	100
16	5	133.856	15.720	0	26,387	13,521	0
1	2	2.275	1.025		1,767	1,767	
1	2	2.000	0.560		1,210	1,210	
6	4	15.105	8.815	0	6,919	4,770	
4	3	17.101	5.042		42,998	39,348	35,000
6	1	0.226	0.199		2,502	2,002	
8	1	49.031	31.118		2,237	2,037	0
3	2	5.100	2.400		2,379	2,191	
17	12	9.823	4.050	0	14,859	4,214	0

2020 年分县（市、区）

	本年收入合计（千元）				
	上级补助收入	事业收入	经营收入	附属单位上缴收入	其他收入
黄冈市	27,655	705	0	0	4,350
黄州区	1,618				29
团风县	308				557
红安县	8,868	650	0	0	3,348
罗田县					
英山县					
浠水县	2,056				93
蕲春县	3,460				190
黄梅县	500				
麻城市	200				
武穴市		55			133
黄冈市本级	10,645	0	0	0	0

2020 年分县（市、区）

	本年支出合计（千元）					
	在支出合计中：					
	商品和服务支出		对个人和家庭补助支出	抚恤金和生活补助	其他资本性支出	各种设备购置费
	福利费	各种税金支出				
黄冈市	91	16	1,235	2	1,943	342
黄州区	12					
团风县					20	
红安县	15	0	452	0	771	72
罗田县		5	225		850	
英山县			45			
浠水县	11		166	2		
蕲春县			150			
黄梅县			1			
麻城市						
武穴市	53		23		270	270
黄冈市本级	0	11	173	0	32	0

文物业基本情况(三)

本年支出合计(千元)	基本支出	项目支出	经营支出	在支出合计中:			
				工资福利支出	商品和服务支出	差旅费	劳务费
111,238	44,137	59,583	0	38,913	16,127	693	2,098
6,458	1,377	2,923		1,903	348	10	256
1,465	628	450		828	132	77	55
30,105	23,231	2,727	0	20,498	3,294	111	53
1,713	607	1,106		471	92	50	35
1,210	500	710		400	80	20	15
6,776	2,846	3,930		2,523	2,320	55	57
43,416	5,200	37,390		2,980	600	117	230
2,002	1,055	947		805	174	6	
2,237	2,237			2,137	100		
2,809	1,456	1,353		1,049	1,467	38	241
13,047	5,000	8,047	0	5,319	7,520	209	1,156

文物业基本情况(四)

资产总计(千元)	固定资产原值	实际使用房屋建筑面积(万平方米)	展览用房	文物库房	实际拥有产权面积(万平方米)
211,374	180,366	9.382	5.423	0.605	11.616
2,847	2,847	0.525	0.420	0.020	2.000
7,600	1,000	0.470	0.210	0.016	0.707
127,966	116,390	3.694	2.358	0.238	2.724
445	154	0.110	0.076	0.027	0.000
768	768	0.202	0.060	0.000	0.202
1,847	281	0.478	0.240	0.045	0.448
43,663	39,593	0.850	0.500	0.040	4.435
1,024	544	0.169	0.070	0.008	0.000
10,021	8,891	0.535	0.425	0.040	0.274
4,563	1,580	0.200	0.160	0.020	0.200
10,630	8,318	2.149	0.903	0.150	0.624

2020 年教育事业

指标	校数			
	2020 年	2019 年	增减	增长(%)
合计	2102	2079	23	1.11%
1、普通高等学校	4	4	0	0.00%
其中:本科院校	1	1	0	0.00%
高职院校	3	3	0	0.00%
2、成人高等学校(电大)	1	1	0	0.00%
3、中等职业学校	21	26	-5	-19.23%
4、普通中学	305	303	2	0.66%
其中:高中	59	61	-2	-3.28%
初中	246	242	4	1.65%
5、小学	683	682	1	0.15%
6、特殊教育学校	10	9	1	11.11%
7、幼儿园	1078	1054	37	3.51%

基本情况

单位:所,人

| 在校(园)学生 |||| 教职工数 ||||
2020年	2019年	增减	增长(%)	2020年	2019年	增减	增长(%)
1091779	1069492	22287	2.08%	82236	79123	3113	3.93%
45377	41207	4170	10.12%	3501	3168	333	10.51%
19460	19333	127	0.66%	1598	1612	-14	-0.87%
25917	21874	4043	18.48%	1903	1556	347	22.30%
12441	11245	1196	10.64%	10	33	-23	-69.70%
49822	50075	-253	-0.51%	2862	2543	319	12.54%
313967	306884	7083	2.31%	30356	29699	657	2.21%
107030	102853	4177	4.06%	10805	10676	129	1.21%
206937	204031	2906	1.42%	19551	19023	528	2.78%
453363	448951	4412	0.98%	23581	23254	327	1.41%
2075	1982	93	4.69%	287	286	1	0.35%
214734	209148	5586	2.67%	21639	20140	1499	7.44%

2020年分县(市、区)医疗卫生

地区	机构个数	实有床位数	在岗职工 合计	卫生技术人员 小计	执业(助理)医师	执业医师	注册护士
黄冈市	4089	38550	45946	36569	14657	10702	16305
黄州区	232	4301	5397	4314	1485	1347	2090
团风县	313	1833	2232	1611	549	364	695
红安县	461	3271	4089	3459	1279	857	1696
罗田县	376	3970	3838	2916	1340	893	1026
英山县	312	2195	2644	2314	921	685	1041
浠水县	509	4727	5749	4719	2019	1486	2156
蕲春县	466	4710	4773	3651	1300	921	1520
黄梅县	565	4223	5512	4595	2229	1564	1896
麻城市	569	4705	6932	5302	2052	1464	2537
武穴市	286	4615	4780	3688	1483	1121	1648

机构、床位、人员数

在岗职工							
卫生技术人员				乡村医生和卫生员	其他技术人员	管理人员	工勤技能人员
药师(士)	技师(士)		其他				
		检验师(士)					
1908	1743	1185	1788	4307	1893	1395	1950
255	311	206	173	105	304	312	362
120	80	53	167	357	125	65	74
140	169	119	175	386	134	32	78
184	136	95	230	473	217	131	101
62	110	74	12	330	41	95	32
341	203	143	0	442	195	189	204
276	194	127	361	431	281	175	235
139	139	104	192	477	187	87	166
219	227	145	267	991	184	181	274
172	174	119	211	315	225	128	424

2020年妇女儿童与社会发展情况

指 标 名 称	计量单位	2020年	2019年
人均地区生产总值	元		36676
城镇居民人均可支配收入	元	30826	31812
农村居民人均可支配收入	元	14693	14490
医疗卫生支出	万元	无	无
人口总数	万人	734.46	737.81
其中:女性	万人	344.97	346.18
0－4岁人口	万人	40.96	41.15
其中:女性	万人	17.70	17.78
0－17岁人口	万人	142.67	143.1
其中:女性	万人	56.69	56.86
60岁及以上人口	万人	142.06	142.62
其中:65岁及以上人口	万人	87.43	87.77
80岁及以上人口	万人	8.20	8.23
育龄妇女人口(15－49岁)	万人		无
人口自然增长率	‰		无
出生人口性别比(以女孩为100)	－		无
婴儿死亡率	‰	1.98	2.7
5岁以下儿童死亡率	‰	3.77	4.58
孕产妇死亡率	1/10万	14.29	12.5
卡介苗接种率	%	99.81	99.47
脊髓灰质炎疫苗接种率	%	99.7	93.08
百白破三联制剂接种率	%	99.75	93.47
含麻疹成份疫苗接种率	%	99.01	91.06
乙肝疫苗接种率	%	99.76	97.38
甲肝疫苗接种率	%	99.43	91.60
流脑疫苗接种率	%	99.64	95.24
乙脑疫苗接种率	%	99.72	92.53
低出生体重发生率	%	1.9	1.97
7岁以下儿童保健管理率	%	93.26	92.86
住院分娩率	%	100	99.98
非住院分娩中新法接生率	%	100	100
产前检查率	%	100	95.12
孕产妇系统管理率	%	94.59	92.28
婚前医学检查率	%	34.58	69.03

2020年妇女儿童与社会发展情况续表

指 标 名 称	计量单位	2020年	2019年
当年报告艾滋病病毒感染例数	例	270	
其中:女性	例	52	
在园幼儿数	万人	21.66	18.7
其中:女童	万人	9.99	8.6
学前三年毛入园率	%	93.6	93.5
小学学龄儿童净入学率	%	100	99.90
其中:男生	%	100	99.90
女生	%	100	99.90
小学五年巩固率	%	98.19	98.7
其中:男生	%	97.27	98.75
女生	%	99.43	98.65
初中阶段毛入学率	%	99.17	98.60
其中:男生	%	99.86	98.79
女生	%	98.32	98.41
初中三年巩固率	%	98.33	97.50
其中:男生	%	97.58	97.73
女生	%	99.27	97.27
九年义务教育巩固率	%	99.08	97.80
其中:男生	%	99.95	97.96
女生	%	98.03	97.64
特殊教育在校学生数	人	3767	3954
其中:女生	人	1194	1233
高中阶段毛入学率	%	91.25	91.3
其中:男生	%	93.00	91.87
女生	%	89.12	90.73
平均受教育年限	年	无	无
其中:男性	年	无	无
女性	年	无	无
成人识字率	%	无	无
其中:男性	%	无	无
女性	%	无	无
青壮年文盲率(15-50岁)	%	无	0
其中:男性	%	无	0
女性	%	无	0.00

2020年妇女儿童与社会发展情况续表

指 标 名 称	计量单位	2020年	2019年
就业人员	万人	364.9	364.82
其中:女性	万人	134.28	127.69
城镇单位就业人员	万人	49.59	50.94
其中:女性	万人	16.1	16.54
城镇登记失业人员	万人	0.45	1.82
其中:女性	万人	0.24	0.6
城镇职工基本养老保险参保人数	万人	106.36	94.1
其中:女性	万人	48.92	48.91
城乡居民社会养老保险参保人数	万人	389.19	348.89
其中:女性	万人	179.03	167.6
城镇职工基本医疗保险参保人数	万人	49.31	48.65
其中:女性	万人	30.13	22.16
城镇居民基本医疗保险参保人数	万人	567.92	577.9
其中:女性	万人	294.07	275.82
失业保险参保人数	万人	28.71	23.49
其中:女性	万人	13.17	11.00
工伤保险参保人数	万人	33.27	31.56
其中:女性	万人	14.05	12.6
生育保险参保人数	万人	33.01	27.14
其中:女性	万人	18.72	10.05
城镇居民最低生活保障人数	万人	2.56	2.7159
其中:女性	万人	1.19	1.27
农村居民最低生活保障人数	万人	19.1	18.2309
其中:女性	万人	8.83	8.3931
村民委员会成员中女性比重	%	30.73	25.32
其中:村委会主任中女性比重	%	5.68	8.70
居民委员会成员中女性比重	%	37.96	32.08
社区服务机构总数	个	4129	5168
便民、利民网点数	个	4256	3528
市(州)人大代表数	人	518	515
其中:女性	人	183	186
市(州)政协委员数	人	477	467
其中:女性	人	126	121
市级政府领导班子中女干部配备率	%	28.57	25.00
县级政府领导班子中女干部配备率	%	18.57	17.65

2020年妇女儿童与社会发展情况续表

指 标 名 称	计量单位	2020年	2019年
市级政府工作部门领导班子中女干部配备率	%	10.92	13.85
县级政府工作部门领导班子中女干部配备率	%	10.37	12.08
市级政府领导班子正职中女干部比例	%	100	100
县级政府领导班子正职中女干部比例	%	10	10
市级政府工作部门领导班子配有正职女干部的班子比例	%	21.88	18.18
县级政府工作部门领导班子配有正职女干部的班子比例	%	7.6	6.42
破获强奸案件数	起	72	48
破获拐卖妇女案件数	起	0	2.00
破获拐卖儿童案件数	起	3	3.00
破获组织、强迫、引诱、容留介绍妇女卖淫案件数	起	28	17
家暴妇女儿童救助(庇护)机构数	个	8	6
受救助(庇护)的妇女儿童人次数	人次	451	364
农村集中式供水受益人口比重	%	95.33	94.99
农村自来水普及率	%	94.63	93.29
农村卫生厕所普及率	%	89.47	89.47
城市建成区绿化覆盖率	%	42.49	42.21
城市污水处理率	%	85.42	91.75
城市生活垃圾害化处理率	%	100	100
九年义务教育在校学生数	人	660290	652982
教育经费总投入	万元	1155986	1089100
地区国家财政性教育经费	万元	1020461	943100
地区公共财政教育支出	万元	982337	943000
地区国家财政性教育经费占地区生产总值比例	%	4.71	4.06
地区公共财政教育支出占公共财政预算支出百分比	%	16.5	16.96
城镇新增就业人员	万人	8.56	7.99
火灾事故	—		
发生数	起	1480	1358
死亡人数	人	6	0
受伤人数	人	0	0
直接经济损失	万元	935.66	654.75
人口火灾发生率	1/10万	20.15	18.41
人民法院审结案件数	件	68242	71774
其中:刑事案件	件	4677	4991
办理法律援助案件数	件	886	1077

2020 年婚姻登记情况

指标名称	单位	2020 年	2019 年
一、机构数	个	9	9
其中:编办登记	个	9	9
民政登记	个		
二、机构职工情况			
年末职工人数	人	61	70
其中:女性	人	37	46
其中:受教育程度情况			
1.大学专科	人	27	32
2.大学本科及以上	人	10	12
其中:职业资格水平情况			
1.助理社会工作师	人	3	5
2.社会工作师	人	1	
其中:年龄结构情况			
1.35 岁及以下	人	15	27
2.36 岁至 45 岁	人	33	27
3.46 岁至 55 岁	人	12	15
4.56 岁及以上	人	1	1
三、婚姻情况			
(一)登记结婚件数	对	35,177	46,793
(二)登记结婚人数	人	70,354	93,586
1.按居住地分类			
(1)内地居民登记结婚件数	对	35,177	46,793
内地居民登记结婚人数	人	70,354	93,586
(2)涉外及华侨、港澳台居民登记结婚件数	对		
2.按婚前状况分类			
初婚人数	人	63,328	84,517
再婚人数	人	7,026	9,069
其中:女性	人	4,166	5,323
恢复结婚件数	对	952	1,239
3.按年龄分类			
其中: 20~24	人	8,678	12,507
25~29	人	27,454	34,442
30~34	人	14,438	15,291
35~39	人	4,336	5,717
40 以上	人	15,448	25,629
(三)离婚登记	对	13,588	15,145
1.内地居民登记离婚	对	13,588	15,145
2.涉外及华侨、港澳台居民登记离婚	对		
其中:外国人	人		
四、办理婚姻登记事务的处数	处	10	
其中:可办理婚姻登记的乡镇机关数	处	1	

2020年分县(市、区)婚姻登记及收养情况

县市区	婚姻管理			收养登记	
	结婚(对)	离婚(对)	合计(对)	收养人数	其中:涉外及港澳台收养人数
黄冈市	35,177	13,588	48765	78	
市本级				0	
黄州区	4,178	991	5169	1	
团风县	1,689	804	2493	6	
红安县	3,351	1,003	4354	9	
麻城市	4,825	1,759	6584	24	
罗田县	2,744	976	3720	2	
英山县	1,751	551	2302	8	
浠水县	4,701	2,003	6704	6	
蕲春县	5,310	2,092	7402	3	
武穴市	4,181	1,777	5958	6	
黄梅县	4,536	1,632	6168	13	

2020 年收养情况

指标名称	2020 年
一、孤儿情况	849
孤儿数	849
（1）集中养育孤儿	92
（2）社会散居孤儿	757
二、收养登记情况	
（一）成立收养关系登记	78
1. 中国公民收养登记	78
其中：香港居民	
澳门居民	
台湾居民	
华侨	
2. 外国人收养登记	
（二）协议解除收养关系登记	2
其中：中国公民	2
（三）被收养人合计	78
其中：女性	52
残疾儿童	
1. 社会福利机构抚养的孤儿	2
其中：被外国人收养	
2. 社会福利机构抚养的弃婴	
其中：被外国人收养	
3. 继子女	
其中：被外国人收养	
4. 三代以内同辈旁系血亲的子女	26
其中：被外国人收养	
5. 非社会福利机构抚养的孤儿	36
其中：被外国人收养	
6. 非社会福利机构抚养的弃婴	7
其中：被外国人收养	7
7. 生父母有特殊困难无力抚养的子女	
其中：被外国人收养	
8. 生父母均不具备完全民事行为能力且具有严重危害可能的子女	
其中：被外国人收养	

十五、居民收入

资料整理人员:龚争雄　童艳红

2020 年城镇常住居民

指标	黄冈市	黄州区	团风县
一、可支配收入	30826	35242	28063
增幅	-3.10	-2.52	-2.98
（一）工资性收入	21062	24487	21315
增幅	-4.04	-0.65	-3.41
（二）家庭经营纯收入	3015	3167	3245
增幅	-10.21	-18.12	-7.84
（三）财产性纯收入	1668	2065	1786
增幅	4.58	-7.73	1.94
（四）转移性纯收入	5081	5523	1717
增幅	3.48	2.26	8.33
二、生活消费支出	20236	25216	18653
增幅	-13.62	-14.04	-4.21
1.食品消费支出	7967	10059	7231
增幅	-5.56	-8.55	-2.46
2.衣着消费支出	2021	2641	2834
增幅	-21.97	-21.75	-7.75
3.居住消费支出	2486	3166	2259
增幅	-2.47	-4.29	0.67
4、家庭设备用品及服务	1875	1786	1865
增幅	-24.85	-14.75	-9.90
5、交通和通讯	1783	2311	1301
增幅	-13.57	-16.99	-3.27
6、教育文化娱乐服务	2201	2773	2153
增幅	-19.41	-19.72	-5.61
7、医疗保健	1305	1613	737
增幅	-22.18	-27.77	-2.25
8、其他商品及服务	598	867	273
增幅	-32.43	-20.31	-6.83

人均收支情况

单位:元、%

红安县	麻城市	罗田县	英山县	浠水县	蕲春县	武穴市	黄梅县
28518	31868	28296	27306	30193	30046	33560	31502
-3.11	-3.23	-3.35	-3.46	-2.79	-2.38	-2.01	-2.16
17812	21207	15465	17088	21829	15301	17966	19180
-3.48	-4.68	-5.06	-5.34	-3.00	-0.58	-3.94	-2.83
4385	4053	1077	2514	2722	6282	6062	5061
-10.44	0.80	-14.93	-8.01	-9.81	-1.87	-7.79	-7.31
905	1128	789	2270	1481	3975	2012	1299
5.23	-6.31	-3.43	2.07	4.30	-1.05	7.59	4.59
5416	5480	10965	5434	4161	4488	7520	5962
3.72	0.38	0.55	2.99	1.07	-9.68	5.90	3.58
18253	19796	22956	20433	20483	17883	21035	22172
-7.29	-8.67	-9.14	-3.98	-12.76	-13.39	-10.96	-12.07
6984	7716	8992	7601	8162	6559	8177	8452
-6.64	0.42	-1.23	-5.62	-5.21	-11.78	-5.86	-6.80
1381	2588	2971	1267	2157	1684	2234	2455
-9.20	1.45	-15.38	-3.21	-20.58	-12.56	-19.20	-19.64
2345	2216	2059	3655	2518	2778	2563	5103
-2.62	-8.13	-4.19	-4.17	-3.49	-8.41	-1.69	-4.62
1928	1166	1619	1389	1439	1754	1615	760
-9.31	3.74	-14.20	-2.73	-23.25	-14.73	-15.93	-29.10
1406	1548	2337	1724	2139	1203	1852	1796
-8.70	-26.74	-9.14	-3.20	-12.73	-17.21	-13.26	-16.15
1432	1987	1702	2399	2156	1649	2657	2231
-6.59	-15.98	-18.21	-1.44	-18.18	-16.46	-8.66	-11.50
1187	1869	2487	1802	1408	1984	1305	640
-8.97	-22.90	-15.72	-2.44	-20.77	-18.72	-20.13	-28.81
1590	706	789	596	504	272	632	735
-10.42	-29.54	-21.80	-2.61	-37.47	-17.07	-34.78	-33.66

2020年农村常住居民

指标	黄冈市	黄州区	团风县
一、可支配收入	14693	17786	13740
增幅	1.40	1.32	1.77
（一）工资性收入	7733	8338	8423
增幅	1.87	3.84	2.05
（二）家庭经营纯收入	4931	6136	4272
增幅	1.52	-6.16	1.50
（三）财产性纯收入	159	933	266
增幅	5.30	10.41	4.72
（四）转移性纯收入	1870	2379	779
增幅	-1.11	11.17	-0.64
二、生活消费支出	11653	13539	11623
增幅	-3.96	-5.93	0.19
1.食品消费支出	4653	5408	4603
增幅	0.93	-1.08	2.04
2.衣着消费支出	567	611	841
增幅	5.19	-7.00	7.13
3.居住消费支出	2526	2987	3111
增幅	-3.66	-5.08	-0.92
4、家庭设备用品及服务	877	938	454
增幅	-5.19	-10.67	-1.30
5、交通和通讯	889	1069	747
增幅	-3.37	-1.11	-0.80
6、教育文化娱乐服务	684	847	429
增幅	-17.19	-14.10	-12.45
7、医疗保健	983	1241	624
增幅	-19.76	-15.58	-13.81
8、其他商品及服务	474	438	814
增幅	1.94	-17.98	10.30

人均收支情况

单位:元、%

红安县	麻城市	罗田县	英山县	浠水县	蕲春县	武穴市	黄梅县
12671	14276	12208	13024	15345	15144	17126	16449
2.02	1.89	1.43	0.95	1.07	1.18	1.65	1.51
7322	6558	5585	3296	8049	6283	9644	5268
2.29	1.91	2.08	-1.41	1.53	2.13	1.92	1.90
4154	5402	1571	4136	4696	3461	4200	5703
1.89	3.27	1.81	-0.36	1.19	0.46	2.69	2.02
192	98	47	29	246	27	232	201
2.13	-12.50	2.17	7.41	5.13	-12.90	5.94	5.79
1003	2218	5005	5563	2354	5373	3050	5277
0.60	-0.67	0.58	3.40	-1.09	0.64	-0.88	0.44
10352	11348	10100	11032	12018	11423	13458	12407
-2.31	-6.48	-2.84	-1.69	-4.01	-5.92	-1.59	-3.63
4074	4507	3982	4398	4738	4423	5306	4779
0.12	-5.41	0.86	0.99	0.89	-4.31	0.63	0.93
773	977	787	376	979	491	677	645
-4.33	0.21	2.34	-1.31	1.24	-6.83	5.78	4.37
1906	2468	955	2008	1959	2331	2643	2036
-2.46	0.65	-4.02	-2.57	-3.69	-5.59	-3.01	-3.74
887	787	647	426	1036	716	1231	828
-4.93	2.88	-2.85	-4.48	-5.22	-5.04	-3.68	-8.81
701	699	1344	1337	988	855	1038	925
-3.44	-30.79	-3.38	-4.23	-3.42	-4.79	-3.17	-8.51
632	1008	996	1238	778	883	965	1439
-2.77	-3.63	-10.35	-3.13	-16.25	-10.72	-4.27	-10.34
863	534	874	1113	1118	1347	1246	619
-3.58	-31.01	-11.18	-5.36	-18.51	-7.99	-6.60	-19.19
516	368	515	136	422	377	352	1136
-8.19	6.05	-3.01	5.43	3.94	-10.02	2.03	1.79

第四部分　黄冈市与全国、全省比较

资料整理人员：顾援越

黄冈市 2020 年主要经济指标与全国、全省比较

指标名称	单位	黄冈	全省	全国
地区生产总值	亿元	2169.55	43443.46	1015986.00
其中:第一产业	亿元	438.28	4131.91	77754.00
第二产业	亿元	749.83	17023.90	384255.00
第三产业	亿元	981.43	22287.65	553977.00
地区生产总值增长速度	%	-6.60	-5.00	2.30
其中:第一产业	%	-0.40	与上年持平	3.00
第二产业	%	-9.40	-7.40	2.60
第三产业	%	-6.70	-3.80	2.10
地方财政总收入	亿元	174.69	4580.89	
财政收入增长速度	%	-21.50	-20.80	
一般公共预算收入	亿元	104.00	2511.52	182895.00
一般公共预算收入增长速度	%	-26.50	-25.90	-3.90
一般公共预算支出	亿元	594.84	8439.04	245588.00
一般公共预算支出增长速度	%	11.30	5.90	2.80
金融机构本外币各项存款	亿元	4001.28	67159.32	2183744.00
其中:住户存款	亿元		34144.37	934383.00
金融机构本外币各项存款比年初增加	亿元		6621.87	202000.00
金融机构本外币各项贷款	亿元	2169.91	59872.13	17840.34
金融机构本外币各项贷款比年初增加	亿元		7629.53	198000.00
规模以上工业增加值增长速度	%	-5.90	-6.10	2.80
固定资产投资增长速度	%	-21.90	-18.80	2.90
社会商品零售额	亿元	1150.13	17984.87	391981.00
社会商品零售额增长速度	%	-21.80	-20.80	-3.90
外贸出口额	亿元	59.7	2702.0	179326.00
外贸出口额增长速度	%	-9.0	8.70	4.00
实际利用外资	亿美元	0.60	103.52	10000.00
实际利用外资增长速度	%	2.10	-19.80	6.20
居民消费价格指数	%	102.60	102.70	102.50
农村常住居民人均可支配收入	元	14693.00	16306.00	17131.00
农村常住居民人均可支配收入增长速度	%	1.40	-0.50	6.90
城镇常住居民人均可支配收入	元	30826.00	36706.00	43834.00
城镇常住居民人均可支配收入增长速度	%	-3.10	-2.40	3.50

第五部分 2020年黄冈主要经济指标在全省排名

资料整理人员:童 泉 左小平

地区生产总值(GDP)

单位:亿元、%

单位	2020年	位次	增幅	位次
全省	43443.46	–	-5.0	–
武汉市	15616.06	1	-4.7	6
黄石市	1641.32	9	-5.9	14
十堰市	1915.07	7	-4.9	7
宜昌市	4261.42	3	-4.7	5
襄阳市	4601.97	2	-5.3	10
鄂州市	1005.23	13	-9.8	17
荆门市	1906.41	8	-5.0	9
孝感市	2193.55	5	-4.5	3
荆州市	2369.04	4	-5.9	13
黄冈市	2169.55	6	-6.6	15
咸宁市	1524.67	10	-4.9	8
随州市	1096.72	12	-5.3	11
恩施自治州	1117.70	11	-4.2	1
仙桃市	827.91	14	-4.3	2
潜江市	765.23	15	-4.6	4
天门市	617.49	16	-5.6	12
神农架林区	30.73	17	-6.9	16

一产业增加值

单位:亿元、%

单位	2020年	位次	增幅	位次
全省	4131.91	–	0.0	–
武汉市	402.18	5	-3.8	17
黄石市	115.79	12	0.5	8
十堰市	190.25	10	0.7	6
宜昌市	459.68	2	2.3	3
襄阳市	513.01	1	2.3	2
鄂州市	99.20	13	-2.8	16
荆门市	251.48	7	1.1	5
孝感市	343.14	6	1.4	4
荆州市	453.02	3	0.2	9
黄冈市	438.28	4	-0.4	12
咸宁市	217.49	8	0.0	11
随州市	173.37	11	3.0	1
恩施自治州	202.39	9	0.6	7
仙桃市	96.50	14	-1.4	14
潜江市	83.45	16	0.1	10
天门市	90.25	15	-1.8	15
神农架林区	2.41	17	-0.5	13

二产业增加值

单位:亿元、%

单位	2020年	位次	增幅	位次
全省	17023.90	-	-7.4	-
武汉市	5557.47	1	-7.3	5
黄石市	797.80	7	-7.9	10
十堰市	793.18	8	-6.8	3
宜昌市	1828.46	3	-7.6	8
襄阳市	2104.13	2	-7.3	6
鄂州市	435.03	12	-17.0	17
荆门市	848.97	5	-7.8	9
孝感市	860.66	4	-8.4	13
荆州市	806.24	6	-10.0	16
黄冈市	749.83	9	-9.4	15
咸宁市	628.72	10	-8.3	12
随州市	477.32	11	-8.4	14
恩施自治州	252.28	16	-8.1	11
仙桃市	358.02	14	-6.9	4
潜江市	367.81	13	-5.8	2
天门市	273.85	15	-7.5	7
神农架林区	9.12	17	-4.8	1

三产业增加值

单位:亿元、%

单位	2020年	位次	增幅	位次
全省	22287.65	-	-3.8	-
武汉市	9656.40	1	-3.1	6
黄石市	727.72	9	-4.3	12
十堰市	931.64	7	-3.9	9
宜昌市	1973.28	3	-2.9	5
襄阳市	1984.83	2	-4.5	13
鄂州市	471.00	12	-2.4	3
荆门市	805.95	8	-3.4	7
孝感市	989.75	5	-2.2	2
荆州市	1109.78	4	-4.6	15
黄冈市	981.43	6	-6.7	16
咸宁市	678.46	10	-2.7	4
随州市	446.04	13	-4.3	10
恩施自治州	663.03	11	-3.7	8
仙桃市	373.39	14	-1.9	1
潜江市	313.97	15	-4.3	11
天门市	253.39	16	-4.6	14
神农架林区	19.19	17	-8.8	17

规模以上工业增加值

单位:%

单位	2020年增幅	位次	2019年增幅	位次
全省	-6.1	-	7.8	-
武汉市	-6.9	14	4.4	16
黄石市	-5.0	5	9.8	2
十堰市	-3.8	2	5.5	15
宜昌市	-5.0	5	10.4	1
襄阳市	-6.1	10	9.8	2
鄂州市	-12.5	17	8.0	10
荆门市	-6.2	11	7.8	11
孝感市	-5.3	7	9.7	4
荆州市	-7.8	15	7.5	12
黄冈市	-5.9	9	7.5	12
咸宁市	-5.5	8	9.6	6
随州市	-6.5	13	9.7	4
恩施自治州	9.7	1	0.5	17
仙桃市	-3.8	2	9.4	7
潜江市	-4.4	4	8.8	8
天门市	-6.4	12	8.5	9
神农架林区	-8.8	16	6.3	14

固定资产投资

单位:%

单位	2020年增幅	位次	2019年增幅	位次
全省	-18.8	-	10.6	-
武汉市	-11.8	1	9.8	16
黄石市	-18.4	3	12.6	1
十堰市	-21.1	7	11.8	8
宜昌市	-20.5	4	12.1	5
襄阳市	-20.6	5	12.1	5
鄂州市	-17.2	2	12.2	4
荆门市	-21.3	8	12.0	7
孝感市	-20.8	6	12.3	3
荆州市	-22.4	12	11.7	9
黄冈市	-21.9	10	11.3	12
咸宁市	-21.7	9	11.7	9
随州市	-23.3	13	11.3	12
恩施自治州	-22.1	11	11.0	14
仙桃市	-37.2	17	11.4	11
潜江市	-23.3	13	12.4	2
天门市	-26.8	16	4.3	17
神农架林区	-25.8	15	10.2	15

注:固定资产投资包括计划投资500万元以上投资项目和房地产开发投资(不含农户投资)。

地方一般公共预算收入

单位:亿元、%

单位	2020年	位次	增幅	位次	2019年	位次	增幅	位次
全省	2511.52	−	−25.9	−	3388.39	−	2.5	−
武汉市	1230.29	1	−21.3	3	1564.12	1	2.3	12
黄石市	88.23	8	−26.2	9	119.55	8	2.2	13
十堰市	89.36	7	−25.5	7	119.96	7	5.9	2
宜昌市	139.97	3	−41.9	16	240.78	3	1.5	16
襄阳市	160.00	2	−46.7	17	300.24	2	1.6	14
鄂州市	48.47	12	−19.3	2	60.05	12	3.7	8
荆门市	79.84	9	−27.7	13	110.48	9	4.5	4
孝感市	100.17	6	−26.1	8	135.53	6	4.1	5
荆州市	105.41	4	−24.4	5	139.42	5	3.8	6
黄冈市	104.00	5	−26.5	10	141.40	4	1.6	14
咸宁市	70.9	10	−25.1	6	94.62	10	3.6	9
随州市	35.88	13	−26.9	12	49.10	13	3.6	9
恩施自治州	57.65	11	−28.5	14	80.65	11	0.5	17
仙桃市	31.98	14	−7.7	1	34.63	14	3.8	6
潜江市	21.32	15	−22.5	4	27.50	15	6.4	1
天门市	14.23	16	−33.4	15	21.36	16	4.7	3
神农架林区	3.82	17	−26.8	11	5.22	17	2.4	11

社会消费品零售总额

单位:亿元、%

单位	2020年	位次	增幅	位次	2019年	位次	增幅	位次
全省	17984.87	−	−20.8	−	22722.31	−	10.3	−
武汉市	6149.84	1	−20.9	9	7774.49	1	8.9	16
黄石市	758.81	9	−26.1	14	1026.38	8	11.8	9
十堰市	974.01	7	−18.4	5	1193.01	7	12.5	1
宜昌市	1391.12	3	−18.7	6	1710.43	3	12.2	4
襄阳市	1567.26	2	−19.8	7	1955.18	2	12.3	2
鄂州市	326.57	14	−26.4	17	455.72	13	11.3	12
荆门市	779.31	8	−15.0	4	917.06	9	12.0	7
孝感市	981.24	6	−23.3	12	1278.66	6	11.8	9
荆州市	1284.49	4	−23.2	11	1671.47	4	11.5	11
黄冈市	1150.13	5	−21.8	10	1470.72	5	10.6	14
咸宁市	604.04	10	−14.7	3	708.40	11	12.0	7
随州市	519.53	12	−20.6	8	654.64	12	10.4	15
恩施自治州	562.59	11	−26.3	15	763.78	10	11.2	13
仙桃市	381.93	13	−14.2	1	445.25	14	12.1	6
潜江市	248.9	16	−14.6	2	291.35	16	12.3	2
天门市	289.76	15	−24.7	13	384.96	15	12.2	4
神农架林区	15.34	17	−26.3	15	20.83	17	6.9	17

城镇常住居民人均可支配收入

单位:元、%

单位	2020年	位次	增幅	位次	2019年	位次	增幅	位次
全省	36706	—	-2.4	—	37601	—	9.1	—
武汉市	50362	1	-2.6	12	51706	1	9.18	11
黄石市	37912	2	-2.1	8	38725	2	9.62	7
十堰市	32771	11	-2.4	10	33577	11	9.12	13
宜昌市	37232	4	-3.2	15	38463	3	9.86	4
襄阳市	37707	3	1.1	4	37297	4	9.87	3
鄂州市	35025	8	1.4	3	34541	9	8.82	17
荆门市	35958	5	-2.3	9	36805	5	8.96	16
孝感市	35374	7	-0.9	5	35695	7	9.21	10
荆州市	34474	9	-4.0	16	35910	6	10.19	1
黄冈市	30826	16	-3.1	14	31812	14	9.78	5
咸宁市	32394	12	-2.4	11	33191	12	9.41	8
随州市	30587	17	-4.3	17	31961	13	9.32	9
恩施自治州	30930	15	-2.0	7	31561	16	9.14	12
仙桃市	35750	6	3.5	2	34541	9	9.06	14
潜江市	33623	10	-2.9	13	34627	8	9.67	6
天门市	31308	14	-1.4	6	31753	15	10.16	2
神农架林区	32203	13	4.8	1	30728	17	9.06	14

农村常住居民人均可支配收入

单位:元、%

单位	2020年	位次	增幅	位次	2019年	位次	增幅	位次
全省	16306	—	-0.5	—	16391	—	9.40	—
武汉市	24057	1	-2.9	17	24776	1	9.38	14
黄石市	16549	12	0.2	8	16516	13	9.20	17
十堰市	11731	16	3.1	2	11378	16	10.52	2
宜昌市	18515	7	2.1	5	18134	9	9.81	4
襄阳市	18422	8	-2.7	13	18933	6	9.41	12
鄂州市	18792	6	-2.7	14	19313	5	9.68	6
荆门市	19980	3	-2.8	15	20556	2	9.48	9
孝感市	17090	11	-2.4	11	17510	11	9.52	8
荆州市	18817	5	-0.4	9	18893	7	9.21	16
黄冈市	14693	14	1.4	6	14490	14	9.46	10
咸宁市	16359	13	-1.4	10	16591	12	9.76	5
随州市	17624	10	-2.6	12	18094	10	9.41	12
恩施自治州	11887	15	2.3	3	11620	15	10.41	3
仙桃市	20647	2	3.8	1	19891	3	9.43	11
潜江市	18948	4	-2.8	16	19494	4	9.54	7
天门市	18356	9	1.2	7	18138	8	9.28	15
神农架林区	11417	17	2.2	4	11171	17	10.70	1

常住人口

单位:万人

单位	2020年 常住人口	位次	2019年 常住人口	位次
全省	5775.26	—	5927.00	—
武汉市	1232.65	1	1121.20	1
黄石市	246.91	11	247.17	11
十堰市	320.90	8	339.80	7
宜昌市	401.76	6	413.79	6
襄阳市	526.10	3	568.00	3
鄂州市	107.94	15	105.97	15
荆门市	259.69	10	289.75	9
孝感市	427.04	5	492.10	5
荆州市	523.12	4	557.01	4
黄冈市	588.27	2	633.30	2
咸宁市	265.83	9	254.84	10
随州市	204.79	12	222.10	12
恩施自治州	345.61	7	339.00	8
仙桃市	113.47	14	114.01	14
潜江市	88.65	16	96.61	16
天门市	115.86	13	124.74	13
神农架林区	6.66	17	7.61	17

注:2020年常住人口为第七次全国人口普查数据,2019年常住人口为本年度年底数据。

高新技术产业增加值

单位:家、亿元

指标	单位数(个)	规模以上 增加值(亿元)	增速	规模以下 增加值(亿元)	总增加值(亿元)
湖北省	8756	8580.8	-1.9	103.3	8684.1
武汉市	2799	4032.1	-0.2	56.3	4088.4
黄石市	375	368.4	-2.1	1.8	370.2
十堰市	660	379.4	-2	26.7	406.1
宜昌市	800	644.7	-4	4.9	649.6
襄阳市	881	999.1	-3.3	3.0	1002.1
鄂州市	255	165.3	-10.8	0.8	166.1
荆门市	366	294.7	-2.8	1.5	296.1
孝感市	517	321.9	-5.6	2.5	324.4
荆州市	458	335.6	-4.3	0.4	336.0
黄冈市	551	241.1	-1.2	1.2	242.3
咸宁市	397	251.9	2.8	1.1	252.9
随州市	258	167.6	-5.9	1.5	169.1
恩施州	74	29.3	-0.8	0.3	29.7
仙桃市	156	129.8	4.3	0.6	130.5
潜江市	103	126.3	3.6	0.5	126.8
天门市	105	93.6	-2.9	0.1	93.8
神农架	1	0.2	5.8	0	0.2

工业产品销售率

单位:%

单位	2020年	位次	2019年	位次
全省	97.3	—	97.2	—
武汉市	98.4	2	97.7	5
黄石市	98.0	3	97.5	7
十堰市	95.6	17	96.9	9
宜昌市	95.7	16	95.9	16
襄阳市	97.3	6	96.9	10
鄂州市	96.8	10	96.6	13
荆门市	96.1	15	96.6	12
孝感市	97.0	9	97.6	6
荆州市	96.3	14	96.4	14
黄冈市	96.6	12	96.3	15
咸宁市	97.3	6	97.8	4
随州市	96.8	10	97.1	8
恩施自治州	97.2	8	96.8	11
仙桃市	97.8	5	98.1	2
潜江市	96.5	13	98.6	1
天门市	98.0	3	98.1	3
神农架林区	100.0	1	91.0	17

居民消费价格总指数

上年=100

单位	2020年	2019年
全省	102.7	103.1
武汉市	102.4	103.2
黄石市	102.3	102.8
十堰市	102.3	103.1
宜昌市	102.7	102.7
襄阳市	102.9	102.4
鄂州市	102.5	102.7
荆门市	102.5	103.4
孝感市	102.4	103.3
荆州市	102.6	103.2
黄冈市	102.6	103.5
咸宁市	102.5	102.7
随州市	101.9	103.2
恩施自治州	102.2	103.1
仙桃市	—	—
潜江市	—	—
天门市	102.1	102.4
神农架林区	—	—

外贸进出口总额

单位:亿元、%

单位	2020年	位次	增幅	位次	2019年	位次	增幅	位次
全省	4294.1	-	8.8	-	3943.6	-	13.1	-
武汉市	2704.3	1	10.8	5	2440.2	1	13.7	7
黄石市	238.5	2	-14.4	15	278.4	2	12.3	8
十堰市	53.3	13	-13.9	14	61.9	12	34.8	3
宜昌市	206.2	5	-6.5	11	220.6	4	9.2	10
襄阳市	218.1	4	-4.0	9	227.3	3	20.7	5
鄂州市	29.3	14	-37.4	17	46.8	14	7.4	12
荆门市	86.4	8	-9.0	13	96.4	7	-10.9	16
孝感市	110.2	7	9.6	6	100.3	6	8.6	11
荆州市	120.0	6	2.6	8	115.8	5	-3.4	14
黄冈市	65.5	11	-7.4	12	70.7	9	14.3	6
咸宁市	73.9	10	17.7	4	63.0	11	71.6	1
随州市	80.0	9	29.6	3	61.7	13	-5.40	15
恩施自治州	6.5	16	4.2	7	6.3	16	9.5	9
仙桃市	234.3	3	257.0	2	65.6	10	-2.5	13
潜江市	57.4	12	-26.4	16	77.7	8	68.7	2
天门市	10.2	15	-5.9	10	10.8	15	21.4	4
神农架林区	0.0	17	344.1	1	0.0	17	-88.4	17

外贸进口总额

单位:亿元 %

单位	2020年	位次	增幅	位次	2019年	位次	增幅	位次
全省	1592.1	-	9.1	-	1458.7	-	18.2	-
武汉市	1282.6	1	19.0	4	1077.9	1	23.3	4
黄石市	118.4	2	-14.1	7	137.8	2	8.6	5
十堰市	4.8	13	63.8	2	2.9	13	37.6	3
宜昌市	22.0	5	-14.1	7	25.6	7	-6.5	9
襄阳市	20.3	6	-32.9	13	30.2	5	3.7	7
鄂州市	18.2	8	-34.9	14	28.0	6	2.1	8
荆门市	28.2	4	-15.4	9	33.5	4	-14.5	10
孝感市	18.5	7	22.0	3	15.2	9	-46.8	15
荆州市	16.6	9	-28.0	12	22.9	8	39.3	2
黄冈市	5.8	12	13.6	6	5.1	12	-39.9	14
咸宁市	8.1	11	17.8	5	6.9	11	8.6	5
随州市	4.6	14	65.1	1	2.8	14	-30.6	12
恩施自治州	0.0	15	-37.7	15	0.1	15	-22.0	11
仙桃市	8.8	10	-20.7	10	11.1	10	-34.5	13
潜江市	35.3	3	-40.0	16	58.8	3	120.2	1
天门市	0.0	15	-21.4	11	0.1	15	-79.2	16
神农架林区	0.0	15	- -	- -	0.0	17	- -	- -

外贸出口总额

单位：亿元、%

单位	2020年	位次	增幅	位次	2019年	位次	增幅	位次
全省	2702.0	-	8.7	-	2484.9	-	10.3	-
武汉市	1421.7	1	4.3	9	1362.3	1	7.1	12
黄石市	120.1	5	-14.6	15	140.6	4	16.1	8
十堰市	48.5	12	-17.7	16	59.0	9	34.7	2
宜昌市	184.2	4	-5.5	11	195.0	3	11.7	9
襄阳市	197.9	3	0.4	10	197.1	2	23.8	5
鄂州市	11.1	14	-41.1	17	18.8	14	16.4	7
荆门市	58.2	11	-5.6	12	62.9	8	-8.8	15
孝感市	91.7	7	7.4	7	85.2	6	33.5	3
荆州市	103.4	6	10.1	6	92.9	5	-10.3	16
黄冈市	59.7	10	-9.0	14	65.6	7	22.8	6
咸宁市	65.8	9	17.7	4	56.1	11	84.8	1
随州市	75.4	8	28.0	3	58.9	10	-3.7	14
恩施自治州	6.5	16	4.7	8	6.2	16	10.0	10
仙桃市	225.5	2	313.5	2	54.5	12	8.2	11
潜江市	22.1	13	15.5	5	18.9	13	-2.3	13
天门市	10.1	15	-5.8	13	10.7	15	24.8	4
神农架林区	0.0	17	344.1	1	0.0	17	-88.4	17

实际外商直接投资额

单位：万美元、%

单位	2020年	位次	增幅	位次	2019年	位次	增幅	位次
全省	1035189	-	-19.8	-	1290746	-	8.1	-
武汉市	833073	1	-17.1	12	1004491	1	11.7	5
黄石市	19875	4	-8.9	9	21820	6	18.5	3
十堰市	7212	8	-17.0	11	8694	8	-73.7	16
宜昌市	14144	5	-53.1	14	30190	5	9.0	8
襄阳市	83122	2	-13.2	10	95796	2	8.8	10
鄂州市	4742	11	7.8	5	4400	11	14.1	4
荆门市	12507	6	-74.6	16	49336	3	7.1	11
孝感市	29245	3	-24.2	13	38596	4	10.3	6
荆州市	8684	7	75.1	1	4959	10	46.1	2
黄冈市	5967	9	2.1	6	5843	9	9.0	8
咸宁市	3749	12	1.4	7	3697	12	-8.3	12
随州市	4759	10	-71.6	15	16745	7	10.0	7
恩施自治州	3503	13	73.8	2	2015	14	-62.9	15
仙桃市	3343	14	1.1	8	3305	13	-62.5	14
潜江市	508	16	67.7	3	303	16	-60.0	13
天门市	755	15	35.8	4	556	15	969.2	1
神农架林区	-		-		-		-	

第六部分 武汉城市圈、沿江城市、全国主要经济指标及县域经济工作考核

资料整理人员：童 泉 左小平

2020 年武汉城市圈主要经济指标(一)

单位	地区生产总值 总量(亿元)	位次	增幅(%)	位次	规模以上工业增加值 增幅(%)	位次	固定资产投资 增幅(%)	位次
武汉市	15616.06	1	-4.7	4	-6.9	8	-11.8	1
黄石市	1641.32	4	-5.9	7	-5.0	3	-18.4	3
鄂州市	1005.23	6	-9.8	9	-12.5	9	-17.2	2
孝感市	2193.55	2	-4.5	2	-5.3	4	-20.8	4
黄冈市	2169.55	3	-6.6	8	-5.9	6	-21.9	6
咸宁市	1524.67	5	-4.9	5	-5.5	5	-21.7	5
仙桃市	827.91	7	-4.3	1	-3.8	1	-37.2	9
潜江市	765.23	8	-4.6	3	-4.4	2	-23.3	7
天门市	617.49	9	-5.6	6	-6.4	7	-26.8	8

2020 年武汉城市圈主要经济指标(二)

单位	一般公共预算收入 总量(亿元)	位次	增幅(%)	位次	社会消费品零售总额 总量(亿元)	位次	增幅(%)	位次
武汉市	1230.29	1	-21.3	3	6149.84	1	-20.9	4
黄石市	88.23	4	-26.2	7	758.81	4	-26.1	8
鄂州市	48.47	6	-19.3	2	326.57	7	-26.4	9
孝感市	100.17	3	-26.1	6	981.24	3	-23.3	6
黄冈市	104.00	2	-26.5	8	1150.13	2	-21.8	5
咸宁市	70.90	5	-25.1	5	604.04	5	-14.7	3
仙桃市	31.98	7	-7.7	1	381.93	6	-14.2	1
潜江市	21.32	8	-22.5	4	248.90	9	-14.6	2
天门市	14.23	9	-33.4	9	289.76	8	-24.7	7

2020 年武汉城市圈主要经济指标(三)

单位	城镇常住居民人均可支配收入				农村常住居民人均可支配收入			
	总量(元)	位次	增幅(%)	位次	总量(元)	位次	增幅(%)	位次
武汉市	50362	1	-2.6	7	24057	1	-2.9	9
黄石市	37912	2	-2.1	5	16549	7	0.2	4
鄂州市	35025	5	1.4	2	18792	4	-2.7	7
孝感市	35374	4	-0.9	3	17090	6	-2.4	6
黄冈市	30826	9	-3.1	9	14693	9	1.4	2
咸宁市	32394	7	-2.4	6	16359	8	-1.4	5
仙桃市	35750	3	3.5	1	20647	2	3.8	1
潜江市	33623	6	-2.9	8	18948	3	-2.8	8
天门市	31308	8	-1.4	4	18356	5	1.2	3

2020 年武汉城市圈主要经济指标(四)

单位	居民消费价格总指数		外贸进出口总额			实际外商直接投资额		
	上年=100	位次	总量(亿元)	位次	增幅(%)	位次	总量(万美元)	位次	增幅(%)	位次
武汉市	102.4	4	2704.3	1	10.8	3	833073	1	-17.1	8
黄石市	102.3	6	238.5	2	-14.4	7	19875	3	-8.9	7
鄂州市	102.5	2	29.3	8	-37.4	9	4742	5	7.8	3
孝感市	102.4	4	110.2	4	9.6	4	29245	2	-24.2	9
黄冈市	102.6	1	65.5	6	-7.4	6	5967	4	2.1	4
咸宁市	102.5	2	73.9	5	17.7	2	3749	6	1.4	5
仙桃市	-	-	234.3	3	257.0	1	3343	7	1.1	6
潜江市	-	-	57.4	7	-26.4	8	508	9	67.7	1
天门市	102.1	7	10.2	9	-5.9	5	755	8	35.8	2

2020年长江沿岸中等城市主要经济指标（一）

地市	地区生产总值 总量（亿元）	位次	增幅（%）	位次	规模以上工业增加值 增幅（%）	位次
四川攀枝花	1040.82	15	3.9	7	4.0	12
四川宜宾市	2802.12	8	4.6	2	5.6	6
四川泸州市	2157.20	13	4.2	3	5.0	8
湖南岳阳市	4001.55	5	4.2	3	5.1	7
湖北宜昌市	4261.42	3	-4.7	13	-5.0	13
湖北荆州市	2369.04	10	-5.9	14	-7.8	16
湖北鄂州市	1005.23	16	-9.8	17	-12.5	17
湖北黄冈市	2169.55	12	-6.6	16	-5.9	15
湖北黄石市	1641.32	14	-5.9	15	-5.0	13
江西九江市	3240.50	7	3.8	8	4.2	11
安徽安庆市	2467.68	9	4.0	6	7.4	1
安徽铜陵市	1003.70	17	3.2	12	4.7	9
安徽芜湖市	3753.02	6	3.8	8	4.7	9
安徽马鞍山	2186.90	11	4.2	3	6.6	3
江苏扬州市	6048.33	2	3.5	10	6.3	5
江苏镇江市	4220.09	4	3.5	10	6.4	4
江苏南通市	10036.31	1	4.7	1	7.1	2

2020年长江沿岸中等城市主要经济指标（二）

地市	固定资产投资 增幅（%）	位次	社会消费品零售总额 总量（亿元）	位次	增幅（%）	位次
四川攀枝花	10.0	3	235.15	17	-2.2	10
四川宜宾市	11.3	1	1026.99	11	-1.7	8
四川泸州市	10.8	2	1013.81	12	-1.8	9
湖南岳阳市	8.8	5	1574.01	3	-2.3	11
湖北宜昌市	-20.5	15	1391.12	4	-18.7	13
湖北荆州市	-22.4	17	1284.49	6	-23.2	15
湖北鄂州市	-17.2	13	326.57	16	-26.4	17
湖北黄冈市	-21.9	16	1150.13	8	-21.8	14
湖北黄石市	-18.4	14	758.81	14	-26.1	16
江西九江市	9.0	4	1196.10	7	3.1	1
安徽安庆市	7.0	7	1128.40	10	3.1	1
安徽铜陵市	0.6	11	350.30	15	2.8	3
安徽芜湖市	6.2	8	1584.30	2	2.3	5
安徽马鞍山	8.4	6	795.80	13	2.7	4
江苏扬州市	-1.5	12	1379.29	5	-3.1	12
江苏镇江市	3.0	10	1141.93	9	-1.4	7
江苏南通市	5.8	9	3370.40	1	0.3	6

2020年长江沿岸中等城市主要经济指标（三）

地市	城镇常住居民人均可支配收入 总量（元）	位次	增幅（%）	位次	农村常住居民人均可支配收入 总量（元）	位次	增幅（%）	位次
四川攀枝花	44209	6	5.6	6	19938	6	8.6	3
四川宜宾市	39166	10	6.7	1	18569	9	9.2	1
四川泸州市	39547	9	6.2	2	18035	12	9.1	2
湖南岳阳市	36749	13	4.6	9	18186	11	7.7	8
湖北宜昌市	37232	12	-3.2	16	18515	10	2.1	13
湖北荆州市	34474	16	-4.0	17	18817	7	-0.4	16
湖北鄂州市	35025	15	1.4	13	18792	8	-2.7	17
湖北黄冈市	30826	17	-3.1	15	14693	17	1.4	14
湖北黄石市	37912	11	-2.1	14	16549	15	0.2	15
江西九江市	40337	8	5.9	4	17051	14	8.1	7
安徽安庆市	35947	14	5.6	6	15567	16	8.5	4
安徽铜陵市	41180	7	4.9	8	17102	13	8.3	5
安徽芜湖市	44588	5	6.0	3	24473	5	7.6	9
安徽马鞍山	51804	3	5.7	5	25421	3	8.3	5
江苏扬州市	47202	4	3.6	11	24813	4	6.3	11
江苏镇江市	54572	1	3.5	12	28402	1	6.0	12
江苏南通市	52484	2	4.5	10	26141	2	7.6	9

2020年长江沿岸中等城市主要经济指标（四）

地市	外贸进出口总额 总量（亿元）	位次	增幅（%）	位次	实际外商直接投资额 总量（亿美元）	位次	增幅（%）	位次
四川攀枝花	30.43	12	-4.1	12	—	—	—	—
四川宜宾市	183.04	8	29.7	1	0.41	15	—	—
四川泸州市	89.80	10	6.5	7	—	—	—	—
湖南岳阳市	419.84	5	27.2	3	7.43	7	16.3	3
湖北宜昌市	206.20	7	-6.5	14	1.41	11	-53.1	14
湖北荆州市	120.00	9	2.6	10	0.87	12	75.1	1
湖北鄂州市	29.30	13	-37.4	17	0.47	14	7.8	6
湖北黄冈市	65.50	11	-7.4	15	0.60	13	2.1	11
湖北黄石市	238.50	6	-14.4	16	1.99	10	-8.9	13
江西九江市	448.69	4	28.3	2	25.24	4	7.6	7
安徽安庆市	18.70	—	12.9	5	3.44	9	11.0	4
安徽铜陵市	76.40	—	6.3	8	4.30	8	8.5	5
安徽芜湖市	84.28	—	17.0	4	30.4	1	4.0	10
安徽马鞍山	58.20	—	12.1	6	28.15	2	5.9	9
江苏扬州市	770.20	2	-1.1	11	14.70	5	6.0	8
江苏镇江市	722.44	3	-6.4	13	7.88	6	19.4	2
江苏南通市	2627.08	1	4.3	9	27.12	3	1.8	12

＊安徽省外贸进出口总额单位为亿美元。

2020年全国及各省市

地 区	地区生产总值	增速(%)	规模以上工业增加值增速(%)	固定资产投资增速(%)
全 国	1015986	2.3	2.8	2.9
北 京	36103	1.2	2.3	2.2
天 津	14084	1.5	1.6	3.0
河 北	36207	3.9	4.7	3.2
山 西	17652	3.6	5.7	10.6
内蒙古	17360	0.2	0.7	-1.5
辽 宁	25115	0.6	1.8	2.6
吉 林	12311	2.4	6.9	8.3
黑龙江	13699	1.0	3.3	3.6
上 海	38701	1.7	1.7	10.3
江 苏	102719	3.7	6.1	0.3
浙 江	64613	3.6	5.4	5.4
安 徽	38681	3.9	6.0	5.1
福 建	43904	3.3	2.0	-0.4
江 西	25692	3.8	4.6	8.2
山 东	73129	3.6	5.0	3.6
河 南	54997	1.3	0.4	4.3
湖 北	43443	-5.0	-6.1	-18.8
湖 南	41781	3.8	4.8	7.6
广 东	110761	2.3	1.5	7.2
广 西	22157	3.7	1.2	4.2
海 南	5532	3.5	-4.5	8.0
重 庆	25003	3.9	5.8	3.9
四 川	48599	3.8	4.5	2.8
贵 州	17827	4.5	5.0	3.2
云 南	24522	4.0	2.4	7.7
西 藏	1903	7.8	9.6	5.4
陕 西	26182	2.2	1.0	4.1
甘 肃	9017	3.9	6.5	7.8
青 海	3006	1.5	-0.2	-12.2
宁 夏	3921	3.9	4.3	4.0
新 疆	13798	3.4	6.9	16.2

主要经济指标

社会消费品零售总额增速(%)	消费价格指数（上年=100）	城镇居民可支配收入(元)	增速(%)	农村居民可支配收入(元)	增速(%)
-3.9	102.5	43834	3.5	17131	6.9
-8.9	101.7	75602	2.4	30126	4.1
-15.1	102.0	47659	3.3	25691	3.6
-2.2	102.1	37286	4.3	16467	7.1
-4.0	102.9	34793	4.6	13878	7.6
-5.8	101.9	41353	1.4	16567	8.4
-7.3	102.4	40376	1.5	17450	8.3
-9.2	102.3	33396	3.4	16067	7.6
-9.1	102.3	31115	0.5	16168	7.9
0.5	101.7	76437	3.8	34911	5.2
-1.6	102.5	53102	4	24198	6.7
-2.6	102.3	62699	4.2	31930	6.9
2.6	102.7	39442	5.1	16620	7.8
-1.4	102.2	47160	3.4	20880	6.7
3.0	102.6	38556	5.5	16981	7.5
0.0	102.8	43726	3.3	18753	5.5
-4.1	102.8	34750	1.6	16108	6.2
-20.8	102.7	36706	-2.4	16306	-0.5
-2.6	102.3	41698	4.7	16585	7.7
-6.4	102.6	50257	4.4	20143	7
-4.5	102.8	35859	3.2	14815	8.3
1.2	102.3	37097	3	16279	7.7
1.3	102.3	40006	5.4	16361	8.1
-2.4	103.2	38253	5.8	15929	8.6
4.9	102.6	36096	4.9	11642	8.2
-3.6	103.6	37500	3.5	12842	7.9
-3.6	102.2	41156	10	14598	12.7
-5.9	102.5	37868	4.9	13316	8
-1.8	102.0	33822	4.6	10344	7.4
-7.5	102.6	35506	5	12342	7.3
-7.0	101.5	35720	4.1	13889	8
-15.3	101.5	34838	0.5	14056	7.1

县域经济工作考核(第一类县市区)

县市区	2020年度综合排序	与上年度比位次变化	2019年度综合排序	2020年度监测综合指数	一.经济发展 排序	指数	生产总值(现价)(亿元)	增长速度(%)
仙桃市	1	7	8	61.90	1	26.52	827.91	-4.28
黄陂区	2	-1	1	58.15	6	22.85	1013.28	-7.77
襄州区	3	1	4	57.93	3	23.91	728.22	-2.94
汉川市	4	6	10	56.72	2	25.20	645.66	-3.09
夷陵区	5	1	6	55.55	9	17.21	531.66	-4.10
大冶市	6	1	7	54.82	5	23.27	647.18	-4.24
枝江市	7	-2	5	54.40	14	14.69	564.00	-3.90
东宝区	8	3	11	54.27	12	15.67	385.49	-3.69
新洲区	9	-7	2	51.52	7	19.67	888.57	-8.25
蔡甸区	10	-1	9	50.04	19	11.85	371.34	-8.90
江夏区	11	-8	3	49.46	8	19.10	842.04	-12.26
潜江市	12	0	12	45.15	4	23.63	765.23	-4.62
孝南区	13	7	20	44.14	15	14.61	413.09	-4.40
应城市	14	2	16	43.13	11	16.09	380.53	-1.57
荆州区	15	-2	13	42.02	20	10.96	341.21	-4.46
鄂城区	16	1	17	41.83	13	14.96	550.46	-9.42
咸安区	17	2	19	41.24	16	13.95	361.45	-5.53
天门市	18	0	18	40.13	10	16.74	617.49	-5.63
华容区	19	-5	14	36.04	17	13.38	372.02	-9.05
曾都区	20	-5	15	35.54	18	13.14	501.70	-6.03
黄州区	21	0	21	25.32	21	8.12	241.10	-5.48

县域经济工作考核(第一类县市区)续

县市区	一.经济发展				
	地方公共财政预算收入及增长速度		工业增加值占GDP比重(%)	规模以上工业增加值增长速度(%)	第三产业增加值增长速度(%)
	地方公共财政预算收入(万元)	增长速度(%)			
仙桃市	326834	-5.80	39.39	-3.80	-1.93
黄陂区	513784	-25.21	25.26	-11.30	-5.51
襄州区	240503	-31.66	38.12	-0.80	-1.51
汉川市	213798	-16.80	50.05	-2.65	1.17
夷陵区	188174	-21.99	30.84	-3.10	-2.49
大冶市	347130	-31.35	51.51	-1.90	-4.79
枝江市	109346	-43.18	38.17	-0.40	-6.32
东宝区	147282	-24.75	35.13	-2.70	-0.55
新洲区	456394	-6.39	23.40	-14.70	-7.40
蔡甸区	347931	-13.70	34.26	-18.50	-7.31
江夏区	671227	-27.57	34.82	-21.40	-7.38
潜江市	220314	-19.93	45.76	-4.40	-4.26
孝南区	171208	-12.97	27.82	1.40	-4.14
应城市	114774	-33.41	40.54	-7.00	1.94
荆州区	138864	-21.63	22.73	-9.30	-2.17
鄂城区	141464	6.37	35.01	-14.43	-1.52
咸安区	159667	-23.67	38.27	-1.80	-4.42
天门市	146706	-31.38	39.67	-6.40	-4.56
华容区	57532	-15.23	55.28	-11.01	-1.70
曾都区	111498	-36.87	35.35	-6.70	-3.72
黄州区	46866	-38.53	30.51	8.50	-5.45

县域经济工作考核(第一类县市区)续

县市区	二. 质量效益					
	排序	指数	人均生产总值及增减幅度		地方税收占地方公共财政预算收入比重及升降幅度	
			人均 GDP（元）	增减幅度（%）	地方税收占地方公共财政预算收入比重（%）	升降幅度（%）
仙桃市	5	8.08	72617	-4.28	89.18	7.41
黄陂区	15	3.95	98568	-8.50	76.60	3.64
襄州区	8	5.99	79029	-2.95	83.20	4.46
汉川市	12	4.35	62185	-3.10	81.97	1.02
夷陵区	4	8.31	98256	-5.00	89.06	2.77
大冶市	19	2.71	70901	-4.34	75.56	2.80
枝江市	3	8.61	115078	-3.45	84.48	12.53
东宝区	2	9.62	101685	-5.01	93.32	0.97
新洲区	10	4.90	97005	-8.52	82.37	-5.15
蔡甸区	16	3.88	78690	-9.41	80.15	1.10
江夏区	11	4.70	85313	-13.37	82.68	1.33
潜江市	18	3.32	79208	-4.62	76.15	3.47
孝南区	14	4.20	44404	-4.42	83.95	1.49
应城市	17	3.52	62732	-1.57	78.56	2.10
荆州区	6	7.58	58286	-4.59	91.83	2.21
鄂城区	9	5.71	83063	-8.12	85.97	-3.42
咸安区	13	4.30	68006	-5.62	81.47	1.65
天门市	21	1.78	49502	-4.68	76.93	-0.75
华容区	1	9.68	148036	-9.20	90.56	5.79
曾都区	7	6.00	78489	-6.08	86.26	-0.71
黄州区	20	2.32	60609	-5.66	75.78	3.27

县域经济工作考核(第一类县市区)续

县市区	三.活力后劲					
^	排序	指数	外贸出口占GDP比重及升降幅度		招商引资(含实际利用外资)	
^	^	^	外贸出口占GDP比重(%)	升降幅度(%)	省外境内资金(亿元)	实际利用外资(万美元)
仙桃市	10	9.72	27.24	20.96	171.61	3343
黄陂区	2	14.66	18.57	2.68	298.66	72119
襄州区	7	10.40	5.21	-0.95	212.35	17685
汉川市	5	10.82	5.05	0.91	154.19	10820
夷陵区	11	9.12	0.66	-1.15	199.15	2626
大冶市	6	10.79	5.60	1.60	200.00	2100
枝江市	4	11.18	3.84	0.70	199.49	3093
东宝区	9	10.07	1.87	-0.58	150.47	4902
新洲区	3	11.18	4.81	3.03	199.25	60002
蔡甸区	1	16.14	11.81	3.00	199.83	69440
江夏区	8	10.14	1.81	0.36	36.26	48821
潜江市	16	7.28	2.89	0.56	204.14	508
孝南区	13	8.13	1.96	0.21	125.60	5742
应城市	14	7.70	1.54	0.24	87.00	2668
荆州区	19	6.08	1.59	-0.41	117.31	30
鄂城区	18	6.75	0.91	-0.42	111.19	3267
咸安区	17	6.96	1.83	-12.80	82.70	1274
天门市	12	8.87	1.64	-0.01	180.10	755
华容区	20	4.88	1.59	-0.87	131.07	1475
曾都区	15	7.59	4.84	2.20	82.01	0
黄州区	21	4.70	2.38	-0.42	35.22	2703

县域经济工作考核(第一类县市区)续

县市区	三. 活力后劲				
	固定资产投资(不含农户)增长速度(%)	工业投资占固定资产投资比重(%)	新增规模以上工业企业数占年末规上工业企业总数的比例及升降幅度		科技创新综合指数
			新增规模以上工业企业数占年末规上工业企业总数的比例(%)	升降幅度(%)	2019 年(%)
仙桃市	-37.21	46.83	7.42	-0.18	26.89
黄陂区	-5.93	30.71	8.26	0.23	22.28
襄州区	-18.87	25.99	13.49	6.06	41.23
汉川市	-21.95	53.71	11.94	6.92	38.56
夷陵区	-15.99	43.36	9.94	0.54	41.36
大冶市	-18.34	49.67	6.70	-3.61	52.44
枝江市	-14.82	69.60	5.53	-3.86	47.95
东宝区	-13.39	58.16	6.78	-1.62	46.14
新洲区	-5.95	37.17	3.53	-2.72	27.69
蔡甸区	-5.23	26.43	16.37	1.55	52.83
江夏区	-14.57	38.13	10.34	-1.36	56.61
潜江市	-23.30	48.49	3.53	-4.97	27.73
孝南区	-14.06	22.58	9.81	2.67	41.13
应城市	-20.46	51.42	4.17	0.80	43.99
荆州区	-7.21	7.35	3.62	-0.51	25.62
鄂城区	-6.20	8.47	6.17	1.07	29.52
咸安区	-19.75	44.05	8.11	0.45	36.01
天门市	-26.80	65.95	11.84	4.53	25.45
华容区	-25.10	23.91	3.08	-7.09	40.75
曾都区	-29.48	41.18	12.08	-0.20	37.41
黄州区	-25.01	21.57	7.07	-0.89	32.54

县域经济工作考核(第一类县市区)续

县市区	四. 社会民生					
	排序	指数	城镇化率及升降幅度		农村常住居民人均可支配收入及增长速度	
			城镇化率(%)	升降幅度(%)	农村常住居民人均可支配收入(元)	增长速度(%)
仙桃市	3	13.47	59.40	0.70	20647	3.80
黄陂区	11	10.37	49.20	1.30	22662	-2.30
襄州区	8	11.74	60.10	1.30	20290	-1.40
汉川市	13	9.72	58.90	0.70	19829	-2.33
夷陵区	1	14.77	57.40	1.50	22725	2.60
大冶市	2	13.92	58.50	0.70	21553	0.10
枝江市	4	13.18	58.50	0.60	23544	2.00
东宝区	5	13.05	73.00	0.90	20694	-0.50
新洲区	16	8.94	54.20	0.80	21488	-2.76
蔡甸区	7	12.02	59.90	1.20	22371	-2.88
江夏区	12	9.88	55.70	0.30	23602	-1.26
潜江市	18	7.47	57.80	0.40	18948	-2.80
孝南区	9	11.74	74.50	0.30	19719	-2.22
应城市	14	9.63	62.90	0.70	20416	-2.40
荆州区	10	11.34	75.50	0.00	20905	-0.84
鄂城区	6	12.20	77.00	0.70	20149	-2.78
咸安区	15	9.24	69.80	0.20	17904	-1.88
天门市	17	7.72	54.70	0.50	18356	1.20
华容区	20	5.66	52.70	0.60	19951	-2.30
曾都区	21	3.79	70.50	0.30	18748	-2.54
黄州区	19	7.07	76.30	0.00	17786	1.32

县域经济工作考核(第一类县市区)续

县市区	四.社会民生			
	城镇常住居民人均可支配收入及增长速度		就业及社保综合指数	信用环境评价指数
	城镇常住居民人均可支配收入（元）	增长速度（%）		
仙桃市	35750	3.50	99.72	86.59
黄陂区	38673	-0.32	94.55	91.57
襄州区	35503	2.10	99.45	93.83
汉川市	36180	-0.79	98.80	89.04
夷陵区	39475	-2.10	98.91	95.46
大冶市	41829	-2.30	99.87	89.51
枝江市	36064	-2.70	98.81	97.23
东宝区	38555	-2.36	99.60	93.78
新洲区	34856	-1.63	97.16	89.93
蔡甸区	37359	-2.23	98.82	96.63
江夏区	37382	-2.31	94.02	92.15
潜江市	33623	-2.90	99.39	88.68
孝南区	37872	-0.90	99.59	95.73
应城市	36723	-0.52	96.59	91.90
荆州区	38508	-3.85	98.10	87.70
鄂城区	36779	1.67	99.16	91.18
咸安区	36585	0.13	98.48	90.01
天门市	31308	-1.40	99.66	87.99
华容区	31437	1.35	94.33	84.68
曾都区	33487	-4.35	94.85	0.00
黄州区	35242	-2.52	93.92	93.89

县域经济工作考核(第一类县市区)续

县市区	五.生态环境					
	排序	指数	空气质量优良天数比率及升降幅度		地表水达到或好于Ⅲ类水体比例(%)	万元GDP能耗降低率(%)	单位GDP地耗下降率(%)
			空气质量优良天数比率(%)	升降幅度(%)			
仙桃市	17	4.10	86.50	8.70	37.50	1.96	12.86
黄陂区	5	6.31	83.60	17.10	66.70	-3.04	16.95
襄州区	10	5.88	73.70	10.80	100.00	-4.45	21.97
汉川市	4	6.63	80.10	18.50	80.00	-7.08	-0.74
夷陵区	8	6.13	84.40	14.80	75.00	-1.34	21.00
大冶市	16	4.14	85.00	13.20	66.70	4.88	10.84
枝江市	3	6.74	91.80	12.30	50.00	-1.95	31.29
东宝区	11	5.85	82.70	14.20	100.00	4.30	43.05
新洲区	1	6.82	90.90	14.70	80.00	-4.54	-4.23
蔡甸区	7	6.16	90.30	20.90	33.30	-3.25	-0.07
江夏区	12	5.63	89.30	16.10	66.70	0.05	1.54
潜江市	18	3.45	89.30	8.50	57.10	5.98	0.69
孝南区	13	5.46	87.90	13.40	28.60	-4.37	-0.15
应城市	6	6.19	84.70	13.40	100.00	0.63	23.57
荆州区	9	6.05	86.90	10.20	50.00	-3.75	19.46
鄂城区	21	2.21	87.40	8.20	22.20	4.88	-15.89
咸安区	2	6.80	90.70	13.40	100.00	-1.03	10.78
天门市	15	5.02	89.60	14.00	50.00	1.89	9.56
华容区	20	2.44	81.80	13.50	0.00	3.42	-0.06
曾都区	14	5.02	87.20	10.20	100.00	4.76	16.24
黄州区	19	3.09	88.50	8.50	0.00	2.63	3.68

县域经济工作考核(第二类县市区)

县市区	2020年度综合排序	与上年度比位次变化	2019年度综合排序	2020年度监测综合指数	一.经济发展			
					排序	指数	生产总值及增长速度	
							生产总值(现价)(亿元)	增长速度(%)
宜都市	1	0	1	73.99	2	26.53	643.02	-6.30
枣阳市	2	0	2	71.67	1	26.99	654.98	-4.13
赤壁市	3	2	5	69.25	5	24.59	443.39	-4.65
当阳市	4	4	8	67.29	8	19.95	493.35	-5.90
京山市	5	-1	4	64.40	4	24.75	403.12	-5.43
谷城县	6	-3	3	62.58	11	18.20	385.86	-6.53
宜城市	7	0	7	60.63	10	18.71	355.79	-5.24
钟祥市	8	1	9	59.76	3	26.46	526.54	-6.01
松滋市	9	2	11	58.73	6	22.11	330.46	-3.91
嘉鱼县	10	3	13	58.43	9	19.79	275.39	-4.63
老河口市	11	-5	6	58.13	20	13.33	342.44	-14.93
武穴市	12	4	16	53.12	12	17.82	310.60	-5.24
安陆市	13	-3	10	51.90	17	14.73	245.44	-6.44
沙洋县	14	0	14	51.62	13	16.51	316.80	-4.39
广水市	15	5	20	50.96	7	20.38	337.34	-4.91
公安县	16	3	19	49.84	15	15.32	311.12	-5.63
云梦县	17	0	17	47.84	21	12.32	199.57	-8.18
洪湖市	18	-6	12	46.50	19	14.02	286.81	-6.17
石首市	19	-4	15	45.50	23	10.29	208.86	-6.70
随　县	20	-2	18	44.45	16	14.99	257.68	-4.49
黄梅县	21	0	21	42.66	18	14.36	235.38	-4.82
监利市	22	4	26	40.87	24	10.10	288.75	-7.26
阳新县	23	0	23	40.79	14	16.35	281.82	-5.45
崇阳县	24	0	24	40.12	25	9.89	148.60	-5.19
蕲春县	25	-3	22	39.97	22	12.16	247.64	-7.35
团风县	26	1	27	34.49	26	7.61	107.77	-8.18
江陵县	27	-2	25	30.41	27	7.11	109.05	-7.78

县域经济工作考核(第二类县市区)续

县市区	一.经济发展					
	地方一般公共预算收入及增长速度		工业增加值占GDP比重（%）	规模以上工业增加值增长速度（%）	农产品加工业产值、农产品加工业产值与农业产值比例		第三产业增加值增长速度（%）
	地方一般公共预算收入（万元）	增长速度（%）			农产品加工业产值（亿元）	农产品加工业产值与农业产值比例（%）	
宜都市	153768	-35.79	44.98	-12.30	200.40	215.70	-0.63
枣阳市	164916	-39.09	37.87	-2.10	232.45	124.22	-2.70
赤壁市	148699	-27.05	37.29	-9.60	180.39	212.61	-0.81
当阳市	85784	-52.67	35.26	-14.50	198.35	123.93	-0.53
京山市	128585	-28.63	43.08	-5.60	527.98	444.89	-4.92
谷城县	85354	-42.89	49.26	-3.10	129.63	158.16	-8.35
宜城市	87780	-49.51	39.80	-3.20	225.92	202.28	-4.61
钟祥市	139262	-32.95	42.53	-13.40	330.88	228.64	0.82
松滋市	128728	-30.43	37.10	-9.00	171.23	206.65	0.42
嘉鱼县	101218	-18.82	45.85	-1.10	117.42	139.42	-2.95
老河口市	92555	-54.89	33.84	-28.50	190.35	176.88	-2.70
武穴市	144065	-29.21	37.02	3.20	20.81	20.10	-6.83
安陆市	81969	-29.35	33.41	-13.14	100.59	133.21	-0.17
沙洋县	64422	-36.10	36.60	-3.60	206.77	167.17	-7.11
广水市	113092	-16.98	40.05	-6.80	150.79	136.62	-3.55
公安县	88902	-37.49	32.72	-7.90	122.75	98.93	-4.78
云梦县	98160	-30.54	32.87	-16.90	111.20	150.57	-4.15
洪湖市	83129	-21.71	25.34	-7.90	140.84	90.78	-5.29
石首市	61308	-29.10	31.39	-9.40	58.02	69.63	-6.88
随县	51234	-32.93	45.05	-5.80	186.66	136.87	-7.73
黄梅县	83169	-23.29	28.56	1.20	89.60	85.54	-5.35
监利市	71696	-24.84	18.79	-9.20	92.73	49.20	-9.46
阳新县	153366	-15.74	27.21	-19.50	26.40	24.67	-0.97
崇阳县	62430	-25.24	21.14	0.20	14.37	25.83	-3.63
蕲春县	105483	-25.54	22.87	1.80	68.67	68.63	-9.71
团风县	46972	-23.47	22.00	-2.10	26.70	85.46	-5.40
江陵县	37578	-27.20	28.20	-11.40	25.94	49.29	-5.02

县域经济工作考核(第二类县市区)续

县市区	二. 质量效益					
	排序	指数	人均生产总值及增减幅度		地方税收占地方一般公共预算收入比重及升降幅度	
			人均 GDP（元）	增减幅度（%）	地方税收占地方一般公共预算收入比重(%)	升降幅度（%）
宜都市	3	9.37	167410	-5.58	81.45	0.71
枣阳市	9	6.94	65161	-4.19	76.58	0.64
赤壁市	4	9.10	89828	-4.75	78.97	10.12
当阳市	1	10.70	106325	-5.28	82.11	17.50
京山市	14	5.09	64841	-5.30	70.73	2.33
谷城县	6	7.62	75482	-6.68	78.83	1.95
宜城市	13	5.10	67406	-5.33	72.90	-6.05
钟祥市	22	4.04	57233	-6.01	68.31	0.74
松滋市	12	6.18	43051	-3.85	74.40	6.55
嘉鱼县	2	10.60	86113	-4.78	85.65	12.59
老河口市	8	7.30	70949	-15.03	79.16	4.37
武穴市	11	6.20	47492	-5.24	75.66	4.60
安陆市	5	7.90	42028	-6.45	84.00	4.17
沙洋县	20	4.24	56591	-3.94	67.36	1.00
广水市	19	4.37	43517	-4.99	71.23	-0.35
公安县	7	7.62	37136	-5.25	81.37	10.82
云梦县	21	4.24	37136	-8.19	73.51	1.54
洪湖市	10	6.91	35549	-6.02	80.81	7.80
石首市	15	4.71	37290	-6.33	73.89	2.47
随　县	26	2.64	31947	-4.62	69.86	-1.87
黄梅县	23	3.89	27074	-4.82	75.36	1.30
监利市	17	4.58	28669	-6.82	76.42	7.22
阳新县	27	1.90	33144	-5.89	65.68	0.50
崇阳县	25	3.02	36378	-5.25	67.77	1.76
蕲春县	16	4.68	31660	-7.38	76.76	3.60
团风县	18	4.56	31137	-8.20	76.32	5.91
江陵县	24	3.69	32187	-7.88	73.46	3.40

县域经济工作考核(第二类县市区)续

县市区	三.活力后劲					
	排序	指数	外贸出口占GDP比重及升降幅度		招商引资(含实际利用外资)	
			外贸出口占GDP比重(%)	升降幅度(%)	省外境内资金(亿元)	实际利用外资(万美元)
宜都市	2	13.70	3.60	-0.24	181.98	3335
枣阳市	6	12.67	2.11	0.31	183.15	6303
赤壁市	7	12.29	4.61	0.53	81.24	1814
当阳市	9	10.56	0.57	0.05	149.49	129
京山市	8	11.32	2.07	-0.07	105.28	2500
谷城县	1	13.84	5.49	1.56	141.54	2876
宜城市	5	12.73	5.51	-0.03	128.32	9343
钟祥市	21	8.50	0.74	-0.03	126.68	2315
松滋市	15	9.21	3.81	2.01	78.20	1032
嘉鱼县	19	8.61	1.76	-0.50	49.53	9
老河口市	4	12.95	5.75	0.12	123.46	5370
武穴市	11	10.46	7.46	0.76	48.83	0
安陆市	20	8.53	3.22	0.63	66.45	14
沙洋县	12	10.25	1.71	-0.38	124.23	2737
广水市	24	7.72	1.30	-0.07	71.20	1016
公安县	16	9.11	3.47	1.41	84.02	350
云梦县	3	13.19	10.56	0.06	64.57	1048
洪湖市	23	7.86	1.64	-0.59	66.38	102
石首市	13	10.12	2.52	0.08	85.12	75
随县	10	10.53	10.03	2.06	48.30	1430
黄梅县	22	8.19	3.66	0.42	42.63	0
监利市	18	8.82	2.07	0.77	61.85	1411
阳新县	25	7.56	2.68	-1.54	99.58	155
崇阳县	17	8.94	4.46	1.45	49.03	368
蕲春县	26	7.04	2.15	-1.71	43.99	0
团风县	14	9.39	1.30	0.04	5.38	611
江陵县	27	5.72	1.34	0.22	23.81	1037

县域经济工作考核(第二类县市区)续

县市区	三. 活力后劲				
	固定资产投资(不含农户)增长速度(%)	工业投资占固定资产投资比重(%)	新增规模以上工业企业数占年末规上工业企业总数的比例及升降幅度		科技创新综合指数
			新增规模以上工业企业数占年末规上工业企业总数的比例(%)	升降幅度(%)	2019 年(%)
宜都市	-24.18	59.93	8.43	1.93	45.20
枣阳市	-20.31	38.66	10.40	4.87	30.61
赤壁市	-21.92	72.10	7.69	0.67	30.24
当阳市	-14.96	61.53	4.76	-4.97	41.28
京山市	-18.73	60.82	3.29	1.35	36.01
谷城县	-20.17	67.77	5.59	-0.81	41.17
宜城市	-19.70	48.34	7.22	2.08	30.09
钟祥市	-28.44	48.73	3.72	-0.13	30.86
松滋市	-11.67	28.30	4.20	-2.20	22.91
嘉鱼县	-18.66	41.34	7.77	-0.69	38.07
老河口市	-20.20	37.12	10.90	4.68	31.40
武穴市	-20.79	48.41	6.47	0.39	38.57
安陆市	-29.57	34.32	7.48	1.87	41.74
沙洋县	-20.97	44.92	5.36	-2.16	37.00
广水市	-18.51	34.17	4.88	-7.74	28.69
公安县	-32.44	29.48	9.35	4.17	34.87
云梦县	-21.96	57.79	7.69	2.93	37.85
洪湖市	-9.82	27.72	1.61	-12.23	42.18
石首市	-32.43	48.64	11.40	2.86	42.59
随　县	-17.81	50.29	3.53	-3.39	17.60
黄梅县	-19.19	31.74	7.01	-0.38	33.50
监利市	-30.89	49.58	9.09	2.69	19.56
阳新县	-18.60	28.41	5.79	-1.65	27.37
崇阳县	-23.49	38.52	7.69	-4.81	29.26
蕲春县	-18.09	26.42	7.02	-2.15	34.46
团风县	-19.03	58.03	6.25	0.84	33.48
江陵县	-47.67	22.91	15.38	3.38	29.21

县域经济工作考核(第二类县市区)续

县市区	四.社会民生					
	排序	指数	城镇化率及升降幅度		减贫年度目标完成率（%）	农村常住居民人均可支配收入及增长速度	
			城镇化率（%）	升降幅度（%）		农村常住居民人均可支配收入（元）	增长速度（%）
宜都市	1	19.72	59.20	0.90	100.00	23276	2.30
枣阳市	4	15.77	55.80	1.10	100.00	19625	-1.90
赤壁市	8	14.20	58.80	1.40	100.00	18347	-1.90
当阳市	2	17.46	54.80	0.80	100.00	23224	2.10
京山市	10	13.86	58.20	0.80	100.00	19952	-3.00
谷城县	6	14.99	51.90	1.20	100.00	17850	-0.30
宜城市	5	15.15	53.50	1.20	100.00	19711	-2.20
钟祥市	11	13.70	57.70	0.30	100.00	20510	-2.80
松滋市	12	13.54	53.10	1.00	100.00	19006	-0.24
嘉鱼县	17	11.82	51.30	0.60	100.00	18540	-2.10
老河口市	3	16.70	57.90	0.90	100.00	19895	-2.80
武穴市	9	14.07	55.10	0.80	100.00	17126	1.65
安陆市	14	13.23	54.70	0.80	100.00	17131	-2.71
沙洋县	13	13.37	44.60	1.20	100.00	20123	-0.50
广水市	25	8.55	51.90	0.50	100.00	17439	-2.73
公安县	15	13.19	51.90	0.40	100.00	19711	-0.37
云梦县	7	14.95	55.10	0.80	100.00	20044	-2.90
洪湖市	18	11.64	49.30	0.60	100.00	18529	-0.29
石首市	16	12.13	50.90	0.70	100.00	18674	0.16
随　县	27	7.28	40.00	1.60	100.00	17782	-2.44
黄梅县	19	10.87	45.40	0.50	100.00	16449	1.51
监利市	23	9.76	45.70	0.60	100.00	18101	-1.18
阳新县	22	9.98	39.90	0.90	100.00	13397	1.90
崇阳县	20	10.58	48.60	0.50	100.00	15939	0.30
蕲春县	21	10.16	44.90	0.80	100.00	15144	1.18
团风县	26	7.46	41.20	0.90	100.00	13740	1.77
江陵县	24	8.91	42.20	0.80	100.00	17016	0.08

县域经济工作考核(第二类县市区)续

县市区	四.社会民生			
	城镇常住居民人均可支配收入及增长速度		就业及社保综合指数	信用环境评价指数
	城镇常住居民人均可支配收入（元）	增长速度（%）		
宜都市	39923	-1.00	99.00	97.52
枣阳市	39431	2.30	97.30	94.67
赤壁市	33586	-2.42	99.54	93.70
当阳市	37151	-2.40	99.00	96.09
京山市	34808	-2.25	99.13	87.47
谷城县	36409	1.80	98.92	88.20
宜城市	35184	1.00	99.31	96.51
钟祥市	34823	-2.25	99.08	88.56
松滋市	32972	-4.06	99.97	94.49
嘉鱼县	32333	-3.00	99.43	91.67
老河口市	38075	1.40	99.67	92.49
武穴市	33560	-2.01	99.74	86.24
安陆市	34973	-0.65	99.67	87.41
沙洋县	34584	-2.09	99.39	92.25
广水市	30475	-3.81	97.34	90.45
公安县	33569	-2.27	99.26	88.83
云梦县	36175	-0.40	99.70	89.01
洪湖市	32655	-2.39	98.89	80.92
石首市	32205	-4.25	99.53	87.03
随　县	27993	-3.94	98.13	82.10
黄梅县	31502	-2.16	98.94	93.68
监利市	30810	-3.70	98.65	94.71
阳新县	29205	2.20	99.09	89.24
崇阳县	29143	-1.87	99.64	95.48
蕲春县	30046	-2.38	99.44	92.27
团风县	28063	-2.98	97.90	97.85
江陵县	30813	-4.15	98.34	90.32

县域经济工作考核(第二类县市区)续

县市区	五.生态环境					
	排序	指数	空气质量优良天数比率及升降幅度		地表水达到或好于Ⅲ类水体比例(%)	万元GDP能耗降低率(%)	单位GDP地耗下降率(%)
			空气质量优良天数比率(%)	升降幅度(%)			
宜都市	24	4.66	85.70	19.40	50.00	0.11	-7.41
枣阳市	3	9.29	85.20	12.30	100.00	-4.50	35.75
赤壁市	4	9.07	94.20	11.80	100.00	-0.04	36.14
当阳市	7	8.62	89.60	22.80	100.00	-1.73	22.21
京山市	2	9.37	90.40	8.80	100.00	-4.39	30.68
谷城县	9	7.93	87.40	15.10	100.00	-4.27	9.45
宜城市	6	8.95	85.70	17.00	100.00	-4.22	27.36
钟祥市	17	7.06	87.30	11.30	83.30	6.96	30.04
松滋市	11	7.69	84.90	10.50	50.00	-6.07	21.20
嘉鱼县	14	7.61	90.70	6.20	50.00	-4.00	21.61
老河口市	10	7.86	80.70	10.30	100.00	-2.31	32.18
武穴市	26	4.58	88.00	12.50	33.30	1.14	-1.67
安陆市	15	7.52	86.30	10.70	100.00	5.01	32.13
沙洋县	16	7.25	88.80	13.00	60.00	4.64	34.05
广水市	1	9.94	87.20	16.80	50.00	-7.96	39.87
公安县	25	4.60	83.10	9.50	57.10	24.89	28.83
云梦县	27	3.13	76.50	0.10	60.00	8.76	4.42
洪湖市	18	6.07	89.30	14.10	20.00	1.18	22.73
石首市	8	8.26	89.30	6.50	66.70	-5.63	21.73
随　县	5	9.01	81.70	12.30	100.00	-6.59	28.37
黄梅县	21	5.35	88.90	14.00	0.00	-2.10	7.86
监利市	13	7.61	85.80	10.70	75.00	-4.00	19.40
阳新县	22	4.99	88.40	12.40	50.00	4.62	2.72
崇阳县	12	7.69	94.20	8.70	100.00	-0.45	14.77
蕲春县	19	5.94	80.80	10.00	100.00	2.00	14.23
团风县	20	5.47	85.50	13.80	33.30	5.47	20.58
江陵县	23	4.98	84.20	14.10	33.30	7.70	17.33

县域经济工作考核(第三类县市区)

县市区	2020年度综合排序	与上年度比位次变化	2019年度综合排序	2020年度监测综合指数	一. 经济发展			
					排序	指数	生产总值及增长速度	
							生产总值（现价）（亿元）	增长速度（%）
恩施市	1	1	2	68.52	1	27.07	356.99	-4.10
南漳县	2	-1	1	68.11	4	21.47	293.35	-3.34
郧阳区	3	5	8	62.75	5	20.88	167.99	-2.04
远安县	4	0	4	62.33	12	14.14	174.44	-4.70
保康县	5	-2	3	60.89	13	14.13	132.94	-6.38
麻城市	6	0	6	59.15	2	22.39	340.35	-7.91
丹江口市	7	-2	5	57.78	3	21.86	270.07	-7.26
兴山县	8	-1	7	57.37	17	12.08	123.98	-6.80
通城县	9	0	9	55.01	7	16.75	162.27	-4.51
红安县	10	3	13	53.78	6	19.95	197.93	0.22
利川市	11	0	11	52.64	10	14.51	199.15	-4.94
大悟县	12	0	12	52.26	9	15.04	171.34	-8.19
房　县	13	-3	10	50.69	11	14.16	120.46	-4.40
郧西县	14	10	24	50.02	21	11.17	95.15	-3.11
竹山县	15	11	26	49.34	15	13.72	117.12	-3.15
长阳县	16	0	16	47.79	20	11.62	156.44	-4.50
浠水县	17	0	17	47.71	8	15.76	236.03	-8.48
竹溪县	18	13	31	47.35	18	11.91	87.68	-1.87
秭归县	19	-5	14	45.87	16	12.08	157.55	-8.10
通山县	20	-5	15	45.78	14	13.93	133.57	-5.25
孝昌县	21	-1	20	45.55	23	10.99	137.90	-6.04
五峰县	22	7	29	45.15	26	9.36	80.76	-4.70
建始县	23	-4	19	44.68	19	11.72	116.43	-5.01
咸丰县	24	-6	18	44.41	27	9.35	93.14	-5.02
来凤县	25	0	25	44.23	28	9.14	82.08	-4.80
宣恩县	26	2	28	43.98	25	10.82	79.73	-1.98
巴东县	27	-5	22	42.68	24	10.91	125.28	-3.06
鹤峰县	28	-5	23	41.99	30	7.70	64.91	-4.61
罗田县	29	-8	21	39.88	22	11.10	145.59	-9.94
英山县	30	-3	27	36.58	29	7.81	107.16	-12.68
梁子湖区	31	-1	30	32.23	31	5.36	82.76	-15.83

县域经济工作考核(第三类县市区)续

县市区	一.经济发展					
	地方一般公共预算收入及增长速度		工业增加值占GDP比重(%)	农产品加工业产值、农产品加工业产值与农业产值比例		第三产业增加值增长速度(%)
	地方一般公共预算收入(万元)	增长速度(%)		农产品加工业产值(亿元)	农产品加工业产值与农业产值比例(%)	
恩施市	165892	-27.43	32.47	147.30	233.5	-1.98
南漳县	74586	-35.11	29.94	70.39	68.7	-0.96
郧阳区	80737	-21.71	36.44	67.52	117.3	-2.35
远安县	50291	-48.99	40.96	11.73	30.1	-3.36
保康县	53689	-44.28	38.72	46.55	123.0	-5.96
麻城市	160019	-23.48	34.25	52.09	44.0	-4.93
丹江口市	93735	-25.06	34.24	79.96	132.5	-4.18
兴山县	44322	-46.75	33.67	21.52	80.0	-5.58
通城县	62542	-24.28	31.03	26.03	48.9	-2.74
红安县	108393	-34.88	38.43	36.79	76.2	-6.86
利川市	89870	-25.07	9.15	7.59	10.2	-6.53
大悟县	84325	-25.18	18.83	22.15	28.9	-4.45
房　县	59862	-19.13	17.03	26.35	41.5	-4.30
郧西县	39131	-23.11	11.60	11.62	26.4	-5.22
竹山县	50490	-23.35	23.74	25.40	45.4	-6.25
长阳县	39592	-48.21	20.70	20.18	25.5	-3.70
浠水县	75069	-27.02	19.90	29.64	24.1	-5.28
竹溪县	39743	-24.50	10.64	9.27	20.7	-1.95
秭归县	40666	-49.27	22.91	12.10	22.4	-0.28
通山县	46445	-29.98	22.03	26.76	56.1	-2.51
孝昌县	76246	-28.51	18.78	3.41	4.8	-13.83
五峰县	18844	-44.57	25.37	12.72	29.7	-2.09
建始县	50593	-26.44	11.03	3.94	8.2	-2.61
咸丰县	28821	-39.11	7.13	2.01	4.9	0.64
来凤县	30447	-27.85	12.18	1.43	4.6	-2.87
宣恩县	31310	-20.91	9.29	6.94	17.9	-2.43
巴东县	48261	-28.15	17.69	5.29	11.3	-8.99
鹤峰县	20006	-36.02	13.70	11.50	41.3	-4.22
罗田县	53596	-33.64	20.92	16.57	30.3	-6.41
英山县	43895	-18.80	10.49	12.86	20.7	-13.32
梁子湖区	39931	-11.88	7.03	4.70	8.4	-12.04

县域经济工作考核(第三类县市区)续

县市区	二.质量效益				
	排序	指数	人均生产总值及增减幅度		地方税收占地方一般公共预算收入比重及升降幅度	
			人均GDP(元)	增减幅度(%)	地方税收占地方一般公共预算收入比重(%)	升降幅度(%)
恩施市	4	7.84	45557	-4.26	82.76	2.26
南漳县	12	6.62	53685	-3.43	75.73	-6.09
郧阳区	8	7.42	29385	-1.97	82.56	6.71
远安县	2	8.74	94858	-3.64	73.99	4.67
保康县	6	7.79	58179	-6.42	78.61	2.89
麻城市	17	5.63	38659	-7.91	72.68	1.37
丹江口市	16	5.67	69695	-7.13	65.33	2.03
兴山县	1	10.17	74690	-5.99	81.82	21.80
通城县	20	5.22	38885	-4.59	68.59	3.47
红安县	11	6.92	32490	0.22	75.95	7.66
利川市	9	7.30	29525	-5.09	81.47	8.52
大悟县	24	4.98	27423	-8.20	74.18	4.16
房县	21	5.12	30092	-4.31	71.57	-0.94
郧西县	31	2.39	22076	-2.93	67.70	1.70
竹山县	28	3.38	28100	-3.00	63.90	0.63
长阳县	3	8.64	40954	-3.75	80.78	19.03
浠水县	23	5.07	26904	-8.50	75.20	4.99
竹溪县	29	3.23	27923	-1.70	61.94	1.62
秭归县	7	7.44	44505	-7.15	75.81	14.81
通山县	19	5.23	35363	-5.34	70.97	-0.06
孝昌县	18	5.32	22999	-6.05	79.76	10.09
五峰县	15	5.77	42504	-3.95	68.98	7.59
建始县	14	5.96	27460	-5.19	78.45	3.71
咸丰县	13	6.20	29909	-5.30	76.60	2.23
来凤县	10	6.94	32807	-4.98	79.45	2.80
宣恩县	25	4.40	25784	-2.27	73.39	-0.69
巴东县	30	3.14	29007	-3.14	63.81	-6.31
鹤峰县	27	4.17	31585	-4.72	69.04	-8.30
罗田县	26	4.30	26341	-9.94	71.26	8.44
英山县	22	5.09	29449	-12.74	73.51	3.33
梁子湖区	5	7.82	56803	-15.89	89.17	-2.37

县域经济工作考核(第三类县市区)续

县市区	三.活力后劲					
	排序	指数	外贸出口占 GDP 比重及升降幅度		招商引资(含实际利用外资)	
			外贸出口占 GDP 比重(%)	升降幅度(%)	省外境内资金(亿元)	实际利用外资(万美元)
恩施市	17	8.95	0.30	0.00	27.14	568
南漳县	3	12.41	8.95	1.16	79.78	4560
郧阳区	6	11.55	3.85	-0.38	77.17	1162
远安县	7	11.29	5.66	0.89	73.48	0
保康县	4	11.78	7.76	1.10	54.67	1309
麻城市	15	9.31	1.44	0.39	31.97	2653
丹江口市	30	6.08	0.80	-0.48	43.34	560
兴山县	2	14.89	29.93	5.79	19.35	100
通城县	12	10.03	4.64	0.17	23.11	70
红安县	22	8.33	0.53	-0.19	32.33	0
利川市	24	7.50	0.50	-0.06	11.45	109
大悟县	8	11.18	2.88	0.72	39.87	2175
房　县	14	9.47	4.58	-0.59	50.63	174
郧西县	1	15.01	7.86	2.68	45.76	700
竹山县	9	11.12	5.92	1.29	14.80	51
长阳县	19	8.64	2.41	-1.46	6.09	0
浠水县	18	8.65	1.67	-0.15	27.10	0
竹溪县	10	10.67	2.17	0.12	6.94	980
秭归县	27	6.60	5.99	0.97	4.62	0
通山县	26	7.12	2.69	0.80	20.02	0
孝昌县	13	9.85	3.45	0.45	14.70	1504
五峰县	5	11.60	2.45	0.57	7.35	0
建始县	25	7.26	0.17	0.06	11.08	336
咸丰县	21	8.36	0.84	-0.11	2.39	481
来凤县	20	8.53	0.04	-0.49	7.97	596
宣恩县	16	9.03	1.12	0.13	2.79	387
巴东县	23	7.73	0.64	-0.02	3.16	468
鹤峰县	11	10.56	2.63	1.52	15.46	518
罗田县	28	6.25	2.54	-0.05	15.32	0
英山县	29	6.20	1.28	-0.37	11.32	0
梁子湖区	31	5.11	0.19	-0.05	26.15	0

县域经济工作考核(第三类县市区)续

县市区	三.活力后劲			科技创新综合指数
	固定资产投资(不含农户)增长速度(%)	新增规模以上工业企业数占年末规上工业企业总数的比例及升降幅度		
		新增规模以上工业企业数占年末规上工业企业总数的比例(%)	升降幅度(%)	2019年(%)
恩施市	-22.05	15.07	1.91	17.49
南漳县	-25.30	13.73	2.83	20.00
郧阳区	-10.45	4.05	-4.06	36.99
远安县	-27.70	11.27	5.21	49.43
保康县	-20.60	5.38	-1.29	32.50
麻城市	-24.95	3.57	-0.30	23.32
丹江口市	-57.30	5.11	-0.83	33.00
兴山县	-0.14	28.57	-4.76	35.12
通城县	-20.28	10.68	-3.18	36.88
红安县	-17.59	11.48	0.36	26.93
利川市	-17.11	9.52	-5.48	17.56
大悟县	-22.01	8.70	1.45	33.50
房 县	-21.97	5.71	-16.34	39.77
郧西县	-10.28	25.71	15.00	29.10
竹山县	-13.35	14.89	10.24	25.89
长阳县	-16.21	18.37	11.39	35.98
浠水县	-19.43	10.38	5.75	28.74
竹溪县	-13.35	11.76	9.26	33.74
秭归县	-55.62	9.43	5.73	36.93
通山县	-29.36	8.14	-4.21	17.77
孝昌县	-21.90	6.12	0.24	30.98
五峰县	4.65	15.79	12.66	38.57
建始县	-39.51	20.69	4.56	17.37
咸丰县	-24.10	23.08	5.69	11.30
来凤县	-15.20	16.67	8.67	16.72
宣恩县	-11.72	16.13	-2.05	18.92
巴东县	-18.07	9.38	1.04	20.03
鹤峰县	-24.81	19.44	10.07	21.43
罗田县	-31.33	2.44	-3.24	27.39
英山县	-19.52	4.29	-1.19	16.54
梁子湖区	-36.93	0.00	0.00	24.18

县域经济工作考核(第三类县市区)续

县市区	四. 社会民生						
	排序	指数	城镇化率及升降幅度		减贫年度目标完成率(%)	农村常住居民人均可支配收入及增长速度	
			城镇化率(%)	升降幅度(%)		农村常住居民人均可支配收入(元)	增长速度(%)
恩施市	3	15.62	57.00	1.00	100.0	12327	2.30
南漳县	2	16.82	46.80	1.40	100.0	17360	-0.40
郧阳区	9	12.55	46.60	1.10	100.0	11786	3.70
远安县	1	18.67	52.60	1.10	100.0	21127	2.50
保康县	5	13.96	46.60	1.40	100.0	13106	-0.20
麻城市	6	13.64	48.60	0.80	100.0	14276	1.89
丹江口市	4	14.17	54.60	0.80	100.0	13078	4.00
兴山县	11	12.35	49.60	0.80	100.0	13952	2.40
通城县	7	13.45	46.30	0.80	100.0	16218	-0.87
红安县	27	9.76	44.80	0.80	100.0	12671	2.02
利川市	8	13.13	45.30	1.10	100.0	11791	2.24
大悟县	12	12.04	48.40	0.90	100.0	12423	-0.29
房　县	17	11.03	41.30	0.60	100.0	11498	3.50
郧西县	26	9.99	40.00	0.70	100.0	11421	4.20
竹山县	19	10.80	40.70	0.50	100.0	11504	3.20
长阳县	23	10.37	37.80	0.60	100.0	11986	2.70
浠水县	10	12.48	43.30	1.00	100.0	15345	1.07
竹溪县	25	10.08	39.60	0.60	100.0	11342	2.70
秭归县	21	10.59	41.90	0.90	100.0	11932	2.90
通山县	29	9.56	45.30	0.70	100.0	12530	0.10
孝昌县	13	11.63	43.80	0.90	100.0	12096	-0.29
五峰县	28	9.67	41.10	0.70	100.0	11735	2.20
建始县	20	10.62	42.70	1.00	100.0	11806	2.13
咸丰县	15	11.43	43.80	1.00	100.0	11720	2.13
来凤县	14	11.53	44.30	0.90	100.0	11639	2.62
宣恩县	22	10.52	39.10	1.10	100.0	11684	2.53
巴东县	18	10.83	40.30	1.10	100.0	11747	2.41
鹤峰县	16	11.08	39.00	1.00	100.0	12480	2.69
罗田县	24	10.12	44.80	0.80	100.0	12208	1.43
英山县	30	8.50	43.50	1.00	100.0	13024	0.95
梁子湖区	31	8.45	41.10	0.30	100.0	14553	-2.37

县域经济工作考核(第三类县市区)续

县市区	四.社会民生			
	城镇常住居民人均可支配收入及增长速度		就业及社保综合指数	信用环境评价指数
	城镇常住居民人均可支配收入（元）	增长速度（%）		
恩施市	33696	-1.8	99.24	89.51
南漳县	34874	0.7	98.85	89.61
郧阳区	29818	-2.4	99.10	96.50
远安县	35275	-3.7	98.83	92.30
保康县	31408	0.9	99.75	87.79
麻城市	31868	-3.2	99.41	91.59
丹江口市	31221	-2.5	99.02	87.06
兴山县	30536	-3.4	98.58	87.03
通城县	30834	-2.3	99.75	94.87
红安县	28518	-3.1	98.07	86.37
利川市	30892	-1.7	99.87	96.72
大悟县	31014	-1.2	98.81	88.52
房　县	29746	-1.7	98.95	93.38
郧西县	28346	-2.6	99.10	89.78
竹山县	28659	0.1	99.22	89.62
长阳县	30563	-3.3	99.44	90.27
浠水县	30193	-2.8	99.50	89.84
竹溪县	28331	0.3	99.05	85.77
秭归县	29601	-3.0	98.84	89.96
通山县	26910	-2.7	99.37	91.36
孝昌县	30734	-1.1	99.27	93.02
五峰县	28172	-3.8	99.37	95.37
建始县	29229	-1.5	98.62	88.08
咸丰县	29162	-1.4	99.38	91.79
来凤县	29715	-2.0	99.11	93.63
宣恩县	28825	-2.1	99.45	91.40
巴东县	29600	-1.9	99.51	85.89
鹤峰县	29297	-2.1	99.43	92.85
罗田县	28296	-3.4	99.06	91.94
英山县	27306	-3.5	97.68	84.42
梁子湖区	26874	1.9	94.85	80.34

县域经济工作考核（第三类县市区）续

县市区	五.生态环境								
	排序	指数	空气质量优良天数比率及升降幅度		地表水达到或好于Ⅲ类水体比例（%）	万元GDP能耗降低率（%）	单位GDP地耗下降率（%）	森林覆盖率和森林蓄积量	
			空气质量优良天数比率（%）	升降幅度（%）				森林覆盖率指标	森林蓄积量指标
恩施市	18	9.04	96.70	-0.30	100.00	2.35	9.30	48.56	65.16
南漳县	5	10.78	92.80	12.60	100.00	-4.30	10.94	59.85	65.58
郧阳区	6	10.35	97.00	8.80	100.00	-2.82	12.00	66.97	44.91
远安县	13	9.49	92.90	15.10	100.00	-2.36	5.93	63.50	49.88
保康县	1	13.22	97.50	7.70	100.00	-5.79	11.87	90.13	80.29
麻城市	25	8.17	89.20	10.90	100.00	11.86	13.34	61.17	56.60
丹江口市	10	10.01	90.40	8.80	100.00	-1.83	74.52	60.09	55.62
兴山县	28	7.87	98.30	4.10	100.00	0.26	-14.46	62.18	60.81
通城县	12	9.56	93.80	5.20	100.00	-1.06	11.60	78.83	49.27
红安县	21	8.82	88.70	12.10	100.00	-1.04	23.40	52.69	50.15
利川市	8	10.20	99.40	-0.10	100.00	2.05	18.52	50.06	73.55
大悟县	19	9.02	92.20	15.90	100.00	2.13	14.76	67.10	46.90
房　县	4	10.91	95.40	2.00	100.00	-1.30	23.11	68.09	81.07
郧西县	2	11.46	96.40	9.60	100.00	-4.93	19.70	75.80	50.71
竹山县	7	10.31	97.20	4.00	100.00	3.64	40.81	77.19	58.17
长阳县	23	8.52	91.60	12.10	100.00	-1.86	-2.76	61.38	59.42
浠水县	30	5.77	85.50	9.80	60.00	2.00	17.27	56.76	39.56
竹溪县	3	11.45	97.50	5.40	100.00	-3.96	42.63	58.41	62.59
秭归县	15	9.15	94.20	10.20	100.00	0.32	10.31	59.57	52.48
通山县	11	9.94	92.80	5.50	100.00	-0.06	36.73	89.27	53.29
孝昌县	29	7.76	81.40	18.40	100.00	-3.30	17.87	21.83	30.53
五峰县	22	8.76	96.40	3.60	100.00	-3.03	-9.85	61.86	60.59
建始县	16	9.12	96.30	-0.40	100.00	-3.74	4.33	50.38	49.36
咸丰县	17	9.07	98.90	1.10	100.00	0.57	0.32	55.70	64.14
来凤县	27	8.09	95.50	-0.40	100.00	-1.31	6.50	41.04	45.81
宣恩县	14	9.21	96.70	1.90	100.00	0.31	5.43	52.32	67.88
巴东县	9	10.07	98.10	4.40	100.00	0.33	12.06	59.48	64.26
鹤峰县	24	8.47	99.70	1.60	100.00	-0.68	-7.54	55.30	56.43
罗田县	26	8.10	90.30	2.10	100.00	6.03	20.22	56.35	57.29
英山县	20	8.97	93.40	6.10	100.00	12.74	34.59	82.68	47.74
梁子湖区	31	5.49	91.20	15.10	100.00	32.49	13.69	14.74	29.92